THÈSES
DE CRITIQUE
ET POÉSIES

PAR B. JULLIEN

DOCTEUR ÈS LETTRES, LICENCIÉ ÈS SCIENCES

PARIS
LIBRAIRIE DE L. HACHETTE ET Cie
RUE PIERRE-SARRAZIN, N° 14
(Près de l'École de médecine)

1858

THÈSES
DE CRITIQUE
ET POÉSIES

TYPOGRAPHIE DE CH. LAHURE
Imprimeur du Sénat et de la Cour de Cassation
rue de Vaugirard, 9

PRÉFACE.

Ce volume contient deux parties bien distinctes, de la prose et des vers. Les morceaux de prose, ou les *Thèses de critique*, sont une suite naturelle de mes *Thèses de littérature*, publiées en 1856, et dont les quatre dernières appartenaient déjà à la critique générale. Les quatre que j'ajoute ici regardent la critique appliquée, ou les jugements portés directement sur les ouvrages littéraires. Je n'ai rien à en dire sinon que les choses y sont présentées, comme dans mes thèses précédentes, d'une façon absolument nouvelle, dont je prends, bien entendu, toute la responsabilité.

Je ne crois pas avoir besoin d'excuser le caractère souvent absolu de mes assertions dogmatiques. Ce sont des thèses que je soutiens; un peu d'exagération y est permise, et le lecteur en rabattra ce qu'il voudra. Mais je dois expliquer le ton qui caractérise souvent ma discussion. Je combats avec une profonde conviction et une certaine vivacité les théories soutenues par l'école romantique, au moins celles qui me paraissent mal fondées. J'ai dû prendre presque tous mes exemples dans les deux poëtes que l'opinion commune place à la tête de cette école. J'ai dû examiner sévèrement les passages que je leur empruntais pour en montrer les fautes : et comme aujourd'hui la critique littéraire est devenue presque partout une affaire non pas seulement de parti, mais d'amitiés ou de haines individuelles, je ne doute pas qu'on ne suppose, en me lisant, quelque raison cachée qui m'engagerait à rabaisser deux hommes que l'opinion publique a trop élevés selon moi.

Je me hâte de répondre que je ne connais personnellement et n'ai jamais vu M. de Lamartine ni M. Hugo; que je n'ai jamais eu avec eux aucune relation directe ni indirecte; qu'eux-mêmes ne me connaissent pas; qu'ils ignorent probablement mon nom : j'ajoute que je n'ai aucun ami à qui je sache la moindre relation avec eux. J'exprime donc ici ma pensée sur les ouvrages et les doctrines littéraires, sans aucune acception des personnes. Si je mets les noms, c'est qu'ils rappellent et spécifient les œuvres. Pour moi des lettres de l'alphabet, comme X ou Y, m'apporteraient exactement la même notion.

J'en dirai autant de MM. J. Janin, Alex. Dumas et de tous ceux que j'ai l'occasion de critiquer. Je ne les ai jamais vus, et ne les connais en aucune façon. Il n'y a donc chez moi, dans toute la force du terme, que des jugements littéraires. On pourra les trouver rigoureux ou trop francs : je conviens volontiers que la nature de mon esprit et ma disposition à chercher toujours la vérité toute nue, ont pu me faire mettre, soit dans l'appréciation des livres, soit dans l'expression de ma pensée, une sévérité inaccoutumée. Cette sévérité paraîtra même d'autant plus grande, qu'aujourd'hui c'est par l'excès contraire et poussé jusqu'au ridicule, que la critique se distingue; qu'il n'y a pas d'écolier à qui l'on ne pronostique des succès et une gloire au moins égale à celle des plus grands écrivains; et que tout surpris, après quelques années, de l'avortement absolu de ces belles espérances, on cherche en vain, au milieu de cette disette d'hommes remarquables, ce qui avait pu donner prétexte à ces misérables flatteries.

Pour moi, qui n'ai jamais été dupe de ces louanges banales, qui n'ai jamais pu voir de bon dans les œuvres que ce que la postérité me paraissait devoir y juger bon, j'ai repoussé cette honteuse exagération. J'ai dit très-nettement ce que je pensais, comme je voudrais qu'on me le dît à moi-même. Mais il est bien compris que, dans tous les cas, je ne juge que l'œuvre logique ou littéraire; et que je ne pense jamais à la personne. Le blâme, quel qu'il soit, tombe uniquement sur l'erreur ou la fausseté écrite; l'homme n'y est intéressé que comme ayant suivi un faux système ou n'ayant pas donné à son œuvre un travail suffisant pour se mettre à l'abri des fautes.

Comme je ne connais pas de convenance qui me force à encenser ni même à ménager une pensée absurde ou une expression barbare, je ne croirai ma sévérité répréhensible que si quelqu'un, après m'avoir lu, pense que j'ai eu tort de juger ainsi, ou approuve dans son âme la faute que je lui signale.

Les pièces de vers qui suivent se rattachent immédiatement à mes thèses, en ce qu'elles font voir comment je me suis toujours soumis aux règles que je pose et que je crois vraies. Elles sont d'ailleurs fort anciennes. Le conseil fameux d'Horace (*A. P.*, v. 388), *nonum prematur in annum*, est ici dépassé de bien loin. Ce n'est pas neuf ans, c'est vingt, c'est vingt-cinq, c'est trente ans ou plus que certaines pièces sont restées en portefeuille, et les plus récentes remontent à une quinzaine d'années, à ce point que quelques-unes non-seulement ont perdu leur actualité, mais ne répondent plus à mes idées présentes, et qu'elles exigeront des notes pour que le lecteur apprécie la fausseté des propositions que je croyais justes alors.

Malgré ces inconvénients, il peut y avoir dans les sujets, dans les idées, dans la composition des pièces, dans les recherches qui l'ont précédée, enfin, dans l'expression, une certaine valeur dont il est bon que le public soit juge, et qui plus tard ne sera pas inutile aux jeunes poëtes. C'est ce qui m'a décidé à ne pas les laisser perdre, quoique l'âge et les événements aient depuis longtemps refroidi ma pensée, glacé mon imagination, et surtout diminué ou, pour mieux dire, éteint cet amour bien naturel, mais souvent aveugle, des auteurs pour leurs productions.

Je parle longuement de l'*originalité* dans ma thèse sur les *Conditions de la poésie*; et ce n'est pas à moi de dire si l'on trouvera chez moi cette qualité. Ce qui est bien évident, c'est que les pièces de vers ici réunies, par leurs sujets, leur disposition générale, leurs détails, l'expression et même le choix, l'arrangement et la forme des vers, ne ressemblent absolument à rien de ce qu'on nous a donné, je ne dis pas depuis quarante ans, mais depuis qu'on fait des vers en France. Je ne me rappelle pas avoir rien vu d'analogue dans aucun poëte français. Ce n'est pas, sans doute, une raison pour que les pièces soient bonnes, c'en est une au moins pour qu'on les lise avec curiosité, peut-être avec intérêt.

Dans les beaux-arts, en effet, ce qui est soi-même et non autre chose, a toujours quelque chance d'attirer l'attention. Ce n'était pas l'avis d'un vieux parent que j'ai perdu depuis longtemps, qui faisait aussi des vers et à qui j'objectais la banalité de ses idées, de ses rimes, de ses expressions, et le manque absolu de nouveauté. « J'aime mieux, me répondait-il, ce qui ressemble à tout que ce qui ne ressemble à rien. » Le mot est ingénieux, il est même vrai, si par *ne ressembler à rien* on entend n'avoir aucune forme distincte ou reconnaissable. Si, au contraire, on veut parler d'œuvres nettement figurées, exactement circonscrites et parfaitement intelligibles, rien n'est plus avantageux et plus méritoire qu'une forme tellement propre et personnelle, qu'on ne la puisse retrouver nulle autre part. C'est parce que les *Messéniennes* et les premières *Méditations ne ressemblaient à rien*, qu'elles ont eu tout d'abord un si grand et si légitime succès; et si tant de pièces faites depuis à l'imitation de celles-là, sont nées et sont mortes dans le mépris de tout le monde, c'est précisément parce qu'elles *ressemblaient à tout*.

Quelques-unes de mes pièces se rapportent aux faits contemporains. Ces faits y sont jugés, même lorsque je parle en mon propre nom, de deux manières souvent contraires, avant et depuis 1830. Je n'excuse pas, mais j'explique ce changement. J'ai aimé, comme toute la jeunesse de mon temps, à censurer les actes d'un pouvoir trop bon et trop paternel; j'ai comme elle porté la critique sur ce qu'alors je ne comprenais guère. Arrivé une fois à l'âge de trente-deux ou trente-trois ans, éclairé surtout par la révolution de juillet, je n'ai pu contempler sans une profonde reconnaissance cette paix glorieuse et cette grandeur sereine que les Bourbons avaient donnée à mon pays. Toutes mes sympathies furent alors acquises au prince habile et sage qui avait concilié l'ordre avec la liberté; et à la noble famille qui, bien digne d'une longue série d'aïeux célèbres, n'illustrait pas moins la France par ses vertus que par son courage et ses talents. On trouvera dans les pièces postérieures à 1830, l'expression de ces sentiments, hommage tardif, mais bien sincère aux excellents rois qui nous ont gouvernés depuis 1814, spécialement à celui que nous avons perdu en 1848.

Quant aux pièces antérieures, les notes que j'y ai depuis longtemps ajoutées, témoignent combien je suis revenu de mes anciennes opinions. J'aurais pu les supprimer puisqu'elles n'avaient pas été publiées; j'ai mieux aimé reconnaître ouvertement que je m'étais trompé, et prémunir par là, autant que je le pourrai, la jeunesse contre cette propension à tout blâmer, qui est une manie générale en France, et qui, depuis le commencement du siècle, a fait tant de mal à notre pays.

ERRATA.

Page 160, ligne 6 en remontant : 1846, *lisez* 1856.
    272,   6 en remontant : n'avait, *lisez* n'aurait.
    300,   16 : mettez une virgule après *cuivres* et une petite lettre à *c'est-à-dire*.

COUP D'OEIL

SUR L'HISTOIRE ET LES RÈGLES

DE

LA CRITIQUE LITTÉRAIRE[1].

Le mot *critique*, pris comme signifiant *jugement*, ne s'applique pas seulement à l'appréciation des productions de l'esprit; il se prête encore aux divers points de vue desquels on les juge. En ce sens, on distingue la critique *grammaticale*, s'il s'agit de la correction ou de la pureté du style d'un livre; la critique *historique*, si l'on veut discuter ou vérifier l'exactitude des faits; la critique *philologique*, s'il est question de l'authenticité des textes; la critique *littéraire* enfin, si l'on examine la composition d'un ouvrage, les inventions qui le distinguent, la convenance du style avec le sujet, etc.

La critique littéraire elle-même est *générale et théorique* ou *particulière et appliquée*. La critique théorique s'occupe des principes abstraits auxquels sont soumis les divers genres d'œuvres littéraires ou les jugements qu'on doit porter sur eux. Ces principes, qui ne peuvent, bien entendu, résulter

---

1. Cette étude a été rédigée définitivement à la fin de 1856, sur des notes réunies bien longtemps auparavant.

que de la lecture et de la comparaison des meilleurs ouvrages connus, sont remarqués successivement à mesure que l'esprit humain avance et que les auteurs deviennent plus habiles; puis proposés dans des thèses, mémoires ou dissertations [1]; après quoi ils s'établissent, s'ils paraissent justes, dans l'opinion commune, et de là passent dans l'enseignement.

La critique appliquée, ou critique proprement dite, fait l'application de ces principes généraux à des ouvrages déterminés, particulièrement à ceux qui, nouveaux encore ou publiés récemment, offrent au lecteur un grand intérêt de circonstance ou de curiosité.

C'est de la critique littéraire dans ses deux formes, et spécialement dans la dernière, qu'il est ici exclusivement question : les autres n'ont avec elle, et même entre soi, d'autre rapport, pour ainsi dire, que celui du nom; et la réunion de sciences aussi éloignées dans un seul ouvrage, ne serait propre qu'à jeter dans l'esprit une confusion dont on ne pourrait plus sortir [2].

Notre critique a essentiellement pour objet ce qui est bon ou mauvais, ce qui nous plaît ou nous déplaît dans les ouvrages d'esprit; elle a pour fondement, indépendamment de toute théorie, le sentiment de l'agréable et du désagréable; elle commence dès qu'on nous dit ou qu'on nous montre une chose qui nous agrée ou nous touche plus ou moins qu'une autre; c'est dire qu'elle est presque contem-

---

1. Voyez nos *Thèses de littérature*, in-8, 1856, chez L. Hachette et Cie.
2. Le défaut indiqué ici est un peu celui de l'*Essai sur la critique* de M. Egger, dont l'ouvrage, d'ailleurs rempli de recherches curieuses et de faits intéressants, aurait beaucoup gagné à ce que l'auteur distinguât ces diverses sortes de critiques, et ne s'occupât que d'une seule. C'est surtout le défaut du livre de M. Théry, intitulé *De l'esprit et de la critique littéraires* (in-8, Paris, 1832), où l'auteur a pris un sujet tellement illimité et multiple, qu'il semble bien difficile de tirer de ses deux volumes une seule idée positive.

poraine de la naissance de l'éloquence ou de la poésie. Car dès qu'un homme a parlé en public, ou célébré les hauts faits ou les grandes vertus dans le langage accentué et cadencé de la passion, ses auditeurs ont pu remarquer et quelquefois caractériser les qualités ou les défauts de l'orateur ou du poëte.

De là ces expressions si communes dans les chants d'Homère, l'*orateur aux douces paroles*[1], le *discoureur mélodieux*[2]; de là cette observation que des lèvres de Nestor coulent des discours plus doux que le miel[3], de là enfin cette comparaison de Ménélas et du roi d'Ithaque :

> Quand ils parlent, quoique plus jeune, Ménélas est serré, concis, nerveux, avare de paroles et prodigue de sens. Ulysse se lève après lui; ses yeux sont collés contre terre; son sceptre est immobile dans sa main; on le croirait stupide, inanimé. Mais dès que sa voix éclate, c'est un torrent qui nous entraîne; un autre Ulysse apparaît à nos regards étonnés. Il n'est plus de mortel qui ose lutter contre lui[4].

Cette distinction du bon, du médiocre et du mauvais remonte donc aussi haut que la littérature elle-même. Cependant qu'est-elle à sa naissance? que devient-elle plus tard? quand forme-t-elle une science arrêtée? quels progrès a-t-elle faits? et que devrait-elle être aujourd'hui? C'est ce que je me propose d'examiner brièvement. Je tracerai d'abord l'histoire rapide de ses développements chez les Grecs, les Romains et les Français, jusques et y compris le premier quart de ce siècle. Comme je ne m'occupe que des progrès de la science et que je n'en veux pas faire l'histoire complète, il n'y aura aucun inconvénient à circonscrire ainsi mon sujet ou à laisser de côté les autres peuples qui n'ont guère fait que nous suivre. Je mon-

---

1. Ἡδυεπής.
2. Λιγὺς ἀγορητής.
3. *Ilias*, I, v. 249.
4. *Ilias*, III, v. 212 à 223, traduct. du prince Lebrun.

trerai la décadence de la critique depuis cette époque ; j'en dirai les causes, et, comme remède au mal, j'indiquerai les règles générales qui doivent diriger le critique habile et consciencieux.

§ 1. HISTOIRE DE LA CRITIQUE LITTÉRAIRE.

I. *Naissance de la critique.* — La distinction du bon, du médiocre ou du mauvais que nous avons vue tout à l'heure se manifester dès le temps de la guerre de Troie, se continue dans les siècles postérieurs. M. Egger remarque avec raison [1], que dans l'âge auquel on attache ordinairement le nom d'Hésiode, des concours commencent à s'ouvrir, où une couronne est offerte au plus habile chanteur [2], ce qui suppose la comparaison et la différente appréciation des talents. Plus tard la vogue des grands poëtes, les honneurs qui leur sont décernés, les applaudissements donnés à Hérodote lorsque, dans la 81e olympiade, il lut au peuple assemblé le commencement de son histoire [3], enfin les critiques et les parodies des auteurs comiques contre tout ce qui prêtait au ridicule dans les tragédies des contemporains, montrent que le sentiment de ces différences se développait sans cesse et s'appliquait de jour en jour à un plus grand nombre d'objets.

Il serait assurément curieux et intéressant de suivre ces progrès depuis le commencement, d'assister à ce développement du jugement et du goût chez les Grecs, et d'en marquer pas à pas toutes les phases. Mais, sans compter que les témoignages nous manquent, ce n'est pas à ce point qu'il est important de commencer l'histoire de la critique.

---

1. *Essai sur l'histoire de la critique chez les Grecs*, p. 4 et 5.
2. Hes., *Opera et dies*, v. 655.
3. Larcher, *Vie d'Hérodote*, p. xlviij.

Celle dont je veux tracer ici un tableau rapide est et doit être plus avancée que ce que nous venons de dire. Une science, en effet, n'existe, de manière du moins à mériter son nom, que quand il y a quelques principes généralement reconnus, coordonnés entre eux, et suivis par ceux qui s'occupent de la matière. Ces principes fussent-ils mauvais et tout à fait faux, ou seulement inexacts et incomplets, leur réunion constitue pour nous une doctrine ; c'est la critique littéraire qui naît comme science, tandis qu'elle n'existait auparavant que dans des jugements isolés, sans règle, sans formule, je dirais presque par instinct.

Or le premier critique digne de ce nom chez les anciens, c'est véritablement Aristote. On trouve bien dans Platon quelques critiques fondées. Il y a surtout un dialogue bien connu [1], où il représente et admire beaucoup la célèbre Aspasie faisant une oraison funèbre. Mais ce n'est pas là un enseignement dogmatique ; ce ne sont pas des préceptes formant entre eux un corps et composant un système. Il faut, pour les trouver, passer de Platon à son disciple.

Aristote fonde vraiment la science, non pas même qu'il soit absolument le premier qui en ait traité. Les anciens rhéteurs, en particulier Isocrate, en avaient parlé dans leurs leçons, et sans doute aussi dans des ouvrages que nous n'avons plus. La *Rhétorique* et la *Poétique* d'Aristote nous restent ; et ces deux traités, bien qu'ils n'aient pas pour objet spécial le jugement des discours ou des poëmes, nous donnent cependant des conseils nombreux et utiles pour les apprécier. Ils nous signalent des défauts à éviter, des qualités à imiter, des conditions de composition sans lesquelles on ne peut réussir. C'est là de la critique littéraire dans toute la force du terme.

Je donnerai pour exemple ici ces lignes extraites de la

---

1. Le *Ménexène*, au commencement.

Rhétorique[1], où l'auteur non-seulement cite un mot ingénieux, mais montre en quoi il est louable et dans quelles conditions, au contraire, il aurait été mauvais :

> Il faut en dire autant de ces paroles de Gorgias, au sujet d'une hirondelle dont les excréments étaient tombés sur sa tête : « Philomèle, s'écria-t-il, voilà qui n'est pas honnête. » Ces paroles étaient plus propres à la poésie tragique qu'à la prose, car il n'y avait en cela rien de répréhensible de la part de cet oiseau. Mais l'orateur, en lui donnant le nom d'une princesse, mit beaucoup de grâce dans ce reproche. Il en parlait d'après ce qu'il avait été autrefois, et non d'après ce qu'il était dans le moment même.

Tirons encore de la *Poétique*[2] ces observations sur l'unité dans les ouvrages d'art :

> La fable sera une, non par l'unité du héros, comme quelques-uns l'ont cru : car, de même que de plusieurs choses qui arrivent à un seul homme, on ne peut faire un seul événement ; de même aussi de plusieurs actions que fait un homme, on ne peut faire une seule action. Ceux qui ont fait des *Héracléides*, des *Théséides*, ou d'autres poëmes semblables, étaient donc dans l'erreur ; ils ont cru, parce que Hercule était un, que leur poëme l'était aussi.

Ces deux exemples montrent, le premier, comment et d'après quelles règles s'exerçait le jugement sur des morceaux de discours ou des phrases données ; le second, comment on remontait à des principes généraux, comment on distinguait les diverses unités. C'est une science qui se fonde, et qui, si elle n'est pas avancée, se fonde du moins sur des bases solides.

II. *École d'Alexandrie*. — La critique continue après Aristote et se produit comme chez lui dans une multitude d'ouvrages, plutôt à l'occasion et à propos de conseils donnés sur diverses parties de la littérature, que d'une manière suivie et, pourrait-on dire, dogmatique.

---

1. Liv. III, c. 3 à la fin.
2. Ch. 8, n° 1.

Mais plus tard, dans l'école d'Alexandrie, elle devient une science savamment ordonnée et complète, étudiée avec soin par les grammairiens les plus doctes. Le plus célèbre de ces grammairiens fut Aristarque, dont le nom, devenu synonyme d'excellent critique [1], est encore pris chez nous dans le même sens [2]. Aristarque avait commenté un grand nombre d'ouvrages. « Outre ces recueils, dit M. Egger [3], il avait sans doute écrit quelques traités de critique comparative, puisque Quintilien [4] lui attribue surtout, ainsi qu'à son maître Aristophane, de Byzance, la composition de ces célèbres canons, où étaient rangés les poëtes classiques de la Grèce. L'exposé des motifs qui précédait ces listes est un morceau à jamais regrettable. Eschyle, Sophocle et Euripide jugés par un tel maître; Aristophane rapproché de Ménandre et de Philémon, Homère des faiseurs d'épopées.... Combien de telles pages nous auraient épargné aujourd'hui de conjectures et de discussions stériles ! »

La critique était donc, dès le second siècle avant notre ère, une science constituée; elle avait déterminé ce qui était bien et ce qui était mal; elle reconnaissait des modèles qu'elle proposait à l'imitation; et, d'après ces modèles, elle avait établi ces préceptes généraux qu'on nomme des *règles*, et qui régissent en effet, ou du moins dirigent l'artiste dans la pratique de son art. C'est bien là l'idée que nous nous faisons aujourd'hui de la critique des ouvrages; elle était donc au fond la même chez les anciens que chez nous, quoiqu'on ne la distinguât pas toujours aussi nettement que nous le faisons, des sciences voisines qui portent comme elle le nom de *critique*.

Faut-il ajouter qu'en même temps que l'admiration pu-

---

1. Fiet Aristarchus. Hor., *Ars poet.*, v. 450.
2. Dumarsais, *Tropes*, 2ᵉ partie, § 5, article de l'*Antonomase*.
3. *Revue des Deux Mondes*, février 1846.
4. *Instit. orat.*, X, 1, nᵒˢ 54 et 59.

blique, éclairée par les littérateurs les plus autorisés, s'attachait aux écrivains et aux poëtes, et en particulier à Homère, l'esprit d'insubordination, ou si on l'aime mieux l'esprit de libre examen, soulevait de vives et nombreuses dissidences. Zoïle, environ 275 ans avant notre ère, avait attaqué avec une ardeur imprudente le poëte que vénérait la Grèce, et que tous les critiques proposaient à l'admiration des lecteurs; il se faisait, dit-on, appeler à cause de cela, le fléau d'Homère, *Homeromastix*. Les témoignages des anciens sur son compte sont assez obscurs. On nous le présente, en général, comme un satirique-impudent et hargneux, qui n'aurait même aucune raison dans ses reproches. Ovide[1] en fait l'Envie personnifiée :

> Ingenium magni detrectat Livor Homeri ;
> Quisquis es ex illo, Zoïle, nomen habes.

On ajoute qu'il était si méprisé, qu'il mourait pour ainsi dire de faim avec ses critiques ; et comme si ce n'était pas assez, quelques-uns le font lapider, d'autres le font mettre en croix, d'autres le font brûler vif[2].

Ces témoignages contradictoires doivent nous inspirer beaucoup de défiance. Il est évident qu'on a exagéré les fautes de Zoïle. On sait que les poëtes sont fort irritables, et que les préjugés littéraires ne pardonnent pas. Comment Voltaire a-t-il traité Fréron ? comment Luce de Lancival a-t-il traité Geoffroy dans son *Folliculus ?* Si Zoïle blâmait trop ardemment quelques-uns de ces défauts de la composition homérique que les admirateurs de ce grand poëte n'ont pas dissimulés[3], n'a-t-il pas dû exciter par là le zèle furieux de tous ceux qui vivaient de l'explication de l'*Iliade* et de l'*Odyssée ?* et de là, probablement, ces fables sur sa vie et sur sa mort.

---

1. *Remedia amoris*, v. 365.
2. M. Bouillet, *Dictionnaire d'histoire et de géographie*.
3. Hor., *Ars poet.*, v. 359.

Nous n'en pouvons parler que par conjecture, puisqu'il ne nous reste rien des critiques de Zoïle. Mais une conséquence qu'il est permis de tirer de là, c'est que toutes les fois que dans les arts d'imagination on établit des règles, il se trouve des esprits indociles qui refusent de s'y soumettre, et non contents d'attaquer les principes qu'on leur propose, par une marche assez naturelle et certainement très-logique, remontent jusqu'aux ouvrages sur le modèle desquels ils ont été établis, les poursuivent de leurs critiques, souvent de leurs sarcasmes, et font bientôt croire à une hostilité déclarée, à laquelle peut-être ils cèdent eux-mêmes involontairement.

Ces critiques, on peut les nommer des *sceptiques* ou des *dissidents*. Quoique presque toujours ils aient tort dans l'ensemble de leur jugement, ils ouvrent, pour les détails, des vues nouvelles, appellent l'attention sur des points mal étudiés jusque-là, font surtout mieux comprendre le sens des règles établies, et contribuent ainsi à l'avancement de la science.

Nous en trouverons des exemples très-remarquables aux époques suivantes. Quant à Zoïle, a-t-il été l'un de ces critiques éclairés et instruits dont je parle? N'a-t-il été qu'un satirique violent, sans goût comme sans pudeur? Je ne puis que répéter ce que j'ai dit tout à l'heure; c'est sous ce dernier aspect que les anciens nous le peignent, et les faits nous manquant pour éclairer ou réformer leur jugement, nous n'y pouvons opposer que les analogies tirées de notre histoire littéraire, et les injures grossières prodiguées par les érudits à ceux qui n'admirent pas leurs idoles aussi complétement qu'eux. Si c'en est assez pour nous faire suspendre notre jugement, il n'y a pas là de quoi nous former une conviction.

III. *Époque romaine*. — Les premiers rudiments des œuvres et des jugements littéraires s'introduisirent dans le

Latium dès que les armes le mirent en contact avec la Grèce. Vers 240 avant Jésus-Christ, Livius Andronicus fit représenter à Rome des pièces traduites du grec, et montra ainsi le premier aux Romains ce qu'était une œuvre dramatique. Le même poëte traduisit en vers saturniens l'*Odyssée* d'Homère; puis Névius chanta, dans un poëme original composé sur le même mètre, les guerres puniques, auxquelles il avait assisté, et ainsi on eut à Rome l'idée du poëme épique.

Alors Ennius introduisit la métrique des Grecs; il composa en vers réguliers et dans plusieurs genres des ouvrages dont il trouvait le modèle chez eux, et y eut tant de succès, qu'il put se croire et se nommer un autre Homère[1]. Puis vinrent les comiques, Plaute, Cécilius, Térence, et les tragiques, Pacuvius et Attius : ainsi la littérature latine prit elle-même une forme caractérisée et put montrer ces ouvrages considérables, dont un grand peuple a le droit de se faire honneur.

La critique, toutefois, considérée comme science, ne commença guère à Rome que vers 166 avant Jésus-Christ, lors du voyage que fit le grammairien Cratès de Mallus, envoyé par le roi Attale au sénat. On sait quel accident le retint à Rome, et comment il mit à profit son séjour dans cette ville pour y introduire l'étude de la grammaire, qui comprenait alors, comme son couronnement et sa plus belle partie, la manière de juger les poëtes[2].

Nous voyons, en effet, les grammairiens qui lui succèdent s'occuper constamment d'expliquer les poëmes devenus classiques chez les Romains[3]; et ils ne s'en tenaient pas à l'explication littérale qui nous paraît aujourd'hui appartenir seule à la grammaire.

---

1. Hor., *Epist.*, II, 1, v. 50; Cic., *Acad.*, II, 16.
2. Voyez nos *Thèses de grammaire*, n° 1, p. 6 et 7.
3. Suétone, *De grammaticis illustr.*, n° 2.

Quelque temps après Cratès, Lucilius donne une forme régulière à la satire; Q. Atta et Afranius introduisent les comédies dont les sujets sont romains : le champ de la poésie s'agrandit donc, comme celui de l'éloquence s'était développé par les orateurs du Forum, et la critique, en s'élargissant, devient plus ferme, plus sagace et plus respectable.

En effet, des auteurs du premier ordre, sans se donner pour des critiques de profession, prononcent en mille occasions des jugements littéraires reçus depuis par la postérité.

Cicéron, né 107 ans avant Jésus-Christ, a semé ses ouvrages de rhétorique et de philosophie tantôt de citations empruntées aux anciens poëtes, dont il fait ressortir le grand sens ou la beauté, tantôt de jugements concis sur l'imagination ou le style des écrivains. C'est surtout dans son dialogue intitulé *Brutus* ou *De claris oratoribus*, qu'il trace à grands traits l'histoire de l'éloquence et caractérise tour à tour les plus illustres orateurs.

Horace, né 65 ans avant notre ère, est le poëte critique par excellence. Tout son *Art poétique* est, indépendamment de la beauté des vers, un des morceaux les plus achevés de la critique ancienne. Son épître à Auguste contre les admirateurs exclusifs du temps passé[1], roule sur l'appréciation des poëtes précédents; sa satire sur Lucilius[2] est consacrée à la discussion des qualités et des défauts de ce poëte; son épître à J. Florus sur lui-même[3], contient d'excellents conseils sur le jugement des œuvres; et, ce qui me semble bien digne d'attention, la critique se montre chez lui, plus nettement que partout ailleurs, ce qu'elle est chez nous, une science fondée sur le sentiment du bon et du mauvais, sur le

---

1. *Epist.*, II. 1.
2. *Satir.*, I, 10.
3. *Epist.*, II, 2.

plaisir qui nous vient de l'un, sur la répugnance que l'autre nous inspire :

> On se moque, dit-il, de ceux qui composent des vers. Quant à eux, ils jouissent en les écrivant ; ils s'admirent et s'applaudissent eux-mêmes, si vous restez muets, toujours enchantés de ce qu'ils ont écrit. Cependant, qui veut nous donner un poëme vraiment bon, doit, avec ses tablettes, prendre l'esprit d'un censeur sévère, écarter tout ce qui n'a que peu d'éclat ou de valeur, etc. [1].

Le portrait qu'il trace du flatteur à qui l'on a donné un bon dîner[2], et celui du censeur consciencieux, personnifié sous le nom de Quintilius[3], sont des morceaux exquis et qu'on croirait écrits de nos jours.

Comme les grammairiens depuis Cratès de Mallus, les satiriques depuis Horace ne manquèrent pas d'exploiter cette mine inépuisable que leur offraient les défauts des poëtes, des orateurs, des historiens. Le commencement de la satire de Pétrone est célèbre par la critique qui y est faite du mauvais genre d'éloquence auquel se livraient les jeunes Romains. Un autre chapitre[4] ne l'est pas moins par la définition du poëme épique et le jugement qu'on en porte. Perse et Juvénal ne manquent pas non plus de saisir au passage, et d'indiquer ou par des citations textuelles, ou par des qualifications et des allusions malignes, les défauts des poëtes contemporains.

La critique prend surtout une forme précise dans quelques ouvrages d'un Grec venu à Rome du temps d'Auguste, dans l'*Examen critique des plus célèbres écrivains de la Grèce* par Denys d'Halicarnasse[5]. Cet auteur est jugé quelquefois bien sévèrement. Selon M. Egger[6], ce n'est le plus souvent

---

1. Hor., *Epist.*, II, 2, v. 106 et sqq.
2. *Ars poet.*, v. 426.
3. *Ibid.*, v. 438.
4. Le cent dix-huitième.
5. Voyez l'édition de M. Gros, 3 volumes in-8, 1826-1827.
6. *Revue des Deux Mondes*, février 1846.

qu'un rhéteur à courte vue, qui doit sa réputation chez les modernes au malheur qui nous a privés des ouvrages de ses maîtres. M. Egger, quand il écrivait ces lignes, voulait relever Aristarque de Samothrace à qui il consacrait un article intéressant ; mais il l'aurait pu faire sans amoindrir autant et par une condamnation aussi générale un de ses successeurs. Sans doute Denys s'est souvent trompé ; mais il suffit d'indiquer les erreurs où elles sont, il ne faut pas regarder tout ce qu'il écrit comme des erreurs. M. Gros, dans la préface de sa traduction, a été beaucoup plus juste ; il a fait la part du blâme et de l'éloge et a conclu que si Denys s'est mépris quelquefois, la pureté de son goût, sa méthode simple et facile, son style clair et souvent élégant font de ses ouvrages critiques un cours de littérature grecque digne d'être médité par tous les bons esprits [1].

Citons de lui un court passage qui fera connaître sa manière, et le point où était alors la science. C'est sa comparaison entre Lysias et Isocrate [2] :

La première qualité du style de ces deux orateurs est la pureté. Sous ce rapport, ils ne présentent aucune différence. La seconde est l'observation exacte du langage ordinaire : elle se trouve au même degré dans l'un et dans l'autre. Ils emploient tous deux les mots propres et autorisés par l'usage. Le style d'Isocrate est figuré, mais non pas au point de devenir fatigant. Ils possèdent également la clarté et l'art de rendre les objets sensibles. Lysias donne à ses pensées plus de précision. Isocrate sait mieux amplifier ; mais la première place est due à Lysias, pour l'art de présenter les pensées sous cette forme vive et arrondie qui convient aux véritables débats. Ils peignent les mœurs avec la même fidélité. Si, pour la grâce et l'agrément, j'ai décerné sans balancer la palme à Lysias, Isocrate a l'avantage pour la majesté. Quant à la persuasion et aux convenances, ils ne laissent rien à désirer. L'arrangement des mots est trop simple dans Lysias et

---

1. T. I, préface, p. vij.
2. Traduction de M. Gros, t. I, p. 176.

trop recherché dans Isocrate : l'un ressemble à un peintre qui a recours à l'art pour orner la vérité; l'autre à un artiste qui ne compte que sur ses forces.

A cette même époque ou à une époque très-voisine appartiennent Plutarque qui dans plusieurs de ses traités a montré les habitudes et le goût d'un homme sensible au beau dans les arts [1], et l'auteur encore indécis du dialogue célèbre *De causis corruptæ eloquentiæ*. Cet ouvrage excellent, également remarquable sous le double rapport du fond et de la langue, contient l'histoire de l'éloquence romaine et les causes de sa décadence, le caractère des principaux orateurs, la comparaison des anciens avec les modernes et de bonnes observations relatives à l'art oratoire [2].

Mais Quintilien surtout domine et couronne la critique de ce temps. Ce rhéteur, venu à Rome sous Galba, fut sous Vespasien le premier maître de rhétorique payé aux frais du trésor public. Il nous a laissé un ouvrage en douze livres aussi recommandable parce qu'il est complet que parce qu'il est éminemment propre à former le goût. On y trouve un véritable esprit critique, un jugement sain, un goût pur et délicat, et une connaissance aussi étendue que variée des deux littératures grecque et latine [3]. Le dixième livre est celui qui nous intéresse le plus ici, parce que les meilleurs écrivains de la Grèce et de Rome y sont passés en revue, et habilement caractérisés [4].

Le dernier alinéa de l'examen des auteurs latins est consacré à Sénèque, mort à cette époque, mais qui avait été le contemporain de Quintilien [5]. Il mérite d'être cité :

---

1. Ficker, *Histoire abrégée de la littérature grecque*, § 129.
2. Ficker, *Histoire abrégée de la littérature latine*, § 82; M. Pierron, *Histoire de la littérature romaine*, 2ᵉ édition, p. 559.
3. Ficker, *Histoire abrégée de la littérature latine*, § 82.
4. *Instit. orat.*, X, 1, nᵒˢ 46 à 124; Ficker, ouvrage et lieu cités.
5. Quintilien, ouvrage et lieu cités, nᵒ 126.

J'ai remis exprès à parler de lui, à cause de la prévention où l'on a toujours été contre moi sur son sujet. Car on s'est imaginé non-seulement que je condamnais cet auteur, mais que je le haïssais personnellement : ce qui vient de ce que voyant un déluge de vices inonder l'éloquence, l'amollir et la corrompre, j'ai résisté au torrent et fait mon possible pour rappeler un goût plus sévère. Or, alors, Sénèque était, de tous les auteurs, presque le seul que les jeunes gens lussent avec plaisir. Je ne prétendais point en empêcher la lecture, mais je ne souffrais pas aussi qu'ils le préférassent à tant d'autres qui valent mieux que lui, et que lui n'avait cessé de décrier, parce que sentant bien que sa manière d'écrire était différente de la leur, il n'espérait pas de pouvoir plaire à ceux qui auraient du goût pour ces autres-là. Cependant, il arrivait que ses partisans l'aimaient plus qu'ils ne l'imitaient; car il serait à souhaiter qu'ils lui eussent ressemblé. Mais ils n'aimaient en lui que ses défauts : chacun tâchait de copier ceux qu'il pouvait, et se vantant ensuite de parler comme Sénèque, assurément il le déshonorait [1].

Ce morceau de critique ancienne est intéressant non-seulement parce qu'il prouve l'excellent goût du juge, mais aussi parce qu'il nous montre qu'alors comme de nos jours, la faveur publique s'attachait à des auteurs d'un génie heureux, mais imparfaits et d'un goût peu sûr; que les jeunes gens se laissaient éblouir à leurs faux brillants; qu'ils en copiaient précisément les défauts, sans pouvoir jamais imiter leurs belles qualités; et qu'enfin après un certain temps, tout se remettait à sa place; l'engouement avait disparu, et tous les copistes profondément oubliés s'étonnaient peut-être eux-mêmes de l'admiration qu'ils avaient eue autrefois pour leur modèle.

IV. *Époque de la décadence.* — Après les douze Césars, viennent les siècles des Antonins et des princes qu'on peut nommer *barbares :* en même temps se produit la décadence générale de la critique littéraire. Quelques écrivains de talent apparaissent encore : des rhéteurs comme Apulée, des sceptiques

---

1. Traduction de Gédoyn.

railleurs comme Lucien, des grammairiens comme Aulu-
Gelle et Athénée. Mais ce ne sont pas là des critiques proprement dits; ils s'occupent peu du beau et du bon, et se moquent du mauvais plutôt qu'ils ne le jugent. Le seul homme dont on puisse, dans cette longue période, admirer le talent de critique, c'est assurément l'auteur du *Traité du sublime*, Longin, qu'on place vers l'an 240 de notre ère. Il a au plus haut degré ce don de l'admiration sans lequel il n'est pas de critique féconde; il voit le beau partout où il est, sans acception de temps et de pays. Grec, il loue dignement Cicéron; païen, il emprunte à Moïse un exemple de ce sublime dont il essaye de déterminer les caractères[1]; il convie ses lecteurs à l'étude des anciens modèles comme à une école de vertu et d'éloquence; et par son exemple il leur montre le salutaire effet d'un commerce journalier avec les maîtres de l'art. Que d'éloquence, en effet, dans sa manière de commenter les mouvements sublimes d'Homère et de Démosthène! Que d'élévation dans cette image où il représente les écrivains de génie comme un tribunal à la fois encourageant et sévère, auquel nous devons, par la pensée, soumettre nos œuvres, pour savoir si elles seront dignes de la postérité! Voilà ce que Fénelon louait tant chez Longin, le talent d'échauffer l'imagination en formant le goût. C'est le talent de Cicéron dans ses admirables dialogues sur l'art oratoire; c'est ce goût inspiré qui vient du cœur autant que de l'esprit, et qui fait aimer autant qu'admirer le critique [2].

Donnons comme un exemple de sa manière un court passage où, à propos des images, il fait apprécier Euripide :

Au reste, vous devez savoir que les images, dans la rhétorique, ont tout un autre usage que parmi les poëtes. En effet, le but qu'on s'y

---

1. M. Pierron, *Histoire de la littérature grecque*, 2ᵉ édition, p. 545.
2. M. Egger, *Essai sur l'histoire de la critique chez les Grecs*, p. 292, 293.

propose dans la poésie, c'est l'étonnement et la surprise, au lieu que, dans la prose, c'est de bien peindre les choses et de les faire voir clairement. Il y a pourtant cela de commun, qu'on tend à émouvoir en l'une et en l'autre rencontre.

> Mère cruelle, arrête; éloigne de mes yeux
> Ces filles de l'enfer, ces spectres odieux.
> Ils viennent, je les vois : mon supplice s'apprête.
> Quels horribles serpents leur sifflent sur la tête [1] !

Et ailleurs :

> Où fuirai-je? elle vient; je la vois; je suis mort!

Le poëte, en cet endroit, ne voyait pas les Furies; cependant il en fait une image si naïve, qu'il les fait presque voir aux auditeurs. Et véritablement je ne saurais pas bien dire si Euripide est aussi heureux à exprimer les autres passions; mais pour ce qui regarde l'amour et la fureur, c'est à quoi il s'est étudié particulièrement, et il y a fort bien réussi. Et même, en d'autres rencontres, il ne manque pas quelquefois de hardiesse à peindre les choses; car, bien que son esprit, de lui-même, ne soit pas porté au grand, il corrige son naturel, et le force d'être tragique et relevé, principalement dans les grands sujets [2].

Quel dommage que, selon la remarque de M. Egger [3], il manque quelquefois à un auteur si judicieux et si élevé cette grande correction et cette simplicité de style, privilége heureux des siècles classiques !

Après Longin nous ne trouvons plus guère dans les longs siècles de la décadence absolue de l'empire romain jusqu'à la formation définitive de la langue française aux xve et xvie siècles, que des grammairiens et des scoliastes comme Macrobe, Servius, Priscien, etc., hommes habiles sans contredit et recommandables par plusieurs qualités, mais qui, s'étant exercés presque exclusivement dans la critique grammaticale ou philologique, ne peuvent être considérés ici comme des cri-

---

1. Eurip., *Orest.*, v. 255.
2. Traduction de Boileau, ch. 13.
3. M. Egger, lieu cité.

tiques, dans le sens particulier que nous avons donné à ce mot. L'histoire rapide que nous traçons ici de la critique littéraire est donc close pour ce qui tient à l'antiquité proprement dite.

D'un autre côté, pendant les siècles féconds, mais troubles et obscurs qui forment le moyen âge, la critique ne brille guère que par son absence. S'il y a quelque chose qui caractérise alors tous les arts, même dans leurs plus excellents produits, c'est assurément le mélange du bon et du mauvais, sans que ni le public, ni les artistes paraissent distinguer l'un de l'autre, ni s'apercevoir qu'il vaudrait mieux que le bon fût tout seul. Dans ce temps, l'esprit humain invente et crée beaucoup. Mais cette faculté qu'on nomme le *goût*, qui juge et classe les œuvres, et qui nous occupe exclusivement ici, est celle qui s'exerce le moins d'une manière distincte; et de là résulte que nous n'avons rien à dire de ce long enfantement des âges modernes.

V. *Époque de la Renaissance.* — Franchissons donc tout d'un coup neuf ou dix siècles, et arrivons à cette époque qu'on a nommée la *Renaissance*, où en effet l'esprit humain, s'éveillant d'un long sommeil, ou, pour parler plus exactement, faisant éclore enfin ces germes que de longs et obscurs travaux avaient fécondés pendant le moyen âge, s'ouvrit de nouvelles voies dans tous les genres, et y accomplit une révolution qu'on était loin de prévoir [1].

Dès le début du xvie siècle, sous le roi chevaleresque François Ier, les arts, cultivés avec ardeur et activement protégés, produisaient des merveilles. Diverses circonstances concoururent à rappeler les chefs-d'œuvre de l'antiquité. L'érudition naissante chercha à en retrouver tous les débris. La mode y excitait tout le monde. Les poëtes eux-mêmes sentirent que tout n'était pas à dédaigner dans les

---

1. Voyez la première de nos *Thèses de littérature*, au § 10.

œuvres passées de l'esprit humain ; qu'il n'est pas inutile à l'imagination de savoir ce qu'on a fait autrefois, d'imiter ce qui est vraiment beau, sans pour cela renoncer à produire de soi-même d'autres beautés nouvelles plus en rapport avec les goûts actuels.

En comparant les œuvres antiques aux œuvres produites chez nous du xe au xvie siècle, on ne peut douter que celles-ci ne l'emportent par la variété des inventions, par la moralité des personnages, par le plus grand intérêt qu'elles nous présentent. Mais pour ce qui fait la *beauté* de l'ouvrage, c'est-à-dire la proportion, l'harmonie des parties, la convenance de la forme, l'excellence de l'expression, nulle comparaison entre les anciens et nos vieux poëtes : la distance est aussi grande que de l'Apollon du Belvédère ou de la Vénus de Médicis aux statues mal proportionnées et grossières qui décorent les niches de nos vieilles églises.

Il semble donc que si dès le temps de François Ier les poëtes avaient cherché à réunir les deux qualités propres aux anciens et aux modernes, je veux dire la variété et l'intérêt trouvés par ceux-ci et la beauté accomplie de ceux-là, ils nous auraient donné des ouvrages supérieurs.

Ce n'est pas ce qu'ils firent. L'engouement de l'antique leur fit tout imiter des anciens, jusqu'à la mesure de leurs vers, à laquelle notre langue ne se prêtait pas[1], jusqu'aux farces mythologiques qui avaient marqué la naissance de la tragédie chez les anciens, et devaient exciter une sorte d'horreur chez une nation catholique[2].

De là ce résultat que, comme notre langue n'était pas encore arrivée au degré de pureté et de noblesse nécessaire dans les ouvrages d'un caractère élevé, ils ne purent obtenir un succès durable que dans ce qui n'était pas le produit

---

1. Voyez nos *Thèses de grammaire*, n° XV.
2. M. Sainte-Beuve, *Tableau de la poésie française* au xvie siècle, p. 210, édit. de 1843.

de l'imitation, je veux dire dans ces petites pièces que la postérité lit avec plaisir, mais qui ne suffisent pas à former une littérature honorable et admirée[1].

Les poëmes de grand caractère, les épopées, les tragédies ou comédies, les odes élevées, les poëmes didactiques, tentés alors, ne purent se soutenir en aucune façon, et l'étude des nouveaux ouvrages d'imagination n'offrit non plus à la critique littéraire proprement dite aucune base solide pour y fonder des progrès réels.

Cette occasion lui vint d'ailleurs de diverses circonstances étrangères, mais particulièrement de l'imprimerie, inventée dans le siècle précédent, qui concourut plus que toute autre chose à perfectionner la critique dans toutes ses branches. Elle engagea en effet les érudits à chercher sans cesse des manuscrits. Par là se produisirent plusieurs éditions successives des mêmes ouvrages; on compara entre elles les diverses leçons, on choisit, on adopta les meilleures; l'attention des savants, des éditeurs et des traducteurs se porta sur l'analyse et la synthèse de nos pensées, sur la correction grammaticale des phrases, sur la régularité des vers, et fonda sur ces connaissances positives un *criterium* assuré de la justesse de l'expression.

Quant aux beautés de goût et de sentiment, l'imprimerie donna aux amis de la littérature et des arts le moyen de publier leurs idées, de communiquer leurs impressions à ceux qu'elles intéressaient. Ainsi la critique historique, grammaticale, littéraire, philologique se perfectionna par le seul fait de l'impression des livres.

Mais ce fut surtout la polémique à laquelle l'imprimerie donna naissance, qui, en mettant tour à tour sous les yeux du public l'attaque et la défense des mêmes morceaux, le blâme et la louange des mêmes idées ou des mêmes dis-

---

1. Voyez nos *Thèses de littérature*, n° I, lieu cité.

cours, obligea les adversaires à ne donner que de bonnes raisons, à s'appuyer sur des textes certains, à déterminer exactement les parties des ouvrages pour les examiner, quand il y avait lieu, tour à tour, et les juger en parfaite connaissance.

Jusque-là, sans doute, les éléments de la science que nous appelons la *critique littéraire* existaient dans le monde savant. Nous avons vu qu'à Rome Cicéron et Quintilien disaient ce qui leur plaisait ou leur déplaisait dans un ouvrage. Mais auraient-ils pu, si on leur eût remis un livre entier, comme une tragédie de Sophocle ou une comédie de Térence, en exposer exactement le sujet et le plan, montrer la suite des scènes, porter sur cette composition un jugement motivé et le confirmer par l'examen détaillé du style? Rien dans ce qui nous reste des anciens ne nous le fait présumer. On peut donc croire que c'est là une œuvre de la critique chez les modernes, parce qu'elle est devenue un art pratique et une sorte de profession pour quelques hommes spéciaux, tandis qu'autrefois c'était par occasion que les lettrés s'en entretenaient. La critique était pour eux comme un sujet de conversation. Elle n'a pu être régulièrement exercée et devenir une science réglée, que quand l'imprimerie a eu donné aux savants le moyen de communiquer au public, soit périodiquement, soit à des intervalles indéterminés, les observations faites sur les ouvrages nouveaux comparés entre eux ou avec les anciens. C'est là justement ce qui caractérise la critique moderne, et c'est sa marche et ses progrès que nous avons à suivre désormais.

VI. *Époque de Malherbe.* — La France n'avait pas encore de langue poétique. La prose courante était, si l'on peut parler ainsi, plus avancée. Deux grands écrivains, Amyot, né à Melun en 1513, et Montaigne, né en 1533, ne l'avaient pas fixée sans doute : ils y avaient du moins fait briller des qualités qu'elle ne devait plus perdre. L'influence diverse de ces deux hommes est exprimée par un érudit de nos jours[1], en termes qu'on me saura gré de reproduire : « Pendant que Meygret, Robert Estienne et Ramus publiaient des grammaires, Amyot et Montaigne trouvaient l'art d'écrire. Mais tandis que celui-ci, à la tête de l'école que l'on peut appeler *gasconne*, coloré, pittoresque, énergique, poussait la vivacité jusqu'à la pétulance, la hardiesse jusqu'à la témérité ; l'autre, premier modèle de la prose vraiment française, la maintenait dans sa nature en lui donnant un tour simple et naïf, une allure facile et régulière ; il la mettait d'accord avec cet esprit doué de netteté et de sagesse qui allait de plus en plus devenir l'esprit national. »

Ce qu'Amyot et Montaigne avaient commencé, Malherbe l'acheva. Ce poëte, né à Caen en 1555 d'une famille noble, nous révéla le premier toute la pompe de notre idiome, toutes les richesses de notre versification. Beauté d'expressions et d'images, mouvements rapides et sublimité d'idées, enthousiasme, nombre, cadence, rien ne manque à ses belles odes. C'est à ces qualités que se rapportent les vers si connus du premier chant de l'*Art poétique* de Boileau :

> Enfin Malherbe vint, et le premier, en France,
> Fit sentir dans les vers une juste cadence ;
> D'un mot mis en sa place enseigna le pouvoir,
> Et réduisit la muse aux règles du devoir.

Mais ce n'est pas sous ce rapport que nous avons ici à étudier ce poëte. Ce qui nous intéresse surtout en lui, c'est le travail de critique qu'il exerçait sur ses propres œuvres et sur celles des autres. Pour lui-même, il était d'une extrême sévérité dans le choix des mots ; peut-être aussi poussa-t-il trop loin la délicatesse, car c'est lui qui commença, sur la langue française, ce travail d'épuration continué dans l'âge

---

1. M. Feugère, p. xxviij, de sa *Notice sur Amyot*, insérée au-devant des *Vies de Thémistocle et de Camille*. Paris, Delalain, 1846.

suivant par l'Académie, qui nous a fait perdre une foule d'excellents mots usités dans le xvi⁰ siècle.

Il n'était pas moins rigoureux sur les ouvrages des autres, et ne cachait pas assez le mépris qu'il en faisait, soit par rapport au style, soit par rapport aux pensées. Il avait tellement maltraité Desportes, que le neveu de celui-ci, Mathurin Régnier ne put s'en taire, et dans une satire très-vive, dirigée contre Malherbe, il lui reprocha ce travail de lime comme étant le seul qu'il fût capable de faire. Les vers sont assez bons pour être cités :

> Ils disent librement que leur expérience
> A raffiné les vers, fantastiques d'humeur,
> Ainsi que les Gascons ont fait le point d'honneur.
> Qu'eux tout seuls, du bien dire ont trouvé la méthode,
> Et que rien n'est parfait s'il n'est fait à leur mode.
> Cependant leur savoir ne s'étend seulement
> Qu'à regratter un mot douteux au jugement ;
> Prendre garde qu'un *qui* ne heurte une diphthongue ;
> Épier si des vers la rime est brève ou longue ;
> Ou bien si la voyelle, à l'autre s'unissant,
> Ne rend point à l'oreille un son trop languissant ;
> Et laissent sur le vert le noble de l'ouvrage.
> Nul aiguillon divin n'élève leur courage.
> Ils rampent bassement, faibles d'invention,
> Et n'osent, peu hardis, tenter la fiction ;
> Froids à l'imaginer : car s'ils font quelque chose,
> C'est proser de la rime et rimer de la prose,
> Que l'art lime et relime, et polit de façon
> Qu'elle rend à l'oreille un agréable son ;
> Et voyant qu'un beau feu leur cervelle n'embrase,
> Ils attifent leurs mots, enjolivent leur phrase,
> Affectent leur discours tout si relevé d'art,
> Et peignent leurs défauts de couleur et de fard [1].

Quoique ces reproches soient fondés en quelque chose, Malherbe, par le soin qu'il a pris d'éviter les épithètes oi-

---

1. *OEuvres* de Mathurin Régnier, *Sat.* IX.

seuses, les pensées parasites, les phrases ou idées redondantes; d'exclure, en un mot, de ses vers, tout ce qui pouvait choquer un juge difficile, a eu l'avantage de se distinguer le premier, et d'une manière durable, dans la poésie noble; il a eu la gloire non moins grande de nous rendre sévères nous-mêmes dans l'appréciation des poëmes, et de commencer ainsi cette brillante série de poëtes du premier ordre sur lesquels repose en grande partie la renommée littéraire de la France.

A son exemple et dès ce moment le pouvoir du goût sur les œuvres de l'esprit fut solidement établi. Chacun voulut se rendre compte du plaisir ou du déplaisir ressenti à l'audition ou à la lecture des ouvrages; chacun exerça son jugement selon ses lumières, et les plus grands génies eux-mêmes, suivant les traces de Malherbe, influèrent non-seulement par leurs travaux originaux, mais par leurs préceptes, sur le perfectionnement de la critique littéraire.

VII. *Époque de Corneille.* — Pierre Corneille, né à Rouen en 1606, doit avoir un rang distingué dans cette galerie des critiques français, non pas sans doute à cause de la sûreté ou de la finesse de son goût : car on sait que c'est à lui que s'appliquent ces vers de Boileau :

> Tel s'est fait par ses vers distinguer dans la ville
> Qui jamais de Lucain n'a distingué Virgile [1].

Mais Corneille, comme créateur de la belle tragédie française, a dû faire sur son public soit des expériences, soit des observations critiques : il a consigné les unes et les autres dans les examens de ses pièces d'une part, de l'autre dans les trois discours qu'il a faits sur l'art dramatique. Je ne puis mieux caractériser ces morceaux qu'en transcrivant ce qu'en

---

1. *Art poétique*, IV, v. 83.

dit M. Geruzez dans la notice qu'il a placée au-devant du Théâtre choisi de Corneille[1] :

« Non-seulement il publia ses œuvres, mais il les examina sans en dissimuler les défauts, comme sans en contester les beautés ; et en cela il fit acte de courage et de bonne foi. Ces examens méritent d'être étudiés comme de précieuses confidences du génie ; ils prouvent avec quel soin le poëte méditait un sujet ; quelle part il faisait à la vérité de l'histoire et à l'invention, quels étaient ses scrupules et ses hardiesses. Trois discours qu'il y ajouta et dans lesquels il commente et complète la *Poétique* d'Aristote, attestent ses profondes réflexions sur les secrets de l'art dramatique. On y admire sa sincérité et sa pénétration, tout en souriant de la naïveté avec laquelle il mêle, dans les exemples qu'il allègue, ses pièces les plus imparfaites et les chefs-d'œuvre dont l'amour paternel fait une seule famille, où les plus disgraciés ne sont pas les moins aimés. »

L'erreur de Corneille dans l'appréciation comparative de ses œuvres est, en effet, incontestable ; mais ses *Discours sur la tragédie* ne sont pas moins des chefs-d'œuvre de pensée et d'exposition, comme les examens de ses pièces donnent à tout moment des preuves d'une sagacité et d'un tact merveilleux. J'emprunte les lignes suivantes à l'examen d'*Horace*.

Corneille remarque d'abord que du consentement de tous, *Horace* passerait pour sa meilleure tragédie, si les deux derniers actes répondaient aux premiers ; que quelques-uns croient que cette infériorité vient de la mort de Camille tuée sur le théâtre ; mais que ce n'est pas là, selon lui, la véritable cause ; qu'il y en a une autre raison qu'il fait connaître en ces termes :

Comme je n'ai point accoutumé de dissimuler mes défauts, j'en trouve ici deux ou trois assez considérables. Le premier est que cette

---

1. In-12, 1848, librairie de L. Hachette et Cie.

action, qui devient la principale de la pièce, est momentanée, et n'a point cette juste grandeur que lui demande Aristote, et qui consiste en un commencement, un milieu et une fin. Elle surprend tout d'un coup, et toute la préparation que j'y ai donnée par la peinture de la vertu farouche d'Horace et par la défense qu'il fait à sa sœur de regretter qui que ce soit de lui ou de son amant qui meure au combat, n'est point suffisante pour faire attendre un emportement si extraordinaire, et servir de commencement à cette action.

Le second défaut est que cette mort fait une action double par le second péril où tombe Horace après être sorti du premier. L'unité de péril d'un héros, dans la tragédie, fait l'unité d'action; et quand il en est garanti, la pièce est finie, si ce n'est que la sortie même de ce péril l'engage si nécessairement dans un autre, que la liaison et la continuité des deux n'en fasse qu'une action; ce qui n'arrive point ici, où Horace revient triomphant, sans aucun besoin de tuer sa sœur, ni même de parler à elle; et l'action serait suffisamment terminée à sa victoire.

Cette chute d'un péril en l'autre, sans nécessité, fait ici un effet d'autant plus mauvais, que d'un péril public, où il y va de tout l'État, il tombe en un péril particulier, où il n'y va que de sa vie; et, pour dire encore plus, d'un péril illustre où il ne peut succomber que glorieusement, en un péril infâme, dont il ne peut sortir sans tache.

Ajoutez, pour troisième imperfection, que Camille, qui ne tient que le second rang dans les trois premiers actes, et y laisse le premier à Sabine, prend le premier en ces deux derniers, où cette Sabine n'est plus considérable; et qu'ainsi, s'il y a égalité dans les mœurs, il n'y en a point dans la dignité des personnages, où se doit étendre ce précepte d'Horace :

Servetur ad imum
Qualis ab incepto processerit, et sibi constet.

Ce défaut en Rodelinde a été une des principales causes du mauvais succès de *Pertharite*, et je n'ai point encore vu sur nos théâtres cette inégalité de rang en un même acteur, qui n'ait produit un très-méchant effet. Il serait bon d'en établir une règle invariable.

Le lecteur intelligent admirera certainement ici la sagacité avec laquelle l'auteur, frappé du jugement du public, en va chercher et découvrir la cause, non pas dans le fait instantané et facilement évitable d'un meurtre sur le théâtre, mais dans les conditions intimes de l'art, et les sentiments les plus cachés de l'âme humaine. C'est une perfection d'analyse appliquée aux conditions des beaux-arts, dont il serait, je crois, impossible de trouver même le germe avant Corneille.

On ne remarquera pas moins : 1° la soumission de ce grand homme à l'autorité, puisqu'il s'appuie sans cesse de celle d'Aristote ou d'Horace ; 2° son respect plus grand encore pour l'expérience, puisqu'il propose d'étendre selon ce qu'elle nous a appris, le sens des préceptes des anciens, à des détails auxquels ceux-ci n'avaient jamais pensé ; 3° enfin la manière dont il concevait l'établissement des règles du théâtre, qu'il ne croyait définitives ou inviolables que quand l'observation constante en avait démontré l'utilité et la convenance.

A la même époque que Corneille, vivaient l'abbé d'Aubignac, Scudéri, Saint-Évremond, et un peu plus tard le père Le Bossu. Ils sont connus, le premier par son adoration aveugle d'Aristote, l'insuccès de ses pièces, et ses critiques amères de Corneille ; le second par ses discussions avec ce grand poëte, et sa lettre à l'Académie au sujet du *Cid* ; le troisième par son épicurisme et l'indépendance de ses jugements ; le dernier par son *Traité du poëme épique* imprimé en 1675.

L'abbé d'Aubignac, né en 1604, et Le Bossu, né en 1631, sont des critiques théoriciens de profession. Le premier dans sa *Pratique du théâtre*, publiée en 1657, le second dans son *Traité du poëme épique*, nous offrent des modèles de cette critique érudite et patiente, mais étroite et sans lumières, qui ne voit ni ne comprend rien au delà de ce qu'ont fait les anciens. Sans idées comme sans génie pour les disposer et les exprimer, cherchant toujours dans le passé des règles qu'ils croient éternelles, ils sont à la tête de cette classe de mécontents que nous trouvons sans cesse en opposition avec les auteurs qui réussissent, et qu'on pourrait nommer des *arriérés* ou des *rétrogrades*. Il n'y a guère à tirer d'eux que des erreurs, quand on y cherche la théorie élevée et véritable des grands ouvrages d'imagination; mais ils peuvent être utiles pour les faits particuliers, les citations textuelles, en un mot, pour tout ce qui prouve l'érudition ou le savoir acquis. Le Bossu, par exemple, a certainement étudié son sujet avec un soin extrême, et appelé l'attention des lecteurs sur une multitude de points peu connus ou mal observés avant lui : si bien que, même en ne l'approuvant pas, on a sur la nature du poëme épique ou de la fable (liv. I), sur sa matière ou l'action (liv. II), sur sa forme ou la narration (liv. III), sur les mœurs (liv. IV), sur les machines ou le merveilleux (liv. V), et enfin sur les sentiments et l'expression (liv. VI), des notions bien plus précises et plus complètes qu'auparavant.

Quant à l'esprit qui a dirigé l'auteur, on s'en fait une idée dès sa troisième page. Homère et Virgile, Aristote et Horace ne sont pas pour lui seulement des modèles et des guides éternels; c'est le tout de la poésie épique : il n'y avait rien avant eux, il n'y a rien eu depuis; et il répond en ces termes à ceux qui pourraient trouver un peu étroite une littérature tellement circonscrite :

Il est vrai que les hommes de notre temps peuvent avoir de l'esprit comme en ont eu les anciens, et que dans ces choses qui dépendent du choix et de l'invention, ils peuvent avoir des imaginations justes et heureuses. Mais ce serait une injustice de prétendre que les règles nouvelles détruisent celles de nos premiers maîtres, et qu'elles doivent faire condamner les ouvrages de ceux qui n'ont pu prévoir nos caprices, ni s'accommoder au génie des personnes qui devaient naître en d'autres siècles et en d'autres États, sous une religion bien différente de la leur, et avec des mœurs, des coutumes et des langues qui n'y ont plus de rapport.

N'ayant donc pas entrepris cet ouvrage pour former des poëtes à la manière d'aujourd'hui, que je ne connais pas assez, mais seulement pour me servir de fondement dans le dessein que j'ai d'expliquer l'*Énéide* de Virgile, je ne dois point m'arrêter à tout ce que l'on aura inventé en ces derniers temps. Je ne me persuaderai pas que ce qu'ont pensé quelques nouveaux auteurs soit une raison universelle et une notion commune que la nature devait aussi avoir mise dans la tête de Virgile. Mais laissant à la postérité à décider si ces nouveautés sont bien ou mal imaginées, je m'arrêterai seulement à ce que je croirai trouver dans Homère, dans Aristote et dans Horace. Je les interpréterai les uns par les autres, et Virgile par tous les trois, comme n'ayant qu'un même génie et une même idée de la poésie épique [1].

On ne peut exposer plus franchement une opinion plus décidée : si le monde n'est pas absolument supprimé après Horace et Virgile, on voit au moins qu'il ne compte pas, et que tout ce qui a pu être observé depuis ne doit modifier en rien ce qu'on pensait il y a deux ou trois mille ans ! Il n'y a pas beaucoup de philosophie, sans doute, il y a au moins du courage à dire aussi nettement comment on conçoit les règles du jugement et la création dans les arts.

Mais laissons ces critiques arriérés que nous retrouverons sans cesse, et passons à Scudéri, qui fut l'occasion d'un événement marquant dans l'histoire de la critique française, je veux dire de l'intervention de l'Académie dans une discussion littéraire

« Lorsque Corneille, dit M. Geruzez, se fut mis hors de pair par sa belle tragédie du *Cid*, ses confrères en poésie, ceux-là mêmes qui avaient applaudi à ses débuts,... se liguèrent pour protester contre les acclamations de la foule. Scudéri, Mairet, Claveret s'évertuèrent à prouver que le *Cid* valait peu de chose, et que ce peu de chose n'appartenait pas à Corneille. Scudéri se distingua dans cette croisade. » Il publia ses *Observations sur le Cid*, où il prétendait prouver : 1° que le sujet n'en vaut rien du tout ; 2° qu'il choque les principales règles du poëme dramatique ; 3° qu'il manque de juge-

---

1. *Traité du poëme épique*, liv. I, ch. 1.

ment en sa conduite; 4° qu'il a beaucoup de méchants vers; 5° que presque tout ce qu'il a de beautés sont dérobées; 6° et qu'ainsi l'estime qu'on en fait est injuste.

Je ne cite rien des observations de Scudéri, quoiqu'elles aient un certain intérêt historique; et que le galimatias prétentieux de l'auteur ou le singulier mélange des fanfaronnades les plus ridicules et des plus humbles adulations, puisse offrir un curieux spectacle à l'ami des lettres : la seule chose qui nous occupe, et le seul bon résultat qu'ait eu son incartade, ç'a été d'appeler plus nettement qu'on ne l'avait fait jusqu'alors l'attention d'un corps savant sur les beautés littéraires ou les défauts d'un ouvrage. L'Académie, saisie de ce procès ridicule, fut obligée de le juger. Richelieu le voulait; et quelque mauvais sentiment qui l'ait animé, dit-on, contre Corneille, c'était sans doute encore une innovation heureuse que d'inviter un corps constitué à juger un ouvrage de poésie et à en dire son opinion au public.

Le travail de l'Académie est consciencieux. Prenant pour point de départ les *Observations* de Scudéri, ce corps savant examine la *tragi-comédie du Cid* sous tous les rapports indiqués par le critique; les trois premiers aspects font l'objet de la première partie. Il s'agit du sujet en lui-même, et de savoir s'il choque les règles du poëme dramatique, et s'il manque de jugement en sa conduite. L'Académie se tient dans un moyen terme qui n'a dû satisfaire ni le poëte ni le plaignant; mais qui lui ôtait à elle-même toute responsabilité embarrassante.

La seconde partie, intitulée *Sentiments sur les vers*, est un examen impartial des critiques de Scudéri, où l'Académie donne raison tantôt à l'un, tantôt à l'autre; elle déclare à la fin n'avoir rien à dire des imitations reprochées à Corneille.

Suit une conclusion générale, où l'Académie française continuant de ménager, comme on dit, la chèvre et le chou, loue et blâme à peu près également, et semble surtout occupée de ne pas se compromettre.

Ainsi, dès cette première occasion où un corps littéraire constitué a dû se prononcer sur un ouvrage d'art et d'imagination, il a montré le vice irrémédiable de ces sortes de jugements collectifs. Les membres, habitués à certaines formes de composition ou de langage, soumis à des règles et à des usages anciens, cherchant toujours à éclairer leur décision à la lueur des autorités, respectueux enfin, peut-être même obséquieux pour le passé, ne s'accorderont jamais à louer que le médiocre ou le commun. Tout ce qui sortira des routes battues, quelque approbation que chacun y donne individuellement, sera ou blâmé, ou suspecté par le corps entier, qui, n'ayant plus à s'abriter derrière l'opinion d'auteurs révérés, craindra de hasarder son jugement. C'est là ce que nous voyons partout, non-seulement à l'Académie française, mais dans toutes les compagnies établies sur le même plan, et à plus forte raison dans les corps à la fois lettrés et administratifs.

Est-ce à dire que la critique littéraire exercée par ces corps ou par l'Académie française soit mauvaise en soi ou inutile ? Non certes : elle est, au contraire, excellente pour ramener à la correction, à la sage disposition des œuvres, à la régularité, en un mot à toutes les qualités que le travail et la sagesse de l'ouvrier ont pu faire acquérir. Mais l'originalité dans les conceptions ou dans le langage; mais les idées absolument neuves; mais enfin tout ce qui tient au génie, au naturel extraordinaire, à l'inspiration, si je puis prendre ce terme, frappera très-vivement les individus ou les masses ignorantes, et s'évanouira au creuset de la critique devant une assemblée de littérateurs.

C'est ce qu'il ne faut pas perdre de vue si l'on veut s'expliquer les jugements souvent plus que singuliers, rendus par les corps savants en matière de poésie et d'éloquence, et la médiocrité des pièces qu'ils ont toujours couronnées. Mais cette question n'est pas de notre ressort : revenons au sujet qui nous occupe.

Scudéri nous intéressait par son appel à l'autorité : Saint-Évremond mérite par lui-même, et par ses dispositions à penser librement de toutes choses, que nous nous y arrêtions un instant. On connaît ses aventures; on sait qu'il a eu de son temps une réputation bien supérieure à celle qu'il a conservée : et, en effet, ses ouvrages, pris en masse, sont loin de valoir le bien qu'on en a dit. Toutefois, il y a chez lui quelques morceaux de choix qui mériteront toujours l'attention des gens de goût. Il est en particulier, comme critique, un de ceux qui ont porté dans l'appréciation des œuvres littéraires, non pas le plus de sentiment ou de délicatesse, mais le plus de liberté et d'esprit d'examen. Il juge toujours par lui-même, et ne reçoit aucunement son mot d'ordre ni des anciens, ni de la coutume. C'est là une très-belle qualité qu'on ne saurait trop estimer dans un homme qui veut juger les autres.

Son parallèle de Corneille et de Racine est remarquable par la justesse des idées, la finesse des aperçus, et la délicatesse des formes du langage :

Dans la tragédie, Corneille ne souffre point d'égal, Racine de supérieur[1]. La diversité des caractères permettant la concurrence, si elle ne peut établir l'égalité, Corneille se fait admirer par l'expression d'une grandeur d'âme héroïque, par la force des passions, par la sublimité du discours; Racine trouve son mérite en des sentiments plus naturels, en des pensées plus nettes, dans une diction plus pure et plus facile. Le premier enlève l'âme, l'autre gagne l'esprit; celui-ci ne donne rien à censurer au lecteur, celui-là ne laisse pas le spectateur en état d'examiner. Dans la conduite de l'ouvrage, Racine, plus circonspect en se défiant de lui-même, s'attache aux Grecs qu'il possède parfai-

---

1. Imitation de Lucain, *Phars.*, I, v. 125.

tement; Corneille, profitant des lumières que le temps apporte, trouve des beautés qu'Aristote ne connaissait pas. Corneille et Racine sont admirables en tragédies; mais si l'on était obligé de dire précisément lequel des deux il serait plus à propos de prendre pour modèle quand on écrit pour le théâtre, il faudrait répondre qu'il est plus difficile de suivre Corneille, et qu'il est plus sûr d'imiter Racine [1].

Les lignes suivantes sur la comédie nous donneront une idée de sa hardiesse et de son bon jugement :

Il n'y a point de comédie qui se conforme plus à celle des anciens que l'anglaise, pour ce qui regarde les mœurs. Ce n'est point une pure galanterie pleine d'aventures et de discours amoureux; c'est la représentation de la vie ordinaire, selon la diversité des humeurs et les différents caractères des hommes. C'est un alchimiste qui, par les illusions de son art, entretient les espérances trompeuses d'un vain curieux; c'est une personne simple et crédule dont la sotte facilité est éternellement abusée; c'est quelquefois un politique ridicule, grave, composé, soupçonneux, qui croit trouver des desseins cachés dans les plus communes intentions, qui pense découvrir de l'artifice dans les plus innocentes actions de la vie.

Il faut avouer que la régularité ne se rencontre pas dans les comédies des Anglais; mais ils sont persuadés que les libertés qu'on se donne pour mieux plaire, doivent être préférées à des règles exactes, dont un auteur stérile et languissant se fait un art d'ennuyer.

Il faut aimer la règle pour éviter la confusion; il faut aimer le bon sens qui modère l'ardeur d'une imagination allumée; mais il faut ôter à la règle toute contrainte qui gêne, et bannir une raison scrupuleuse qui, par un trop grand attachement à la justesse, ne laisse rien de libre et de naturel.

Ceux que la nature a fait naître sans génie, ne pouvant jamais se le donner, donnent tout à l'art qu'ils peuvent acquérir; et pour faire valoir le seul mérite qu'ils ont d'être réguliers, ils n'oublient rien à décrier un ouvrage qui ne l'est pas tout à fait [2].

Voilà certes des pensées bien hardies, qui, peut-être même, vont trop loin, en faisant du plaisir actuel la seule règle des beaux-arts, et ne reconnaissant pas, qu'après tout,

1. *Esprit de Saint-Evremond*, p. 111.
2. Même ouvrage, p. 33.

les règles ont été faites pour augmenter ce plaisir. On peut dire encore que Saint-Évremond rabaisse un peu la comédie anglaise, en la disant semblable à celle d'Aristophane (si c'est celle-là dont il veut parler). Du moins trouvons-nous là un homme qui pense par lui-même, ou qui ne jure pas sur la parole d'autrui, en un mot, une sorte de protestant littéraire, comme nous savons qu'il était fort disposé à l'être dans l'ordre politique : et dans ce rôle il se distingue par une louable modération d'idées, puisqu'il se garde bien de se jeter dans les rangs de ceux qui blâment tout ce qu'on a reconnu de beau jusqu'à eux, qui contestent même la forme des arts, et déclarent nul ou insensé tout ce qui n'est fait que pour le plaisir de l'œil ou de l'oreille.

Tel est donc, à la fin du règne de Louis XIII ou au commencement de celui de Louis XIV, l'état vraiment élevé et brillant de la critique littéraire en France; elle était, comme en général les autres produits de l'intelligence humaine, à un point de développement et de maturité qu'on ne peut voir de loin, comme nous le faisons, sans éprouver une satisfaction mêlée de quelque étonnement.

VIII. *Époque de Boileau.* — Boileau domine, et comme critique et comme poëte, toute cette époque qui s'étend de la mort de Mazarin, en 1661, à celle de Louis XIV, en 1715. Né en 1636, il avait vingt-cinq ans lorsque le roi prit en main les rênes du gouvernement. Déjà son goût et sa raison étaient formés. Ami de l'ordre, de la grandeur et de tout ce qui est bien, son génie l'appelait à faire dans la littérature ce que Louis faisait dans la politique et l'administration. Par la seule force du bon sens et du beau langage, il allait semer partout et faire fructifier les meilleurs principes d'appréciation littéraire. Ses poëmes sont remplis de vers devenus proverbes, et reçus par tout le monde, parce qu'ils expriment le mieux et le plus énergiquement possible les vérités qu'il nous a presque toutes apprises.

Hardi autant qu'indépendant, il n'hésite pas à briser l'idole de la mode, si cette mode est déraisonnable; il combat et renverse le burlesque au milieu de son triomphe; il attaque Chapelain malgré ses protections puissantes; il reprend dans Balzac et dans Voiture, écrivains alors à la mode, les défauts de style qui les ont fait rejeter par la postérité [1]; il soutient la beauté des *Provinciales* contre les jésuites, qu'il aimait [2]; il n'hésite pas à blâmer dans l'Arioste le ton sérieux de sa nouvelle de *Joconde*, et à montrer sur ce point la supériorité de La Fontaine [3]; il soutient, devant Louis XIV, Corneille dont pourtant il ne se dissimulait pas les défauts, et Molière que lui seul peut-être appréciait à sa véritable valeur [4].

Boileau, d'ailleurs, ne se contente pas de jeter çà et là de bons préceptes, ou d'établir des règles théoriques; il est critique praticien, et du plus haut mérite, dans trois ouvrages également remarquables, quoique à divers titres : dans la *Dissertation sur Joconde*, de 1662; dans le dialogue des *Héros de romans*, composé en 1664, mais publié beaucoup plus tard avec une préface aussi importante que le dialogue lui-même; enfin dans ses *Réflexions critiques sur quelques passages de Longin*, écrites de 1693 à 1711, et qui forment un de nos ouvrages de critique théorique les plus originaux et les plus élevés [5].

---

1. Lettre au duc de Vivonne, 4 juin 1675.
2. Mme de Sévigné, lettre du 15 janvier 1690.
3. *Dissertation sur Joconde*, t. II, p. 154, de l'édition in-12 de Daunou. Ce jugement est d'autant plus remarquable, qu'alors personne n'en était capable. Le succès du burlesque qui assurait celui des vers de Bouillon, montre qu'on ne distinguait pas ce mauvais style du style gai ou enjoué que La Fontaine, Molière et Boileau ont les premiers (après Corneille dans le *Menteur*) établi chez nous dans sa forme actuelle.
4. Voyez les notes historiques sur Boileau, t. I.
5. Mettons cependant à cet éloge cette restriction, que Boileau n'expose pas toujours très-exactement l'opinion de Perrault qu'il se propose surtout de combattre; on en trouve la preuve soit en lisant le *Parallèle des anciens et des modernes* (voyez nos *Thèses de littérature*, n° XV, p. 464), soit en re-

On trouve encore dans ses lettres de nombreux passages où il exprime ses idées sur la valeur des œuvres de littérature, et toujours avec une liberté et une justesse qu'on ne saurait assez admirer. Je prends comme exemple un passage curieux d'une lettre à Brossette [1], où il juge le *Télémaque* de Fénelon :

> Vous m'avez fait un fort grand plaisir en m'envoyant le *Télémaque* de M. de Cambrai. Je l'avais pourtant déjà lu. Il y a de l'agrément dans ce livre, et une imitation de l'*Odyssée* que j'approuve fort. L'avidité avec laquelle on le lit, fait bien voir que si on traduisait Homère en beaux mots, il ferait l'effet qu'il doit faire et qu'il a toujours fait. Je souhaiterais que M. de Cambrai eût rendu son Mentor un peu moins prédicateur, et que la morale fût répandue dans son ouvrage un peu plus imperceptiblement et avec plus d'art. Homère est plus instructif que lui. Mais ses instructions ne paraissent point préceptes et résultent de l'action du roman plutôt que des discours qu'on y étale. Ulysse, par tout ce qu'il fait, nous enseigne mieux ce qu'il faut faire que par tout ce que lui ni Minerve disent. La vérité est pourtant que le Mentor du *Télémaque* dit de fort bonnes choses, et qu'enfin M. de Cambrai me paraît beaucoup meilleur poëte que théologien : de sorte que si, par son livre des *Maximes*, il me semble très-peu comparable à saint Augustin, je le trouve, par son roman, digne d'être mis en parallèle avec Héliodore. Je doute néanmoins qu'il fût d'humeur, comme ce dernier, à quitter sa mitre pour son roman. Aussi, vraisemblablement, le revenu de l'évêque Héliodore n'approchait guère du revenu de l'archevêque de Cambrai.

Les amis de Boileau et tous les hommes célèbres de son siècle marchaient sur ses traces : La Fontaine et Molière, dans quelques jugements épars, Racine dans quelques-unes de ses préfaces, et dans ses lettres à l'auteur des *Hérésies imaginaires* et des *Deux visionnaires*; La Bruyère, enfin, qui commence ses *Caractères* par un chapitre de pure critique littéraire, sous le titre *Des ouvrages de l'esprit*, et qui dans

---

lisant dans l'édition de Boileau donnée par Saint-Marc (5 vol. in-8, 1747), la discussion entière de ces deux écrivains.

1. Du 10 novembre 1699.

d'autres chapitres sur *la chaire*, sur *quelques usages*, etc., exprime aussi des jugements très-intéressants.

On regrette que chez ce dernier, par suite de la forme de son style et de l'habitude qu'il s'était faite de n'exprimer sa pensée qu'à demi, en supprimant les développements nécessaires aussi bien que les transitions, ses jugements ne soient presque jamais clairs; souvent ils peuvent prêter à deux interprétations opposées : quelquefois aussi, ils sont tout à fait faux, ou du moins font naître des idées fausses.

Il dit, par exemple, en parlant de Boileau et de Racine; et à propos de la querelle des anciens et des modernes :

> Quelques habiles prononcent en faveur des anciens contre les modernes; mais ils sont suspects et semblent juger en leur propre cause, tant leurs ouvrages sont faits sur le goût de l'antiquité; on les récuse.

La Bruyère pourrait-il nous dire ce qu'il y a d'antique dans l'épître sur le passage du Rhin, dans le premier et le second chant de l'*Art poétique*, dans le *Lutrin*, dans *Britannicus*, dans *Athalie*, etc. Et cette manie de retrouver les anciens, non-seulement dans ce qu'ils ont réellement inspiré, mais partout, devait-elle trouver place chez un homme comme lui, qui savait bien n'avoir ni copié, ni même imité Théophraste. Il dit encore :

> De même on ne saurait, en écrivant, rencontrer le parfait, et, s'il se peut, surpasser les anciens, que par leur imitation.

Nouvelle erreur : imiter les anciens dans ce qu'ils ont de beau, et faire entrer cette imitation dans un ouvrage, c'est très-bien fait sans doute; mais il faut avant tout que l'ouvrage ait au fond et dans la disposition une valeur à lui propre; et si les livres des modernes l'emportent sur ceux des Grecs et des Romains, ce n'est pas par ce qu'ils en ont imité, c'est par ce qu'ils contiennent de nouveau, d'original, et dont ils sont les premiers modèles. Si Boileau n'eût fait que traduire l'*Art poétique* d'Horace, et Racine que copier l'*Andromaque* ou l'*Iphigénie* d'Euripide, ils seraient aussi loin l'un que l'autre de compter parmi les princes de la poésie française.

Il y a heureusement dans les œuvres de La Bruyère un grand nombre de jugements absolument vrais, et qui témoignent de la justesse de ses observations. Tel est le suivant sur les incertitudes du goût :

Il n'y a point d'ouvrage si accompli qui ne fondît tout entier au milieu de la critique, si son auteur voulait en croire tous les censeurs, qui ôtent chacun l'endroit qui leur plaît le moins. C'est une expérience faite que, s'il se trouve dix personnes qui effacent d'un livre une expression ou un sentiment, l'on en fournit aisément un pareil nombre qui les réclame. Ceux-ci s'écrient : Pourquoi supprimer cette pensée? elle est neuve, elle est belle, et le tour en est admirable. Et ceux-là affirment, au contraire, ou qu'ils auraient négligé cette pensée, ou qu'ils lui auraient donné un autre tour. Il y a un terme, disent les uns, dans votre ouvrage, qui est rencontré et qui peint la chose au naturel; il y a un mot, disent les autres, qui est hasardé et qui, d'ailleurs, ne signifie pas assez ce que vous voulez faire entendre : et c'est du même trait et du même mot que tous ces gens s'expriment ainsi; et tous sont connaisseurs ou passent pour tels. Quel autre parti, pour un auteur, que d'oser pour lors être de l'avis de ceux qui l'approuvent?

Malgré ce mérite, cependant, La Bruyère n'est pas regardé comme un de nos excellents critiques. Une science en général ne se compose pas de doutes, et on ne trouve guère que cela chez lui. Dans tous les cas, il n'y a pas de doctrine suivie. Il n'en est pas de même du jésuite Bouhours, né en 1628, auteur des *Entretiens d'Ariste et d'Eugène* et de la *Manière de bien penser des ouvrages d'esprit*, et du janséniste Barbier-d'Aucourt, qui, bien qu'ayant combattu Bouhours dans les *Sentiments de Cléanthe sur les entretiens d'Ariste et d'Eugène*, soutenait cependant les mêmes doctrines générales : tous deux sont des critiques dogmatiques, et se rattachent à l'école de Boileau.

Mme Dacier, née en 1651, Rollin, né dix ans plus tard, l'abbé Dubos, né en 1670, s'y rattachent aussi, mais tous les trois sans une grande portée de vue, souvent même sans aucune lumière pour distinguer le vrai du faux. Dubos, dans ses longues et ennuyeuses *Réflexions sur la poésie et la peinture* beaucoup trop vantées dans le siècle dernier, a battu la campagne à propos de ces deux arts auxquels il n'entendait absolument rien; Rollin, justement célèbre et comme érudit, et comme narrateur intéressant, et surtout comme dévoué de cœur à l'instruction de la jeunesse, n'avait aucun vrai sentiment de la beauté littéraire. Il a donné dans son *Traité des études*[1], un spécimen de la critique qu'il appliquait aux poëtes anciens. Il est impossible de rien trouver de moins spontané, de moins intelligent surtout que sa perpétuelle admiration de Virgile. C'est le chef d'une sorte d'école de *serviteurs très-humbles*, qui s'extasient devant tout ce qu'écrit un homme regardé comme modèle, et justifient leur enthousiasme par des raisons si mauvaises, qu'elles prouveraient beaucoup mieux le contraire de ce qu'ils disent. Rollin mérite sans doute à beaucoup d'égards l'estime, la reconnaissance même de la postérité; mais ce n'est pas par ce qu'il a tenté dans la critique littéraire. Là, il faut l'avouer, les exemples qu'il donne ne sont propres qu'à fausser l'esprit des jeunes gens, et à en faire tout au plus de ces classiques encroûtés, qui ne comprennent pas même le sens d'une objection, bien loin de pouvoir apprécier les beautés et les défauts d'un ouvrage, ou motiver leur jugement[2].

Quant à Mme Dacier, c'était une femme assurément très-érudite, dont Boileau estimait beaucoup la science, et qui par ses éditions et traductions des auteurs anciens a mérité de vivre dans notre histoire; mais dans la critique littéraire,

---

1. T. I. *De la poésie*, art. 2, de la lecture des poëtes.
2. *Thèses de littérature*, n° XV, p. 454.

elle est encore, s'il est possible, au-dessous de Rollin. Son livre *De la corruption du goût*, écrit contre Lamotte à propos de son imitation en vers de l'*Iliade* et de son *Discours sur Homère*, est un modèle de mauvais style, de soumission idiote à l'autorité, et d'inintelligence des questions qui se présentent. J'en citerai cet exemple pris au hasard [1]. Lamotte parlant du style d'Homère, après avoir établi par des preuves péremptoires qu'on ne peut juger avec exactitude des qualités d'une langue morte, concluait par ces paroles assurément irréprochables [2] :

Je crois que c'est assez de présumer, en général, que son expression est fort belle; et qu'on peut le soupçonner encore de bien des fautes en ce genre, dont nous ne sommes pas juges compétents, non plus que des beautés.

Mme Dacier lui répond :

Je devrais être faite aux soupçons et aux conjectures de M. de Lamotte; mais j'avoue qu'il me surprend toujours et que je ne m'y accoutume point. Après qu'Aristote, Platon et tous les écrivains ont décidé qu'Homère a mieux écrit que personne; après que Longin nous a assuré que dans l'*Iliade* « le sublime marche partout d'un pas égal sans que jamais il s'arrête ni se repose, » ce censeur, qui ne sait pas un mot de grec, vient nous dire sérieusement qu'on peut présumer qu'il a bien écrit, et en même temps le soupçonner de quantité de fautes dont nous ne sommes pas juges compétents. M. de Lamotte, très-ignorant en grec, veut qu'on compte pour rien le jugement de tous ces savants hommes, qu'on ne juge de la beauté du style d'Homère que par présomption, et que, sur ses simples soupçons, on l'accuse de plusieurs fautes dont nous ne pouvons juger. A-t-on jamais rien écrit de plus absurde?

Cette réponse est aussi impertinente au fond que grossière dans la forme. Mme Dacier ne comprend pas seulement de quoi il s'agit. Nous ne jugeons pas par nous-mêmes de l'élégance d'une langue morte, en particulier de la langue

1. P. 259, édit., 1714.
2. *OEuvres complètes*, t. II, p. 89.

grecque; nous en jugeons par tradition, et sur ce que les grammairiens ou rhéteurs nous ont rapporté. Si tous s'étaient accordés à dire qu'Homère avait mal écrit, il eût bien fallu les en croire, et nous aurions alors de son style une idée toute contraire à celle que nous en avons. Lamotte ne dit pas autre chose. C'est parce que les anciens sont d'accord sur le mérite de l'élocution d'Homère, que nous devons, selon lui, présumer qu'il a bien écrit; le *présumer*, dit-il, parce que nous ne saurions avoir là-dessus une certitude analogue à celle que le sentiment nous donne pour notre langue maternelle. L'ignorance ou la connaissance du grec ne font donc rien ici : la vérité de la proposition est absolue, et Lamotte fût-il encore plus ignorant et Mme Dacier plus érudite, elle n'en serait pas ébranlée.

Il n'est pas moins évident qu'il peut y avoir chez les anciens, qu'il y a même très-probablement des fautes de style dont nous ne nous apercevons pas. Lamotte dit qu'on peut *soupçonner* Homère à ce sujet; mais que c'est tout ce qu'on peut faire, parce que nous ne sommes pas juges compétents. Mme Dacier qui traduit cela par *accuser Homère de plusieurs fautes, sur de simples soupçons,* et qui assure qu'on n'a jamais rien *écrit de plus absurde*, ne fabrique-t-elle pas elle-même l'absurdité qu'elle reproche à son adversaire? Il serait très-bizarre sans doute de raisonner ainsi : « Nous ne savons pas le grec; en conséquence nous accusons Homère d'avoir fait des fautes grossières dans tel ou tel endroit. » Il est au contraire très-sage et parfaitement logique de penser que, les plus grands poëtes étant exposés à faire des fautes, Homère en a laissé échapper quelques-unes. Il est surtout convenable d'avouer que nous ne sommes pas juges compétents de la grécité, et que nous ne pouvons nous prononcer à cet égard que d'après les témoignages anciens.

Tout l'ouvrage de Mme Dacier est d'aussi mauvais sens que ce que nous venons de voir, comme il est partout d'un ton aussi rogue et d'un pédantisme aussi acariâtre. Je n'ai cité ce passage que pour montrer jusqu'où l'on peut s'égarer soi-même, quand au manque de goût se joint cette vanité si ordinaire aux érudits, qui les fait combattre pour les objets de leur culte avec l'ardeur et quelquefois la cruauté des sectaires.

Mais, tandis que Mme Dacier et Rollin suivaient ainsi lourdement les traces de Boileau et soutenaient avec ardeur et sans intelligence les idées qu'on a nommées *classiques* et qu'il vaudrait peut-être mieux appeler *traditionnelles*, le doute se glissait dans quelques esprits élevés. Une sorte de réaction se faisait contre l'autorité des Grecs et des Romains, et de ceux qui marchaient sur leurs traces. La fameuse querelle des anciens et des modernes, soulevée par Perrault, peut-être sans une capacité suffisante, et terminée par Boileau, qui s'était trop souvent tenu hors du vrai point de la question[1], avait semé des germes qui furent recueillis et fécondés par Bayle, par Fontenelle, par Lamotte, et, ce qu'on a d'abord peine à croire, par Fénelon.

Ce dernier, si classique dans beaucoup de ses ouvrages, particulièrement dans son *Télémaque*, n'avait cependant que jusqu'à un certain point le sentiment des beaux-arts. Singulier mélange de soumission absolue et de rébellion, il porta dans la littérature ce double caractère qu'il avait montré dans les matières religieuses. Il admira presque sans limites les bons auteurs anciens : il mesura très-étroitement son estime aux poëtes modernes qui les faisaient le mieux revivre, et les embellissaient avec tant de supériorité. Il s'extasiait comme Rollin devant l'harmonie de la versification grecque ou latine, assurément sans la sentir, puisqu'il ne savait pas plus que lui prononcer les vers d'Homère ou de

---

1. Voyez sa lettre à Ch. Perrault, 1700.

Virgile[1]; et sentait si mal la nôtre, qu'il croyait que la rime et la mesure y gâtaient le langage[2]. Il préférait les pièces en prose de Molière à ses admirables comédies en vers[3]; et plus tard, Lamotte invoquait son témoignage et citait ses lettres[4], comme d'un auxiliaire dans sa dispute contre Boivin et Mme Dacier. Les ouvrages de critique de Fénelon sont surtout sa *Lettre à l'Académie* et ses *Dialogues sur l'éloquence*, où l'on trouve de bons préceptes, quoique toujours un peu vagues; et puis quelques lettres, en particulier celles qu'il adressa à Lamotte dans les dernières années de sa vie.

Bayle, né en 1647, fut surtout sceptique dans les matières philosophiques. Quant à la littérature, il acceptait volontiers pour bon ce que louait la tradition, pour mauvais ce qu'elle condamnait; et ce n'est guère que par l'influence qu'a eue plus tard son scepticisme général, qu'on peut le mettre ici au nombre des dissidents.

Fontenelle, né en 1657, plus hardi que Fénelon, et bien moins artiste que lui, a plus nettement aussi rejeté l'autorité traditionnelle, pour ne reconnaître, disait-il, que celle de la raison. Il était loin d'avoir tout ce qu'il faut pour réussir dans les arts avec un principe si absolu. Aussi, malgré la forme à la fois adroite et spirituelle de ses paradoxes, le peu de succès de ses ouvrages originaux inspira toujours des doutes sur l'exactitude de ses vues : et, de fait, quand on regarde de près les principes nouveaux qu'il voulait substituer aux anciens, on s'aperçoit que presque tous ne sont vrais que par un côté; que le critique, la plupart du temps, n'a pas vu la face la plus importante de la question; et que tout en ayant l'air d'invoquer et de suivre la raison, c'est plutôt la déraison

---

1. *De quelques points des sciences*, etc., nos VIII et XI; *Thèses de grammaire*, nos XV et XVI.
2. *Lettre sur l'éloquence*, n° 5.
3. *Ibid.*, n° 7.
4. *OEuvres complètes*, t III, p. 47 à 72.

qu'il prend et conseille pour guide ; si bien qu'il entraîne dans le précipice ceux qui veulent marcher avec lui.

Nous ne nous arrêtons pas sur ce qui le regarde, parce que toutes ses idées ont été reproduites dans un ordre plus dogmatique, et avec un ensemble beaucoup plus complet par Lamotte, son disciple et son ami, dont nous devons parler avec quelque détail.

Celui-ci, imbu des idées du philosophe qu'il nommait son maître, avait cherché à se rendre un compte exact des règles acceptées, sinon pour toutes les espèces de poëmes, au moins pour les genres dans lesquels on peut les faire rentrer tous, savoir : la poésie lyrique, la poésie épique, la poésie didactique et la poésie dramatique. Dans des discours remarquables faits à l'occasion des divers genres où il s'était exercé, il avait habilement battu en brèche plusieurs des anciennes croyances, et nié ou contesté l'autorité du jugement général. Attaquant même l'instrument ou le moyen ordinaire de la poésie, la versification, il était allé jusqu'à dire qu'elle n'est qu'un travail puéril, une de ces bagatelles difficiles auxquelles il est extravagant et presque honteux de se livrer[1].

La Harpe remarque[2] combien cette hérésie littéraire eut de succès dans le XVIIIe siècle, auprès d'hommes d'un esprit très-élevé ; elle devait mener à toutes les autres, et y serait peut-être arrivée, si Lamotte n'eût été incapable de faire un bon poëme. Fontenelle, en effet, a pu dire dans sa réponse au successeur de son ami, que « Lamotte avait paru subitement avec des odes à la main dont plusieurs étaient des chefs-d'œuvre, et les plus faibles avaient de grandes beautés ; que Pindare dans les siennes est toujours Pindare, qu'Anacréon est toujours Anacréon ; qu'ils sont tous deux

---

1. Dans son *Discours à l'occasion d'OEdipe*, dans ses *Réflexions à propos de la scène de Mithridate mise en prose*, dans sa *Réponse à Voltaire* et dans ses *Réflexions sur l'ode de M. de La Faye*.

2. *Lycée*, t. XII, p. 147 et suiv., édit. in-18 de 1820.

très-opposés, et que M. de Lamotte, après avoir commencé par être Pindare, avait pu devenir Anacréon [1]. »

Ces éloges académiques, qui disparaissent naturellement après la séance où on les a distribués, n'ont jamais grand besoin d'être vrais. Ici malheureusement, ils sont non-seulement exagérés, mais tellement faux, qu'on s'étonne qu'un homme d'esprit comme Fontenelle ait pu écrire ou prononcer des phrases si contraires au sens commun.

Qu'on ouvre le recueil des odes de Lamotte, et l'on n'y trouvera que des strophes du genre de celle-ci, sur le dévouement de Curtius :

> J'ose *approfondir* ce grand homme
> De qui la *magnanimité*
> Digne *même* d'étonner Rome,
> *Tente notre incrédulité;*
> Pour qui vient de s'ouvrir un gouffre.
> *Victime d'un peuple qui souffre,*
> Il y court. *Quel est son appui ?*
> La mort à ses yeux *n'est point belle,*
> Mais il *n'envisage,* au lieu d'elle,
> *Que le nom* qu'il laisse après lui [2].

L'auteur de ce fatras prétentieux, de ce jargon barbare, est donc Pindare ou Anacréon, comme il a été Horace, c'est-à-dire qu'il est aussi loin de l'un que de l'autre; et il est mille fois évident que celui qui pouvait admirer de tels vers, aussi bien que celui qui, d'après ses théories, réussissait si mal dans la pratique et croyait cependant y bien réussir, manquait de quelqu'un des sens du critique.

C'est en effet la sensibilité qui défaut essentiellement chez Lamotte comme chez tous les juges de la même école. Comment admireront-ils un beau vers, si la cadence, l'har-

---

1. Voyez ce discours dans les *OEuvres complètes* de Lamotte, t. I, p. xliv.
2. *Le désir d'immortaliser son nom*, ode.

monie, l'image présentée ne les touchent aucunement? s'ils ne voient jamais que sa signification et tout au plus la clarté ou la précision de la phrase?

Qu'on eût donné à quelqu'un d'eux, à Fontenelle, à l'abbé Trublet, à l'abbé d'Aubignac, à Lamotte, ce vers si connu de Lemierre :

> Le trident de Neptune est le sceptre du monde,

ou cet autre vers dur et plat :

> Qui commande sur mer, peut commander partout;

le sens étant exactement le même, ils auraient mis les deux expressions sur la même ligne. Que dis-je? peut-être eussent-ils préféré la seconde, car enfin elle n'est pas figurée, et les figures, pour eux, étaient plutôt un défaut qu'une qualité du style.

Ce jugement étroit et défectueux, ils le portaient à plus forte raison dans l'examen des ouvrages. Frappés de quelques vétilles, comme l'inconvénient des confidents, comme la petite invraisemblance amenée par l'unité de lieu, ou la précipitation due à l'unité de temps, ils n'apercevaient aucunement les grandes et vraies difficultés de l'art : la beauté de l'ensemble, la marche continue de l'action, le progrès de l'intérêt, la grandeur des caractères, le langage des passions, la convenance et l'énergie de l'expression sans laquelle tout le reste n'est rien; et c'est ainsi que leurs théories satisfaisantes, séduisantes même pour le raisonneur enfermé comme eux dans son cabinet et y lisant leurs dissertations, s'évanouissent au grand jour de la pratique et de l'expérience. Alors la conception métaphysique, réduite à sa vraie valeur, disparaît entièrement, et quelle que soit la force ou la vraisemblance des raisonnements, ils ne peuvent rien contre ce que nous sentons; ils ne font pas que nous soyons touchés des mauvais ouvrages, ni que nous restions froids devant les bons.

Ainsi ce n'est pas pour ce qui tient au sentiment, à la passion, à l'harmonie ou au coloris du style que nous aurons quelque chose à tirer de Lamotte : il est là ce que sont en général les gens dénués de sensibilité ; il loue ou blâme à tort et à travers, et juge, en un mot, comme un aveugle des couleurs.

Mais il y a dans les arts, et dans la poésie surtout, une partie qui se rapporte davantage à la raison seule, à la combinaison et à l'arrangement des éléments, aux défauts que des siècles moins avancés que le nôtre ont pu laisser subsister, ou même ne pas apercevoir. C'est là que Lamotte peut être fort utile et que ses observations, quand elles ne sont pas d'une vérité absolue, ont toujours un côté vrai que le critique intelligent ne doit pas négliger. Je donnerai comme exemple ce qu'il dit des images dans son *Discours sur la fable*[1] :

Le choix de l'image sous laquelle on veut cacher la vérité exige plusieurs conditions. Elle doit être *juste*, c'est-à-dire signifier sans équivoque ce qu'on a dessein de faire entendre ; elle doit être *une*, c'est-à-dire que tout doit concourir à une fin principale dont on sente que tout le reste n'est que l'accessoire ; elle doit être *naturelle*, c'est-à-dire fondée sur la nature ou du moins sur l'opinion. Ces conditions sont prises de la nature même de notre esprit, qui ne saurait souffrir qu'on l'embarrasse, qu'on l'égare ni qu'on le trompe. Car je ne puis m'empêcher, au péril d'une digression, de faire ici une réflexion générale ; c'est dans la nature de notre esprit qu'il faut chercher les règles. Elles n'ont point été l'effet du caprice ni du hasard ; on les a fondées d'abord sur l'expérience de ce qui a plu, en attendant qu'on découvrît pourquoi les choses qui plaisaient devaient plaire, découverte qui affermit les règles bien plus sûrement que l'expérience ; car l'expérience est fautive ; et comme on n'y démêle pas assez les circonstances particulières qui influent sur l'effet principal, on n'est que trop sujet à se tromper sur les causes, soit en ne les embrassant pas toutes, soit en ne les appréciant pas ce qu'elles valent, soit en prenant souvent l'une pour l'autre : au lieu que la raison générale de l'agrément

---

1. *OEuvres complètes*, t. IX, p. 20.

des choses prise du rapport qu'elles ont avec notre intelligence, est un principe aussi invariable que la nature même de notre esprit, et qui nous met en état d'user toujours habilement des circonstances particulières au profit du dessein que nous nous proposons.

Il est impossible, assurément, de poser dans la critique générale, des principes plus vrais, exprimés d'une manière plus philosophique et plus élevée. Lamotte n'est pas moins louable dans les développements pratiques qu'il leur donne et dans l'application qu'il en fait à quelques-unes des fables célèbres. Je me contente de rappeler ici ce qu'il dit de l'image qui n'est pas naturelle[1] :

> Une image pèche contre la nature quand elle n'est pas conforme aux idées qu'on a des choses. Le lion fait société avec la génisse, la chèvre et la brebis; ils conviennent de partager entre eux le butin. On prend un cerf que le lion partage en quatre, et dont il prend trois parts sur différents droits qu'il allègue, en menaçant quiconque osera toucher à la quatrième. Cette société n'est pas naturelle : le lion choisit fort mal ses chasseurs ; les trois associés ne peuvent lui servir de rien, et ils sont d'ailleurs trop timides pour se lier avec un chasseur dont ils sont eux-mêmes le gibier[2].

Tout cela est parfaitement pensé. Lamotte est maître dans cette partie. Il y est d'autant plus remarquable qu'il a proposé un siècle à l'avance presque tout ce que nous avons vu d'un peu neuf dans les théories qui se sont produites il y a trente ans, sans jamais tomber dans les écarts qu'on leur a si justement reprochés.

Mais pendant ce règne majestueux de Boileau, et au milieu des dissidences qui commençaient à poindre, une puissance nouvelle s'introduisait dans le monde lettré qui devait dès lors ou plus tard modifier profondément la critique et lui donner une autorité immense : ce sont les journaux. Dès

---

1. *OEuvres complètes*, t. IX, p. 23.
2. Voltaire dans la critique exagérée qu'il fait de La Fontaine (*Dictionn. philosoph.*, mot *Fable*), a certainement profité de ces vues de Lamotte.

1457 et 1460, dit M. Bouillet[1], les imprimeurs de Mayence et de Strasbourg répandaient par feuilles volantes les nouvelles de quelque intérêt, surtout celles de la guerre contre les Turcs.... En 1563 commencèrent à Venise les *Notizie scritte*, qui étaient écrites à la main comme l'indique leur nom, parce que le gouvernement vénitien en prohibait l'impression. On leur donnait aussi le nom de *Gazette*, parce que la lecture s'en payait une *gazetta*, petite pièce de monnaie : ce nom s'est depuis étendu à tout journal. Augsbourg, Nuremberg, Londres eurent des feuilles périodiques longtemps avant nous. Enfin fut fondé, en 1631, le *Bureau d'adresses* ou l'*Extraordinaire*, qui prit le nom de *Gazette* au XVIII siècle, et devint plus tard la *Gazette de France*. Le médecin Renaudot en fut le premier rédacteur et propriétaire. Richelieu en favorisait la publication et y faisait insérer des relations, des notes et nombre de pièces officielles ou semi-officielles. Sous Louis XIV, elle fut soumise à une censure sévère, et n'en prospéra pas moins. Une quarantaine d'années après le *Bureau d'adresses*, en 1672, le *Mercure galant* fut fondé par Visé, et donna tous les mois des nouvelles, des anecdotes, des historiettes de salon. Ce furent là les sources premières de la littérature périodique en France. Jusqu'alors on avait vu des gens de lettres donner leur avis, exposer leur jugement sur les divers ouvrages, mais ils le faisaient à l'occasion, et non d'une façon régulière. Cet état de choses devait changer ; le compte rendu et le jugement des ouvrages nouveaux allaient devenir une profession à laquelle se consacreraient des hommes spéciaux, et l'analyse et le jugement devaient se réduire en un art dont il serait possible un peu plus tard de tracer les règles et de donner les conditions les plus importantes. Ce mouvement de l'esprit humain méritait d'être remarqué.

1. Dans son *Dictionnaire universel des sciences, des lettres et des arts*, aux mots *Journal, Gazette, Mercure*.

En résumé, dans cette époque célèbre, Boileau soutient les principes littéraires que suivent en général les grands poëtes ses amis : le Père Le Bossu, Mme Dacier, Rollin et une foule d'érudits sont dans les arriérés, ne voyant de vraiment beau que ce qu'ont fait les anciens, ou les calques qu'on en tire, et jugeant d'après l'autorité beaucoup plus que d'après eux-mêmes ; Bayle, dans la philosophie, dans la littérature, Fontenelle d'abord, ensuite Lamotte, sont les chefs des rebelles ; Fénelon a un pied dans un camp et le second dans l'autre. Sous ces diverses bannières marchent plus ou moins nombreux tous ceux qui alors prétendent juger les œuvres de l'esprit ; et un moyen nouveau de propager ses idées s'offre à tous les partis, savoir la presse périodique.

IX. *Époque de Voltaire.* — Après la mort de Louis XIV, le sceptre de la critique, tenu si fermement par Boileau, passa entre les mains de Voltaire, le seul homme qui pût lui succéder dignement. Mais, avant de l'étudier, nous devons dire un mot d'un autre homme de talent, son aîné de deux ans, et qui, héritier d'un des plus beaux noms du xviie siècle, soutint selon sa mesure et sa portée la gloire paternelle : il s'agit de Louis Racine, né en 1692, poëte de mérite et critique distingué par sa science. Louis Racine avait en effet une littérature fort étendue. Connaissant les langues anciennes et plusieurs langues modernes, il avait en outre un sentiment assez vif des beautés et des défauts ordinaires dans les ouvrages d'imagination. Malheureusement il manquait de cette précision de coup d'œil et de cette fermeté de judiciaire qui fait qu'on ne se trompe pas, même dans les questions les plus délicates ou les plus abstraites : et c'est là, au contraire, que Louis Racine se trompe toujours et perd ainsi l'occasion de découvrir et d'énoncer les vérités nouvelles.

Répond-il, par exemple, à ceux qui blâment la poésie et qui la condamnent, parce qu'elle aime les sujets passionnés, ou qu'elle paraît froide quand elle n'excite pas les passions? il nous dit :

> Ceux qui parlent ainsi ne font pas attention que le plaisir de la poésie, comme celui de la peinture, est produit en nous par l'imitation, et que tout ce qui est bien imité nous plaît.... Quand un voluptueux admire la pudeur peinte sur le visage de la sainte Vierge par Raphaël, ce n'est pas de la pudeur dont il est touché; il admire la vérité de l'imitation [1].

Tout ici est faux et présenté à faux. 1° Le plaisir est produit par l'imitation en partie seulement, et non tout entier. Il faut de plus quelques conditions, et d'abord que l'objet imité ait une certaine beauté. L'imitation en cire des difformités et des maladies de la peau ne sera jamais agréable, quelque parfaite qu'elle soit. 2° Le voluptueux admire la pudeur dans les tableaux de Raphaël, parce qu'il aime la pudeur. Il l'aime, dira-t-on, pour en triompher; sans doute, mais enfin il l'aime, sans quoi la représentation ne lui en plairait que bien faiblement. 3° Il semblerait d'après Racine que le sujet ni les détails, ni l'arrangement, ni le style ne sont rien dans un ouvrage, parce que ce ne sont pas là des imitations à proprement parler. C'est une très-grave erreur, et qui montre comment en étendant trop un principe, vrai en un certain sens et dans sa mesure, on tombe dans l'obscurité et le galimatias.

Un autre exemple le fera mieux voir encore. Quelques raisonneurs ont dit que nous ne pouvions juger de l'harmonie des vers grecs et latins, puisque nous ignorons la véritable prononciation de ces langues. Racine répond :

> Nous ignorons sans doute la véritable prononciation des langues mortes, et par conséquent toute la délicatesse de leur harmonie ne nous est pas connue; mais elles nous affectent toujours par une harmonie principale, et nous en jugeons, non par préjugé, mais par sentiment. Les vers d'Ennius et ceux de Lucrèce ne flattent pas notre

---

1. *Réflexions sur la poésie*, ch. 1, art. 1.

oreille comme ceux de Virgile.... Supposons qu'un Italien, un Anglais et un Français prononcent ensemble ces deux vers de Virgile : *Monstrum horrendum*, etc., et *Quadrupedante putrem*, etc. A la vérité ils les prononceront tous trois d'une façon si différente que peut-être ils ne s'entendront pas; ils conviendront néanmoins qu'ils prononcent deux vers admirables par leur harmonie, quoique tous deux opposés par leur harmonie [1].

Revenons sur ces divers points, et nous serons étonnés certainement qu'un homme de mérite comme Louis Racine ait pu se noyer ainsi dans les non-sens. Je laisse d'abord de côté la question si nous savons prononcer les langues anciennes : je crois qu'il y aurait lieu de distinguer; mais notre auteur ne distinguant pas, et concédant que nous ne les savons pas prononcer du tout, son raisonnement doit nécessairement suivre de cette donnée. Or il veut : 1° que nous soyons affectés par une harmonie principale. Mais que peut-elle être cette harmonie? il n'y en a pas d'autre dans une langue que celle des syllabes formées par les voyelles et les consonnes, et la distinction des accentuées et des glissantes. Si tout cela nous échappe, que reste-t-il? 2° Nous distinguons, dit-il, les vers de Virgile de ceux d'Ennius et de Lucrèce. Oui, certains vers, ceux où il y a des formes vieillies comme *adjúro, levasso, endoperator;* ou une orthographe ancienne, comme *lacrumæ, omneis, avidei;* ou des apocopes comme *plenu' fidei*, ou des diérèses comme *aquai*, etc.; mais hors de là, prenez donc des vers de ces trois poëtes, et chargez des humanistes qui ne les connaîtront pas de les restituer à leurs auteurs respectifs [2], et vous verrez ce que deviendra, dans ce cas, le jugement de l'oreille. 3° Des Ita-

1. *Réflexions sur la poésie*, ch. 4, art. 2, § 2.
2. Je ne résiste pas à l'idée d'en faire l'expérience. Voici trois passages des trois poëtes cités, je les range d'après leurs premières lettres :

    Manus ad cœli cærula templa
Tendebam lacrymans et blanda voce vocabam;
Motibus astrorum nunc quæ sit causa canamus;

liens, des Français, des Anglais prononcent les mêmes vers de Virgile, de manière à ne pas s'entendre les uns les autres, et pourtant ils conviennent que l'harmonie en est admirable. Tout ce qu'on peut conclure, c'est que chacun y met une harmonie particulière, dépendante de sa propre langue, et qu'il s'est habitué à l'admirer. Pour que l'argument de Racine eût quelque valeur, il faudrait que l'Anglais admirât les vers de Virgile prononcés par l'Italien, et réciproquement; or c'est ce qui n'a pas lieu. Chacun trouve ces vers fort ridicules dans la bouche de l'autre. En l'absence de la vraie prononciation latine et de l'harmonie particulière que chacun y met pour soi seulement, il ne reste donc que la convention, c'est-à-dire le préjugé et non pas le sentiment. 4° Ils conviendront que les deux vers cités sont admirables par leur harmonie, quoique d'une harmonie opposée. Cette convention ne prouve pas que cette harmonie nous soit sensible : et en effet nous ne la sentons pas; nous la concluons, d'abord de ce que l'un est composé presque entièrement de longues, tandis que l'autre a beaucoup de brèves; puis de ce qu'il y a des élisions dans le premier et qu'il n'y en a pas dans le second; enfin de ce que l'un s'applique au cyclope, tandis que l'autre représente un cheval galopant. Supposez que ces notions nous manquent, qui sont toutes intellectuelles et non sensibles; ou, ce qui revient au même, assemblez des syllabes insignifiantes dans un ordre à peu près pareil à celui de ces deux vers, et priez un humaniste de vous dire son avis sur le caractère harmonique des deux prolations que vous lui aurez remises; je serai bien étonné qu'il y trouve les mérites d'audition que Racine, et

Pro crinali auro, pro longæ tegmine pallæ,
Tigridis exuviæ per dorsum a vertice pendent;

et j'engage les lecteurs qui ne les connaissent pas à les rapporter à leurs vrais auteurs et à dire par quoi ils reconnaissent chacun pour être de tel ou tel.

avec lui la plupart des professeurs et des écoliers, veulent bien admirer dans les vers de Virgile¹.

On voit donc que Louis Racine manque d'une des qualités essentielles au critique supérieur, je veux dire de la parfaite intelligence des questions, et de l'exacte compréhension de tous les éléments qui peuvent y entrer. Toutefois c'est un écrivain qu'il ne faut pas dédaigner. Ses *Réflexions sur la poésie* méritent d'être lues par les gens de lettres, aussi bien que ses *Remarques sur le théâtre de J. Racine* et son *Traité de la poésie dramatique*. Mais tout cela est bien pâle auprès du grand critique du xviii° siècle.

Voltaire, artiste comme Boileau, comme lui doué d'une raison supérieure qui n'ôtait rien à la sensibilité ni à l'imagination, profitant d'ailleurs de tout ce qui s'était fait de bon dans le siècle précédent, au courant de tout ce qui se faisait de bon dans le sien, comprit qu'il était nécessaire de compter avec les idées sceptiques mises en avant par Fontenelle et suivies par Lamotte. Assez bien doué pour être lui-même un modèle, et intéressé à rester classique, il ne croyait pas que la forme des arts eût été fixée à tout jamais par les premiers inventeurs. Il cherchait donc le mieux en tout. Il ne se contentait pas de le mettre dans ses poëmes ou dans ses écrits : il disait comment il y était parvenu, et ce qu'il y avait à faire pour y arriver comme lui. C'est pour cela qu'il semait tous ses ouvrages de réflexions sur la nature et les conditions des œuvres littéraires, d'appréciations des auteurs, de jugements sur les livres anciens ou publiés de son temps; par là il prouvait son excellent goût aussi bien que ses immenses lectures et son infatigable mémoire. On trouve ainsi à le citer sur presque tous les sujets, et on peut, la plupart du temps, avoir confiance dans ses décisions. Aussi a-t-on

---

1. Voyez dans nos *Thèses de grammaire*, le n° XVI, sur l'*Harmonie imitative*.

plusieurs fois[1] extrait de ses nombreux ouvrages et rangé dans un ordre didactique les examens qu'il a faits des livres, et ses jugements sur les auteurs, aussi bien que les préceptes généraux qu'il en tire.

Ce qui rend ces extraits si constamment utiles, c'est qu'il fut toujours fidèle aux traditions classiques en ce qu'elles avaient de vrai et de bien fondé ; et qu'il ne les abandonna que dans ce qu'elles avaient d'erroné, d'étroit, d'inutile ou qui ne convenait pas à son époque. Jamais personne plus et mieux que lui n'admira Homère, n'admira Virgile, n'admira Corneille ; mais, ce que ne faisaient pas les admirateurs encroûtés de ces grands poëtes, il distingua ce qu'il y avait chez eux d'excellent, de bon, de médiocre ou de mauvais, et repoussa ce mauvais avec autant d'énergie qu'il recommandait le bon. Bien plus il ne donna presque jamais ses décisions sans les motiver. Il s'en faisait un cas de conscience ; en plusieurs endroits et, par exemple, dans un ouvrage de peu d'étendue, mais fort intéressant pour les amis de la littérature et aussi précieux par la variété des sujets que par la justesse des idées et l'agrément du style[2], il en fait un précepte absolu et en termes qu'il est bon de rappeler. Il s'agit d'un passage du poëme de *la Grâce*, par Louis Racine.

Un fils du grand Racine, qui a hérité d'une partie des talents de son père, a donné une très-belle idée de la grandeur de Dieu. (Suivent dix-sept vers du chant IV.)

---

1. Je citerai trois ouvrages de ce genre qu'il serait bon de voir entre les mains de tous ceux qui s'occupent des belles-lettres : *Poétique de M. de Voltaire*, recueil fait et publié en 1766, par Lacombe, in-8 de 565 pages. *Cours élémentaire de littérature, composé des articles répandus dans les divers ouvrages de Voltaire, sur les matières de goût et de critique*, articles extraits et mis en ordre par Savy-Laroque. Paris, 1813, in-8 de 461 pages. *Rhétorique et poétique de Voltaire, ou Principes de littérature, tirés textuellement de ses œuvres*, par Éloi Johanneau. Paris, 1828, in-8 de 500 pages.

2. *Connaissance des beautés et des défauts de la poésie et de l'éloquence*, au paragraphe de la *Grandeur de Dieu*.

Il faut avouer que les plus beaux vers de ce passage sont ceux où M. Racine a suivi son génie, et les plus mauvais sont ceux qu'il a voulu copier de l'hébreu, tant le tour et l'esprit des deux langues est différent. *Peser l'univers dans le creux de sa main* ne paraît en français qu'une image gigantesque et peu noble, parce qu'elle présente à l'esprit l'effort qu'on fait pour soutenir quelque chose en formant un creux dans sa main. Quand quelque chose nous choque dans une phrase, il faut en chercher la source, et on la trouve sûrement : car le *je ne sais quoi* n'est jamais une raison. Il n'est pas permis à un homme de lettres de dire que cela ne plaît pas, à moins que la raison n'en soit si palpable qu'elle n'ait pas besoin d'être indiquée. Par exemple ce n'est pas la peine de disserter pour prouver que ce vers est très-mauvais : *Les nuages sont la poudre de ses pieds*; car outre que l'image est très-dégoûtante, elle est très-fausse. On sait assez aujourd'hui que l'eau n'est point de la poudre. Mais le reste du morceau est beau. Il ne faudrait pas, à la vérité, trop répéter ces idées, elles deviennent alors des lieux communs. Le premier qui les emploie avec succès est un maître et un grand maître; mais quand elles sont usées, celui qui les emploie encore court risque de passer pour un écolier déclamateur.

Ce qu'il dit de Lamotte à propos de la description que celui-ci avait faite d'un assaut, dans sa traduction ou son imitation en vers de l'*Iliade*[1], n'est pas moins exact :

Malgré la sécheresse de ces vers, on voit aisément la richesse du fond du sujet : mais le pinceau de M. de Lamotte n'est point moelleux, et n'a nulle force. Il règne dans tout ce qu'il fait un ton froid, didactique, qui devient insupportable à la longue. Au lieu d'imiter les belles peintures d'Homère et l'harmonie de ses vers, il s'amuse à considérer que Nestor, dans la chaleur du combat, pourrait n'être pas entendu, et il croit avoir de l'esprit en disant : *Le bruit ne laissait pas distinguer ses discours.* Le pis de tout cela est qu'il n'y a pas un mot dans Homère, ni de Nestor haranguant, ni de plusieurs qui tombent mourants et qui s'estiment heureux de servir d'échelle à leurs compagnons, ni d'*effort pour effort* et de *menace pour menace* : tout cela est de M. de Lamotte.

Les vers sont bas et prosaïques, ils jettent même du ridicule sur

---

1. *Connaissance des beautés et des défauts de la poésie et de l'éloquence*, au mot *Assaut*.

l'action; car c'est un portrait comique que celui d'un homme qui parle et qu'on n'entend point. Il faut avouer que Lamotte a gâté tous les tableaux d'Homère. Il avait beaucoup d'esprit, mais il s'était corrompu le goût par une très-mauvaise philosophie qui lui persuadait que l'harmonie, la peinture et le choix des mots étaient inutiles à la poésie; que pour peu que l'on cousît ensemble quelques traits communs de morale on était au-dessus des plus grands poëtes. La véritable philosophie aurait dû lui apprendre, au contraire, que chaque art a sa nature propre, et qu'il ne fallait point traduire Homère avec sécheresse, comme il serait permis de traduire Épictète.

Grâce à sa supériorité et dans la conception abstraite des bonnes conditions des arts, et dans l'exécution des œuvres, Voltaire garda pendant sa longue vie le gouvernement du Parnasse, que personne, à vrai dire, ne lui disputa. L'abbé Trublet, l'élève et l'ami de Lamotte, plus jeune de trois ans que Voltaire, était peut-être le seul qui, avec des vues philosophiques, ne s'inclinât pas devant sa toute-puissance : quelques vers de la satire du *Pauvre diable* réprimèrent cette velléité d'insubordination et privèrent Trublet de toute influence. Il agit donc plus sur quelques personnes qu'il voyait dans les salons que sur le public qui le connaissait à peine; et Voltaire n'eut pas, à proprement parler, de dissidents : il eut d'une part des admirateurs et des élèves, de l'autre des ennemis déclarés.

Ces derniers, au moins les plus célèbres, employèrent surtout contre lui ce puissant moyen des feuilles périodiques dont nous avons montré la naissance en France à la fin du règne de Louis XIII. L'abbé Desfontaines, né en 1685; Fréron, né en 1719; Clément (de Dijon), né en 1742, ne le ménagèrent pas; ils l'attaquèrent avec vivacité, quelquefois avec talent.

Je n'ai pour objet ni de rappeler ni de juger leurs attaques : je veux seulement donner une idée du genre de leur critique, et pour cela j'emprunterai quelques-uns de leurs jugements sur différents points de littérature. Desfontaines, qu'on peut presque regarder comme le premier représentant, chez nous, de la critique littéraire périodique, a publié en effet, soit seul, soit avec Fréron, Grasset, etc., différents recueils, le *Nouvelliste du Parnasse* (1734), *Observations sur les écrits modernes* (1735), *Jugements sur les ouvrages nouveaux* (1745).

Sa critique, fort capricieuse, était souvent pleine d'âpreté; et cela, joint à ses mœurs dépravées, lui fit beaucoup d'ennemis. Voici en quels termes il parle de l'*Inès de Castro* de Lamotte. La sentence est peut-être juste, mais la condamnation est faite en termes si durs, qu'on en est justement scandalisé.

Cette pièce est, depuis le commencement jusqu'à la fin, contraire au bon sens. C'est un tissu perpétuel de contradictions, et d'ailleurs elle est pleine de vers plats et d'expressions barbares. Malgré cela, cette tragédie a continué d'être représentée avec succès. Je n'en suis point surpris : le sujet est intéressant, et il y a des situations touchantes. Le commun des spectateurs n'est ni attentif, ni délicat, et la plupart écoutent sans réflexion. Pourvu que le gros d'une pièce offre des choses touchantes, quoique mal exprimées, et que le fond, indépendamment de l'ordre et du style, soit intéressant, le parterre est affecté. Il y a certaines beautés qu'on peut appeler des *beautés populaires;* ce sont elles qui enlèvent toujours les suffrages. Voilà ce qui soutient et soutiendra encore longtemps la pièce d'*Inès*. Cependant, je défie un homme d'esprit qui l'écoute en homme de goût, et qui fait attention à toutes les parties du drame et au style, de la pouvoir supporter. On fait plus aisément cette attention lorsqu'on la lit; c'est pour cela que tout le monde convient qu'elle est fort mauvaise à la lecture [1].

Ici du moins la critique est bonne, si elle est sévère et même injurieuse dans la forme; ailleurs elle est injuste et gratuitement irritante. Il dit du poëme de Voltaire sur la bataille de Fontenoy :

---

1. *Observations sur les écrits modernes*, t. XXVII, p. 253; *Esprit de Desfontaines*, t. IV, p. 210.

Il faut néanmoins convenir qu'une pièce de cette longueur, composée en deux jours (*stans pede in uno*) est bien excusable dans ses défauts, malgré la maxime incontestable du Misanthrope de Molière. Quoi qu'il en soit, quelque génie qu'on suppose à l'auteur, un impromptu est toujours un impromptu ; et on doit savoir bon gré à M. de Voltaire d'avoir pu, en si peu de temps, composer sur un sujet aussi intéressant, une pièce de deux cent huit vers, où l'on peut dire qu'il y en a au moins une douzaine de bons [1].

Quelquefois enfin sa critique est tout à fait déraisonnable : Desfontaines parle de ce qu'il ne sait ou ne comprend pas, et écrit sans sourciller des phrases qui n'ont pas le sens commun. Par exemple :

Tandis que nos auteurs comiques, abandonnant l'imitation de la vie bourgeoise, objet naturel de la comédie, se plaisent à faire voir sur le théâtre ce qui n'a jamais été vu dans le monde, et rappellent, dans ce siècle éclairé, le goût de *Mélite*, de la *Place Royale*, de la *Veuve*, dont leurs ouvrages ne diffèrent que par un style plus épuré et par un plus larmoyant comique ; tandis que, négligeant de marcher sur les traces de Plaute, de Térence, de Molière et de Regnard, ils oublient que la comédie est un spectacle destiné à représenter le ridicule réel qui est dans la société, et non à feindre des vertus et des défauts métaphysiques, pour attendrir les spectateurs ; nos romanciers voyant, pour ainsi dire, la place abandonnée, laissent là les grandes aventures, les idées héroïques, les intrigues délicatement nouées, la peinture des passions nobles, leurs ressorts et leurs effets. Ils ne s'occupent plus à choisir pour leurs héros des personnes d'un rang distingué ; ils s'attachent aux mœurs bourgeoises ; ils prennent leurs héros partout ; ils les tirent même quelquefois de la lie du peuple, sans craindre de s'encanailler. Ils vous peignent sans façon les mœurs et vous rapportent tout au long les élégants entretiens d'un cocher de fiacre, d'une lingère, d'une fille de boutique. Cela les accommode mieux apparemment que les mœurs des personnes de condition, et fournit plus à leur esprit. Il ne serait peut-être pas impossible de voir bientôt figurer dans quelque nouveau roman, un vil Savoyard, auquel on ferait décrotter quelque lambeaux de métaphysique. Le *Roman bourgeois*, de

---

1. *Jugements sur les ouvrages nouveaux*, t. VIII, p. 14 et suiv. ; *Esprit de Desfontaines*, t. IV, p. 161.

Furetière, a été longtemps regardé comme un ouvrage d'un genre isolé et peu estimable. Ce genre est enfin devenu à la mode [1].

Tout ce bavardage ne signifie rien du tout, sinon que l'abbé Desfontaines, engagé dans une théorie générale sur les romans, ne peut absolument se tirer d'affaire.

Ce qu'il dit de la comédie est hors de propos; car rien n'est plus évident que la proche parenté de la comédie et du roman : la forme diffère sans doute, le fond est le même. Tous deux ont pour objet la peinture du cœur humain, tous deux représentent nos passions ou nos sentiments par une suite d'actions, tous deux ont recours à l'intrigue pour intéresser le lecteur. L'opposition que Desfontaines veut marquer entre eux est donc à la fois puérile et insignifiante.

Ce qu'il dit des romanciers n'est pas plus solide. Toute sa critique roule sur le choix des personnages. Eh, bon Dieu! qu'est-ce que cela fait? Notez qu'à l'époque où il écrivait, les romans de Lesage étaient connus de tout le monde. Quoi! quand celui-ci nous offre dans son *Gil-Blas* des voleurs et des alguazils, dans son *Bachelier de Salamanque*, un précepteur besogneux, dans son *Diable boiteux*, des gens de tout état, il ne sera pas permis de faire converser un cocher de fiacre, une fille de boutique! et pourquoi donc? n'y a-t-il pas dans ces professions des passions et des sentiments comme dans des rangs plus élevés? et la pauvreté des acteurs empêchera-t-elle dorénavant l'intérêt des situations ou la beauté des sacrifices?

Il importe de faire ces observations, si l'on veut estimer à sa vraie valeur, par rapport à la science, le premier de nos critiques de profession. Il faut remarquer en outre que, contrairement aux préceptes de Voltaire, ses jugements ne sont presque jamais ni motivés ni appuyés de citations tex-

---

1. *Observations sur les écrits modernes*, t. III, p. 228; *Esprit de Desfontaines*, t. I, p. 216.

tuelles ou d'analyses bien faites. Louanges ou blâmes sont exprimés en termes généraux, et ne représentent, lors même qu'ils sont sincères, que l'impression actuelle du juge. Le lecteur peut, avec raison, demander autre chose; et cela montre, indépendamment du caractère de l'homme dont nous avons parlé tout à l'heure, que les débuts de la critique dans nos journaux n'ont été ni bien purs ni parfaitement honorables.

Fréron, le collaborateur de Desfontaines dans les *Jugements sur les ouvrages nouveaux*, rédigea ensuite en chef de petits journaux qui devinrent l'*Année littéraire* en 1754. Beaucoup plus honnête que son devancier, il avait en même temps des connaissances plus solides; il avait fait de brillantes études sous les jésuites, et professa quelque temps avec distinction au collége de Louis-le-Grand. Il soutint dans ses feuilles une lutte régulière contre les encyclopédistes, alors fort puissants, et en général contre les écrivains novateurs. Il excita ainsi contre lui des haines violentes, notamment celle de Voltaire, qui l'accabla dans sa satire du *Pauvre diable* et le mit sur la scène dans l'*Écossaise*. Mais ce n'est pas d'après le témoignage des ennemis qu'il faut juger les hommes. Fréron valait mieux qu'on ne nous l'a dit; il combattait ce qu'il regardait comme étant de mauvais goût, et sa critique fut presque toujours réservée. Les lignes suivantes en fourniront la preuve. Il s'agit d'un *Supplément* donné par le chevalier de Mouhy, pour compléter l'ouvrage principal qu'il avait publié sous le titre de *Tablettes dramatiques*[1]. A cette occasion Fréron juge La Chaussée et le genre larmoyant où il s'était distingué :

A l'article de M. Nivelle de La Chaussée, M. de Mouhy écrit : « M. de La Chaussée est le créateur d'un genre que la critique a désigné sous le nom de *comique larmoyant*. » M. de Mouhy n'est pas le

---

1. L'*Année littéraire*, t. III, 1754, p. 90 et suiv.

premier qui ait fait honneur de ce nouveau genre de comédie au défunt académicien. Mais c'était à l'historien du théâtre à discuter le fait. Sans remonter au siècle d'Auguste, où nous verrions des scènes aussi touchantes, aussi pathétiques dans les comédies de Térence.... les auteurs français qui ont précédé Corneille et Molière ont fait des pièces du même genre. La plupart même de celles qu'ils appelaient *tragi-comédies* n'étaient autre chose que des comédies que la raison et non l'esprit de critique a nommées depuis *larmoyantes*.... Je vois, dans notre ancien théâtre, une autre espèce de drames qui ressemblent assez à *Bérénice*, qu'on nommait *comédie héroïque*, tels que *Don Sanche d'Aragon*, *Tite et Bérénice*, *Pulchérie*, etc. Ces pièces ne sont réellement ni tragédies, ni comédies, et, par là, elles ressemblent davantage à celles de M. de La Chaussée. Toute la différence consiste en ce que l'action des premières se passe entre des rois et des princes; et que l'action des autres se passe parmi des gens d'un rang inférieur, soit de condition, soit même bourgeois. Avoir trouvé une pareille différence, n'est pas certainement une création.... L'illustre M. Destouches en avait renouvelé quelques scènes dans son *Philosophe marié* et dans son *Glorieux*. Mais le vrai comique étant toujours la base et le caractère de ses drames, le pathétique ne s'y rencontre que par accident, au lieu que M. de La Chaussée a fait de ce pathétique le fond des siennes. Le succès de la *Fausse antipathie*, dans sa naissance, l'encouragea; je dis dans sa naissance, car elle est tombée à la reprise qui en a été faite cet hiver. L'assemblage du comique bas avec le pathétique, dans son *Préjugé à la mode*, lui ayant encore mieux réussi, il n'est guère sorti de cette bigarrure que dans *Mélanide*, qui est aussi son meilleur ouvrage, au jugement des connaisseurs. Ce n'est pas que je condamne absolument ce qu'on appelle *comique larmoyant* ou même *tragique bourgeois* : tous les genres sont bons, dès qu'ils sont bien traités ; tous les auteurs estimables, dès qu'ils imitent la nature et qu'ils trouvent la route du cœur. Mais, je le répète, je voudrais que ces sortes de pièces ne fussent point mêlées de larmes et de ris, qu'elles fussent moins romanesques, qu'on y observât un peu plus la vraisemblance, cette première loi du théâtre, dont M. de La Chaussée s'est écarté souvent.

C'est là un modèle de bon goût et de bon ton, où l'on remarque avec plaisir cette pensée que Voltaire exprimait de son côté dans un vers bien connu :

Tous les genres sont bons, hors le genre ennuyeux.

Aussi, dit-on que Voltaire estimait beaucoup plus le savoir et le goût de Fréron qu'il ne l'avouait.

Clément professa quelque temps comme Fréron, et quitta l'enseignement pour la polémique. Admirateur outré des anciens et des écrivains français du xviie siècle, il attaqua vivement Voltaire et le parti philosophique dans divers ouvrages, et se distingua par la vigueur, disons même par âpreté de sa critique. Du moins il resta toujours de bonne foi, et montra partout dans ses jugements, un goût pur, quoique d'une sévérité étroite, quelquefois peu éclairée. Ses *Essais de critique sur la littérature ancienne et moderne*[1] forment un recueil intéressant, même aujourd'hui, de trente-quatre morceaux détachés, ou articles critiques : je n'en citerai que deux courts extraits. On y reconnaîtra un homme d'un goût très-exercé, qui distingue avec beaucoup de sagacité les parties blâmables d'un ouvrage, soit quant au plan, soit quant au style, soit quant aux idées : qui s'élève même souvent jusqu'à formuler sur un auteur un jugement général remarquable par la justesse. Il dit, par exemple, de Marivaux[2].

Nous ne parlerons que des pièces de théâtre, qui sont au nombre de trente-deux, et parmi lesquelles il y en a cinq ou six d'agréables. Si la comédie ne devait être qu'une analyse des sentiments les plus raffinés de la galanterie, une suite d'entretiens métaphysiques sans action, sans comique, sans mœurs, sans caractère ; un assaut d'esprit entre deux amants qui semblent plus occupés à chercher des tours ingénieux qu'à s'entretenir de leur amour, Marivaux pourrait être regardé comme un modèle. Mais si la comédie est une imitation naïve des mœurs et des ridicules de la société; une action simple, mais animée par des situations plaisantes, où des caractères marqués se développent naturellement par la force de l'intrigue qui les met en jeu; où chaque personne tient un langage convenable à son âge, à son état, à ses passions, et, sans songer à faire des bons mots, se trouve excitée par sa situation à un dialogue vif et plaisant ; si telle est la bonne comédie, il faut convenir que Marivaux est un mauvais modèle.

1. Deux volumes in-12, Amsterdam, 1785.
2. T. II, ch. 3, p. 53.

Jamais, assurément, les qualités et les défauts de cet auteur comique n'ont été appréciés plus exactement ni en moins de mots.

Le passage suivant montrera combien Clément tenait, et avec raison, à la correction du langage, au bon choix des métaphores. Il s'agit du poëte Léonard dont il fait connaître les Idylles, et dont il a justement vanté la douceur, la simplicité, l'élégance et les idées champêtres. Après avoir fait franchement cet éloge, il signale pourtant des taches assez nombreuses dans ces ouvrages, et résume ainsi la critique qu'il fait de son style [1] :

Nous ne concevons pas comment M. Léonard, ami du naturel et de la simplicité, a pu se laisser séduire au ton amphigourique de nos poëtes descriptifs, et entasser tant d'images confuses, obscurcies encore par un style emphatique et forcé, dans un poëme qu'il a fait sur le *Printemps*. C'est partout *la rosée qui a formé des lits de diamants; un ruisseau fumant, qui, par bonds inégaux, roule sur ses rivages; une mer de vapeurs qui enfle ses pâturages; la rose naissante qui dort sur sa tige;* les oiseaux qui sont appelés *les chantres volages;* le soleil dont la flamme *délie l'esprit humain;* des vallons ombragés qui *s'ouvrent à la vue, répandus sur la plaine en rideaux tortueux;* l'océan qui est un *abîme argenté de vagues bondissantes,* et l'air *étincelant qui se peint de toutes parts.* Vous verrez encore dans ce malheureux poëme *un fleuve de luzerne agiter sa verdure;* vous verrez que *l'âme est à l'âme enlacée;* qu'un astre *va roulant sur ce globe orageux;* qu'un *limpide canal baise amoureusement la gorge des vallées;* ici le *jasmin virginal forme des arcades;* là *quelle volupté dans le bruit des échos!* plus loin les *hêtres* sont *frappés d'une rougeur ardente;* une autre fois le poëte apostrophe la nature, et lui crie : *montre à mes yeux ravis tes prodiges roulants.* Il peint ainsi le soleil couchant : *le grand astre a rasé la surface des ondes, s'arrête irrésolu, nage entre les deux mondes.* Vous y verrez jusqu'à *l'âne qui marche entouré de ses paniers jumeaux.* Enfin c'est à peu près le même phébus, le même galimatias qu'on a sifflé dans nos modernes Lycophrons.

Tels sont les principaux critiques et ennemis de Voltaire.

---

1. *Essais de critique*, etc., t. I, ch. 7, p. 203

Ils n'ont eu aucun succès contre lui, et même ont un peu perdu dans leur lutte inégale cette sorte de réputation à laquelle ils pouvaient raisonnablement prétendre, de connaisseurs en ouvrages de littérature. On a cru que l'immense réputation de celui qu'ils attaquaient était la cause principale, peut-être unique, de l'oubli où ils sont tombés. Cela n'est pas exact : il y a une raison plus profonde, c'est la fausseté même de leur position. Ils se donnaient comme classiques, c'est-à-dire comme soutenant en littérature les doctrines traditionnelles ; et ils attaquaient l'homme qui seul avait assez de talent pour les maintenir dans la pratique contre les propositions insensées des successeurs de Fontenelle et de Lamotte. Ils vantaient les poëtes et les écrivains du siècle de Louis XIV, et rabaissaient perpétuellement celui qui pouvait seul les remplacer. C'étaient donc des soldats révoltés contre leur général. Adorateurs aveugles des arts du passé, dans la forme que leur avaient donnée quelques auteurs célèbres, ils n'admettaient pas les modifications que le temps et le progrès des idées avaient rendues nécessaires, et se tournaient ainsi contre le chef intelligent qui sauvait malgré eux ce qu'il y avait de bon et de précieux dans leurs doctrines.

Les élèves de Voltaire étaient dans une position meilleure : aussi leurs ouvrages sont-ils restés, sinon comme des chefs-d'œuvre originaux, au moins comme des tableaux exacts des progrès de la littérature et de son état à leur époque. Les principaux de ces élèves, en ne comptant ni l'abbé Batteux, qui n'a fait que répéter les anciennes doctrines, ni l'abbé Sabatier de Castres, qui, après avoir extrait et vanté Voltaire et les encyclopédistes dans son *Dictionnaire de littérature* (1770), les dénigra dans ses *Trois siècles de la littérature française* (1779), sont d'Alembert dans ses *Mélanges de littérature, d'histoire et de philosophie*, et surtout Marmontel et La Harpe. Je n'emprunterai au premier qu'un court passage; mais il est caractéristique, et honore autant le philosophe que le littérateur. Il est extrait de ses *Réflexions sur le goût* [1] :

> Il est une autre espèce d'erreur dont le philosophe doit avoir plus d'attention à se garantir, parce qu'il lui est plus aisé d'y tomber; elle consiste à transporter aux objets du goût des principes vrais en eux-mêmes, mais qui n'ont point d'application à ces objets. On connaît le célèbre *Qu'il mourût* du vieil Horace, et on a blâmé avec raison le vers suivant. Cependant une métaphysique commune ne manquerait pas de sophismes pour le justifier....
>
> Ainsi, dans les matières de goût, une demi-philosophie nous écarte du vrai, et une philosophie mieux entendue nous y ramène. C'est donc faire une double injure aux belles-lettres et à la philosophie que de croire qu'elles puissent réciproquement se nuire ou s'exclure. Tout ce qui appartient non-seulement à notre manière de concevoir, mais encore à notre manière de sentir, est le vrai domaine de la philosophie. Il serait aussi déraisonnable de la reléguer dans les cieux et de la restreindre au système du monde, que de vouloir borner la poésie à ne parler que de Dieu et de l'amour.
>
> Et comment le véritable esprit philosophique serait-il opposé au bon goût? Il en est, au contraire, le plus ferme appui, puisque cet esprit consiste à remonter en tout aux vrais principes, à reconnaître que chaque art a sa nature propre, chaque situation de l'âme son caractère, chaque chose son coloris; en un mot, à ne point confondre les limites de chaque genre. Abuser de l'esprit philosophique, c'est souvent en manquer.

Rien n'est plus vrai, rien n'est plus exact que ces pensées; et si l'on en a quelquefois méconnu la justesse, c'est par la confusion trop souvent faite des philosophes avec la philosophie. Il faut avouer que souvent les raisonneurs ont montré une grande ignorance du cœur humain et des principes des arts; mais c'est qu'alors leurs opinions mal établies s'éloignaient de la vraie philosophie, bien loin de s'y appuyer, et compromettaient son nom, où ils avaient seuls le tort de ne plus la suivre.

---

1. *Mélanges de littérature*, etc., t. IV, p. 313.

Marmontel, né en 1723, à Bord, petite ville du Limousin, a fait beaucoup d'ouvrages dont nous n'avons pas à parler ici. Il s'est surtout mis au premier rang dans la critique générale et philosophique par ses *Éléments de littérature.* C'est ainsi qu'il a nommé le recueil des articles qu'il avait rédigés pour l'*Encyclopédie.* Dans ces articles, rangés comme un dictionnaire par ordre alphabétique, à propos de chaque nom de poëme, d'écrit, ou des parties qu'on y a distinguées, il expose et discute habilement les qualités et les défauts qu'ils peuvent avoir, montre le fort et le faible de chaque théorie, propose des aperçus neufs et piquants qui souvent modifient beaucoup les idées que la coutume, et non l'analyse, nous avait fait embrasser.

Ces qualités ont été bien appréciées par M. de Barante dans son *Tableau de la littérature française au* XVIIIe *siècle* [1]. « Marmontel, dit-il, analyse avec discernement et finesse le genre de sentiment qui caractérise les différentes formes dont se revêtent les productions de l'esprit. Il recherche les causes qui peuvent influer sur le sentiment et le modifier. Il ne s'attache pas à des règles qui sont impuissantes à faire naître le talent ; il s'attache à sentir, à admirer les œuvres de l'imagination, et non point à les comparer froidement avec le modèle prescrit par la rhétorique, pour les juger d'après leur conformité plus ou moins exacte avec leur modèle. »

Marmontel a en effet tout ce que nous avons vu manquer à Rollin. Moins érudit que lui, sans doute, il est essentiellement homme de goût et homme de lettres. Il sent très-bien et très-finement ce qu'il y a de bon ou de mauvais dans les écrivains et dans les poëtes. Non content de cette appréciation en quelque sorte instinctive, il cherche partout à remonter à la source de ses impressions. Il les décompose et

---

[1] P. 279, édit. de 1838.

les discute avec une grande sagacité ; et trouve avec bonheur dans cet examen philosophique de sa propre pensée les causes primitives du blâme ou de l'approbation qu'on donne aux ouvrages.

Là encore, il n'est ni servile, ni imitateur : il dit hardiment ce qu'il regarde comme juste, rejette de temps en temps les opinions des écrivains ou des critiques précédents, les admet quelquefois; cherche enfin à mettre plus de netteté qu'ils n'en ont mis, soit dans les principes, soit dans les conséquences qu'il en tire. Bref, il se montre partout critique très-exercé, très-original, et suffisamment érudit.

Malheureusement l'esprit tout spéculatif et théorique qui dominait au XVIII° siècle l'entraîne quelquefois à son insu aux conséquences les plus erronées. Il part souvent d'une donnée imaginaire, par exemple de ce que le *poëme épique est fait pour donner de grandes leçons au genre humain*[1] ; et sur cette idée qui n'a pas même d'apparence aujourd'hui, mais qu'il admettait de très-bonne foi, il va bâtir une théorie tout entière, dont les préceptes seront aussi peu solides que la base.

Il s'est laissé égarer d'une manière bien plus fâcheuse encore, par les idées singulières que l'on se faisait de son temps sur la nature humaine, quand, ayant à traiter des différents goûts des peuples[2], il a cru que l'état *sauvage* était essentiellement bon ; mais qu'il passait à la *barbarie* en se corrompant, et qu'il fallait que plus tard la *civilisation*, corrigeant la *barbarie*, le ramenât peu à peu à la bonté, à la justesse d'esprit, à la finesse de tact et de goût qui caractérisait la *sauvagerie*.

On trouve dans plusieurs endroits des traces, et on reconnaîtra dans le passage suivant le fond même de cette

---

1. *Éléments de littérature*, mot *Épopée*.
2. *Ibid.*, mot *Goût*; *Encyclopédie méthodique* (gramm. et littér.), t. III, p. 675 et 678.

hypothèse absurde. Il s'agit du défaut de goût qu'on trouve souvent dans les hommes de génie, défaut qui s'explique très-naturellement soit par les habitudes grossières et ignorantes d'une époque, soit par cette observation de tous les temps, que la faculté de composer et celle de juger les compositions, sont comme toutes les autres; elles ne se développent pas nécessairement d'une manière égale et symétrique. Marmontel cherche à ce fait une explication beaucoup plus éloignée, mais assurément très-chimérique, dans la théorie que je viens de critiquer :

> Rappelons-nous ce que l'on a raconté sur les sauvages de la Louisiane, lorsque, dans le butin fait sur les Espagnols, ayant trouvé des ornements d'église ils s'en firent des vêtements si ridiculement bizarres. C'est ainsi que des écrivains ignorants et grossiers s'ajustent par lambeaux les dépouilles des anciens, et s'ils ont eux-mêmes quelque génie, leurs propres idées ne sont encore qu'un tissu bigarré de quelques beautés de rencontre et d'une foule ou d'inepties ou de grossières absurdités.
>
> Les exemples de ce mélange sont rares dans les ouvrages des anciens, parce que rien ne reste de leurs siècles de barbarie. Parmi nous, Français, le contraste n'est pas encore assez marqué, parce que les premiers artistes n'ont pas été des hommes de génie, et que dans leur grossièreté on ne retrouve rien du grand caractère de la nature; chez nous le génie et le goût sont presque nés en même temps[1]. Mais l'Angleterre nous présente deux exemples fameux de cet étonnant assemblage des plus grandes beautés de l'art, et de ses plus bizarres difformités.
>
> Que dans un extrait fait avec choix, quelqu'un rassemble tous les traits de vérité, de naturel, d'éloquence et de force vraiment tragique dont le génie de Shakspeare a été l'inventeur, il n'est personne qui ne s'écrie : « Voilà le peintre de la nature, le confident de ses profonds secrets, l'homme de goût de tous les temps. » Mais que dans ses ouvrages on trouve à chaque instant les plus absurdes invraisemblances, les plus dégoûtantes horreurs; que les mœurs en soient un mélange de bassesse et d'atrocité; que l'action la plus noble y soit interrompue par de froides bouffonneries; que les héros et la canaille

---

1. Tout le monde comprend combien cette assertion est fausse.

s'y confondent, et qu'à côté d'un mot simple et sublime se présente l'expression la plus outrée, la plus grossière, la plus rampante, on dira de lui : « Voilà le poëte de la nature que la barbarie de son siècle et de son pays a dépravé. »

Milton est d'un temps plus récent, et l'on ne laisse pas de voir encore dans son poëme à côté des tableaux les plus touchants, les plus sublimes, les traces de cette barbarie qui dégrade l'esprit humain. Quoi de plus fortement conçu que ce caractère de Satan qu'Homère lui aurait envié? Quoi de plus pur, de plus aimable que la peinture de l'innocence et de la félicité de nos premiers pères, dans ce jardin où l'imagination du poëte a reproduit l'univers naissant, et l'ouvrage de la création dans sa plus naïve beauté? Quoi de plus absurde et de plus monstrueux que cet amas de fictions dont il a chargé son poëme? Et ne peut-on pas reconnaître les rêves de la barbarie dans la transformation de l'ange rebelle en crapaud? dans ce vilain amas d'accouplements incestueux de Satan avec le péché et du péché avec la mort? et dans l'atelier des démons fabriquant du canon pour foudroyer les anges? et dans ces batailles où les démons sont cuirassés et où les anges sont pourfendus, etc., etc.

Ces exemples et mille autres prouvent que l'imagination est la plus corruptible des facultés de l'âme : c'est par elle que la barbarie fait produire ses monstres, la superstition ses fantômes, l'erreur ses systèmes bizarres; et de là toutes les fantaisies qui obscurcissent l'entendement et corrompent le sens intime, soit dans l'opinion et dans les mœurs des hommes, soit dans les conceptions du génie et les productions des arts [1].

Empruntons à Marmontel un second exemple où la vérité ne soit pas comme ici mélangée d'erreur. Je trouve au mot *Bergeries* un article assez court pour être transcrit dans son entier, qui nous montrera la disposition de Marmontel à saisir dans chaque genre d'ouvrage les traits qui conviennent à sa nature.

Avant qu'on eût en France l'idée de la bonne comédie, on donnait au théâtre, sous le nom de *pastorales*, des romans compliqués, insipides et froids; et pendant quarante ans on ne fit que traduire sur la scène, en méchants vers, la fade prose de d'Urfé. Racan, à l'exemple de Hardy,

---

1. *Encyclopédie méthodique* (gramm. et littér.), t. III, p. 680.

composa un de ces drames, lequel d'abord eut pour titre *Arténice*, et qui depuis a été connu sous le nom des *Bergeries* de Racan. L'intrigue de ce poëme chargée d'incidents et dénuée de vraisemblance, réunit tous les moyens de produire le pathétique, et annonce les situations de la tragédie la plus terrible : avec tout cela, rien n'est plus froid. Ce sont les mœurs des bergers que Racan a voulu peindre, et on y voit des noirceurs dignes de la cour la plus raffinée et la plus corrompue : un amant qui, pour rendre son rival odieux, se rend plus odieux lui-même; un devin fourbe et scélérat pour le plaisir de l'être; un druide fanatique et impitoyable; en un mot, rien de plus tragique et rien de moins intéressant. Cependant, à la faveur d'un peu d'élégance, mérite rare dans ce temps-là, et que Racan devait aux leçons de Malherbe, ce poëme eut le plus grand succès et fit la gloire de son auteur.

Les *Bergeries* ou *Pastorales* peuvent être intéressantes, mais par d'autres moyens. Ces moyens sont dans la nature. Partout où il y a des pères, des mères, des enfants, des époux exposés aux accidents de la vie, aux dangers, aux inquiétudes, aux malheurs attachés à leur condition, leur sensibilité peut être mise aux épreuves de la crainte et de la douleur. Ainsi le genre pastoral peut être touchant; mais il sera faiblement comique, parce que le comique porte sur le ridicule et sur les travers de la vanité, et que ce n'est pas chez les bergers que la vanité domine. Leur ignorance même et leur sottise n'a rien de bien risible, parce qu'elle est naturelle et naïve, et qu'elle n'est point en contraste avec de fausses prétentions. Il est donc possible que les bergers aient des tragédies dans leur genre, mais non pas qu'ils aient des comédies; et les *Bergeries* de Racan, que l'on donne pour exemple de la comédie pastorale, ne sont rien moins, comme on vient de le voir. Le pastoral qui n'est point pathétique ne se peut soutenir qu'autant qu'il est gracieux et riant, ou d'une aménité touchante. Mais sa faiblesse alors ne comporte pas une longue action. L'*Aminte* et le *Pastor fido*, où toutes les grâces de la poésie et son coloris le plus brillant sont employés, prouvent eux-mêmes que ce genre n'est pas assez théâtral pour occuper longtemps la scène. Il manque de chaleur, et la chaleur est l'âme de la poésie dramatique.

La Harpe est dans la critique appliquée ce que Marmontel est dans la critique théorique. Si celui-ci a établi les vrais caractères des différents genres d'ouvrages, celui-là examine avec une égale supériorité et en particulier, les poëmes ou les écrits produits par les divers auteurs. Il est inutile d'insister ici sur ses mérites. Son *Lycée*, où il a réuni et coordonné tous les jugements qu'il avait portés sur les œuvres littéraires des anciens et des Français, a été habilement et justement apprécié par Chénier [1]. Il est d'ailleurs entre les mains de tous les gens de lettres, et je me contente d'y prendre comme exemple l'analyse rapide que La Harpe y fait de la comédie du *Joueur* [1] :

Les pièces de Regnard lui ont donné une place éminente après Molière, et il a su être un grand comique sans lui ressembler. Ce n'est ni la raison supérieure, ni l'excellente morale, ni l'esprit d'observation, ni l'éloquence de style qu'on admire dans le *Misanthrope*, dans le *Tartuffe*, dans les *Femmes savantes*. Ses situations sont moins fortes, mais elles sont comiques; et ce qui le caractérise partout, c'est une gaieté soutenue qui lui est particulière, un fonds inépuisable de saillies, de traits plaisants. Il ne fait pas souvent penser, mais il fait toujours rire. La seule pièce où l'on remarque ce comique de caractère, ces résultats d'observations qui lui manquent ordinairement, c'est le *Joueur*; et c'est aussi son plus bel ouvrage, et l'un des meilleurs que l'on ait mis au théâtre depuis Molière. Il est bien intrigué et bien dénoué. Se servir d'une prêteuse sur gages pour amener le dénoûment d'une pièce qui s'appelle le *Joueur*, et faire mettre en gage par Valère le portrait de sa maîtresse à l'instant où il vient de le recevoir, est d'un auteur qui a parfaitement saisi son sujet. Aussi Regnard était-il joueur; il a peint d'après nature, et toutes les scènes où le Joueur paraît sont excellentes. Les variations de son amour, selon qu'il est plus ou moins heureux au jeu; l'éloge passionné qu'il fait du jeu quand il a gagné; ses fureurs, mêlées de souvenirs amoureux, quand il a perdu; ses alternatives de joie et de désespoir; le respect qu'il a pour l'argent gagné au jeu, au point de ne pas vouloir s'en servir, même pour retirer le portrait d'Angélique; cet axiome du joueur qu'on a tant répété et qui souvent même est celui des gens qui ne jouent pas :

Rien ne porte malheur comme payer ses dettes;

tout cela est de la plus grande vérité. Le mémoire que présente

---

1. *Rapport sur le douzième grand prix décennal*, adopté par la classe de littérature française.

Hector à M. Géronte des dettes actives et passives de son fils est de la tournure la plus gaie. Les autres personnages, il est vrai, ne sont pas tous si bien traités. La comtesse est même à peu près inutile, et le faux marquis est un rôle outré et quelquefois un peu froid; mais il est adroit de l'avoir fait *démarquiser* par cette même Mme La Ressource, qui rompt le mariage du Joueur avec Angélique. Il n'est pas, non plus, très-vraisemblable que le maître de trictrac, qui vient pour Valère, prenne Géronte pour lui et débute par lui proposer des leçons d'escroquerie. Ces sortes de gens connaissent mieux leur monde; mais la scène est amusante, et tous ces défauts sont peu de chose en comparaison des beautés dont la pièce est remplie. Il y a même de ces mots heureux pris bien avant dans l'esprit humain :

> Ce Sénèque, monsieur, est un excellent homme,
> Était-il de Paris? — Non, il était de Rome,

répond le Joueur désespéré, qui ne songe à rien moins qu'à ce qu'il dit; et tout de suite il s'écrie avec rage :

> Dix fois à carte triple être pris le premier!

Ce dialogue est la nature même. Le poëte, qui était joueur, n'a eu de ces mots-là que dans la peinture d'un caractère qui était le sien; et Molière, qui en est rempli, les a répandus dans tous les sujets, en sorte qu'il a toujours trouvé par la force de son génie, ce que Regnard n'a trouvé qu'une fois et dans lui-même [1].

Après cette énumération des ennemis et des disciples de Voltaire, il convient, pour achever le tableau de la critique à cette époque, de mentionner deux hommes remarquables à divers titres, qui ont proposé sur l'art dramatique des vues moins nouvelles peut-être qu'ils ne le croyaient. Je veux parler de Diderot et Mercier. Le premier dans ses *Entretiens sur le fils naturel* et dans son *Traité de la poésie dramatique* [2]; le second dans son *Essai sur le théâtre* [3], ont continué avec moins de talent peut-être, et sur un terrain plus resserré,

---

1. *Lycée*, t. VI, p. 104.
2. P. 113 à 235 et 431 à 581 du t. IV de l'édit. de Brière, in-8. Paris, 1821.
3. *Du théâtre* ou *Nouvel essai sur l'art dramatique*. Amsterdam, 1773.

l'école de Fontenelle et de Lamotte. Comme eux ils se sont écartés, en ce qui les concernait, de l'opinion commune; comme eux ils ont été surtout des *impuissants*, c'est-à-dire que s'ils ont loué autre chose que ce que le public admirait, c'est qu'ils ne pouvaient y atteindre. Nous le verrons par leurs théories mêmes et mieux encore par leurs ouvrages.

Disons d'abord que tous deux recommandent les drames, c'est-à-dire ces pièces un peu romanesques qui représentent les peines du cœur profondément senties par des personnages de la classe moyenne[1]; tous les deux s'occupent fort peu de l'intrigue qu'ils étaient incapables de nouer et de dénouer d'une manière intéressante. Diderot est formel à cet égard; il écrit[2]:

> Pour moi, je fais plus de cas d'une passion, d'un caractère qui se développe peu à peu et qui finit par se montrer dans toute son énergie, que de ces combinaisons d'incidents dont on forme le tissu d'une pièce, où les personnages et les spectateurs sont également ballottés. Il me semble que le bon goût les dédaigne et que les grands effets ne s'en accommodent pas.

Ainsi nous voilà prévenus : ce sont des pièces sans action, et par conséquent sans intérêt dramatique, que ces deux hommes vont nous conseiller. Ils passent aussi le style sous silence, ou du moins ils prennent pour le vrai style dramatique ce qui y est le plus opposé, une sorte de pathos farci de demi-mots, de sous-entendus, de réticences, d'apostrophes, de prosopopées, et de points exclamatifs ou suspensifs. Tous les deux enfin donnent au jeu de l'acteur et à la pantomime une part considérable et évidemment exagérée dans la composition des œuvres.

Quant à leurs propositions particulières, voici celles de

---

1. *Thèses de littérature*, n° I, p. 73.
2. *De la poésie dramatique*, § V.

Diderot. Il distingue cinq genres de pièces (il vaudrait mieux dire cinq caractères ou cinq tons différents), savoir : 1° le burlesque, 2° le comique, 3° le sérieux, 4° le tragique, 5° le merveilleux. Le genre sérieux est pour lui ce que nous nommons le *drame*[1]; il veut que le sujet en soit important; l'intrigue simple, domestique et voisine de la vie réelle; la morale générale et forte. Point de valets ni de personnages épisodiques. La pantomime doit y jouer un grand rôle. Il entre à ce sujet dans des détails qui semblent bien futiles et même ridicules à l'homme positif, appréciant comme il faut les conditions réelles et pratiques des arts, et conclut que le xvii° siècle a laissé bien des choses à faire au xviii°, savoir : la tragédie domestique et bourgeoise à créer, le genre sérieux à perfectionner; les conditions de l'homme à substituer aux caractères, la pantomime à lier étroitement avec l'action dramatique, la scène à changer et les tableaux à substituer aux coups de théâtre, la tragédie réelle à introduire sur le théâtre lyrique, enfin la danse à réduire sous la forme d'un véritable poëme à écrire et à séparer de tout autre art d'imitation[2].

Tout cela, au fond, ne signifie pas grand'chose. Ce sont les conceptions abstraites d'un homme à qui manque le talent dramatique, et qui croit qu'on peut faire une pièce en répétant à satiété un geste de douleur, un cri, un silence, ou en faisant à tout moment *une pause :* car c'est ce qu'il ne manque pas d'indiquer, toutes les fois que, s'admirant lui-même, il veut inspirer au lecteur le même respect qu'il se porte. Diderot, du reste, a réalisé dans le *Fils naturel* et dans le *Père de famille*, ce qu'il imaginait devoir être si beau et si touchant, et il est impossible de rien voir de plus ennuyeux ni de plus froid. Le *Fils naturel*, ou les *Épreuves de*

---

1. *Troisième entretien sur le Fils naturel.*
2. *Ibid.*

la vertu, roulent sur deux couples d'amants qui courent constamment l'un après l'autre pour ne se rien dire d'utile. Il n'y a donc pas d'action, mais seulement deux passions qui s'égarent jusqu'au moment où Lysimond vient apprendre à Dorval que celle qu'il aime en secret est sa sœur, et qu'ainsi il ne peut plus penser à elle. Le *Père de famille* est exactement la même chose, sinon que ce père est toujours en scène, tandis que dans le *Fils naturel* il n'arrive qu'à la fin de la pièce. Du reste, il n'y a pas plus d'action que dans le drame précédent. Saint-Albin aime une jeune fille inconnue nommée Sophie qui se trouve être sa cousine. Le père ne veut pas du mariage tant qu'il ignore ce qu'est cette jeune fille; et un commandeur très-riche, très-dur, très-content de lui, oncle à la fois de Saint-Albin et de Sophie, a obtenu contre celle-ci une lettre de cachet que le père de famille ne laisse pas mettre à exécution.

Il n'y a donc aucune invention, aucune action, aucun progrès. On conçoit en voyant cette incroyable stérilité que Diderot ait voulu substituer ce qu'il nomme des *tableaux* aux *coups de théâtre*, c'est-à-dire aux péripéties amenées par la suite des événements. Mais un parti pris par l'auteur ne suffit pas à rendre son œuvre bonne, et ces deux drames sont effectivement fort maussades.

Le style, d'ailleurs, est perpétuellement déclamatoire : rien n'y touche le cœur, et, dans son impuissance de faire parler éloquemment les passions, Diderot a remis à la pantomime de l'acteur le soin d'exprimer ce que le langage ne lui fournissait pas.

Je donnerai un exemple de cette insuffisance en copiant textuellement avec les indications de gestes qu'il y a jointes, le commencement d'une scène du *Père de famille*[1]. La nuit est fort avancée, le père est inquiet de son fils qui n'est

---

1. Acte I, sc. 7.

pas rentré, il est resté seul sur le théâtre lorsque tous les personnages qui étaient avec lui sont allés se coucher. Je transcris :

Tandis que le père de famille est accablé de tristesse, entre un inconnu vêtu comme un homme du peuple, en redingote et en veste, les bras cachés sous sa redingote et le chapeau rabattu et enfoncé sur les yeux. Il s'avance à pas lents. Il paraît plongé dans la peine et la rêverie. Il traverse sans apercevoir personne.

LE PÈRE DE FAMILLE, *qui le voit venir à lui, l'attend, l'arrête par le bras et lui dit :*

Qui êtes-vous ? où allez-vous ?

L'INCONNU, *point de réponse.*

LE PÈRE DE FAMILLE.

Qui êtes-vous ? où allez-vous ?

L'INCONNU, *point de réponse encore.*

LE PÈRE DE FAMILLE *relève lentement le chapeau de l'inconnu, reconnaît son fils et s'écrie :*

Ciel !... c'est lui !... c'est lui !... mes funestes pressentiments, les voilà donc accomplis !... Ah !... (*Il pousse des accents douloureux, il s'éloigne, il revient, il dit :*) Je veux lui parler.... je tremble de l'entendre.... que vais-je savoir ?... j'ai trop vécu, j'ai trop vécu.

SAINT-ALBIN, *en s'éloignant de son père et soupirant de douleur.*

Ah !

LE PÈRE DE FAMILLE, *le suivant.*

Qui es-tu ?... d'où viens-tu ?... aurais-je eu le malheur...?

SAINT-ALBIN, *s'éloignant encore.*

Je suis désespéré.

LE PÈRE DE FAMILLE.

Grand Dieu ! que faut-il que j'apprenne ?

SAINT-ALBIN, *revenant et s'adressant à son père.*

Elle pleure, elle soupire, elle songe à s'éloigner ; et si elle s'éloigne, je suis perdu.

LE PÈRE DE FAMILLE.

Qui, elle ?

SAINT-ALBIN.

Sophie.... non, Sophie.... non.... je périrai plutôt.

LE PÈRE DE FAMILLE.

Qui est-elle, cette Sophie ?... etc.

Tout le reste est de ce ton. Diderot, comme ces musiciens sans génie, et incapables de nous toucher par leurs chants ou leur harmonie, qui multiplient les mots étranges, *trepidamente*, *eroicamente*, *religiosamente*, etc., etc., pour suppléer à l'imagination qui leur manque, nous offre des points suspensifs et des parenthèses, parce qu'il ne sait pas exprimer ce qu'il sent, ou plutôt parce qu'il ne sent rien. Ajoutez à cela cette manie de tous les personnages de tenir leur douleur concentrée en eux-mêmes, de ne la laisser apercevoir qu'en des phrases interrompues, qu'on est obligé de leur arracher par morceaux ; vous concevrez l'extrême froideur et l'ennui profond que ce système jette sur chaque scène et sur le drame entier.

Mercier ne s'éloigne pas beaucoup de Diderot. Son traité *Du théâtre* a paru une quinzaine d'années après le *Père de famille* et les dissertations qui s'y rapportent. On n'y trouve guère d'idées générales qui n'eussent été formulées par son devancier. Seulement on peut dire qu'il est moins mesuré, plus tranchant, plus *cassant*, pour employer un terme usité aujourd'hui, et surtout plus déclamateur et plus barbare dans son langage. Comme Diderot, il recommande le drame, intermédiaire entre la tragédie et la comédie, mais sans admettre cette échelle des cinq genres. Il y exige à peu près les mêmes conditions, veut qu'il soit écrit en prose, bannit même les vers du théâtre, et laissant de côté les véritables mérites dramatiques, y substitue certaines qualités plus ou moins louables, mais assurément étrangères à l'art, savoir, la saine morale, les sentiments d'humanité, de vertu, de patriotisme tels qu'il les concevait. Il termine comme Diderot par un chapitre entier dirigé contre les critiques[1] et prodigue partout les figures véhémentes, les exclamations, les apostrophes, bien déplacées sans doute dans un ouvrage didactique.

On peut s'étonner qu'avec un si grand nombre d'idées communes, Mercier cite très-peu son prédécesseur[2], qu'il ne s'appuie pas sur son ouvrage et n'y renvoie jamais. Est-ce ignorance ? est-ce jalousie ? est-ce indifférence ? est-ce l'amour exagéré de ses propres pensées qui lui faisait oublier celles des autres ? Quoi qu'il en soit, et au milieu du fatras prétentieux de Mercier, il y a souvent de bonnes idées et une certaine verve qui fait lire son livre à ceux même qui enragent contre l'auteur.

On peut en juger par ces lignes de l'épître dédicatoire adressée à son frère :

> Les critiques, les commentateurs, les journalistes, les dissertateurs, toute cette tourbe scolastique qui ne parle que par la bouche des morts et qui leur fait dire les plus impertinentes sottises ; tous ces gens amis des tombeaux et des ténèbres, préconisant tout ce qui est fait anciennement, et livrant sagement la guerre à ce qui se fait et à ce qui se fera, ont la prunelle des hiboux qui se contracte douloureusement au moindre rayon. Ils vous citent ce qu'on a lu mille fois, ils vous parlent de ce qu'on sait, ils crient au blasphémateur dès qu'on se moque d'eux ; ils vous accablent de passages et d'autorités étrangères, sans quoi ils ne parleraient pas longtemps. Il faudra rire de leur engouement superstitieux, si toutefois cela est permis quand on songe qu'ils ont été dans tous les âges le fléau des arts et les véritables assassins du génie.

Le passage suivant n'est pas moins indépendant, ni moins vrai ; il est d'ailleurs d'un ton moins emporté et d'une logique qui aura l'approbation de tout le monde :

> Quand M. de Voltaire a fait l'*Enfant prodigue*, *Nanine*, l'*Écossaise*,

---

1. *Du Théâtre*, ch. 27, p. 306.
2. Il le nomme cependant, mais seulement pour ses drames, ch. 1, p. 13 ; ch. 10, p. 123.

la *Mort de Socrate*, il n'a point manqué dans ses préfaces de préconiser ce nouveau genre [1] ; mais dès qu'il fait une tragédie, il change d'avis, il foudroie, il détruit les principes qu'il a avancés la veille. Il est aisé de s'en convaincre en comparant ses diverses préfaces. C'est une petite contradiction dans laquelle il est tombé sans s'en apercevoir, et qui ne tire point à conséquence.

Quelles que soient cependant les opinions des novateurs, c'est à l'œuvre qu'il faut les juger. Diderot a appliqué ses théories dans deux drames qui ne valent rien. Mercier n'a pas été plus heureux, il l'a peut-être même été moins, dans ses trop nombreuses tentatives pour réaliser le magnifique modèle qu'il croyait avoir dans l'esprit. *Nathalie*, le *Faux ami*, *Jenneval*, le *Déserteur*, le *Juge*, l'*Habitant de la Guadeloupe*, *Jean Hennuyer*, la *Brouette du vinaigrier*, l'*Indigent* l'emportent un peu sur le *Fils naturel* et le *Père de famille* par l'action qui s'y trouve; mais cette action est si pauvrement intriguée, et le style en est si mauvais, qu'on ne peut guère lire jusqu'au bout ces malheureuses compositions.

Voici, par exemple, le sujet du *Juge* : M. de Leurye est juge sur les domaines du comte de Montrevel, dont il est, sans le savoir, le fils naturel; il a été nommé juge par son père, qui peut lui ôter sa place. Le comte voudrait voir disparaître la cabane d'un paysan pour agrandir une vue, et son intendant l'a fait abattre sans consulter son maître. Plainte est portée au juge, à qui le comte annonce qu'il lui ôtera sa place s'il ne prononce pas en sa faveur. Nonobstant cette menace, de Leurye condamne le seigneur à rebâtir la cabane. Vient une dernière scène [2] où Girau, le paysan, re-

---

[1]. Le drame tel que le concevait Mercier, et que je l'ai défini. Il faut répéter que ce genre n'était pas absolument nouveau. (Voy. nos *Thèses de littérature*, n° I, p. 73 et ci-dessus, p. 62.) On le remarquait seulement alors, et quelques-uns en voulaient faire une troisième espèce dans le genre dramatique.

[2]. *Le Juge*, acte III, sc. 7.

mercie son juge devant le comte irrité contre lui, et voici en quels termes :

GIRAU, *serrant M. de Leurye entre ses bras.*

Pardonnez, monsieur, si nous sommes peu respectueux; pardonnez.... Heureux celui qui peut se dire votre père!... Oui, trop heureux l'honnête homme qui a un tel fils!

LE COMTE, *d'un ton de voix ému, troublé et fortement....*

Girau, Girau!... qu'as-tu dit?... ah! qu'as-tu dit?

GIRAU.

Ce qu'à dix lieues à la ronde, chacun, petit et grand, répétera avec moi.... Mille fois heureux celui qui peut se vanter d'avoir mis un tel homme au monde [1] !

LE COMTE, *à Girau.*

Vieillard étonnant! de quel trait de lumière pénètres-tu mon âme?... tu la subjugues.... On dirait que tu devines ce qui s'y passe.... Girau! tu es père et père heureux.... je pourrais l'être.... je le serai.

MADAME DE LEURYE, *à son mari.*

Que dit-il?

LE COMTE, *dans la plus grande agitation.*

Là vertu triomphe de ma faiblesse.... C'en est fait.... j'aurai un fils!... j'aurai un fils! (*A de Leurye.*) Je te rendrai ton père.... Approche, qu'il t'embrasse.... A son amour, à ses soins, au trouble où tu le vois, as-tu pu le méconnaître?...

DE LEURYE, *dans les bras du comte.*

Vous.... vous! mon père!

MADAME DE LEURYE.

Qu'entends-je, Dieu tout-puissant?

LE COMTE.

Je le suis.... tu honoreras mon nom, tu feras la félicité et la gloire

---

1. Mauvaise expression; c'est la mère qui met au monde, et non pas le père.

de ma vieillesse.... J'ai trop tardé à le faire, cet aveu. Je te le devais pour récompense de tes vertus....

DE LEURYE.

C'est la plus grande.... elle est au-dessus de tout espoir, et le saisissement où je suis me ravit toute réflexion.

LE COMTE.

Tu sauras tout. Tu connaîtras le secret de ta naissance et les places qui t'attendent. Fruit d'un mariage clandestin, ta mère.... Mais ce n'est pas ici que je dois t'en instruire. Qu'il te suffise de savoir que tu es mon fils.... Ces moments ne seront troublés par aucun souvenir fâcheux. Partage toute ma joie.... etc., etc.

On ne saurait rien imaginer de plus plat, de plus maussade que ce dialogue. D'ailleurs, et c'est là un des inconvénients du drame, pris dans le sens spécial indiqué par Diderot et Mercier, ses moyens, au fond et dans la forme, sont d'une monotonie insupportable : au fond, ce sont toujours des situations extraordinaires et mystérieuses, qui finissent par se découvrir; dans la forme, c'est toujours la lutte entre le mystère et la déclaration, lutte qui s'exprime par des phrases inachevées, avec des points suspensifs. Rien n'est plus ennuyeux.

Si l'on prend, au contraire, le drame pour ce qu'il est, pour une pièce comme une autre, qui ne demande aucune règle particulière parce qu'il est soumis à toutes celles de la poésie dramatique, on le jugera comme les tragédies et les comédies, par le sujet, par le plan, par la conduite, par les caractères, par l'intérêt de l'ensemble, par la vivacité du dialogue et la beauté du style; alors il en sera des drames comme de tous les poëmes : il y en aura de bons et de mauvais. Les premiers seront faits par les auteurs dramatiques qui auront du talent, tels que La Chaussée, Beaumarchais, Alexandre Duval; les autres appartiendront aux raisonneurs qui, n'ayant aucun génie pour le théâtre, s'imagineront que l'emploi exclusif de certains personnages et de certaines combinaisons suffit à déterminer un genre nouveau et à produire des pièces agréables. Dans tous les cas l'expérience sera le juge, en dernier ressort, de la valeur des œuvres ; c'est le sentiment public qui décidera l'estime qu'on doit faire de toutes ces théories.

X. *Époque de la République et de l'Empire.* — Voltaire mourut en 1778. Une dizaine d'années après sa mort éclata la révolution, époque d'agitation fébrile qui dura jusqu'à la fin du xviiie siècle. Alors un général habile, mais qui sut montrer aussi des talents tout différents et assurément supérieurs à ceux d'un grand capitaine, s'empara du pouvoir, comprima toutes les résistances, rétablit l'ordre matériel et le fit régner jusqu'en 1814. Pendant cette époque divisée en deux parties bien distinctes, la littérature se modifia certainement, comme nous allons le rappeler, et comme il est facile de s'en convaincre par la lecture des œuvres du temps ; mais la critique, en tant qu'elle s'appuie surtout aux règles établies et reconnues, ne changea pas beaucoup. Ces règles restèrent sensiblement les mêmes qu'auparavant ; et la manie de l'antique, qui s'était emparée de toutes les têtes, confirma dans leurs sentiments les partisans des doctrines traditionnelles ou classiques, données à droit ou à tort comme celles d'Aristote.

C'étaient d'ailleurs les élèves de Voltaire qui dominaient dans la critique : c'étaient Ginguené, Andrieux, Amauri Duval, Chénier qui écrivaient dans la *Décade philosophique* ; c'étaient, dans le *Mercure de France*, Chateaubriand, Fontanes, et surtout La Harpe qui avait professé au Lycée avant la révolution, et qui y avait repris ses cours, dès que les temps devenus meilleurs l'avaient permis. Tous ces écrivains, malgré des divergences profondes qui tenaient surtout à leurs opinions politiques ou religieuses, étaient, quant aux doctrines littéraires, de la même école. Ils s'accordaient généralement et sur le choix des modèles, et sur le jugement du bon et du mauvais. La critique trouvait peu à s'appliquer peut-être, parce que la littérature élevée à laquelle elle se consacre le plus souvent, avait presque entièrement disparu dans la tempête politique; mais, en tant que science, jamais peut-être elle n'avait présenté une unité plus compacte, jamais elle n'avait paru porter sur un fondement plus solide.

L'Empire ne changea pas cette situation. Les doctrines générales furent seulement un peu plus gênées qu'auparavant. La *Décade*, qui représentait l'esprit philosophique et républicain, cessa de paraître. Le *Mercure*, le *Moniteur*, le *Journal de Paris*, et surtout le *Journal des Débats* eurent, au contraire, le plus grand succès. On y soutenait dans la politique les principes d'ordre qui convenaient au chef du gouvernement, et dans la littérature les doctrines qui se rattachent au même principe.

Les plus célèbres représentants de ces doctrines sont assurément Palissot et Chénier dans des ouvrages particuliers, et Geoffroy dans la littérature périodique.

Palissot, né en 1730, âgé par conséquent de soixante et dix ans au commencement du siècle, mérite surtout un rang dans le catalogue de nos meilleurs critiques, par ses *Mémoires pour servir à l'histoire de notre littérature*[1]. C'est un recueil de notices et d'appréciations littéraires sur plus de trois cents écrivains, rangés par ordre alphabétique; et ce qui le rend plus précieux, c'est ce qu'en dit l'auteur lui-même dans son avant-propos :

Quoique je n'eusse d'abord entrepris cet ouvrage que pour mon utilité particulière, il est devenu cependant un de mes ouvrages de prédilection, et même un de ceux que j'ai travaillés avec le plus de soin. Ce n'est point un livre fait avec des livres; c'est un cours de littérature qu'il m'eût été facile d'étendre, si je n'avais voulu faire

---

1. Deux volumes in-8. Paris, 1804.

qu'une compilation, mais dans lequel je me suis imposé des bornes, pour ne parler d'aucun auteur qui ne me fût très-connu, et pour ne présenter au public que mes propres idées.

Ces idées sont en effet bonnes à connaître. Palissot est un critique plutôt passionné que calme assurément; mais il est de bonne foi, comme le prouve sa constante et sincère admiration pour Voltaire, et sa haine pour la secte philosophique dont Voltaire était le chef. Il a d'ailleurs à un haut degré le sentiment du bon et du mauvais, et dit sa façon de penser avec une franchise qui ne déplaît pas du tout au lecteur. Quant à sa sagacité, quant à la finesse avec laquelle il saisit et indique les nuances dans les arts, on s'en fera une idée par les lignes suivantes sur les divers systèmes tragiques, tirées de son article sur Arnault :

> La tragédie de *Blanche et Montcassin* fit sur les spectateurs, elle fait même à la lecture une impression d'autant plus vive qu'elle tient de la manière anglaise, qui commence à s'introduire sur nos théâtres, mais que M. Arnault n'a employée qu'avec la réserve que le goût devait lui prescrire et dont il serait très-dangereux de s'écarter. Il est, nous le savons (et les orages qui ont agité la France en ont malheureusement grossi le nombre), des âmes qui ne seraient que faiblement émues par les ressorts de l'ancienne tragédie, et pour qui la manière anglaise, en les frappant avec plus de violence, est devenue une sorte de besoin. Nous concevons qu'en ajoutant plus de force aux effets tragiques, cette manière, pourvu que l'usage en soit modéré, et qu'elle ne se porte pas aux excès qui dégradent, sur les théâtres de Londres, la dignité de la tragédie, peut en augmenter l'intérêt. Mais l'abus en serait d'autant plus funeste, si le goût n'y mettait pas de frein, que non-seulement il tendrait à détériorer les mœurs de la nation en la familiarisant avec les spectacles trop atroces, mais qu'il irait jusqu'à détruire, par des secousses trop violentes, le principe même de la sensibilité qui est la source de nos plaisirs [1].

Ce sont assurément là de bonnes pensées et qui font au-

---

1. Voyez dans le même ouvrage à l'article *Chénier (Marie-Joseph)*, un coup d'œil bien remarquable sur l'histoire de la tragédie en France.

tant d'honneur au jugement du critique qu'à la finesse de son tact. Je lui emprunterai encore deux courts passages, qui ne lui seront pas moins honorables : l'un a pour objet le galimatias, l'autre les sottises absurdes où l'ignorance nous fait tomber. Je commence par le dernier, qui est tiré de l'article sur Dorat :

L'auteur avait cru peindre très-poétiquement une autruche dans une de ses fables, et même la caractériser d'une manière imitative par ces deux vers :

> Elle étend lourdement ses gigantesques ailes
> Dont la masse ressemble aux voiles des vaisseaux.

Il est triste que cette belle image ne présente qu'une double absurdité. Les *gigantesques ailes* de l'autruche se réduisent à rien, car elle n'en a pas : elle n'a que de petits ailerons très-courts, et les plumes qui en sortent sont tellement effilées et décomposées, que, loin de ressembler *aux voiles des vaisseaux*, elles n'ont même entre elles aucune adhérence, ce qui les rend absolument inutiles pour voler.... Il faut avouer que ces fautes qui sont le fruit de notre manie d'écrire avant d'être instruits, et qui nous exposent à la raillerie des nations voisines, commencent à devenir trop communes dans notre littérature. Un je ne sais quel poëte avait placé une sole dans un étang, sans se douter qu'elle fût un poisson de mer. Nous ne citons qu'à regret ces exemples humiliants.

C'est dans l'article consacré à Diderot qu'on trouve de singuliers exemples de galimatias, jugés d'ailleurs comme ils méritent de l'être.

Ce qui étonne surtout dans le style de cet écrivain, c'est une espèce de jargon apocalyptique qu'il affecte sans cesse, et qui l'a fait nommer, non sans raison, le *Lycophron de la philosophie*. On peut en juger par cette incroyable citation, tirée mot pour mot de ses *Pensées sur l'interprétation de la nature*. « La véritable manière de philosopher serait d'appliquer l'entendement à l'entendement, l'entendement et l'expérience aux sens, les sens à la nature, la nature à l'investigation des instruments, les instruments à la recherche et à la perfection des arts, qu'on jetterait au peuple pour lui apprendre à respecter la philosophie. »

On invite ceux à qui cet amphigouri philosophique ne suffirait pas, à essayer leur pénétration sur cette singulière définition, tirée aussi du même livre : « L'animal est un système de molécules organiques qui, par l'impulsion d'une sensation semblable à un toucher obtus et sourd que celui qui a créé la matière leur a communiqué, se sont combinées, jusqu'à ce que chacune ait rencontré la place la plus convenable à son repos. » Assurément cela s'appelle bien définir une chose obscure par une plus obscure encore ; et c'est ce que Boileau nommait très-heureusement du *galimatias double*.

Chénier a fait sur la critique littéraire un ouvrage depuis longtemps classique, imprimé seulement depuis sa mort ; c'est son *Tableau historique de l'état et des progrès de la littérature française depuis* 1789, où, ayant distribué en une douzaine de chapitres tous les genres importants que reconnaissent les littérateurs, il y rappelle succinctement les ouvrages anciens, et fait connaître avec plus de détails les ouvrages récents qui se rapportent à chacun d'eux. C'était un ouvrage académique dont l'auteur même avait bien compris l'écueil inévitable. Il disait en effet dans une introduction fort remarquable :

Comment, de leur vivant même, apprécier tant d'écrivains, non sur de rigoureuses théories, sur des faits démontrés, sur des calculs évidents ; mais sur des choses réputées arbitraires, sur l'esprit, le goût, le talent, l'imagination, l'art d'écrire ? Dispenser la louange avec plaisir, exercer la censure avec réserve, proclamer les talents qui nous restent, applaudir aux dispositions naissantes, tel est le devoir que nous avons à remplir.

Soit ; mais de là résulte l'obligation de louer, à l'égal des plus grands hommes, les médiocrités contemporaines : de faire de Sicard et de Domergue les *habiles disciples* et les *honorables successeurs* de Condillac ; et du *Catéchisme universel* de Saint-Lambert un de nos plus beaux ouvrages de morale. Ce défaut excepté, l'ouvrage de Chénier est assurément un de ceux qui honorent le plus la critique française. Les jugements y sont aussi exacts que substantiels, le style en est toujours correct, pur, élégant; et il y a souvent une délicatesse d'expression digne des plus grands écrivains. Je n'hésiterai pas à donner comme exemple ce qu'il dit d'un ouvrage de Mme de Staël à l'occasion d'un jugement injurieux qu'elle avait porté sur Condorcet :

L'influence des passions sur le bonheur des individus et des sociétés civiles offrait aux moralistes un beau sujet que Mme de Staël a traité d'une manière brillante. Quoique divisé en trois sections, son ouvrage est peu susceptible d'analyse ; mais il n'est pas difficile d'en faire sentir les qualités et même les défauts. Il y a beaucoup d'imagination dans le chapitre de l'Amour et plus encore dans celui de l'Amitié. En voulant préserver des passions, Mme de Staël est passionnée dans son style; qu'il nous soit permis d'ajouter : dans ses jugements. L'esprit de parti se laisse apercevoir dans quelques passages, et surtout dans le chapitre où il s'agit de l'*esprit de parti*. On est fâché d'y trouver des lignes étranges sur *un homme diversement célèbre*. C'est Condorcet dont il est question ; et cette phrase équivoque n'est interprétée par aucun éloge. *Ses amis assurent*, si l'on en croit Mme de Staël, *qu'il aurait écrit contre son opinion.* Voilà des amis bien perfides, ou, ce qui est plus exact, des ennemis bien injustes. Condorcet fut sans doute et restera diversement célèbre, puisqu'il était à la fois habile dans les sciences mathématiques, profond dans les sciences morales et politiques, éclairé en littérature, écrivain distingué, philosophe illustre et grand citoyen : mais nul dans ses écrits ne se montra plus d'accord avec sa conscience et plus ouvertement fidèle aux immuables principes dont il a péri martyr. Il est bien vrai qu'il aimait les vertus, le génie, les opinions de Turgot, qu'il admirait son administration, et qu'il n'avait pas, à beaucoup près, les mêmes sentiments pour un ministre dont le nom n'est pas sans célébrité [1]. A cet égard, les panégyriques exagérés peuvent convenir à l'amour filial ; mais entre-t-il aussi dans ses droits d'inculper gravement et sans motif admissible un des premiers hommes du xviii° siècle? C'est ce que nous avons peine à croire. Après cette observation, que nous faisons à regret, mais qu'il fallait faire, nous n'examinerons pas, etc.

A la même époque à peu près que le *Tableau historique*

---

[1]. Necker, père de Mme de Staël, que Napoléon aussi bien que Condorcet jugeait un homme fort médiocre.

de Chénier, et pour la même occasion, parurent les *Rapports et les discussions de toutes les classes de l'Institut de France sur les ouvrages admis au concours pour les prix décennaux* [1]. Il faut se rappeler que par un décret en date du 24 fructidor an XII, l'empereur Napoléon avait établi que de grands prix seraient donnés tous les dix ans aux savants, aux artistes, aux littérateurs qui seraient jugés l'emporter sur tous leurs rivaux, dans un certain nombre de genres d'ouvrages exactement déterminés. Quelque jugement que l'on veuille porter de ce projet, qui n'a pas pu même avoir son exécution une première fois, les quatre classes de l'Institut [2] furent chargées de se prononcer sur ces questions. Des jurys composés des présidents et secrétaires de ces classes furent chargés d'un travail préparatoire adressé au ministre de l'intérieur et renvoyé par lui aux diverses classes pour y être soumis à une discussion générale. Ces rapports du jury et les objections ou décisions des classes recueillis en un volume in-quarto, forment l'ouvrage dont nous parlons ici. Il n'a qu'une valeur médiocre. Nous avons déjà vu que les corps savants sont peu propres à déterminer ou même à sentir les mérites littéraires; ici surtout, où presque tous les juges étaient personnellement ou par leurs amitiés intéressés à couronner tel ou tel, on ne pouvait pas même compter sur cette justice banale qu'on suppose aux assemblées. Aussi ne faut-il guère chercher autre chose dans ce recueil que certains principes généraux connus depuis longtemps et avoués de tout le monde, mais reproduits avec l'autorité d'une délibération collective. Il y a aussi quelques discussions qui offrent un certain intérêt, au moins pour la circonstance, mais qui hors de là n'en ont presque plus; ce qui nous dispense de rien citer de cet ouvrage.

---

1. Paris, 1810, in-4.
2. Celles des sciences; de la langue et de la littérature française (Académie

La rédaction littéraire du *Journal des Débats* a bien plus d'importance et mérite une mention spéciale dans cet exposé de la critique française au commencement du siècle. C'était, avant tous, Geoffroy que guidait le vif sentiment du bon et du mauvais ; et qui, s'il fut souvent partial, attaqua du moins ce qui était faible ou médiocre. C'étaient ensuite Dussault et de Féletz, critiques arriérés, mais imbus de bonnes doctrines et qui, s'ils n'avaient aucune originalité, y suppléaient par l'art même qu'ils mettaient dans leurs articles. Plus tard vint Hoffmann, distingué surtout par sa verve maligne et l'universalité de ses connaissances. Les articles de ces divers rédacteurs ont été réunis dans des recueils considérables, soit par eux-mêmes, soit par les libraires ; et il est facile d'y recourir, à quiconque voudra connaître à fond la critique de cette époque. Je me contente d'emprunter au recueil des feuilletons de Geoffroy[1] un passage où il discute avec autant de netteté que de vigueur une assertion de La Harpe, relative à l'*Héraclius* de Corneille, et qui s'étend à l'intrigue considérée dans toutes les pièces de théâtre :

C'est avec raison qu'on admire la prodigieuse imagination qui a bâti cette intrigue d'*Héraclius*, si intéressante et si théâtrale. M. de La Harpe ne condamne pas formellement un pareil sentiment ; mais, ajoute-t-il, « je crois qu'il y a plus de difficultés à produire de grands effets avec des moyens très-simples.... C'est là, ce me semble, la véritable force et le premier mérite d'une intrigue dramatique. » — Ce principe est de toute évidence ; et je ne crois pas qu'on se soit jamais avisé de le contester. Si vous supposez qu'on peut produire d'aussi grands effets avec une intrigue simple qu'avec une intrigue compliquée, nul doute qu'il n'y ait plus de mérite à les produire par les moyens les plus simples. Cela même est si clair que ce n'était pas la peine de le dire. La question serait de savoir s'il est possible de produire autant

---

française) ; de l'histoire et de la littérature ancienne (Académie des inscriptions et belles-lettres) ; enfin des beaux-arts.

1. *Cours de littérature dramatique*, t. I, p. 181 et suiv., feuilleton du 30 janvier 1807.

d'effet, de tenir l'esprit aussi vivement occupé, l'âme aussi fortement émue, avec une intrigue simple qu'avec une intrigue composée d'un grand nombre d'incidents. Une autre question, non moins importante, consiste à examiner si la simplicité même, en excitant moins de curiosité et d'intérêt, ne serait pas préférable à une multiplicité qui donnerait plus d'exercice à l'esprit et à l'âme. L'écueil de la simplicité dramatique, c'est la langueur. L'écueil de la multiplicité, c'est la confusion, l'obscurité, l'invraisemblance. Le chef-d'œuvre du génie et de l'art, c'est de s'emparer de l'esprit et du cœur, sans qu'il en coûte rien à l'ordre, à la clarté, à la raison.

« Plus l'esprit est occupé, dit M. de La Harpe, moins le cœur est ému. » — Cela ne me paraît pas bien juste. M. de La Harpe n'établit ce dogme que pour favoriser les lamentations, les complaintes, les éternelles tirades, soi-disant pathétiques, d'auteurs verbeux et stériles, abondants en paroles et dénués d'invention, qui feront deux cents vers médiocres plutôt qu'ils n'auront imaginé un incident ou une situation. Le cœur n'est ému qu'autant que l'esprit est occupé. L'intérêt s'éteint quand l'action languit, quand la scène est vide.

« Le temps est précieux au théâtre, dit M. de La Harpe; quand il en faut tant pour l'attention, il n'y en a pas assez pour l'intérêt. Le spectateur n'est pas là pour deviner, mais pour sentir. » — Je suis fâché qu'un aussi grave Aristarque que M. de La Harpe, et qui brille par le jugement beaucoup plus que par l'esprit, s'amuse à des antithèses frivoles et fausses, à des oppositions puériles entre *l'attention* et *l'intérêt*, entre *deviner* et *sentir*. M. de La Harpe confond mal à propos des objets qu'il faut distinguer, il sépare ceux qui doivent être unis. Distinguons toujours l'intrigue complexe, source de la curiosité et de l'intérêt d'avec le désordre et le chaos d'une intrigue embrouillée et fatigante. Il y a de la différence entre une énigme à deviner et des événements compliqués dont il faut suivre le fil. Au contraire, il ne faut point séparer l'attention d'avec l'intérêt. Pour émouvoir l'âme, il faut commencer par fixer l'esprit; et comme il n'est pas possible que l'âme éprouve une vive émotion dans tous les instants d'une pièce, il ne faut pas regarder comme perdu pour *l'intérêt* le temps employé à exciter *l'attention*.

Il était d'autant plus important de réfuter ces sophismes, qu'il n'y a que trop de poëtes qui s'imaginent être touchants et pathétiques, quand ils ne sont que des déclamateurs ennuyeux et tristes.

Toutefois, lorsque les doctrines classiques triomphaient

ainsi dans les journaux, que l'auteur d'*Atala* lui-même écrivait dans le *Mercure* les articles les plus orthodoxes, un travail sourd se faisait contre l'autorité des modèles et les principes reçus. Ce même Chateaubriand, avec la spontanéité d'un artiste, indiquait dans la composition littéraire de nouvelles voies et de nouvelles ressources. Lemercier, plus audacieux encore, mais moins heureusement doué, se perdait dans des ouvrages mal conçus et mal exécutés, où il avait néanmoins la prétention de rester classique [1]; Mme de Staël enfin, avec le zèle d'une méthodiste et la morgue d'un prédicant, posait des principes généraux, faisait une poétique en rapport avec sa propre insensibilité aux vraies beautés littéraires; et, rabaissant tous nos grands poëtes, offrait en leur place, à l'admiration de la jeunesse française, cette littérature allemande produite presque tout entière dans le siècle dernier et à laquelle personne ne songeait en Europe.

Son traité *De la littérature dans ses rapports avec les institutions sociales* [2], qui résume ses doctrines, a été pendant longtemps cité comme exprimant, sur tous les points contestés en littérature, la vérité la plus avancée et la plus certaine. Cet ouvrage, en effet, tant que l'auteur se tient dans les généralités, a, comme toutes les propositions de cette espèce, un côté vrai auprès du faux; et comme il est d'ailleurs écrit avec un certain brillant de style et beaucoup d'entrain, on conçoit le succès qu'il a pu avoir.

Mais quand on descend aux détails, quand on examine avec quelque attention le fond du livre, on reconnaît immédiatement l'ignorance et l'incapacité absolues de celle qui veut nous endoctriner.

---

1. Voyez son *Cours analytique de littérature*, où il énumère consciencieusement plus de règles que n'en avaient énoncé ou suivi les auteurs les plus estimés.

2. T. IV de ses *Œuvres complètes*. Paris, in-8.

Le titre seul montre qu'une idée fausse va dominer tout cet enseignement. Que signifie une *littérature dans ses rapports avec les institutions sociales?* Ou cela n'a pas de sens, ou il s'agit de ces ouvrages de commande comme en font faire les révolutionnaires quand ils arrivent au pouvoir. Ce que l'on appelait autrefois la *Direction*, le *Bureau de l'esprit public* entendait parfaitement cette littérature. On commandait, à propos d'une victoire, une pièce à spectacle pour Franconi; on faisait faire à Chénier, à propos de la dignité impériale que Bonaparte se disposait à saisir, sa tragédie de *Cyrus*, sifflée par celui-là même qui devait en profiter. Voilà de la *littérature en rapport avec les institutions sociales;* tout le monde sait ce qu'il en faut penser, et il est juste de dire que ce n'est pas du tout ce qu'entend notre auteur.

Hors de là cependant, qu'y a-t-il? Il n'y a rien absolument sinon cette vérité banale que toute littérature représente en quelques points l'*esprit et les mœurs* de la société à laquelle elle s'adresse. Mais c'est une de ces vérités si nécessaires, si évidentes, qu'il est absolument inutile de s'y arrêter. C'est comme si l'on posait en principe qu'il faut respirer l'air qui nous entoure. Un tel précepte mérite-t-il d'être énoncé?

Pour en faire la matière d'un ouvrage entier, il a fallu se jeter dans des théories creuses dont le résultat définitif a été de gâter la littérature et d'anéantir la critique. En effet, quand les ouvrages bien faits avaient en eux-mêmes une valeur comme les pièces de Racine, les fables de La Fontaine, il y avait pour les auteurs un motif de travailler, une raison de chercher ce qui devait le plus les recommander à la postérité. Mais si l'ouvrage en lui-même est peu de chose, s'il ne vaut que par ses analogies avec l'ordre social ou les institutions, qu'est-il besoin d'y chercher, avec des peines infinies, cette beauté de forme qui a immortalisé les œuvres de nos pères? Brochez-nous quelque déclamation sur un sujet à l'ordre du jour, bâclez-nous un roman mal écrit qui réponde aux idées du moment, faites une pièce de circonstance, et vous aurez atteint le sommet de l'art, d'après les nouvelles doctrines.

Voilà pour le principe. Si nous arrivons maintenant aux détails, aux propositions précises et assez nettement formulées pour qu'on puisse les examiner de près, nous avons lieu d'être surpris de la réputation de science solide qu'on a faite à Mme de Staël. On voit qu'elle ne connaissait pas les ouvrages dont elle parlait sur ouï-dire, qu'elle les arrangeait à sa fantaisie, de sorte que tout est chimérique chez elle, et que les adolescents qui l'ont lue autrefois avec une admiration si naïve s'attachaient à un feu follet, à la suite duquel ils se perdaient dans les marécages.

Il n'est pas indifférent, au moment où je porte contre cette femme célèbre une accusation si grave, de la prouver catégoriquement : c'est ce qu'il est facile de faire, et sans un grand déploiement de paroles, par l'examen attentif d'une ou deux de ses notes[1]. Voici la première :

Alcibiade et Thémistocle ont voulu se venger de leur patrie en lui suscitant des ennemis étrangers. Jamais un Romain ne se fût rendu coupable d'un tel crime. Coriolan en est le seul exemple, et il ne put se résoudre à l'achever.

La pensée, on le voit, est importante. Une différence aussi caractéristique entre les deux grands peuples de l'antiquité, nettement arrêtée par trois exemples, et ne laissant aucun doute sur l'exactitude de la conclusion : ce serait assurément un des plus beaux résultats d'un examen philosophique appliqué à l'histoire. Il ne reste plus qu'à s'assurer comment cet examen a été fait; et malheureusement on trouve que tout est fantastique dans la phrase de Mme de Staël.

---

1. Ouvr. cité. Part. I, ch. 4, p. 134.

1° Elle charge Thémistocle d'un crime qui n'est pas prouvé[1]. 2° Elle oublie qu'Alcibiade n'a pas plus achevé son crime que Coriolan; qu'il a même été moins loin que lui. 3° Elle suppose qu'il n'y a eu après Coriolan, ni Catilinas, ni Sertorius, ni tant d'autres; et ne sait pas même qu'avant lui, il y avait eu un Tarquin dont Coriolan a suivi l'exemple; ce qui a fait dire à Eutrope[2], que Coriolan ne fut que le second qui marcha contre sa patrie à la tête d'une armée étrangère : *Atque hic secundus post Tarquinium fuit qui dux contra patriam suam esset.*

On pensera sans doute, d'après ce simple rappel des faits, que cette distinction majestueuse entre les Grecs et les Romains n'a pas à beaucoup près autant de valeur que de prétention, et qu'il vaut mieux dire plus simplement des choses plus vraies.

Mme de Staël ne supporte pas mieux l'examen dans une autre note, où elle veut démontrer la vérité de cette proposition bizarre : que la littérature latine est la seule qui ait débuté par la philosophie[3], tandis que dans les autres les premiers essais de l'esprit humain appartiennent à l'imagination[4]. En fait, cette assertion de Mme de Staël est absolument fausse, puisque les chants des prêtres saliens que Varron assure avoir été les premiers essais de la muse latine[5], ceux des Frères Arvaux[6], les vers saturniens[7], les nénies populaires[8], étaient certainement des œuvres d'une poésie grossière, et non des œuvres philosophiques. Mais je laisse de côté et le

---

1. Thucyd., I, 138, n° 4; Plut., *Themist.*, 28 et suiv.; Nepos, *Themist.*, n°ˢ 9 à 11.
2. *Breviar. hist. rom.*, I, 14.
3. Ouvr. cité, ch. 5, p. 141.
4. *Ibid.*, p. 140.
5. *De ling. lat.*, VII, n° 3.
6. M. Egger, *Latini serm. reliq. selectæ*, ch. 2, p. 68.
7. *Ibid.*, p. 109, 114, etc.; *De quelques points des sciences*, n° IX.
8. M. Egger, *ibid.*, p. 104, 134, etc.

fond de la question et ces œuvres que nous n'avons plus, que nous ne connaissons que par les témoignages des grammairiens, pour passer aux points incontestables de l'histoire de la littérature latine.

On avait objecté avec raison à Mme de Staël, Ennius, Pacuvius, Attius, etc., tous ces poëtes de la première époque littéraire chez les Romains. Que répond-elle à cela? qu'Ennius est *incorrect, obscur, doué d'un génie peu poétique;* que cela est démontré par les fragments qui nous restent de lui, par le jugement de Virgile qui, par parenthèse, n'a rien dit de semblable, et serait d'ailleurs peu croyable, puisque son mot avait pour but d'excuser ses larcins [1], par les moqueries d'Horace, qui, lui aussi, défendait une thèse en blâmant les anciens poëtes [2], et d'ailleurs reprenait surtout en eux les négligences ou le langage suranné [3]; par la condamnation d'Ovide [4], qui blâme aussi l'âpreté et la dureté de cette vieille langue, ce qui ne touche pas du tout au génie des poëtes [5]. Chemin faisant, Mme de Staël cite *Titus Andronicus* pour *Livius;* elle s'appuie aussi sur ce que Pythagore avait été reçu *bourgeois de Rome!* Est-ce là de l'histoire? et n'est-elle pas bien bonne d'appeler sa note une *réfutation?*

Dans un autre endroit ses assertions sont plus singulières encore; elle écrit [6] que les Romains n'auraient point voulu qu'on représentât sur le théâtre ce qui pouvait tenir à

---

1. Macrob., *Saturn.*, lib. VI, c. 1 et 2. Ce mot de Virgile sur Ennius est d'ailleurs bien connu.
2. Voyez toute la première épître du livre II.
3. *Ars poet.*, v. 56 et 259; *Epist.*, I, 19, v. 7; et II, 1, v. 50.
4. En parlant des *Annales* d'Ennius, Ovide dit: *Nihil est hirsutius illis.* Trist., II, v. 259.
5. Loin de là, partout où il parle d'Ennius il loue son grand génie: *Ennius ingenio maximus, arte rudis.* Trist., II, 424. Cf. *Ars amat.*, III, 409, et Lucrèce, *De nat. rerum*, I, 118.
6. Même ouvr., part. I, ch. 5, p. 157.

leur histoire, à leurs affections, à leur patrie, et une longue note est employée à justifier cette déclaration. On y trouve que :

> Attius, selon un commentateur, avait composé une tragédie sur Brutus, qui fut représentée aux jeux apollinaires; mais une lettre de Cicéron à Atticus dit que ce fut une tragédie de *Térée* qui fut représentée à ces jeux; et un autre commentateur assure que ce n'était point une tragédie de Brutus qu'avait faite Attius, mais des vers adressés à un Brutus descendant du premier, avec lequel il était fort lié [1].

La lettre de Cicéron dont parle fort vaguement Mme de Staël est la seconde du XVIe livre; c'est la seule où il soit question de *Térée*, et il y est dit tout simplement que Brutus paraissait prendre beaucoup de plaisir à voir cette pièce : *Delectari mihi Tereo videbatur;* ce qui n'exclut en rien une autre pièce du même auteur sur un autre sujet.

Quant aux commentateurs dont s'appuie Mme de Staël et qu'elle aurait bien fait d'indiquer exactement, leur autorité, il faut l'avouer, est bien faible pour combattre celle de Cicéron, qui parle du *Brutus* de ce poëte, comme d'une pièce connue dans laquelle Tarquin raconte lui-même son songe [2]; il cite les paroles de Tarquin et la réponse des divinateurs en vers tétramètres comme on en mettait dans les tragédies [3].

Qui ne sait d'ailleurs que les Romains avaient leurs *fabulæ prætextæ* [4], dont les personnages étaient Romains, par opposition aux *crepidatæ*, où ils étaient Grecs.

Ce que Mme de Staël ajoute sur ces vers où Horace dit

---

1. Ouvr. cité, p. 158.
2. Superbi Tarquinii somnium de quo in Bruto Attii loquitur ipse. *De Divinat.*, I, 22, n° 44.
3. Cic., *ibid.*, n° 45.
4. Hor., *Ars poet.*, v. 288. Voyez aussi dans l'édition de Lemaire, p. 556, la dissertation *de Fabula togata Romanorum.*

que les Romains ont le génie tragique et d'assez heureuses inventions, mais qu'ils craignent le travail de la révision et de la correction [1]; que c'est un trait à ajouter au caractère des Romains, que cette espèce d'orgueil qu'ils attachaient à ne pas corriger les pièces qu'ils composaient [2], est une autre preuve des connaissances superficielles et des jugements puérils de l'auteur, qui raisonne sur un mot métaphorique comme s'il avait toujours son sens rigoureux.

Nous n'avons pas trouvé Mme de Staël bien forte sur l'histoire littéraire; elle ne l'est pas plus sur la plupart des questions qu'elle traite. Étrangère à la philosophie, à la grammaire, à la logique, elle débite avec une assurance qui n'a fait que trop de dupes les plus énormes absurdités sur ces diverses sciences.

Dans son ouvrage sur l'*Allemagne,* elle écrit [3] comme une sorte d'objection à ceux qui veulent exclure l'imagination de l'analyse philosophique :

Les sciences de calcul, à un certain degré, ont besoin d'imagination.

Cela est vrai ; seulement l'imagination dont il s'agit ici n'est pas du tout celle que les philosophes rejettent de l'analyse de l'entendement. C'est une faculté mal nommée, qui consiste surtout dans la combinaison nouvelle et ingénieuse des connaissances précédemment acquises. On fait ainsi marcher la science ; on invente l'application de l'algèbre à la géométrie ou le calcul infinitésimal. Il n'y a pas là dedans d'image ni de vision ; il n'y a pas d'imagination proprement dite, mais seulement un arrangement nouveau de nos idées et une perception plus parfaite des conséquences qu'elles ont. Mme de Staël a été dupe des mots. Elle est tombée dans le

---

1. *Epist.*, II, 1, v. 167.
2. Lieu cité, p. 159.
3. *De l'Allemagne*, part. III, ch. 2; t. II, p. 176.

sophisme d'ambiguïté que les moindres écoliers de logique doivent savoir éviter.

Dans un autre endroit[1], parlant du libre arbitre, elle s'étonne qu'il ait été nié par quelques philosophes, lorsque le genre humain tout entier, dit-elle, sent qu'il est libre. Mme de Staël ne comprend rien à la question. La liberté, c'est-à-dire le pouvoir de faire ce qu'on veut, n'y est aucunement intéressée. Seulement quelques philosophes soutiennent que quand nous voulons quelque chose, nous sommes nécessairement déterminés à le vouloir par des causes aperçues ou inaperçues, et qu'en ce sens nous ne sommes pas libres. Les autres pensent, au contraire, que la volonté se détermine par elle-même et sans avoir besoin de motif : c'est ce qu'ils appellent son *libre* ou son *franc-arbitre*. Dans l'un et l'autre cas nous sommes toujours libres et faisons ce que nous voulons ; et c'est ce que le genre humain sent parfaitement. Mais il peut fort bien ne pas sentir les causes premières de sa volonté. Son témoignage là-dessus n'a donc aucune valeur, et il est triste de voir un écrivain comme Mme de Staël comprendre si peu le sens des mots, qu'elle invoque un témoignage qui en réalité n'existe pas.

Notre auteur dit ailleurs en parlant de la rime[2] :

> C'est une découverte moderne que la rime. Elle tient à tout l'ensemble de nos beaux-arts, et ce serait s'interdire de grands effets que d'y renoncer. Elle est l'image de l'espérance et du souvenir. Un son nous fait désirer celui qui doit lui répondre ; et quand le second retentit, il nous rappelle celui qui vient de nous échapper.

Tout ici est faux, par rapport à l'histoire aussi bien que quant à l'analyse de nos idées. La rime n'est pas une découverte moderne : elle se trouve non-seulement dans les premières poésies de l'ère chrétienne, mais même dans quel-

---

1. *De l'Allemagne*, t. II, p. 241.
2. Même ouvr., t. I, p. 259.

ques poëmes anciens. C'est l'emploi régulier de la rime dans des vers d'une certaine forme qui est moderne; pour la découverte, c'est toute autre chose.

Comment la rime tient-elle à tout l'ensemble de nos beaux-arts? Je laisse à un plus habile le soin d'expliquer cette énigme, et de me montrer ce que la peinture, la sculpture, l'architecture et même l'éloquence en peuvent tirer.

Quant à ce qui suit, qu'elle est *l'image de l'espérance et du souvenir*, c'est là parler poétiquement, comme dit Aristote, et non philosophiquement [1]. Ces similitudes gracieuses ne signifient au fond rien du tout. La rime est pour nous une sensation agréable. Prétendre expliquer l'agrément d'une sensation par la relation toute métaphysique de conceptions postérieures, c'est une de ces erreurs où il n'est vraiment pas permis de tomber, et qui donnent tout de suite la mesure d'un écrivain.

Nous trouverions des exemples pareils en ce qui tient à la grammaire.... Là, comme ailleurs, l'auteur ne sort guère des métaphores. S'agit-il de la création des mots nouveaux et de la facilité qu'ont les Allemands à tirer d'une racine donnée autant de dérivés et de composés qu'ils en veulent, tandis que nous autres, Français, nous ne multiplions pas indéfiniment nos mots? elle s'imagine dire quelque chose en opposant *les racines toujours vives des langues germaniques aux souches mortes des langues latines*[2], et ne s'aperçoit pas que pour que sa métaphore eût un peu de bon sens, il faudrait dire que ce sont les cultivateurs qui admettent ou rejettent ces produits, puisque enfin les racines latines permettent de forger autant de mots que les racines germani-

---

1. M. Sainte-Beuve a employé cette pensée dans son *Épître à la rime* : elle peut, en effet, se glisser et se maintenir dans des vers légers; elle est fort déplacée dans un livre didactique.
2. *De l'Allemagne*, t. II, ch. 9, p. 249.

ques; et que c'est nous qui les repoussons quand les Allemands les acceptent tous.

Une fois lancée dans cette voie, Mme de Staël s'enfonce de plus en plus dans le bourbier. Elle parle de la prononciation des langues, de la quantité prosodique des syllabes et de l'accentuation comme quelqu'un qui n'a pas la moindre idée du sujet qu'il traite.

Je me suis arrêté quelque temps sur la critique de cette femme illustre, précisément parce qu'elle a, par ses livres, joué un rôle important dans ce mouvement littéraire qui s'est manifesté vers 1825, et dont je parlerai tout à l'heure. Son nom alors fut si souvent invoqué, et ses préceptes si souvent répétés avec une confiance aveugle par une jeunesse ignorante et présomptueuse, qu'il était bon de voir si cette ignorance n'appartenait pas avant tout à la maîtresse d'école, mais dissimulée chez elle sous quelques qualités d'imagination et de style qui l'ont fait accepter comme un oracle. Cela une fois compris, nous serons moins étonnés peut-être de la décadence dont il nous reste à présenter l'histoire et à donner la preuve.

XI. *Époque de la Restauration.* — Les Bourbons ouvraient pour la France une ère de bonheur, de paix et de liberté dont depuis vingt-quatre ans elle avait presque entièrement perdu l'idée. On ne sait plus aujourd'hui de quel poids se trouvèrent délivrés alors ceux qui, à l'âge où l'on cherche à mesurer son avenir, se trouvaient libres de faire ce qu'ils voulaient. M. de Lamartine, dans un discours sur les *Destinées de la poésie*, discours bien peu solide quant au fond des idées, mais où il a du moins représenté vivement ses sensations, peint en ces termes ce que lui faisait éprouver, au point de vue purement littéraire, le précédent régime : « Je me souviens qu'à mon entrée dans le monde, il n'y avait qu'une voix sur l'irrémédiable décadence, sur la mort accomplie et déjà froide de cette mystérieuse faculté de l'esprit humain (la poésie). C'était l'époque de l'Empire; c'était l'heure de l'incarnation de la philosophie matérialiste du xviii° siècle dans le gouvernement et dans les mœurs. Tous ces hommes géométriques qui seuls avaient alors la parole et qui nous écrasaient, nous autres jeunes hommes, de l'insolente tyrannie de leur triomphe, croyaient avoir desséché pour toujours en nous ce qu'ils étaient en effet parvenus à flétrir et à tuer en eux, toute la partie morale, divine, mélodieuse de la pensée humaine[1]. »

Il ne faut prendre là dedans que ce qui peint les impressions de l'auteur. M. de Lamartine est un homme d'imagination[2]; ne lui demandez pas l'exactitude des faits, et ne jugez pas par ce qu'il dit de l'état de la pensée humaine, de 1800 à 1814[3]; voyez seulement combien on était heureux de ne plus sentir sur soi cette main de fer qui pourtant avait sauvé la France au commencement du siècle.

Ce goût de liberté, ce sentiment d'indépendance, on le porta partout, principalement dans les matières d'imagina-

1. P. 3 et 4 des premières *Méditations*, édit. de 1838. L'auteur continue pendant deux pages encore cette amplification.
2. Et même de cette imagination exagérée qui fait voir ce qui n'existe pas. Dans le même discours, à la page 23, pour peindre une très-grande chaleur, il représente ses chevaux *fumants au soleil;* il ne sait pas encore que c'est quand il fait froid, que la chaleur interne fait apparaître comme une fumée la transpiration des animaux. Il dit plus loin, p. 39, en parlant de temples en ruine, que le soleil les frappait d'un dernier rayon qui *se retirait lentement d'une colonne à l'autre.* Que dites-vous de cette façon de s'en aller pour les rayons du soleil? L'auteur ajoute : *Comme les lueurs d'une lampe que le prêtre emporte au fond du sanctuaire;* et cette comparaison inconcevable couronne dignement la description impossible qu'il a rédigée on ne sait pour qui.
3. Il venait d'écrire à la page précédente : « L'homme ne sait rien : faux prophète, il prophétise à tout hasard; et quand les choses futures éclosent au rebours de ses prévisions, il n'est plus là pour recevoir le démenti de la destinée. » — S'il s'était rappelé ces sages paroles en 1848, il n'aurait pas aussi activement poussé à l'établissement d'une république qui devait, après six mois, le jeter du pinacle dans la boue, et après quatre ans lui ramener le régime dont il s'était plaint en termes si amers.

tion et de sentiment. Si la prudence du gouvernement tâchait d'éteindre, dans la politique et les relations sociales, cette activité d'amour ou de haine qu'un régime tombé laisse toujours après soi, la littérature était un champ plus libre où l'on pouvait, sans péril et presque sans inconvénient, se livrer à toute l'ardeur de la polémique. La jeunesse s'en empara avec enthousiasme.

La liberté de l'industrie venait de développer l'esprit d'association : on le transporta dans la critique, et ainsi se forma une *camaraderie* puissante qu'un de nos auteurs comiques a peinte avec cette supériorité de pinceau qui lui est habituelle[1].

Il n'est pas hors de propos à ce sujet de remarquer la différence ou le progrès des idées et des habitudes depuis Louis XIV jusqu'à nous. Au xviie siècle, les hommes de lettres travaillaient isolément, chacun s'en remettant pour sa gloire et ses succès à ses propres ouvrages. Au xviiie siècle, chacun travailla sans doute de son côté ; mais il se forma un parti qui prit le nom de *philosophique* et se composa des encyclopédistes et de leurs amis. Unis par les mêmes vues, les mêmes aspirations, les membres de ce parti ne tardèrent pas à reconnaître pour chef l'homme le plus considérable en effet de cette époque, le génie le plus vaste et le plus élevé, Voltaire. Ils le firent toutefois par conviction et avec un certain désintéressement tout à fait convenable aux amants de la poésie et de l'éloquence.

Il en a été autrement de nos jours. L'association dont je parle a été avant tout une entreprise intéressée. Se procurer de la réputation, et par elle gagner de l'argent, tel a été le but de tous les camarades. Ils ne l'ont pas dissimulé dans certaines circonstances, et l'on pourrait citer telle affaire

---

1. M. Scribe. Sa comédie a été représentée pour la première fois sur le Théâtre-Français, le 19 janvier 1837.

où l'un des coryphées du parti, parlant de ses ouvrages, déclarait devant un tribunal qu'il voulait *vendre sa marchandise le plus avantageusement possible.* Telle brouille est aussi survenue entre les associés, non par suite de modifications dans les idées ou de changements dans les convictions, mais parce que les uns n'avaient pas tenu exactement aux autres ce qu'ils leur avaient promis.

Je n'ai pas à dire ici ce que je pense d'une association de ce genre, ni quelle littérature de pacotille elle doit, selon moi, nécessairement produire. Je me borne à rappeler les faits, parce qu'ils sont caractéristiques. J'ajoute que Chateaubriand par ses ouvrages, Mme de Staël par ses doctrines, pouvaient être des chefs de parti; c'est ce qu'on se hâta d'en faire. De plus, la France, ouverte à tous les voyageurs, multiplia les relations entre les divers peuples. On connut davantage les œuvres littéraires de l'Allemagne, œuvres de beaucoup inférieures aux nôtres, mais que l'attrait de la nouveauté et la satisfaction de comprendre la langue allemande faisaient volontiers admirer. Ainsi se trouva toute formée une secte, ou plutôt une armée de gens de lettres, jeunes, ambitieux, ardents, qui, se soutenant et se poussant les uns les autres, espéraient arriver tous à la gloire ou à la fortune.

Pendant ce temps-là les partisans des règles anciennes se retranchaient tristement derrière les vieux auteurs, et leur propre renommée, déjà bien chancelante; et n'ayant rien de nouveau à opposer aux promesses de leurs jeunes rivaux, ils ne mettaient pas, non plus, le public de leur côté. Quand on pense d'ailleurs que M. de Jouy était un des héros de ce temps, et qu'on lit les incroyables platitudes qui composent ses œuvres, on s'explique comment un parti qui marchait sous de tels chefs a été si promptement et si complétement battu.

Il est vrai cependant que ces succès ou ces revers du jour

ne font rien du tout aux doctrines; que celles qui sont bonnes restent bonnes quand même elles sont mal défendues; et que les mauvaises ne deviennent pas meilleures par les applaudissements qu'elles reçoivent des ignorants de tout ordre. Il est vrai surtout que ce ne sont pas les coteries qui font le talent; et que les poëtes heureusement doués travaillent isolément, sans s'attacher au drapeau de personne, comme M. de Béranger dans ses bonnes chansons, M. de Lamartine dans ses premières *Méditations*, Casimir Delavigne dans la plupart de ses œuvres, surtout dans son *Théâtre*. Mais la multitude ne fait pas ces distinctions. Elle suit en aveugle le chemin et les divisions qui lui sont montrés. Il suffit qu'on lui signale deux partis dans la littérature pour qu'elle croie que tous les auteurs s'y rangent nécessairement. Elle ignore que les plus dignes et les plus habiles sont justement ceux qui ne s'y enrôlent pas. Quoi qu'il en soit, on donna des noms à ces deux régiments. On les appela les *Classiques* et les *Romantiques*, en prenant ces mots dans le sens très-peu français que les circonstances firent cependant accepter de tout le monde. On appela *Classiques* ceux qui, s'étant dévoués à l'étude et à l'admiration des auteurs anciens, regardaient leurs ouvrages comme les seuls modèles du bon et du beau dans les arts; et, comme il est bien difficile aux partis de conserver à leurs ennemis une dénomination sage et précise sans y rien ajouter de blessant ou de malveillant, on supposa que les classiques voyaient toute la littérature et la poésie dans l'imitation servile des vieux ouvrages, qu'ils excluaient toute spontanéité, toute imagination, toute combinaison nouvelle.

Ceux, au contraire, qui croyaient trouver dans les facultés naturelles et en quelque sorte prime-sautières le dernier mot de toute poésie et de toute littérature, qui recommandaient en conséquence aux jeunes auteurs de n'imiter personne, qui élevaient enfin au-dessus de tous les écrivains ou les poètes chez lesquels on reconnaissait moins d'art ou d'étude et plus d'élan naturel, prirent le nom de *Romantiques*. Par l'abus de langage dont j'ai parlé, on ajouta bientôt à cette définition l'idée de pensées vagabondes, d'écarts d'imagination, de désordre et de barbarie dans le langage, comme on avait prêté aux Classiques le projet d'imiter pour imiter, sans imagination, sans sentiment, sans inspiration.

Les deux mots étaient donc pris par chaque parti et pour lui-même, comme représentant ce qu'il y avait de bien dans son opinion et ce que le parti opposé n'aurait jamais osé nier sérieusement ; ils étaient appliqués au parti ennemi, comme exprimant ce qu'il y avait de mauvais et d'exagéré dans ses doctrines, et ce qu'assurément aucun homme sage n'aurait voulu avouer pour ses principes [1].

Telle est ordinairement la justice des passions et des intérêts. Quant à leur logique, la voici : à peine les nouveaux venus eurent-ils renversé comme surannée et impuissante cette législation du Parnasse formée à travers les siècles par l'observation attentive des plus belles œuvres et selon les exigences toujours croissantes du goût général, qu'ils voulurent créer pour cette littérature sortie de la négation des règles et qui n'existait que par elle, un système de préceptes qui en formeraient la théorie. Mme de Staël s'était bornée à des vues d'ensemble un peu vagues. Guillaume de Schlegel se chargea de formuler ces idées d'une manière plus nette dans son *Cours de littérature dramatique*[2]. Frédéric de Schlegel, son frère puîné, avait déjà rédigé un *Cours de*

---

1. *Histoire de la poésie française à l'époque impériale*, t. I, p. 13 à 15.
2. Trois vol. in-8, 1814, chez Paschond, à Paris et à Genève, traduction revue et seule avouée par l'auteur. Je ne dis rien ici de ce livre dont j'ai fait connaître l'esprit et la valeur dans mes *Dialogues* (des Morts) *de Schlegel et Casimir Delavigne*. Voyez mes *Thèses de littérature*, n° VIII, p. 225 à 324.

littérature, où des théories analogues étaient exposées. Ces deux ouvrages, aujourd'hui oubliés ou méprisés, furent longtemps pour les Romantiques la loi et les prophètes. C'étaient les lubies de gens qui, ayant à un faible degré le sentiment des arts, dogmatisaient cependant pour la foule des sots qui l'avaient encore moins qu'eux. Le pédantisme de leurs formules a pu dissimuler quelque temps le vide de leurs connaissances et l'inanité de leurs règles : l'insuccès des ouvrages faits sur leurs indications ou d'après leurs conseils ouvrit bientôt tous les yeux, et leurs traités furent laissés pour ce qu'ils valaient.

Le moyen formel de la poésie, la versification, ne fut pas moins attaquée que la poésie elle-même. Elle l'avait été déjà, elle le sera sans doute encore par les protestants littéraires, par ces hommes incomplets et doués non de la raison, mais du bavardage philosophique, qui se piquent de mépriser des arts la partie agréable et sensible, et de ne s'attacher qu'à la rationnelle. Ici, chose singulière! ce furent les poëtes ou ceux qui se disaient tels, qui attaquèrent leur instrument; et, ce qui n'est pas moins curieux, leur agression contre les vers se fit en sens opposé à ce qu'avaient tenté les philosophes du siècle précédent.

Ceux-ci, en effet, recommandaient surtout dans la poésie, le beau sens et les expressions pleines et sonores. Ils en aimaient la juste cadence, et rejetaient la rime comme un ornement superflu, surtout comme trop difficile à trouver, ou ne valant pas par ses résultats les peines qu'elle coûtait. Ce fut tout le contraire chez les poëtes romantiques. Ayant pris pour modèles les poésies d'André Chénier, le plus creux, le plus barbare et le plus disloqué des versificateurs, la rime pour eux fut à peu près tout. La cadence provenant de la césure exacte et de la parfaite clôture des vers ou de l'harmonie des mots, ne fut plus rien. Quant au beau sens, quant aux expressions plus ou moins figurées, quant aux inversions qui distinguent si heureusement la poésie de la prose, il n'en était question nulle part[1]. M. Sainte-Beuve fut un des premiers, le premier peut-être, qui formula les prétendues règles de la versification nouvelle dans les pensées placées à la suite de ses *Poésies* publiées sous le pseudonyme de Joseph Delorme [2].

Un des premiers soins de l'école d'André Chénier, dit-il, a été de retremper le vers flasque du xviiie siècle, et d'assouplir le vers un peu roide et symétrique du xviie. C'est de l'alexandrin surtout qu'il s'agit. Avec la *rime riche*, la *césure mobile* et le *libre enjambement*, elle a pourvu à tout et s'est créé un instrument à la fois puissant et souple.

M. Sainte-Beuve exprimait cette opinion en termes généraux et avec quelque réserve; mais plus tard, en 1844, c'est-à-dire lorsque les querelles du classicisme et du romantisme étaient non-seulement finies, mais oubliées, M. W. Tenint, resté fidèle à ces singulières doctrines, publia sa *Prosodie de l'école moderne*[3], où il recommandait avec une infatigable complaisance ce que de tout temps on avait regardé comme des fautes de versification[4]. Ce fut là, si je ne me trompe, la dernière manifestation théorique et d'ensemble en faveur de la prétendue école moderne. Cette école

---

1. M. L. Quicherat dit à ce sujet, dans la *Revue de l'instruction publique*, n° du 19 juillet 1844 : « Jusqu'ici l'on avait cru que la cadence des vers avait un charme puissant pour l'oreille, que l'inversion établissait entre la prose et la poésie une heureuse distinction, que la noblesse du style, l'emploi des figures étaient pour beaucoup dans les merveilleux effets de la langue poétique. Erreur que tout cela : nos poëtes doivent faire des vers brisés, arranger les mots dans l'ordre direct de la prose, employer toujours le mot propre ou technique. C'est là le comble de l'art. Qui l'eût cru? »
2. Paris, 1829, grand in-18.
3. In-12 ou in-18 format anglais. Paris, 1844.
4. M. Sainte-Beuve, à qui j'avais envoyé mon analyse de cet ouvrage (insérée, en avril 1844, dans le *Journal de l'institut historique*), surpris des étranges théories professées par ce métricien nouveau, m'écrivit qu'il avait là un auxiliaire *bien compromettant*.

était tout simplement celle des dissidents ou des *négateurs* que nous avons vus à toutes les époques ; école qui peut avoir un certain succès pendant quelque temps, mais qui ne saurait rien fonder puisqu'elle se nie elle-même ou s'abjure dès qu'elle reconnaît une règle.

Cependant l'ancien parti classique n'était plus guère représenté, comme je l'ai dit, que par des rétrogrades. Ce fut bientôt un parti ruiné, et ses doctrines ou ce qu'on nommait le *classicisme* fut complétement éteint, au moins dans la presse militante et ses appréciations périodiques. Il se produisit même alors un événement remarquable, que personne peut-être n'avait ni désiré ni prévu. La littérature, la poésie, la critique tombèrent ensemble, non pas sans doute absolument et dans leur essence ; elles sont trop intimes au cœur de l'homme pour pouvoir périr : mais dans le monde, c'est-à-dire dans les conversations habituelles de la société polie, il n'y eut plus ni critique, ni littérature. Les poëtes tout à fait incapables de bien composer leurs ouvrages, et surtout de les écrire en beaux vers, se présentèrent comme des *moralistes*, des *législateurs*, des *civilisateurs*, des *humanitaires*, tout ce qu'on voudra, excepté des poëtes. Leurs préfaces portent le triste témoignage de l'ambition nouvelle qui les dévorait et des nullités prétentieuses par lesquelles ils croyaient suppléer à leur indigence poétique. C'est là qu'on lit ces annonces vides et fastueuses :

Le poëte a, dans ce siècle, une fonction sérieuse. Sans parler même de son influence civilisatrice, c'est à lui qu'il appartient d'élever, lorsqu'ils le méritent, les événements politiques à la dignité d'événements historiques. Il faut, pour cela, qu'il jette sur ses contemporains ce tranquille regard que l'histoire jette sur le passé [1].

La société se meut dans la nature : la nature enveloppe la société.

---

1. M. Hugo, préface des *Voix intérieures*, 24 juin 1837. Il nous fait observer d'ailleurs que ce n'est pas lui-même qu'il a en vue.

L'un des deux yeux du poëte est pour l'humanité, l'autre pour la nature. Le premier de ces yeux s'appelle l'*observation*; le second s'appelle l'*imagination*. De ce double regard, toujours fixé sur son double objet, naît, au fond du cerveau du poëte, cette inspiration une et multiple, simple et complexe qu'on nomme le *génie* [1].

Le moment politique est grave, personne ne le conteste, et l'auteur de ce livre moins que personne. Au dedans, toutes les solutions sociales remises en question.... Au dehors, des peuples tout entiers qu'on assassine, qu'on déporte en masse ou qu'on met aux fers....

Suit une longue déclamation contre l'état social, à quoi s'oppose l'art qui reste fidèle à lui-même, *tenax propositi;* et puis cette sentence qui en est la conclusion :

L'artiste, comme l'auteur le conçoit, qui prouve la vitalité de l'art au milieu d'une révolution, le poëte qui fait acte de poésie entre deux émeutes est un grand homme, un génie, un œil, ὀφθαλμός, comme dit admirablement la métaphore grecque [2].

Tout, aujourd'hui, dans les idées comme dans les choses, dans la société comme dans l'individu, est à l'état de crépuscule. De quelle nature est ce crépuscule ? De quoi sera-t-il suivi ? Question immense, la plus haute de toutes celles qui s'agitent confusément dans ce siècle, où un point d'interrogation se dresse à la fin de tout. La société attend que ce qui est à l'horizon s'allume tout à fait ou s'éteigne complètement.... Quant à ce recueil en lui-même, l'auteur n'en dira rien. A quoi bon faire remarquer le fil à peine visible qui lie ce livre aux livres précédents? C'est toujours la même pensée avec d'autres soucis, la même onde avec d'autres vents, le même front avec d'autres rides, la même vie avec un autre âge [3].

Quel que soit le drame, qu'il contienne une légende, une histoire ou un poëme, c'est bien; mais qu'il contienne avant tout la nature et

---

1. Préface des *Rayons et des Ombres*, 4 mai 1840. M. Hugo nous prévient que ce n'est pas de lui qu'il parle.
2. Préface des *Feuilles d'automne*, 20 novembre 1831. M. Hugo assure que ce n'est pas à lui qu'il applique ce jugement.
3. Préface des *Chants du crépuscule*, 25 octobre 1835 : et l'auteur nous assure qu'il n'a pas du tout en vue sa propre individualité.

l'humanité.... Ainsi, l'histoire, la légende, le conte, la réalité, la nature, la famille, l'amour, des mœurs naïves, des physionomies sauvages, les princes, les soldats, les aventuriers, les rois, des patriarches comme dans la *Bible*, des chasseurs d'hommes comme dans Homère, des Titans comme dans Eschyle [1], tout s'offrait à la fois à l'imagination éblouie de l'auteur.... Tout ouvrage de l'esprit doit naître avec la coupe particulière et les divisions spéciales que lui donne logiquement l'idée qu'il renferme. Ici, ce que l'auteur voulait placer et peindre, c'était l'âme du vieux burgrave centenaire, Job le Maudit, qui, arrivé au bord de la tombe, ne mêle plus à sa mélancolie incurable qu'un triple sentiment, la maison, l'Allemagne, la famille.... La première partie pourrait donc être intitulée l'*Hospitalité*; la deuxième la *Patrie*; la troisième la *Paternité* [2].

Il y a deux manières de passionner la foule au théâtre : par le grand et par le vrai. Le grand prend les masses, le vrai saisit l'individu. Le but du poëte dramatique doit donc toujours être, avant tout, de chercher le grand, comme Corneille, ou le vrai, comme Molière, ou mieux encore, et c'est ici le plus haut sommet où puisse monter le génie, d'atteindre tout à la fois le grand et le vrai, le grand dans le vrai, le vrai dans le grand, comme Shakspeare.... Dégager perpétuellement le grand à travers le vrai, le vrai à travers le grand, tel est, selon l'auteur de ce drame, le but du poëte au théâtre [3].

Nous comprîmes ce que c'était que la voix de l'homme pour vivifier la nature la plus morte, et ce que ce serait que la poésie à la fin des temps, quand tous les sentiments du cœur humain, éteints et absorbés dans un seul, la poésie ne serait plus ici-bas qu'une adoration et un hymne! Mais nous ne sommes pas à ces temps; le monde est jeune, car la pensée mesure encore une distance incommensurable entre l'état actuel de l'humanité et le but qu'elle peut at-

---

1. Quel gâchis! comment peut-on croire qu'on fera un drame et un bon drame avec un tohu-bohu pareil? Au reste il n'y a pas plus de *Titans* dans Eschyle que de *chasseurs d'hommes* dans Homère. Le premier n'a parlé que d'un Titan, savoir de Prométhée qui ne joue pas du tout le rôle des Titans; et dans Homère les rois sont les *pasteurs des peuples*, et non pas des *chasseurs*.
2. Préface des *Burgraves*, 25 mars 1843. M. Hugo ajoute qu'il ne se croit pas assez grand poëte pour avoir bien traité ce sujet.
3. Préface de *Marie Tudor*, 17 novembre 1833. M. Hugo assure que ce but, il ne se vante pas de l'avoir atteint.

teindre; la poésie aura, d'ici là, de nouvelles, de hautes destinées à remplir [1].

Ces harmonies.... étaient destinées, dans la pensée de l'auteur, à reproduire un grand nombre des impressions de la nature et de la vie sur l'âme humaine, impressions variées dans leur essence, uniformes dans leur objet, puisqu'elles auraient été toutes se perdre dans la contemplation de Dieu, sujet infini comme la nature, grand et saint comme la Divinité. Les forces humaines n'y atteignent pas. Je n'en publie aujourd'hui que quatre livres [2].

Arrêtons-nous : ces aphorismes nébuleux, ce pathos amphigourique, trop souvent inintelligible, sont devenus le langage commun de nos poëtes humanitaires.

Hélas! les génies les plus sincères et les plus admirés autrefois, les Corneille, les Racine, les Molière, et de nos jours les Delavigne, les Béranger, M. de Lamartine lui-même, quand il faisait réellement de bons vers, c'est-à-dire au temps de ses premières *Méditations*, n'aspiraient pas ainsi à être les prophètes de la civilisation, les premiers interprètes de la Divinité, le trait d'union entre elle et les hommes. Ils se contentaient d'exceller dans leur art, d'honorer par là leur siècle et leur patrie. C'est depuis qu'ils ne savent plus composer un ouvrage, ni parler un français élégant et pur, ni surtout nous émouvoir ou nous charmer par des vers corrects et harmonieux, qu'ils ont cherché à se grandir dans l'estime des masses, par le gonflement des questions qu'ils posaient, par le boursouflement des pensées, par l'emphase des antithèses ou des hyperboles. Il faut sans doute compter beaucoup sur la sottise des lecteurs pour leur débiter d'un ton d'oracle d'aussi misérables fariboles : mais enfin le procédé a réussi à quelques-uns; et presque tous, trouvant cela plus aisé que de faire de bons vers, ont employé la

---

1. M. de Lamartine, *Des destinées de la poésie*, p. 52, à la tête des *Méditations*, édit. de 1838.

2. Avertissement des *Harmonies*, mai 1830, p. 2 de l'édit. de 1838.

recette, et tué la poésie, comme la littérature légère et d'imagination.

La critique littéraire s'est évanouie par la même occasion. La critique n'a sa raison d'être que quand on tient à la bonne facture des poëmes, des romans, des œuvres d'art. Lorsque les observations faites sur les livres anciens, et formulées dans des règles précises sont comptées pour quelque chose, leur autorité est naturellement invoquée pour appuyer le blâme ou l'éloge, et la comparaison avec les modèles peut avoir son intérêt. Mais quand tout le monde les foule aux pieds, que le critique n'a plus rien à dire, sinon *cela me plaît* ou *ne me plaît pas*, ni rien à conseiller à un auteur trop sûr de soi pour l'écouter; ce serait perdre son temps que d'étudier en conscience l'ouvrage dont il s'agit. Il est bien plus court de ne le pas lire, et de parler de tout autre chose à propos du titre, de l'impression ou du format. C'est ce qu'on fait la plupart du temps aujourd'hui; c'est ce qu'on a fait dès les premiers succès du romantisme. Lemercier fut presque le seul alors qui soutînt le système de l'ancienne critique, non pas dans ses ouvrages originaux, ni dans les feuilles périodiques, mais dans le *Cours analytique de littérature* qu'il professait à l'Athénée, et qu'il a fait imprimer en 1817[1]. Dans un cadre et un esprit plus étroits peut-être qu'aucun de ses prédécesseurs, il traita en cinquante-deux séances de la tragédie, de la comédie et du poëme épique, et prétendit assujettir la première à vingt-cinq règles nécessaires, la seconde à vingt-deux, le troisième à vingt-quatre. Tout cela était sans doute fort erroné et dépendait de considérations trompeuses. Du moins sa théorie était le résultat d'un travail consciencieux, et les pièces citées à l'appui de toutes ses assertions montraient avec quel soin il avait fait

---

1. Quatre volumes in-8, chez Nepveu.

les recherches et les études convenables à l'homme qui veut instruire les autres.

Cependant une critique de fantaisie et à bâtons rompus s'épanouissait dans les journaux et, en particulier, dans le *Journal des Débats*, qui avait eu au commencement du siècle, qui a conservé dans l'opinion publique une certaine renommée de valeur littéraire, bien compromise par ses feuilletons modernes. M. Jules Janin, le rédacteur habituel de ces articles, est, de l'aveu de tout le monde, maître passé dans ce bavardage hebdomadaire, à propos de tout sujet et le plus souvent hors du sujet, et sans aucune connaissance positive qui s'y rapporte.

On a, en divers temps, recueilli quelques-unes des fantaisies ébouriffantes dont il émaille sa rédaction[1]; et il ne justifie que trop souvent non-seulement les plaisanteries, mais les moqueries que l'on fait de ses erreurs et de ses prétentions[2]. Il cite à tort ou à travers les mots ou les vers les plus connus, et les attribue à contre-sens à des personnages qui n'y ont jamais pensé.

Par exemple, ce vers si connu de Perrin Dandin, dans les *Plaideurs* (acte III, sc. 4) :

N'avez-vous jamais vu donner la question?

il l'attribue à Thomas Diafoirus[3], personnage du *Malade imaginaire*.

Les assertions les plus étranges, les plus dénuées de fondement ne lui coûtent rien. Il assure que la comédie des *Femmes savantes* a été faite en vue de Mme Dacier[4]. Mais

---

1. Voyez dans la *Revue de l'instruction publique*, du 23 juin 1853, le compte rendu de son *Histoire de la littérature dramatique*.
2. Voyez dans la *Vérité* des 3 et 4 mars 1856, un article extrait de la *Gazette du Midi* où on cite de M. Janin des assertions inimaginables.
3. *Journal des Débats* du 11 avril 1850.
4. Voyez le journal la *Vérité* du 8 mars.

cette comédie est de 1672; Mme Dacier est née en 1651, c'est donc une jeune fille de vingt et un ans que Molière aurait voulu peindre sous le nom de *Philaminte;* et ce qu'il y a de plus merveilleux là-dedans, c'est qu'il l'aurait fait par une sorte de prévision ou d'intuition divine : car il suffit d'ouvrir un dictionnaire historique pour y apprendre que Mlle Anne Lefèbvre, qui ne fut Mme Dacier qu'en 1683, commença à se faire connaître dans la littérature par son édition de *Callimaque,* laquelle ne parut qu'en 1675, trois ans par conséquent après la représentation des *Femmes savantes,* et deux ans après la mort du poëte.

La représentation des *Nuées* d'Aristophane, sur le théâtre de l'Odéon[1], nous a produit quantité d'articles remplis de l'érudition la plus équivoque, entre lesquels on voit comme toujours briller ceux de notre critique. Dans un de ses feuilletons[2], il peint, en l'exagérant outre mesure, la disposition des Athéniens à railler leurs grands hommes, et écrit à ce propos :

Je parle de l'ancienne comédie (*prisca comœdia*), avant qu'une loi salutaire eût ordonné de masquer les noms et les visages.

J'ignore ce que c'est que *masquer des noms;* quant au visage, la loi dont il s'agit ici défendit aux acteurs de porter un masque qui ressemblât au personnage attaqué. Si c'est là ce qu'a voulu dire l'écrivain par ce mot *masquer les visages,* on conviendra que la langue qu'il parle n'est pas le français de tout le monde.

M. Janin nous apprend un peu plus loin que Cléon, cet orateur décrié, ce bavard méprisé des Athéniens, qui ne fut chargé de conduire une expédition que par une vaine bravade, et parce que le peuple le voyant reculer devant l'offre que lui faisait Nicias de lui remettre son commandement, le

---

1. En 1844.
2. *Journal des Débats* du 4 novembre 1844.

défia lui-même et le força de l'accepter en se moquant de lui ; que

> Cléon avait les vœux du soldat ; il était l'élu des citoyens, le héros du peuple, un géant à la voix de Stentor, le Murat de l'Attique.

Les historiens grecs sont bien malheureux vraiment de n'avoir pas eu entre les mains les mémoires où M. Janin a puisé ces beaux détails ; ils nous ont donné de Cléon une idée toute différente, et porté ainsi d'avance une rude atteinte à la réputation de science à laquelle notre critique prétendait peut-être.

Le même homme certifie avec la même assurance que :

> Aristote, qui s'est occupé des moindres détails de l'art de rhétorique, ne s'explique pas sur la comédie, par la raison que l'art n'enseigne pas à faire rire [1].

L'*art de rhétorique*, puisque c'est l'expression de M. Janin, aurait pu être très-minutieusement examiné sans qu'on en conclût rien pour la comédie, puisque la *Rhétorique* et la *Poétique* d'Aristote sont deux ouvrages essentiellement différents, et qu'on ne peut pas raisonnablement chercher dans le premier ce qui regarde la poésie dramatique. Dans sa *Poétique*, au contraire, Aristote a le tort de n'être pas d'accord avec M. Janin. Cet ouvrage ne nous est pas parvenu complet, et le traité de la comédie nous manque, ainsi que ceux du *drame satyrique*, des *mimes*, du *nome*, du *dithyrambe*. Mais l'auteur annonce ces parties. Son cinquième chapitre commence par ces mots : « Nous parlerons ci-après de l'épopée et *de la comédie* [2], » et dans le chapitre précédent il avait déjà expliqué avec quelque détail l'objet de la comédie, montré en quoi elle diffère de la tragédie, et comment elle s'est perfectionnée.

---

1. *Journal des Débats* du 4 novembre 1844.
2. Traduction de Batteux dans ses *Quatre poétiques*, t. I, p. 56.

Quant à l'assertion que l'art *n'enseigne pas à faire rire*, elle peut être vraie dans son sens philosophique; elle est assurément très-fausse par rapport aux anciens, qui ont fait des traités entiers sur le rire et les moyens de l'exciter[1].

Notre critique, parlant de la rapidité avec laquelle nous oublions ce qui s'est fait jadis, s'écrie :

> Qui pourrait nous dire aujourd'hui la moins cachée des petites grâces minaudières du siècle passé? Il n'y a que M. Ancelot qui sache ces choses-là : ce qui revient à dire que personne n'en sait rien[2].

Il faut avouer qu'Ancelot était en mesure de rétorquer la plaisanterie, et qu'en parlant de l'histoire littéraire dont nous venons de donner un échantillon il aurait pu dire : « Il n'y a que M. Janin qui sache ces choses-là, et personne, assurément, n'a jamais rien ouï de pareil. »

Au reste, ce n'est pas seulement sur l'histoire de la littérature ancienne, c'est aussi sur la nôtre que M. Janin montre la fécondité de son imagination. Je n'en citerai qu'un exemple. Il attribue à Lamotte des vers dirigés contre les plagiaires, et que voici, selon lui[3] :

> Toute leur vie
> N'est qu'un cercle de volerie.

C'est là prêter à Lamotte une bien détestable expression. La *volerie*, en parlant des plagiats, est une exagération ridicule; et qu'est-ce qui peut là-dedans motiver le mot *cercle*, dont le sens évident et nécessaire est celui d'un retour sur soi-même, retour réel ou conçu par la pensée? Les larcins des plagiaires seraient une *série* et non pas un *cercle* de vols.

---

1. Voyez les Scolies d'Aristophane, p. xvij et suiv., de l'édition de Didot, 1842; Quintil., *Instit. orat.*, VI, 3, n° 1 à 112, et dans nos *Thèses de littérature* le n° X tout entier.
2. *Journal des Débats* du 4 novembre 1844.
3. *Journal des Débats* du 14 novembre 1842.

Ouvrons les fables de Lamotte pour voir si ce ne serait pas le critique moderne qui aurait fait d'un de ses plus jolis mots une si lourde platitude. Voici ce que nous y lisons [1] :

> Un traitant avait un commis ;
> Le commis un valet, le valet une pie.
> . . . .
> Le financier en chef volait le souverain,
> Le commis en second volait l'homme d'affaire.
> Le valet grappillait : il eût voulu mieux faire ;
> Et des gains du valet, Margot faisait sa main.
> C'est ainsi que toute la vie
> N'est qu'un cercle de volerie.

Il s'agit donc ici de la vie commune, et des vols matériels, non de ceux qui pillent les ouvrages, les pensées ou les expressions des autres. Il s'agit surtout de gens à qui l'on fait ce qu'ils ont fait eux-mêmes, et cela dans toute l'échelle sociale ; et cette réciprocité explique et justifie le mot de *cercle* qui rend exactement la pensée de Lamotte, et l'exprime d'une manière si piquante. Certes, c'est tout autre chose que ce que nous disait le feuilletoniste avec ses *plagiaires*.

M. Janin est, selon moi, un de ceux qui ont le plus contribué en France à détruire la bonne critique. Le succès qu'ont eu ses articles auprès de lecteurs ignorants, et cela malheureusement dans le journal qui, sous le premier empire, s'était le plus distingué par sa littérature, a encouragé ce triste genre et détourné de toute espèce de travail, puisqu'on réussissait sans lui, ceux que leurs instincts ou l'occasion favorable appelaient à écrire dans les journaux, et à y juger les œuvres d'imagination et de style.

Quelques écrivains d'un jugement plus droit et d'une instruction plus solide ont trouvé indigne d'eux de parler ainsi pour ne rien dire de sage ni d'utile. Ils ont alors à la

---

1. Livre II, fable 2.

critique littéraire proprement dite substitué, sous le même nom, des études qui ne s'y rapportaient pas directement. Les grammairiens de profession ont épluché les mots ; les érudits ont discuté les questions philologiques que le texte soulevait; les chercheurs d'anecdotes ont rassemblé sur les auteurs tous les détails nouveaux ou peu connus qu'ils ont pu trouver; ils ont rattaché à ces détails de la vie ou du caractère d'un homme quelques-uns de ses vers ou de ses pensées, et lui ont composé là-dessus un portrait de fantaisie, que l'agrément du dessin et la vivacité du coloris plutôt que l'exacte ressemblance ont fait trouver charmant. De l'autre côté, les littérateurs de l'école de Mme de Staël, réunissant et coordonnant ce que des lectures immenses leur avaient appris, ont tâché de saisir des relations entre les écrivains des divers pays et des divers âges, et d'établir ainsi des lois générales qui, malgré leurs efforts, sont restées douteuses.

C'est dans cette double direction que se sont distingués, avec des mérites différents, MM. Villemain et Sainte-Beuve. Les articles très-recommandables d'ailleurs et pleins d'érudition biographique que ce dernier a publiés en divers journaux, lui ont acquis justement une grande réputation : ils ne prouvent que mieux combien la véritable critique est absente, puisque l'auteur l'a remplacée par autre chose, ou qu'il a donné des détails biographiques et des conjectures morales au lieu d'apprécier rigoureusement les ouvrages.

M. Villemain, suivant une ligne à peu près semblable, dans un champ plus vaste et plus élevé, s'est fait une réputation plus grande encore. La critique s'est agrandie pour lui, grâce à sa connaissance profonde des langues et des littératures. Les rapports d'un idiome avec un autre, les influences diverses que les écrivains de toutes les contrées de l'Europe ont pu exercer ou éprouver, les traces qui en restent dans leurs pensées et leurs ouvrages : voilà ce qui l'occupe spécialement. C'est ce qui a fait le succès de ses belles leçons à la Sorbonne, et celui des livres où il les a reproduites. Ajoutez-y le charme du style, qui a mis depuis longtemps M. Villemain au rang de nos meilleurs écrivains; et vous comprendrez comment ces belles et grandes questions ont pu et dû captiver la jeunesse, et continuer leur séduction jusque dans l'âge mûr.

Toutefois, il faut avouer que dans ces hauteurs la critique disparaît un peu, celle, veux-je dire, que je regarde comme la véritable, qui consiste à faire connaître exactement l'objet, le plan et le style des ouvrages; à en indiquer soit les mérites, soit les défauts, et à leur assigner précisément leur rang dans l'ensemble de notre littérature.

Aussi, malgré ces brillantes tentatives, disons même ces ouvrages excellents à un certain point de vue, de MM. Villemain et Sainte-Beuve, on peut tenir pour certain que la conséquence de la liberté qui s'est produite sous la Restauration a été réellement, et malgré l'apparence d'un développement plus grand, la ruine de la critique appliquée aux ouvrages de littérature.

§ 2. RÈGLES DE LA CRITIQUE.

Telle est donc, en abrégé, l'histoire de la critique littéraire. Partie des plus humbles commencements, elle se développe en même temps que la littérature et la poésie, et finit par former un corps de doctrine considérable, répondant exactement aux progrès des sciences et des arts. Cette marche, suivie pendant plus de deux mille années à peu près sans recul et malgré les efforts en sens contraire d'un petit nombre d'opposants, en avait fait, dans les deux siècles précédents et au commencement de celui-ci, une véritable science, ayant ses règles fixes et reconnues partout, approuvant à peu près les mêmes ouvrages, blâmant à peu près les mêmes fautes, en somme assez d'accord avec le jugement de la masse des lettrés.

Je ne prétends pas qu'elle ne fût pas un peu étroite; donnant presque tout aux règles, laissant peu au sentiment, cherchant dans tous les genres des types auxquels elle pût comparer les ouvrages présents, et ne les jugeant que d'après leur conformité avec ces types, sans tenir assez compte des changements que le temps et les mœurs y doivent naturellement introduire, elle manquait souvent de vie et de spontanéité; et pouvait, si elle refusait de se modifier elle-même, devenir de plus en plus inhabile à juger les conceptions nouvelles des auteurs originaux. Mais c'était là un élément à y faire pénétrer, sans attaquer le fond ni endommager l'ensemble : et loin de là nous voyons tout ébranlé, tout détruit; la science même disparaît complétement et s'abîme sous la tempête.

Est-ce donc là, demandera-t-on avec raison, pour une science véritable, le résultat normal d'un progrès continu et d'un état auparavant si prospère? Gardons-nous bien de le croire. Non, la critique n'est pas morte; elle dort seulement; ou plutôt elle se tait, parce que le succès accidentel d'une sorte de conjuration a imposé silence à ses plus dignes interprètes; parce que la foule qui juge de tout aujourd'hui, et qui ne sait rien, n'a pu distinguer le bien du mal, et s'est laissé guider par ceux qui avaient intérêt à la tromper.

Mais la stérilité de leurs fausses doctrines, évidente depuis longtemps pour les hommes intelligents, ne tardera pas à frapper les yeux de tout le monde, à montrer quelle est l'incapacité de ceux qui régentent aujourd'hui le Parnasse, et à faire mettre à leur place des hommes plus instruits, plus capables et plus sincères.

En attendant que s'effectue un changement si ardemment désiré par tous les amis désintéressés de la littérature, essayons de tracer ici le portrait d'un critique digne de ce nom[1]. Considérons d'après les nécessités mêmes de la fonction qu'il veut remplir, quels doivent être ses qualités et ses mérites. Nous le montrerons ensuite appliquant son esprit et son intelligence au jugement des œuvres; et nous reconnaîtrons, je l'espère, qu'il y a là des règles de conduite aussi certaines que dans les sciences exactes. C'est là une proposition bien éloignée sans doute de l'opinion commune. Elle n'en est pas moins vraie, et je regarderai comme un des meilleurs résultats de cette dissertation d'avoir pu la montrer dans toute son évidence.

I. *Le critique considéré en lui-même.* — Voyons d'abord le critique en soi et supposons avant tout qu'il a les qualités morales sans lesquelles il ne serait point estimable : l'indépendance de caractère ou de position, l'impartialité, la bonne foi, la politesse[2]; comme ces qualités dépendent de la volonté actuelle de l'homme, et que personne n'oserait avouer les vices opposés, il n'est pas nécessaire de nous y arrêter.

Il convient, au contraire, d'insister sur les connaissances acquises, ou les facultés intellectuelles nécessaires à qui veut juger sainement.

1° *Intelligence de la question.* — La première et la plus nécessaire de ces conditions, c'est assurément que le critique comprenne la question qui se traite. Rien de plus honteux et rien de plus commun néanmoins chez les critiques que cette ignorance du point en litige, que les logiciens appellent *ignoratio elenchi*. La précipitation à formuler son jugement en est souvent la cause, et on la trouve même

---

[1]. Je me propose de faire à l'égard du critique ce que Cicéron a fait à l'égard de l'orateur dans son *Orator*. Il y aura chez moi beaucoup moins d'imagination et d'éloquence; je tâcherai qu'on y trouve un ordre plus rigoureux, et des préceptes plus constamment applicables.

[2]. Voyez à ce sujet nos *Thèses de littérature*, n° XV, p. 445 et suiv.

chez des hommes qui ne sont pas absolument sans valeur.

Pougens, que son érudition fit admettre à l'Académie des inscriptions, mais qui avait une tête assez mal timbrée, à ce qu'il me semble, en donne un exemple singulier dans une sorte de comparaison qu'il fait entre Batteux, La Harpe et Marmontel. Il qualifie ces deux derniers d'une manière aussi injuste et aussi dure qu'elle est insensée. Voici ses paroles [1] :

> Je ne connais pas un seul cours de littérature qui puisse satisfaire ni un penseur ni un homme de goût. Les *Éléments de littérature* de Marmontel ne sont qu'un dictionnaire de rhétorique. Quant au fatras lycéen de M. de La Harpe, je doute qu'un homme du monde, un homme de lettres, même un étranger instruit puisse en tirer rien d'utile…. Je mettrais plus volontiers dans les mains des jeunes hommes les *Principes de littérature* de l'abbé Batteux, quoique, à ne vous rien dissimuler, ce ne soit point encore là un cours de littérature comme je l'entends, c'est-à-dire un cours de littérature comparée.

Il est difficile assurément de dire en moins de lignes plus de sottises énormes que Pougens n'en a réuni ici. Son dernier mot les couronne dignement. Tout le monde sait qu'un *cours proprement dit de littérature* n'est pas la même chose qu'un *cours de littérature comparée*. Prendre l'un pour l'autre, ou, ce qui revient au même, blâmer le premier de ce qu'il n'est pas le second, c'est montrer que l'on ne comprend rien soi-même à l'objet que les auteurs se sont proposé, et il est alors aussi absurde qu'outrecuidant de vouloir les juger.

Le rapprochement de Marmontel et de La Harpe n'est pas moins saugrenu. Celui-ci a fait dans son *Lycée* une sorte d'histoire de la littérature, c'est-à-dire qu'étudiant les auteurs à peu près selon l'ordre des temps, il a successivement exposé et jugé leurs ouvrages. Celui-là poursuit un objet tout diffé-

---

[1]. *Lettres philosophiques*, n° 22, in-12, 1826, p. 147.

rent : il ne s'occupe ni des auteurs, ni des ouvrages qu'ils ont faits, mais bien des genres sous lesquels ces ouvrages peuvent être rangés ; il tâche de déterminer le caractère et les règles de chacun de ces genres. C'est le comble de la déraison de s'imaginer que l'un est comparable à l'autre, ou qu'on peut chercher dans tous les deux un enseignement de même nature. S'il y a quelque part du *fatras*, ce n'est donc pas chez La Harpe, c'est chez celui qui, voulant le juger ainsi que Marmontel, n'a pas vu que ces auteurs ne traitaient pas le même sujet.

Batteux peut, au contraire, être comparé à Marmontel ; il a comme lui parlé des genres littéraires. La différence est que Marmontel a fait son ouvrage d'une manière assez originale et philosophique, pour se placer tout d'abord au premier rang, tandis que Batteux n'a fait que répéter, utilement sans doute, mais sans critique et sans originalité, ce qu'on trouvait dans toutes les rhétoriques et poétiques anciennes[1]. La préférence qui lui est donnée ici ne prouve donc pas en faveur de l'intelligence de Pougens ; et cette autre assertion qu'on ne peut rien tirer d'utile d'un ouvrage aussi plein de faits et de sages préceptes que le *Lycée*, est une preuve nouvelle combien il est facile de s'aveugler soi-même ou de se méconnaître. Qui donc aurait pu en profiter autant que celui qui définissait l'ouvrage de Marmontel, un *Dictionnaire de rhétorique?* Que n'y cherchait-il ce dernier mot? ou que ne lisait-il le *Lycée* avec attention ? il aurait vu ce que la rhétorique comprend ; il aurait appris que ni l'histoire, ni les romans, ni les dialogues, ni les traités, ni enfin les poëmes de toute sorte

---

1. Ceci n'est point dit pour rabaisser Batteux. Lorsque j'ai voulu faire un *Petit traité de rhétorique et de littérature*, à l'usage des colléges et des institutions secondaires, c'est Batteux et Domairon qui m'ont servi de guides. Pour un premier enseignement, je m'adressais aux auteurs élémentaires en les complétant l'un par l'autre. Dans un traité plus élevé, et destiné aux professeurs ou aux savants, Marmontel et La Harpe seraient plus souvent invoqués.

n'y sont compris; et que, puisque Marmontel parle de tout cela, la définition proposée de son ouvrage n'a pas même de bon sens.

Citons un exemple plus récent. L'auteur des *Thèses de grammaire* a, dans une des pièces qui composent cet ouvrage, comparé la langue française aux deux langues classiques sous un rapport qu'on n'avait pas remarqué jusque-là, sous celui de la concision [1]. Dans un compte rendu de ces thèses, nous lisons à ce propos les lignes suivantes [2] :

> L'auteur est le premier à ne reconnaître dans cette concision qu'un élément partiel de l'esthétique du langage. Mais même avec cette restriction, j'ai peur qu'il n'aille au delà du but, quand, par exemple, il profite de cette occasion pour se prononcer contre les explétifs et les épithètes homériques. Serait-il un nouveau Lamotte ? voudrait-il ressusciter les querelles des anciens et des modernes ? Je croyais, je l'avoue, qu'il était reconnu par tout le monde que l'*Iliade* ne doit pas être jugée comme un ouvrage de cabinet :

Toute cette critique est hors de la question; c'est une digression absolument inutile, et dont il est impossible de comprendre la liaison avec le sujet traité. Ainsi, par exemple, parce que l'auteur se prononce contre les explétifs et les épithètes homériques, on craint qu'il n'aille au delà du but. — En quoi ? je vous prie. N'est-il pas naturel, à propos de la capacité de signification dans les langues, de montrer dans le grec un grand nombre de mots qui ne signifient rien ? et si l'on croit que c'est là un parlage inutile, qu'il vaut mieux que tout les mots employés aient leur sens, pourquoi ne le dirait-on pas ? — « L'auteur serait-il un nouveau Lamotte ? » — A quel propos cette demande ? et que peut-elle faire ici ? qu'il soit Lamotte ou ne le soit pas, les explétifs et les épithètes homériques n'en vaudront ni plus ni moins. — « Voudrait-il ressusciter les querelles des anciens et des moder-

---

1. N° X, *De la capacité de signification dans les langues.*
2. *Revue de l'instruction publique* du 13 mars 1856.

nes ? » — Même réponse ; ce n'est pas de cela du tout qu'il s'agit, mais seulement de ce que les mots absolument insignifiants allongent le discours, sans apporter aucune idée nouvelle. — « Je croyais qu'il était reconnu par tout le monde que l'*Iliade* ne doit pas être jugée comme un ouvrage de cabinet. » — Vous croyiez très-mal. En fait de goût, rien ne peut être reconnu par tout le monde. Les choses paraissent bonnes ou mauvaises, parce qu'on les sent telles, et non parce qu'on vous dit de les sentir de cette façon. Il n'y a qu'un imbécile qui puisse sacrifier son sentiment à la convention. *Juger l'Iliade comme un ouvrage de cabinet* est un autre non-sens. On lit un ouvrage et on le juge bon ou mauvais. Il n'y a ni règles ni nature particulière pour un ouvrage improvisé ou fait à loisir. Sans doute le public est plus indulgent pour les impromptus et les premiers jets ; mais cette indulgence ne constitue pas un mérite dans les poëmes, et il est aussi ridicule que hors de propos de demander qu'on admire les chevilles et le verbiage insignifiant d'un ouvrage ancien, parce que le poëte était trop pressé ou trop mal à son aise pour le bien écrire.

2° *Éléments et division des sciences.* — Ce n'est pas assez de comprendre en gros l'objet que se propose un auteur. Si son livre se rapporte à quelque science, il faut que le juge sache du moins les éléments et les principales divisions de cette science. S'agit-il de littérature ? il doit avoir fait une étude approfondie des formes du style, de ses qualités, de ses défauts ; et connaître *ad unguem* les genres littéraires, c'est-à-dire les ouvrages en prose ou en vers admis par les gens de lettres, leurs définitions exactes et les principales règles auxquelles ils sont soumis [1].

Cela ne veut pas dire que le critique doive *in petto* accepter

---

1. Voyez le second volume de notre *Cours supérieur de grammaire*, ou le *Petit traité des figures et des formes du style* qui en est extrait ; et notre *Petit traité de rhétorique et de littérature*.

ces définitions ou ces règles ; qu'il ne puisse pas les combattre ou les contredire, mais qu'il ne le fera pas sans en prévenir ses lecteurs, et que tant qu'il ne leur en a rien dit, tant qu'il n'a pas porté précisément la discussion sur ce point, il est supposé penser à cet égard ce que pense tout le monde ; et il ne lui est permis ni de l'ignorer, ni de le passer sous silence.

Eh bien, il y a à cet égard, dans quelques-uns de nos journaux ou de nos recueils périodiques, des exemples d'erreurs si monstrueuses, qu'on ne s'explique pas comment des hommes capables d'y tomber, osent prendre la plume et livrer leurs rêveries au public.

Il a paru en 1842 un ouvrage en deux volumes sur l'*Histoire de la poésie française à l'époque impériale*[1]. L'auteur prévenait que son exposé était fait par ordre de genres, qu'ainsi il traitait d'abord de la *poésie lyrique*, puis de la *poésie narrative* ou *épique*, puis de la *poésie didactique* ou *expositive*, enfin de la *poésie dramatique*. Le rédacteur d'un article sur cette histoire, inséré dans la *Revue de Paris*[2], n'a rien compris à cette classification quelque commune et élémentaire qu'elle soit : il dit que « l'auteur a marqué de grandes divisions telles que poésie *lyrique, cyclique, régulière, expositive, didactique, épique, dramatique;* » et ailleurs[3] « qu'on ne peut rien comprendre à une classification comme *comédie de petit genre, poëmes didactiques badins, contes brefs.* » Sans doute ces divisions sont absurdes, mais elles sont du fait du critique et non de l'auteur qui d'abord a suivi d'autres noms de genre ;

---

1. Chez Paulin, Paris. — Bien qu'il s'agisse ici et un peu plus loin d'un de mes ouvrages et des critiques qui en ont été faites, j'espère qu'on ne verra nulle part, dans ce que je vais dire, un auteur blessé ; mais seulement un homme de bonne foi, surpris de l'énormité d'une ignorance ou d'une bêtise. Je serai tout à fait justifié si le lecteur, comme je l'espère, n'est pas moins étonné que moi de ce que je vais lui dire.
2. N° du 25 mai, 1844, p. 104.
3. *Ibid.*, p. 105.

qui ensuite a rangé les noms d'espèce sous leurs genres respectifs, et n'a pas ainsi opposé les uns aux autres des noms sans rapport entre eux.

Un autre critique va plus loin : il reproche à l'auteur d'avoir oublié dans l'examen des poëmes de l'époque impériale, le poëme sans-comparaison le plus beau et le plus merveilleux de ce temps. Et quel est-il ce poëme ? je vous le donne en mille. Au reste il vaut mieux vous le dire, car vous ne devineriez pas : c'est le *Moniteur universel*[1]. Cela rappelle une longue dissertation insérée dans un recueil périodique[2] où l'écrivain examine sérieusement cette question : si la France a un poëme épique? Il se décide pour l'affirmative, et déclare que notre poëme épique nous a été donné par Racine, et que c'est sa tragédie d'*Athalie*.

Ne faut-il pas avoir bien envie de perdre son temps et son papier pour débiter de pareilles niaiseries? et que peut-on conclure de tels passages, autre chose que l'ignorance honteuse des critiques? L'un ne se reconnaît pas du tout au milieu des noms génériques les plus usités, et qu'on n'a pas même besoin de définir dans les conversations vulgaires. Les deux autres non-seulement n'entendent pas les mots, ils ne paraissent pas se comprendre eux-mêmes. Qu'entend-on, en effet, par *poëme* et par *épique?* là est toute la question. Assurément on peut, on doit même avoir la plus haute idée de la pièce d'*Athalie*, soit quant à la composition, soit quant au style; mais il est absurde de penser qu'on lui fait honneur en la retirant du genre dramatique auquel elle appartient, pour la faire passer dans le genre épique, comme si celui-ci ne consistait que dans une supériorité de nature, et non dans une forme particulière, toute contraire à celle d'une tragédie.

---

1. *Revue indépendante* du 20 septembre 1844.
2. L'*Investigateur*, journal de l'Institut historique, cahier de mai 1844.

Pareillement le *Moniteur* mentionne beaucoup d'actions que leur grandeur ou leur importance pourrait recommander aux poëtes; et dans ce sens on peut dire qu'il est une mine féconde pour la poésie. L'appeler un *poëme* et le *plus beau poëme* de l'époque impériale, surtout pour reprocher à un auteur qui parlait de la poésie française de ne s'en être pas occupé, ce n'est pas seulement ôter aux mots leur signification, pour le plaisir de faire entre des idées disparates un rapprochement bizarre : c'est assurément prouver à la fois une ignorance scandaleuse de la matière dont on parle, et une fausseté de jugement qui approche de la démence.

3° *Distinction des styles et de leurs qualités.* — En France, grâce au ciel, le fond n'est pas tout dans un ouvrage; la forme, c'est-à-dire la disposition générale et l'expression, comptent pour beaucoup. Le critique doit donc être frappé immédiatement de la sagesse du plan, de la suite du discours, de la convenance des images, du naturel des figures, du bon arrangement de la prose, de l'harmonie des vers, en un mot de toutes les qualités du style. Or, il est trop vrai que nos critiques sont aujourd'hui, à ces divers égards, d'une insensibilité qu'on a peine à comprendre. Je pourrais, pour le prouver, citer des exemples pris dans nos différents journaux, même dans les meilleurs ; on verrait à quel point le sentiment du bon langage ou de la bonne composition des œuvres s'est oblitéré chez tous ces gens-là. Il n'y en a presque pas un qui remarque le défaut d'unité ou la dislocation de l'intérêt dans les pièces de théâtre. Il n'y en a pas un qui cherche l'originalité dans le sujet ou l'invention des détails ; et quant au style, juges et justiciables sont de la même école. Écoutez-en un assez aimé du public, à ce que j'entends dire[1], qui commence ainsi un article sur des *Tableaux et récits en vers* de M. Autran :

1. M. A. de Pontmartin, dans l'*Assemblée nationale* du 7 juin 1856.

La poésie moderne, à côté d'attristantes images, nous offre de consolants spectacles. Pendant que de grands poëtes s'égarent et que les déviations de leur pensée se traduisent dans la décadence de leur génie, un autre groupe, moins favorisé à ses débuts, longtemps forcé de lutter contre l'indifférence publique, se dégage et s'affermit de plus en plus, forçant à son tour le monde de l'écouter et de l'applaudir, et trouvant, chaque année, des accents plus vrais et plus beaux, à mesure qu'il puise plus profondément aux sources de toute vérité et de toute beauté. Ce serait une étude curieuse ou plutôt un calcul fort péremptoire que de compter ce qu'ont perdu les poëtes qui ont passé, par des évolutions successives, du christianisme au panthéisme, et ce qu'ont gagné ceux qui, après avoir payé quelque tribut aux obscurités panthéistes ou symboliques, sont revenus, par une évolution contraire, aux pures clartés de l'Évangile. Je ne citerai pas les noms propres; ils sont dans toutes les bouches, et le plus récent des grands naufrages poétiques lèverait là-dessus tous les doutes, s'il pouvait en rester encore.

N'est-ce pas là un joli style? est-ce la clarté, la précision, ou l'élégance qu'on admirera d'abord sous ces formes prétentieuses *les déviations de la pensée, qui se traduisent dans la décadence du génie?* un *groupe qui se dégage et s'affermit*, ou qui *trouve des accents à mesure qu'il puise à des sources?* et un *calcul péremptoire*, et des *évolutions du christianisme au panthéisme*, et des *tributs payés aux obscurités panthéistes et symboliques*, et un *naufrage qui lève des doutes?* Quel abominable jargon! et combien ne faut-il pas que l'esprit français soit tombé bas pour que de tels discours soient lus et obtiennent du succès [1].

---

1. On sera bien aise de savoir comment l'auteur de ces phrases traite l'ancienne critique, et celle de La Harpe en particulier. Voici ce que je trouve dans un de ses feuilletons, 13 juin 1857 : « A part cette utilité pratique (de montrer ce qu'il y a dans un ouvrage, et comment les parties en sont disposées et exprimées), La Harpe représente l'enfance, non pas de l'art, mais de la critique. Entre son *Cours de littérature* et nous, il y a des mondes, des abîmes, et ce sont justement ces abîmes qui expliquent pourquoi l'affirmation littéraire, si grotesque parfois, mais si carrée chez La Harpe, ne peut plus exister aujourd'hui. Il s'adressait à un public restreint, à une

Voulez-vous des phrases plus enchevêtrées encore, et rendues inintelligibles par leur enchevêtrement même. Lisez celles-ci dans *Un mot sur la critique dans les beaux-arts et particulièrement dans la musique*[1]. Il s'agit de M. Vitet qui, dans le *Globe* traitait des beaux-arts, et tirait ses comparaisons des uns pour les appliquer aux autres :

> Plus loin, dans *Eustache Lesueur*, M. Vitet appelle certains croquis plus que libres de Raphaël, des *variations fantastiques sur un thème méconnaissable;* et enfin telles phrases (page 156) sur M. Delacroix, comparé, un peu sévèrement sans doute, à un musicien de génie qui ne ferait que des dissonances, et, *de peur d'être monotone, écorcherait les oreilles du prochain*, témoigneraient une fois de plus, s'il en était besoin, de ce procédé où se complaît l'auteur des *Études sur les beaux-arts*, procédé que, du reste, avant M. Vitet, employait Diderot, lorsque chez lui l'amateur de musique (on ne disait pas encore *dilettante*), déteignant en quelque sorte sur le critique-peintre, il s'écriait : « On prétend qu'il y a des couleurs amies et des couleurs ennemies; et l'on a raison, si l'on entend qu'il y en a qui s'allient si difficilement, qui tranchent tellement les unes à côté des autres que, l'air et la lumière, ces deux HARMONISTES UNIVERSELS, peuvent à peine nous en rendre le voisinage immédiat supportable. »

époque où les connaissances humaines se concentraient dans le petit nombre, où la littérature suivait une grande route en droite ligne, conduisant de l'antiquité païenne au xviiie siècle, où n'avait pas encore eu lieu cette immense diffusion d'idées, aussi propice aux aperçus que défavorable aux conclusions de la critique. Il arrivait avec un goût douteux, mais sûr de soi, un savoir médiocre, mais suffisant pour son temps, un pédantisme colossal, et cette ardeur, cette fougue qui prête à rire, mais qui, prise au sérieux, peut être communicative et entraînante. Il affirmait; on l'écoutait, il faisait loi, il avait ou plutôt il était l'autorité. Mais ce qui était possible à la date du *Cours de littérature*, ne l'est plus aujourd'hui sous le règne de l'analyse. » — L'analyse n'est-elle pas bien placée là. C'est La Harpe et les critiques de son école qui analysaient les ouvrages : on n'analyse rien du tout aujourd'hui, les idées moins que tout le reste : et c'est ce qui explique les étranges assertions que nous venons de voir aussi bien que le ton méprisant qui y règne. Il est probable cependant que l'ouvrage de La Harpe et sa critique vivront encore quand le jugement que je viens de transcrire sera bien oublié.

1. Par M. Blaze de Bury, article inséré dans l'*Assemblée nationale* du 7 juin 1856; c'est un extrait de l'ouvrage cité.

Que dites-vous de cette phrase-là ? Essayez, je vous prie, de la prononcer sans reprendre haleine, et, quand elle sera finie, dites-nous, si vous le pouvez, ce qu'il y a dedans : vous aurez par là fait un beau tour de force.

Mais enfin, comment jugent-ils ces hommes qui sont chargés de distribuer la louange et le blâme dans les feuilletons ? J'en emprunterai l'exemple à l'un des critiques les plus instruits et les plus sages, selon moi, par cela même peut-être les plus dédaignés du public[1]. Il s'agit de la *Rosemonde* de M. Latour de Saint-Ibars. On se rappelle que Hunimond ayant été vaincu et tué par Alboin, roi des Lombards, celui-ci s'était fait faire une tasse du crâne de son ennemi, et plus tard, dans une orgie, il força Rosemonde, fille d'Hunimond, qu'il avait épousée, à boire dans cette horrible coupe. Rosemonde, profondément ulcérée de cet outrage, résolut de s'en venger, et pour cela de faire assassiner son mari. Je transcris maintenant :

Rosemonde exige qu'Égilde se rende à sa place dans l'appartement d'Alboin, sous ses propres vêtements, tandis qu'elle-même, sous ceux de son amie, se rendra dans l'appartement de Didier, qu'elle veut pousser à assassiner l'homme qui l'a si cruellement frappée. En effet, on la voit bientôt en présence du jeune Lombard. Didier la prend pour Égilde, mais Rosemonde ne tarde pas à le détromper. Cette scène est traitée de main de maître.

ROSEMONDE.

..... Je ne suis pas Égilde.

DIDIER.

Rosemonde !

ROSEMONDE.

Je suis reine ; je suis la fille du vieux roi
Dont on a mutilé le corps : regarde-moi.

DIDIER.

Rosemonde !

---

1. M. Cés. Perruchot, qui écrivait dans le journal la *Vérité*.

ROSEMONDE.

Moi-même; as-tu peine à le croire?
N'as-tu pas vu la coupe où ce roi vient de boire?
C'est comme s'il avait bu le sang et les pleurs
De mon père. Malheur à de pareils vainqueurs!
Oui, je suis Rosemonde; et, loin d'être réduite,
Je reste, je me venge; et pour mieux assouvir
Ma haine, je me donne à qui veut me servir.

DIDIER.

Quoi! tu consentirais....

ROSEMONDE.

A tout. A reconnaître
En toi, noble Didier, mon seigneur et mon maître.
Tu me vis à regret femme d'Alboin; et moi,
Je t'accepte à mon tour pour époux et pour roi.

DIDIER.

Est-il vrai? C'est à moi que la reine se donne!

ROSEMONDE.

Oui, mais avant, Didier, pose cette couronne
Sur ton front.... Que mon père à l'instant soit vengé....
Frappe Alboin!

Didier se révolte à cette idée d'assassiner le roi. Il ne veut, à aucun prix, consentir à commettre un crime si énorme. Rosemonde emploie tous les moyens pour forcer sa volonté. Ne pouvant le faire fléchir sur le terrain de la passion, elle l'attaque dans son amour-propre.

.... Rosemonde est loin
D'accepter pour Didier les injures d'Alboin.

DIDIER.

Des injures à moi! Que dirait-il, l'infâme?

ROSEMONDE.

Didier n'est qu'un enfant, Didier n'est qu'une femme!
Devant les grands périls toujours il recula....
N'espérez rien de lui, Lombards....

DIDIER.

Attends-moi là.

Il y a tout un drame dans ces trois derniers mots.

Il y a plutôt un meurtre hideux qu'un drame. Il y a surtout dans cette scène des vers détestables, et qui ne se tiennent pas sur leurs pieds; il y a un style d'une bassesse inexcusable, et des chevilles telles que jamais un poëte un peu soigné ne se les serait permises. M. Perruchot ne paraît pas s'en apercevoir : il ne met pas un mot qui s'y rapporte.

Un autre critique, justement renommé pour le vif sentiment qu'il a de la bonne langue française et surtout pour l'habileté et la force de sa dialectique, M. Veuillot, critiquant dans l'*Univers*[1] les *Contemplations* de M. Victor Hugo, en loue pourtant, et d'une manière fort exagérée, certains passages, particulièrement ceux où l'idée paraît se rapprocher du christianisme. Exemple :

J'essayais tout à l'heure de rendre compte de cette haute vertu que l'on appelle la *résignation*. Écoutez-en une peinture divine :

> Je viens à vous, Seigneur, père auquel il faut croire;
> Je vous porte apaisé
> Les morceaux de ce cœur, tout plein de votre gloire,
> Que vous avez brisé.

Suivent vingt-huit vers du même acabit; après quoi le critique ajoute :

Il n'y a pas de plus beaux vers dans la langue française ni dans la langue chrétienne.

Qu'on loue la pensée dans ces vers, quelque fausse ou prétentieuse et toujours banale qu'elle soit, je le comprends; mais qu'on loue ces vers comme vers, malgré ces constructions barbares, *je vous porte apaisé;* ces figures dégoûtantes,

---

1. Du 24 mai 1856.

des morceaux de cœur; ces chevilles détestables, *père auquel il faut croire;* qu'on trouve qu'il n'y a pas de plus beaux vers dans la langue française ni dans la langue chrétienne, lorsqu'il y a sur des sujets analogues, ceux de Malherbe, de Corneille, des deux Racine, de Voltaire, de M. Lamartine, etc., etc., c'est ce qui n'est concevable que de la part d'un homme assez dévoyé par sa passion du moment pour *rendre compte d'une vertu* ou *écouter une peinture.*

4° *Connaissance des faits antérieurs.* — Il arrive souvent que le compte rendu d'un ouvrage nécessite quelque retour sur le passé; qu'un détail du livre analysé suggère une citation, une allusion, en un mot une remarque sans laquelle la pensée ne serait pas complétement exprimée ou comprise. Ce sont là, eu égard à l'écrivain, des faits ou des mots historiques sur lesquels il n'est permis à personne de se tromper, au critique moins qu'à tout autre. Car quand il fait connaître un livre, et surtout quand il le condamne, il est comme un juge sur son siége, il ne peut commettre une faute, tomber dans une erreur, faire une bévue, sans mériter un blâme sévère, puisqu'il fait métier de redresser les autres et que c'est lui qui a besoin qu'on le redresse.

La Harpe n'a pas toujours su éviter cet écueil; et Chénier, dans son rapport sur *le douzième grand prix décennal,* lui reproche avec une juste sévérité la grave erreur que voici :

A l'appui de son opinion, La Harpe a raison de citer comme érudits le Dante, Pétrarque et Boccace; mais il n'a pas raison d'ajouter ces lignes étranges : « On sait qu'ils florissaient tous trois au xiv° siècle, au temps de la prise de Constantinople, quand tout ce qui restait des lettres anciennes reflua vers l'Italie. » On ne sait rien de tout cela sans doute. On sait, au contraire, que Mahomet II prit Constantinople en 1453, par conséquent au milieu du xv° siècle, et non pas au xiv°. On sait, de plus, que Pétrarque et Boccace étaient morts plus de quatre-vingts ans avant cette époque. On sait encore que la mort du Dante lui est antérieure de plus de cent trente ans.

Voilà beaucoup de méprises en peu d'espace.... Mais on peut manquer à la chronologie et ne pas blesser les règles du goût. Cet appendice en est la preuve....

Ici Chénier rend hommage au goût que La Harpe montre dans la suite de son ouvrage : l'erreur historique n'est pas moins fâcheuse ; et rien n'est plus triste, quelquefois plus honteux au critique que ces fautes matérielles dont il aurait pu se garantir avec quelques précautions et, par exemple, en vérifiant avant de les écrire les propositions qui peuvent ainsi compromettre sa bonne renommée.

M. Egger ayant publié, en 1844, son *Examen critique des historiens anciens de la vie et du règne d'Auguste* [1], un journal littéraire [2] rendit compte de cet ouvrage, dans un article qui commençait ainsi :

Quand Napoléon songeait déjà, simple consul, à l'empire, sa pensée se tourna naturellement vers celui qui changea son nom d'*Octave* en celui d'*Auguste*. Il voulut savoir par quelles voies le jeune héritier de César était devenu l'empereur romain.... Il provoqua en secret des mémoires sur les faits qui avaient précédé et préparé l'avénement d'Auguste, sur la politique qui avait préparé et consolidé sa puissance. Entre les mémoires que fournirent les savants, on en distingua un inséré depuis dans le Recueil de l'Académie des inscriptions ; c'est celui de l'auteur de l'*Examen critique des anciens historiens d'Alexandre le Grand*.

Ce petit préambule nous donne un exemple des fautes nombreuses où peut tomber le critique quand il n'est pas au courant des faits qui peuvent avoir précédé une publication. Elles sont d'autant plus inexcusables ici, qu'après tout, le compte rendu de l'ouvrage nouveau n'avait pas besoin de ces détails ; et qu'ainsi c'est gratuitement que l'auteur a rassemblé ici les idées les plus vides et les plus prétentieuses.

---

1. Un vol. in-8, chez Dezobry.
2. Le *Journal général de l'instruction publique*, n° du 6 novembre 1844.

C'est d'abord une triste manie de faire intervenir Napoléon partout et de lui prêter, selon l'occasion, des idées auxquelles il n'a jamais songé. Quand il voulut rendre la puissance absolue héréditaire dans sa famille, ce n'est pas du tout à l'imitation d'Auguste qu'il agit, puisque celui-ci avait établi, au contraire, l'élection du successeur par le prince vivant. Ce fut à l'imitation des anciens rois de France, ainsi que le *Moniteur* le dit expressément. On remarqua, et l'on eut soin surtout de faire remarquer, que toute la république reposant sur une seule tête, un bouleversement général dépendait d'un seul crime heureux, et, par conséquent, d'un seul scélérat déterminé ; qu'au contraire une famille entière placée derrière le souverain, et qui, en cas de mort, présenterait toujours un successeur légitime, ôtait aux criminels l'espoir de renverser l'État par un coup de main. Ce furent là les raisons, très-positives assurément, qui, discutées au grand jour dans le Tribunat, déterminèrent le Sénat à faire un empereur, et non pas l'imitation de ce qui s'était fait dix-huit siècles auparavant et ne pouvait s'appliquer de nos jours.

Je ne sais ensuite ce que c'est que cette provocation secrète de mémoires sur l'avénement d'Auguste. Un ambitieux en sait toujours là-dessus plus que l'histoire ne lui en peut apprendre ; et Napoléon n'avait ni le désir, ni le besoin de copier la conduite d'Octave. D'ailleurs rien à cette époque ne fut secret. Les discussions du Tribunat prouvent très-clairement à qui veut les lire que personne n'était dupe des intentions du premier consul ni de ses moyens, et que la majorité fatiguée, comme toute la France, de la perpétuelle instabilité des choses et de la misère qui en résultait partout, voulait absolument y mettre un terme en refaisant un roi sous un autre nom.

Il est enfin doublement singulier que l'ouvrage de Sainte-Croix ait ainsi attiré l'attention du public à l'occasion des mémoires provoqués sur Auguste ; d'abord parce qu'il ne s'y rapportait en aucune façon, ensuite parce qu'il avait été publié près de quarante ans auparavant, sous le titre de *Mémoire sur les historiens d'Alexandre*, après avoir obtenu sous cette forme un prix donné par l'ancienne Académie des inscriptions. Depuis il est devenu un très-gros livre chargé d'érudition, et a mérité d'être proposé par la nouvelle Académie des inscriptions pour le prix décennal qui, comme on le sait, ne fut pas donné. Mais ce n'est pas le public qui l'a distingué : ce sont les érudits seulement ; et cela est si vrai que Chénier, qui, comme critique représentait assez bien les idées généralement répandues, en porte dans son *Tableau de la littérature française* un jugement aussi sévère qu'il est peu fondé [1].

Ces fautes sont déplorables, il faut l'avouer. Sans doute, quand elles sont rares et que les analyses sont d'ailleurs bien faites, on les pardonne à la rapidité de la rédaction, quelquefois à la fatigue d'un compte rendu qui a exigé de longues recherches.

> Ubi plura nitent in carmine, non ego paucis
> Offendar maculis [2].

Mais quand elles reviennent souvent, l'écrivain qui y tombe est aussitôt jugé. Il a beau écrire dans un grand journal, et obtenir auprès des lecteurs frivoles un certain succès, ce n'est qu'un âne sous la peau d'un lion. Le lecteur judicieux aperçoit tout de suite le bout de l'oreille.

> Mihi qui multum cessat fit Chœrilus ille,
> Quem bis terve bonum cum risu miror [3].

5° *Rappel et comparaison des ouvrages analogues.* — Parmi

---

1. Voyez la *Revue de l'instruction publique* du 15 janvier 1845.
2. Hor., *Ars poet.*, v. 351.
3. Hor., *Ars poet.*, v. 357.

les connaissances qu'il est bon que le critique possède, il en est une toute spéciale dont l'absence est, si l'on veut, bien moins blâmable que les ignorances citées tout à l'heure ; mais dont la preuve actuellement donnée lui fera toujours honneur, et le séparera du commun des feuilletonistes. C'est celle des ouvrages du même sujet ou du même genre, antérieurs à celui qu'il juge. La comparaison qu'il en fera avec le dernier venu frappera toujours de la manière la plus vive ceux qui le liront.

Je prendrai pour exemple ici le genre de littérature qui donne lieu au plus grand nombre d'analyses critiques, je veux dire le genre dramatique qui défraie, une fois au moins par semaine, tous les journaux de Paris. Il semble à lire leurs feuilletons, que les rédacteurs n'ont aucune connaissance de ce qui s'est fait autrefois. Dancourt, Destouches, Legrand sont journellement remis sur notre scène ; ce sont leurs pièces, leurs intrigues, leurs caractères qu'on reproduit en changeant tout au plus le nom des personnages, et y jetant, quand il y a lieu, une histoire amoureuse ; et il n'y a presque pas un de nos critiques qui connaisse assez le théâtre ancien et moderne pour nous dire quel est l'original et ce que le dernier metteur en œuvre y a ajouté de son fonds.

Quand Collin d'Harleville donna son *Vieux Célibataire*, quand Étienne donna ses *Deux Gendres*, il se trouva du moins des gens de lettres qui allèrent déterrer la *Gouvernante* d'Avisse, et la pièce de *Conaxa*. On eut tort, sans doute, d'abuser de ces trouvailles, comme si l'imitation d'une mauvaise pièce diminuait en rien le mérite de l'exécution d'une bonne. Cet abus prouvait du moins la connaissance de l'ancien répertoire ; et un critique de profession qui écrit sur le théâtre, devrait savoir sur le bout du doigt tout ce que nos auteurs dramatiques ont produit. En sommes-nous là maintenant ? Hélas ! on est avec raison stupéfait du silence que gardent à ce sujet les feuilletonistes les plus célèbres.

Il a paru, en octobre 1837, une comédie d'ailleurs fort agréable et fort ingénieuse, intitulée la *Marquise de Senneterre*[1]. Cette marquise est une toute jeune femme que son jeune mari vient d'abandonner, parce que l'aimant d'un amour trop naïf elle ne savait pas le retenir soit en excitant sa jalousie, soit par quelques manœuvres adroites. D'après le conseil d'un oncle, elle est venue à Paris et a consulté la célèbre Marion Delorme; et celle-ci, qui est dans tout l'éclat de sa beauté et de ses succès, lui a recommandé la coquetterie pour ramener son infidèle. Il se trouve que le marquis de Senneterre, est, sous le nom de Léonard, prétendu peintre, un des adorateurs passionnés de Marion; c'est celui qu'elle-même préfère sans toutefois le connaître. Le mari et la femme se retrouvent donc chez elle, et alors commence entre la courtisane et l'épouse légitime une lutte d'amabilités qui se termine par la victoire de celle-ci.

La donnée première de cette pièce est très-agréable assurément; mais appartient-elle aux auteurs? Non, en vérité : Creuzé de Lesser, avait donné en mai 1809, son *Secret du ménage*, comédie à trois personnages, en trois actes et en vers, dont le sujet est exactement le même. Là est une dame d'Orbeuil, pleine de grâces et de talents, qui se néglige à tel point que son mari devient amoureux d'une cousine, Mme d'Ercour. Mme d'Orbeuil s'en aperçoit et s'en plaint à sa rivale qui, n'ayant pour son compte aucune prétention sur d'Orbeuil, conseille à son amie de réveiller l'amour de son mari en faisant un peu plus de frais pour lui plaire, et même en l'inquiétant s'il y a nécessité. De là un changement très-marqué, aussi bien dans le ton et les manières de la femme que dans les vœux et la conduite du mari. Ce

---

[1]. Par MM. Mélesville et Duveyrier.

retour est le même que tout à l'heure; il n'est pas moins agréable.

Maintenant cette donnée, Creuzé n'en était pas l'inventeur : il reconnaît la devoir à un comique assez peu connu, à Moissy qui, dans sa *Nouvelle École des femmes*, représentée sur le théâtre italien en avril 1758, a peint une épouse vertueuse abandonnée de son mari et prenant, auprès de la beauté qui le lui enlève, une leçon de coquetterie, afin de le ramener. La Harpe dit à ce sujet :

> La conception de cette pièce est dramatique et morale, et offre une leçon utile qui n'avait pas encore été donnée, celle qui apprend aux épouses vertueuses qu'il faut que la vertu ne dédaigne pas de se rendre aimable. La pièce pourrait avoir plus d'intrigue et de comique : le sujet était susceptible de l'une et de l'autre; mais elle a de l'intérêt, et le dialogue et la conduite sont irréprochables [1].

On voit par là comment le même sujet fondamental peut passer entre plusieurs mains et y prendre des formes tellement différentes qu'il n'y ait, pour ainsi dire, aucune ressemblance entre les premières œuvres et les dernières. Qui verra jouer, en effet, ces trois pièces et les examinera successivement, ne trouvera en elles rien de pareil que le fond commun indiqué tout à l'heure. Les personnages, les situations, les lieux, les temps, le dialogue, tout diffère. Or, si ce n'est pas une chose indifférente à l'homme de lettres que cette infinie variété mise par l'esprit français dans des sujets rebattus, le critique qui la fait habilement ressortir, mérite assurément l'approbation générale; et celui qui, au contraire, est incapable de la saisir et de la montrer, n'a droit qu'à une estime bien médiocre.

II. *Le critique dans l'analyse et le jugement des œuvres.* — Nous venons d'énumérer les connaissances que le critique doit absolument posséder. Considérons-le maintenant dans

---

1. *Lycée*, t. XII, p. 134 et suiv.

l'exercice de sa profession; mettons-le aux prises avec un ouvrage de littérature, et voyons ce que nous devons trouver dans une critique bien faite. Le juge n'étant jamais libre que dans l'appréciation du mérite ou du démérite, il y a, au contraire, une partie matérielle qu'il doit absolument faire connaître telle qu'elle est, et où, par conséquent, il est soumis à des règles certaines, sous peine de mal faire ou d'agir sans loyauté.

La critique d'un ouvrage, en effet, contient deux parties : l'*analyse* et le *jugement*. C'est cette dernière que quelquefois on appelle spécialement la *critique ;* il est de toute évidence qu'elle ne peut venir dans un travail bien fait que quand l'ouvrage a été analysé. Commençons donc par dire en quoi consiste une analyse.

1° *Analyse* signifie *décomposition. Analyser un ouvrage,* c'est exposer tout ce qu'on trouve en lui qui peut regarder la littérature et éclairer notre jugement. Nous savons tous que ce qu'il y a dans un livre se rapporte nécessairement à l'invention, ou à la disposition, ou à l'élocution. A l'invention appartient le fond des idées; et d'abord, ce qu'on appelle quelquefois l'*argument ;* c'est un exposé très-rapide du sujet traité. Voici l'argument du septième livre de l'*Iliade :*

Combat singulier d'Hector et d'Ajax; ensevelissement des morts.

Voici celui du cinquième chant de la *Henriade :*

Les assiégés sont vivement pressés. La discorde excite Jacques Clément à sortir de Paris pour assassiner le roi. Elle appelle du fond des enfers le démon du fanatisme qui conduit ce parricide. Sacrifice des ligueurs aux esprits infernaux. Henri III est assassiné. Sentiments de Henri IV; il est reconnu roi par l'armée.

Rien ne détermine d'une manière absolue la longueur d'un argument. Il pourrait s'étendre, et deviendrait une esquisse complète, si l'on exposait les plus menus détails. Mais comme ces détails ne peuvent guère se donner utilement qu'en suivant l'ordre des idées de l'auteur, on les rapporte plutôt à la disposition qu'à l'invention ; en d'autres termes, dans la plupart des analyses, on rend compte à la fois de ces deux parties que la rhétorique sépare, mais qui dans la réalité ne vont pas l'une sans l'autre. Quelquefois même, quand le sujet le comporte et que le jugement à porter est assez évident pour n'être pas contesté, on exprime chemin faisant ce que l'on pense de ces diverses parties. Voici sur la tragédie d'*Étéocle*, de Legouvé, un exemple de ce compte rendu :

> Le premier acte est une dissertation entre Jocaste, Antigone et Étéocle, qui ne veut pas céder son trône à Polynice. Celui-ci vient au second acte sous l'habit d'un soldat : il a fait une pointe à Thèbes, afin d'en repartir avec sa sœur et sa mère. Il revient au troisième disserter avec Étéocle, et lui prouver qu'il doit occuper le trône à son tour. Mais Étéocle n'y consent pas. Ils conviennent de combattre et se séparent. Polynice a donc quitté Thèbes ; mais il revient au quatrième acte, pour reconvenir avec son frère qu'ils se battront en combat singulier. Alors Œdipe, dont il n'a pas été question jusqu'à présent, vient, sans que personne y pense, pour maudire ses fils. Le cinquième acte s'ouvre par une scène fort inutile d'Œdipe et d'Antigone, interrompue par Jocaste, qui vient raconter l'issue du combat. Étéocle est blessé mortellement, Polynice est vainqueur ; il va régner. On rapporte donc Étéocle sur un brancart ; et au moment où Polynice, qui est donné dans toute la pièce comme n'ayant pas plus de fiel qu'un pigeon, veut embrasser son frère mourant, celui-ci le tue d'un coup d'épée ; et la toile tombe après un quatrain où le meurtrier s'applaudit de son crime [1].

Cet exposé est obligatoire toutes les fois qu'un ouvrage est nouveau et qu'on veut le faire connaître au lecteur. L'analyste peut, sans doute, donner à son travail un peu plus ou un peu moins de développement ; mais il ne doit rien oublier d'essentiel, s'il veut faire son devoir en conscience,

---

1. *Histoire de la poésie française à l'époque impériale*, lect. 49, liv. IV, sect. I, t. II, p. 256.

c'est-à-dire instruire loyalement le public de ce qu'est l'ouvrage dont il parle.

Quelquefois aussi, l'exposé de ce qu'il y a dans le livre ne suffit pas à le faire bien apprécier. Il peut s'y rattacher des notions historiques, traditionnelles ou fabuleuses sans lesquelles le récit ne serait pas suffisamment compris. Le rédacteur fait très-bien de les rappeler. Ce n'est pas pour lui une obligation aussi étroite que la précédente, mais on lui sait gré des recherches qu'il a faites à ce sujet; et son exposé y gagne assurément beaucoup. En voici la preuve, dans cette analyse du poëme de la *Table-Ronde* [1], de Creuzé de Lesser, qui se rapporte au temps d'Artus, prétendu roi de la Grande-Bretagne :

> L'histoire ne dit rien de ce prince. Rapin Thoiras, qui entre dans quelques détails à son sujet, dit que l'empereur Honorius ayant renoncé en 410 à la souveraineté de la Bretagne, les Bretons élurent pour roi Vortigerne vers le milieu du ve siècle. Ce roi, trop faible pour résister aux attaques des Pictes, appela contre eux les Angles et les Saxons, qui passèrent en Bretagne sous la conduite d'Hengist d'abord; et plus tard sous celle de six autres chefs, lesquels songèrent à s'emparer du pays qu'ils venaient défendre, et y établirent en effet sept gouvernements connus depuis sous le nom d'*heptarchie*. Cependant le Breton Ambrosius avait pris le titre d'empereur; il avait combattu avec courage contre ses perfides alliés. Il laissa en mourant le titre de roi, son exemple et son patriotisme à Arthur ou Artus. Celui-ci, toujours en armes contre les Angles, soutint quelque temps la liberté de sa patrie. Enfin, trahi par les siens et par ses neveux, au nombre desquels était Modred, il périt et entraîna la Bretagne dans sa chute.
>
> Tel est le canevas sur lequel les romanciers ont brodé mille et mille aventures. Ils ont supposé qu'Artus avait fondé, en commémoration de la Cène célébrée jadis par Jésus et ses disciples, un ordre de chevalerie appelé la *Table-Ronde*, où ne pouvaient prétendre que les plus illustres guerriers. Encore devait-on toujours laisser une place vacante pour le chevalier qui aurait conquis et apporterait le *Saint-Gréal*,

---

1. La *Table-Ronde* est la première partie du poëme de *La Chevalerie*, qui contient en outre *Amadis* et *Roland*. Ces trois poëmes réunissent tout ce que nos anciens romans de chevalerie contiennent d'intéressant.

c'est-à-dire la coupe avec laquelle Jésus-Christ avait fait la Cène. Mais une prophétie de Merlin l'enchanteur annonçait que le Saint-Gréal ne pouvait être conquis que par un chevalier qui aurait sa virginité (condition fort difficile dans un siècle de libertinage); et que d'ailleurs sa conquête n'aurait lieu qu'à une époque fatale à Artus et à la Table-Ronde.

C'est là le fait que Creuzé de Lesser a choisi pour le dénoûment de son poëme. Les chevaliers, courant d'aventures en aventures, s'effaçant les uns les autres, n'auraient laissé subsister aucune unité d'intérêt dans le poëme, si l'auteur n'avait habilement rattaché au seul fait de l'existence de l'ordre entier, les actions les plus remarquables des membres qui le composent. En effet, dès le premier chant, paraît Lancelot, qu'on peut regarder, ce me semble, comme le principal héros du poëme. Il devient en même temps amoureux de Genièvre, la femme d'Artus, et obtient le titre de son chevalier, c'est-à-dire de son amant. Puis, après une multitude de faits particuliers propres à peindre l'esprit du siècle qui les enfanta, et au milieu desquels apparaissent Pharamond et Clodion, dont les règnes (420 à 438) concourent à peu près avec le temps où vivait Artus, on voit venir sur la scène les principaux chevaliers, Yvain, Gauvain, Bréhus sans Pitié, messire Queux, sénéchal du roi Artus, toujours battu, toujours dupé, toujours content de lui, Tristan de Léonais, le frère d'armes et l'émule de Lancelot, qu'un philtre amoureux a rendu l'amant aimé d'Yseult la Blonde, femme de son oncle Marc, roi de Cornouailles; Palamède, rival toujours malheureux de Tristan; enfin Perceval le Gallois, qui doit mettre à fin la conquête du Saint-Gréal. Tous ces héros conduisent assez heureusement leurs amours, jusqu'à ce qu'enfin Artus et le roi Marc, irrités des affronts qu'ils reçoivent de Genièvre et d'Yseult, poursuivent à outrance Lancelot et Tristan. De là une nouvelle série d'aventures plus sombres, plus tristes que les premières. Tristan épouse une seconde Yseult, dite *aux blanches mains*. Ce mariage ne détruit pas son premier amour, et bientôt sa mort débarrasse son oncle Marc d'un dangereux rival. Cependant Artus, toujours irrité, guerroyait contre Lancelot, quand, par une trahison infâme, son neveu Mordrec (le Modred de l'histoire) l'attaque avec la plus grande partie de ses sujets qu'il a soulevés contre le roi. Lancelot l'apprend et accourt pour le venger; mais il vient trop tard. Artus, blessé à mort, ne peut que reconnaître combien il fut injuste à l'égard du héros qui lui reste fidèle. Il meurt au milieu de ses chevaliers, qui se sont fait tuer en grand nombre autour de lui; et justement alors arrive Perceval avec le Saint-Gréal, qu'il a péniblement conquis. Lancelot et les chevaliers survivants, et

Genièvre elle-même sont touchés de la grâce, et vont s'ensevelir dans des couvents, après avoir fait toutefois une dernière visite aux tombeaux d'Yseult et de Tristan ¹.

La dernière partie de ce compte rendu se rapporte seule directement au poëme de la *Table-Ronde*. La première comprend les renseignements historiques ou fabuleux qui, par eux-mêmes, n'augmentent ni ne diminuent sa valeur poétique. Personne, cependant, ne croira qu'ils soient indifférents. On est bien aise de savoir non-seulement ce que les personnages sont dans l'ouvrage, mais encore ce qu'ils ont été dans la réalité, et comment les imaginations des romanciers les ont plus ou moins défigurés. Il sera donc presque toujours avantageux, comme nous l'avons dit², de rappeler à l'occasion d'un sujet, tout ce qui peut l'éclaircir ou y intéresser le lecteur.

Il en est de même de la mention faite des ouvrages antérieurs, composés sur des sujets semblables ou identiques. Certes, l'ouvrage nouveau a son existence propre indépendamment de ceux qui l'ont précédé et à l'imitation desquels il a pu être fait; personne cependant ne doutera que le rappel à ce sujet des ouvrages originaux ne soit bien utile pour faire apprécier la valeur de la copie. Les lignes suivantes sur le *Tyran domestique*, d'A. Duval, le montreront clairement :

> Le *Tyran domestique* est une comédie de caractère qui mérite d'être appréciée ici. Le banquier Valmont, malgré ses bonnes qualités, fait le désespoir de toute sa famille, parce qu'il n'est jamais content de personne et qu'il gronde toujours. Son beau-frère, Derbain, qui veut ramener la paix dans sa maison, décide sa femme, ses enfants et même ses domestiques, à le quitter tous à la fois. Valmont, demeuré seul, fait sur lui-même un triste retour; il reconnaît combien il a dû se faire haïr, et au moment où il s'abandonne à la douleur, sa femme, son fils et ses filles reviennent par l'ordre de Derbain, avec l'espérance de le trouver enfin corrigé.

---

1. *Histoire de la poésie française à l'époque impériale*, lect. 26, liv. II, sect. III, t. I, p. 408.
2. Ci-dessus, p. 135.

Il est facile de voir que le sujet de cette pièce est sensiblement le même que celui du *Grondeur* de Bruéys. Presque toutes les situations, jusqu'à la fuite du fils, sont indiquées dans le *Grondeur*. Cependant, le caractère des principaux personnages n'est pas absolument le même dans les deux pièces. Le *Tyran domestique* cache sous sa brusquerie un grand amour pour sa femme et ses enfants; aussi la pièce tourne-t-elle au drame vers la fin; tandis que le *Grondeur* est haïssable par tous les bouts : aucune passion bienveillante ne peut plus toucher son cœur; et l'on est obligé de le tromper jusqu'à la fin pour lui faire marier, au gré des amants, quatre personnes qu'il voulait absolument unir contre leurs sentiments. L'avantage de la pièce de Duval est qu'en restreignant cette habitude de gronderie perpétuelle au chef d'une famille, l'auteur a choisi un caractère plus naturel et plus commun que celui de Bruéys [1].

Ce n'est pas assez d'indiquer le sujet, le plan et les principaux moyens ou détails d'un ouvrage, l'élocution ou le style appelle à un haut degré l'attention du critique, et il est bon qu'il exprime son sentiment à cet égard, qu'il cite à l'appui quelques extraits. La façon la plus ordinaire et la meilleure consiste à choisir un morceau saillant et à le transcrire textuellement; mais il est à souhaiter que le morceau transcrit soit vraiment caractéristique. S'il restait dans la ligne commune, il serait fort inutile, assurément, d'en allonger son compte rendu; au lieu que s'il est vraiment remarquable, comme l'exorde de l'oraison funèbre de Turenne, ou la péroraison de celle du prince de Condé, la transcription qui en est faite suffit à elle seule pour établir la valeur littéraire de l'ouvrage, et fixer le rang de l'auteur comme versificateur ou comme écrivain.

On peut aussi avoir à blâmer le style, à signaler des fautes de prosodie, de syntaxe ou de langage. Quelques exemples doivent être donnés alors pour prouver la bonne foi du critique, et il convient de dire les choses telles qu'elles sont sans

---

1. *Histoire de la poésie française à l'époque impériale*, lect. 58, liv. IV, sect. III, t. II, p. 395.

les charger ni les amplifier comme le font quelquefois les satiriques. Chénier, par exemple, analysant le roman d'*Atala*, dont il n'aimait ni l'auteur ni le style, le rend ridicule en réunissant dans une même page et opposant entre elles les expressions prétentieuses, bizarres ou exagérées de ce petit volume :

« Chactas, *fils d'Outalissi*, *fils de Miscou*, étant pris par Sinaghan, *chef des Muscogulges et des Siminoles*, est reconnu pour Natché. Sinaghan lui dit : *Réjouis-toi, tu seras brûlé au grand village;* à quoi il répond : *Voilà qui va bien.* Son âge et sa figure intéressent les femmes ; elles lui apportent *de la sagamite, des jambons d'ours et des peaux de castor.* Il distingue une jeune chrétienne qu'il prend d'abord pour *la vierge des dernières amours.* Il sait bientôt que c'est Atala, *fille de Sinaghan aux bracelets d'or. Nous nous rendons,* lui dit-elle, *à Apalachucla* où tu seras brûlé. Elle revient lui parler tous les soirs : elle était dans son cœur *comme le souvenir de la couche de ses pères.* Au temps où *l'éphémère sort des eaux*, lorsqu'on entrait sur la *grande savane Alachua*, Atala trouve moyen d'être seule avec le prisonnier. Mais, par une étrange contradiction, Chactas, qui désirait tant *de dire les choses du mystère à celle qu'il aimait déjà comme le soleil*, voudrait maintenant *se jeter aux crocodiles de la fontaine* plutôt que de rester *seul avec elle*[1], etc. »

Cette critique, évidemment, n'est pas loyale. Il y a bien dans le roman ces expressions singulières relevées ici, mais elles n'y sont pas accumulées et condensées comme le ferait croire le pastiche imaginé par Chénier. A voir ce compte rendu, on croirait que l'ouvrage est partout écrit d'une manière aussi ridicule ; et il n'en est rien. Le style est, au contraire, très-agréable, très-pittoresque, souvent entraînant. Ce que Chénier devait faire pour rester dans la vérité, c'était de prendre une forme comme celle-ci : « On regrette de trouver dans ce livre un certain nombre d'expressions bizarres ou hétéroclites, telles que ... etc. » Il aurait alors cité tout ce

1. *Tableau historique de l'état et des progrès de la littérature française*, depuis 1789, ch. 6.

qu'il aurait voulu. Le lecteur, du moins, y aurait vu un relevé plus ou moins étendu des fautes qui s'y rencontrent ; il ne serait pas porté à supposer que c'en est le style ordinaire.

Je lis dans un recueil littéraire [1] un exemple de cette critique qui tombe sur le style ou sur le langage. Il s'agit d'une traduction en vers du *Plutus*, d'Aristophane. Après avoir loué le courage et la fidélité du traducteur, et avoir dit qu'à cet égard il ne mérite que des éloges, le critique ajoute :

On pourra trouver son style un peu plat et traînant. Ce n'est pas un reproche que nous croyions devoir lui faire. Ce défaut est inhérent à toutes les pièces grecques. Le peu d'action qu'on y trouve et l'habitude même du dialogue qui étend outre mesure des discussions sans intérêt, font que quand nous lisons ces ouvrages en français, nous jugeons toujours qu'il nous manque quelque chose et que nos comiques nous ont habitués à beaucoup mieux. Il est évident que ce n'est pas au traducteur qu'il faut faire ce reproche.

Mais ce qui le regarde personnellement, c'est le français qu'il emploie, qui n'est pas toujours très-correct. Il dit, par exemple (p. 20) :

Toi, Plutus ? allons donc, pas dans cette *débine*.

Or, sans compter cette ellipse de *pas* pour *tu n'es pas* ou *il n'est pas*, *débine* est-il français ? Le mot est populaire, je l'avoue : je ne crois pas que ce soit assez pour l'admettre dans un ouvrage sérieux.

On dit bien *savoir de quelqu'un ;* dit-on *en savoir* pour *savoir de lui*, comme le fait notre auteur (p. 17) :

Je viens trouver Phébus : je voulais *en savoir*
S'il fallait que, etc.....

cela me paraît douteux. Plutus, à qui l'on demande s'il est bien le dieu Plutus, répond en grec (v. 83) : Que c'est bien lui-même αὐτότατος, *ipsissimus*. Et nous lisons dans le français :

Quoi ! Plutus, tu prétends que c'est toi ?
— Sûrement. — Plutus, lui ? — *Très-lui*.

C'est la première fois que nous voyons l'adverbe *très* accolé à un pronom.

1. *Revue de l'instruction publique*, du 15 août 1849, p. 1549, col. 3.

Enfin, il ne faut pas oublier de signaler les erreurs de fait, de sens, de mots, de pensées qui se trouvent dans un ouvrage. Il faut dire si ces erreurs sont rares ou fréquentes, et indiquer les principales en les redressant. C'est là que le critique montre souvent sa propre valeur de la manière la plus péremptoire. On ne saurait trop le répéter, quand il juge un écrivain, il est ou du moins il se pose comme son supérieur. Il importe donc que rien ne vienne contredire cette opinion, et qu'il se montre pour le fond du sujet aussi bien que pour la forme qui lui a été donnée, l'égal de ceux qui savent le mieux.

C'est ici une des grandes difficultés de la profession du critique. C'est à lui sans doute de choisir les ouvrages dont il veut rendre compte; mais, ce choix une fois fait, il faut qu'il domine toutes les matières traitées dans l'ouvrage, ou que, s'il y en a une qui lui échappe, il n'hésite pas à déclarer son insuffisance en ce point. Assurément, un homme ne peut pas tout savoir; mais, qui que ce soit, on est en droit de lui demander qu'il ne se permette de juger que ce qu'il sait assez bien, d'abord pour ne pas se tromper, ensuite pour ne pas induire les autres en erreur.

Dans les *Thèses de grammaire* une pièce a pour objet la nomenclature chimique. C'est un système tout entier, assez compliqué pour qu'on ne s'aventure pas à l'apprécier si l'on n'a étudié la chimie. Le rédacteur d'un article sur cet ouvrage[1] a donc parfaitement raison de dire :

> L'auteur montre sans peine les défauts de la nomenclature chimique actuelle au point de vue grammatical. Il en propose une autre que je ne puis apprécier pour cause d'incompétence.

Jusque-là il n'y a qu'à louer. Malheureusement le critique ajoute :

> Mais qui a le tort, à mes yeux, de ressembler un peu à ces projets

---

[1] *Revue de l'instruction publique*, du 13 mars 1856.

de langue artificielle dont nous avons eu récemment dans cette *Revue* à signaler le caractère chimérique.

Cette condamnation n'est fondée que sur une erreur ou un faux jugement. Ce n'est pas d'une langue qu'il s'agit, mais d'une nomenclature technique. Or chaque science a la sienne. La chimie en a une, plus artificielle qu'aucune autre puisqu'elle a été faite d'ensemble, à une époque déjà éloignée et sur des opinions qui ne peuvent plus se maintenir aujourd'hui. La proposition de substituer à une nomenclature artificielle surannée et reconnue mauvaise, une autre nomenclature artificielle aussi, mais bonne, n'a rien de commun avec le projet d'une langue universelle ; et comme le critique n'était pas obligé à cette assimilation mal fondée, il eût mieux fait de s'en abstenir.

Sans doute il y a peu de chance qu'un projet qui renverse de longues habitudes soit adopté : du moins convient-il que le critique ne le blâme pas en raison des difficultés qui peuvent en empêcher le succès, et ne le déclare pas tout d'abord une chimère, comme si c'était le bon sens qui y manquât.

L'exemple qui suit ne donnera pas lieu à des observations semblables. Il s'agit d'une traduction du poëme de Priscien *De ponderibus et mensuris*, par M. Corpet, avec des notes par M. Bary. Ces deux humanistes se sont trompés sur un point particulier relatif à la physique des anciens. L'auteur d'un compte rendu de leur ouvrage [1] redresse cette erreur en ces termes :

Les premiers vers du *Traité des poids et mesures* n'ont été compris ni par M. Corpet ni par M. Bary. Priscien dit :

Elementa suum regit omnia pondus.
Pondere terra manet, vacuus quoque ponderis æther
Indefessa rapit volventia sidera mundi.

---

1. *Revue de l'instruction publique*, n° du 15 mai 1846, p. 916, col. 2.

M. Corpet traduit : « Chaque élément a son poids qui le gouverne ; le poids de la terre la retient immobile ; l'air même, quoique dénué de pesanteur, entraîne dans leur infatigable révolution les astres, qui roulent avec le ciel. »

Il y a ici plusieurs fautes qui tiennent toutes à ce que ni le traducteur ni l'annotateur ne sont assez au courant des idées anciennes sur la place et la nature des éléments. D'abord il n'est pas ici question de l'air. Les anciens, et Aristote en particulier, savaient fort bien que ce fluide n'est pas absolument dénué de poids, puisqu'ils le regardaient comme plus lourd que le feu. D'un autre côté, jamais il n'a passé pour contenir dans son sein et entraîner les astres que l'on croyait attachés à la voûte céleste. *Æther* signifie ici l'*éther*, c'est-à-dire, comme le déclare expressément Aristote, qui donne même de ce mot une étymologie bien arbitraire (ἀεὶ θεῖν, *semper currere*), la substance pure et immélangeable de la sphère céleste, que l'on supposait supérieure aux sphères des quatre éléments, et contiguë à celle du feu, avec laquelle on la confondait quelquefois.

M. Bary, dans la note qu'il a ajoutée à ce propos, ne s'est pas moins trompé que M. Corpet. Il cite ce vers d'Ovide (*Metam.*, I, 67) :

> Hæc super imposuit liquidum et gravitate carentem
> Æthera....

et ceux-ci de Lucrèce (*De nat. rerum*, V, 501) :

> Et liquidissimus æther
> Atque levissimus aerias super influit auras,

et ne voit dans l'un et l'autre cas que l'air des hautes régions. C'est une erreur dont la lecture attentive de quelques vers de plus l'aurait garanti. Ovide indique nettement cette division des sphères, quand il dit (*Metam.*, I, 26) :

> Ignea convexi vis et sine pondere cœli
> Emicuit, summaque locum sibi legit in arce.
> Proximus est aer illi levitate locoque :
> Densior his tellus, etc.

Lucrèce n'est pas moins explicite lorsque, après avoir parlé de la terre placée au fond du monde (*De nat. rerum*, V, 496) :

> Quasi limus in imum
> Confluxit gravis, et subsedit funditus, ut fæx,

il distingue (v. 499) les sphères consécutives qu'ont reconnues les philosophes jusqu'à Copernic, Galilée et Descartes :

Inde mare, inde aer, inde æther ignifer ipse.

C'est après cela seulement que viennent les vers cités par M. Bary :

Et leviora aliis alia ; et liquidissimus æther,
Atque levissimus aerias super influit auras.

Ce qui veut dire que l'éther est encore au-dessus de la sphère de l'air, et Lucrèce ajoute (v. 503) qu'il n'est pas mélangeable, et qu'il n'éprouve pas de tempêtes comme notre atmosphère, mais qu'il emporte ses feux, c'est-à-dire les astres, d'un cours toujours régulier :

Ipse suos ignes certo fert impete labens.

Le sens exact de Priscien est donc : « C'est le poids qui régit tous les éléments (bien entendu quant à la place qu'ils occupent dans l'univers), la terre se tient par son poids ; et de même l'éther dénué de pesanteur, entraîne, etc. » Le sens de *quoque* qui indique toujours similitude, tombe, non pas sur ce que l'éther n'a pas de poids, ce qui serait contradictoire avec ce qu'il a dit de la terre, et exigerait plutôt *neque*, comme l'ont proposé quelques éditeurs, ou motiverait le *quoique* de la traduction nouvelle ; mais sur ce que la légèreté absolue de cette substance a déterminé sa place au plus haut du monde, comme la gravité de la terre a déterminé la sienne au plus bas.

On ne doutera pas que celui qui reprend ici les deux auteurs sur ce point de physique ancienne, n'expose en effet plus exactement qu'eux les opinions qui régnaient alors et que Priscien partageait assurément, et qu'il ne donne ainsi plus rigoureusement le sens des vers dont il s'agit.

2° *Jugement de l'ouvrage.* — Passons au prononcé du jugement, maintenant que nous avons vu comment une analyse doit être faite et ce qu'on doit y trouver. Nous avons mis ces diverses parties dans un ordre qu'on peut appeler *logique* : je n'ai pas besoin de dire que dans la pratique cet ordre n'est pas du tout indispensable. Le critique habile saisit d'ensemble toutes ces divisions ; mais comme son objet n'est pas de faire un traité, il dit ce qu'il a à dire dans l'ordre qui lui semble actuellement le plus avantageux. Il peut aussi, quant à son appréciation personnelle, l'exprimer tout d'abord et donner les preuves ensuite ; ou commencer par les faits qui l'appuient, et l'énoncer à la fin, sous forme de conclusion.

Ces divers arrangements sont indifférents, ils ne dépendent que du goût de l'écrivain. Mais il faut toujours que le fond s'en trouve complétement sinon sur le papier, au moins dans sa tête. Qu'il dérange les détails parce que cela lui paraît plus agréable, rien de mieux ; mais qu'il les possède tous, et en ordre, non d'une manière confuse. Il en est de cela comme d'un discours, où l'on peut mettre la réfutation avant ou après la confirmation et la proposition. Quelque ordre que suive l'auteur, il faut toujours qu'il sache exactement ce qu'il propose, ce qui vient à l'appui de son dire, les objections qu'on y pourra faire, et ce qu'il doit y répondre.[1]

Si donc l'on a bien suivi ce qui a été exposé jusqu'ici, on voit que le jugement des œuvres littéraires est beaucoup moins capricieux qu'on ne le penserait d'abord. On dit souvent *qu'il ne faut pas disputer des goûts*, ou que *chacun a le sien :* et il semble, en partant de là, que tout est dit dès que l'ouvrage plaît ou ne plaît pas au critique. En effet, si c'est un homme absolument ignorant, l'impression du moment est tout pour lui, il ne s'en rend pas compte, et juge un ouvrage d'art comme un homme affamé juge les mets qu'il mange. Si, au contraire, c'est un homme instruit, s'il distingue toutes les parties d'un ouvrage, s'il comprend leurs rapports entre elles et avec les choses extérieures, s'il sait ce qu'il y a de neuf, ce qui est imité, et ce qui rend telle combinaison commune, quand telle autre est originale ; est-il possible que son jugement ne soit pas déterminé au moins en grande partie par de telles connaissances ? qu'il ne soit pas choqué d'un mauvais plan, et charmé, au contraire, d'un bon ? Est-ce par suite d'un parti pris, n'est-ce pas plutôt et uniquement par la nature même des choses que le critique éprouvera ce sentiment de satisfaction ou de mécontentement qui formera son goût particulier ?

Le goût n'est donc pas libre, dans le sens où l'on prend souvent ce mot : il est, au contraire, réglé et déterminé par des principes naturels, qui font que l'immense pluralité des hommes capables s'accordent dans l'estime qu'ils font de certaines œuvres et de certains auteurs.

Le goût conforme à celui de la plupart des juges est le *bon goût ;* celui qui est en contradiction avec le goût général des connaisseurs est ce qu'on nomme un *mauvais goût*. Il est à souhaiter que ce dernier ne se trouve que très-rarement dans les jugements d'un critique : car bien qu'il ne soit pas impossible qu'un seul homme ait raison contre tout le monde, il est assurément fort rare qu'il l'ait contre les hommes habiles dans la même partie. Que sont devenues les opinions de tant de détracteurs d'Homère, de Virgile ou d'Horace, de Racine, de Boileau, de Regnard, de Voltaire ? Elles sont ensevelies dans un oubli profond : tant il est vrai que le sentiment commun, et longtemps soutenu, surtout après la mort des auteurs, ne peut guère se tromper ; ou que des vérités partielles reconnues plus tard par des critiques exercés, circonscrivent peut-être ou déterminent mieux, mais ne détruisent pas les beautés senties par la masse des lecteurs et indiquées par les bons juges.

Ce n'est pas assez que le goût du critique soit bon en général : il faut qu'il soit fin, c'est-à-dire qu'il distingue certaines différences qui probablement ne frapperont pas la foule, et qui cependant ont une grande importance pour l'appréciation des œuvres.

Par exemple, c'est une grande qualité dans un livre que l'intérêt : mais cet intérêt peut être de diverses sortes ; et il ne faut pas confondre l'une avec l'autre. L'intérêt d'un traité vient de l'importance des vérités exposées, de leur enchaînement bien ordonné, de la clarté du style ; celui de l'histoire, de la grandeur des événements, de la liaison des effets avec les causes, de la majesté de la narration ; celui d'un drame ou d'un roman, de l'intrigue, de la peinture des passions et des sentiments, de la sympathie qu'on excite en nous pour les héros. Malheur à qui confondrait ces divers sentiments. Comme Raynouard dans ses *Templiers* et ses *États de Blois*, il croirait qu'il suffit pour faire une bonne tragédie, de représenter les faits à la manière des historiens ; comme Diderot dans son *Père de famille*, qu'on passionne les spectateurs avec de grands soupirs et des discours interrompus ; comme Nodier dans *Jean Sbogar*, qu'un roman nous intéresse sans action et par les seules dissertations de l'écrivain sur les nuances du caractère ou de la physionomie de son personnage ; comme A. de Musset dans ses *proverbes*, qu'une conversation de trois quarts d'heure entre un homme et une femme va faire une comédie.

Bien plus, quand on ne fait pas ces distinctions, on peut aller jusqu'à louer dans un ouvrage les vices les plus détestables. Aujourd'hui, par exemple, que tant de désœuvrés ouvrent un livre uniquement pour tuer le temps, en attendant une visite ou l'heure de la promenade, c'est un agrément d'en avoir dont les parties sont si peu liées qu'on peut les prendre, les laisser là, les reprendre sans éprouver jamais ni contrariété de les déposer, ni difficulté à s'y remettre, ni obligation à relire de plus haut. Le beau idéal, de ces sortes de livres, ce sont ces pensées qui nous sont restées des anciens, exprimées chacune en un seul vers, et que les éditeurs modernes ont rangées par ordre alphabétique. Mais, c'est là évidemment la négation de l'idée d'ouvrage : cela n'a ni commencement ni fin ; c'est un hasard perpétuel, dont la commodité, en certains moments, ne doit pas nous aveugler sur le peu de mérite de l'œuvre. Le critique doit donc en même temps qu'il examine un livre en démêler l'utilité, et ne pas la confondre avec sa valeur artielle.

Vaut-il mieux maintenant que la critique soit habituellement douce ou sévère ? il faut, autant qu'on le peut, dire la vérité. La sévérité ou la douceur n'ont rien à faire dans l'analyse proprement dite ; elles ne se manifestent que dans le jugement qu'on porte, ou le rang qu'on assigne à l'ouvrage comparativement à d'autres. Mais cette classification n'est jamais nécessaire. On n'a pas besoin de dire à un auteur

<blockquote>Qu'il rampe dans la fange avec l'abbé de Pure.</blockquote>

Il suffit d'exposer en conscience ce qu'il y a dans son livre, de lui signaler ses erreurs ou ses défauts, et d'indiquer ce qu'il aurait été à désirer qu'on y trouvât.

Le ton d'ailleurs peut adoucir ou aigrir bien des choses. Il convient que celui de la critique soit toujours poli et bienveillant. La politesse et la bienveillance se concilient très-bien avec la sévérité ; et je n'hésiterais pas à poser cette règle qu'un auteur ne peut que remercier le critique, quelque sévère que celui-ci se soit montré, si en rendant justice aux qualités d'un ouvrage, il y a signalé des défauts qu'il importe réellement de corriger dans une autre édition.

Cette position, que j'ai toujours tâché de prendre, me semble plus honorable à tous égards et plus satisfaisante pour tout le monde que celle de ces barbouilleurs de papier qui ne voient dans un ouvrage nouveau qu'une occasion pour eux-mêmes de dogmatiser sur ce qu'ils entendent bien ou mal ; d'offrir au lecteur leurs propres pensées à la place de ce qu'a dit l'auteur et de ce qu'on est en droit d'attendre d'eux.

La morale des critiques de nos jours, il faut l'avouer, ne vaut souvent pas mieux que leur érudition ; et le métier qu'ils font d'amuser le public par tous les moyens, plutôt que de l'instruire sérieusement, a contribué, je n'en doute pas, au discrédit dans lequel est tombée la profession.

Cette profession cependant est, comme nous l'avons vu,

des plus belles et des plus respectables, et ceux qui l'ont dans le passé exercée avec distinction, ont été de leur temps, et sont maintenant encore, mis dans leur genre, au rang des lumières de l'humanité. Leur renommée les fait vivre à bon droit dans la mémoire des hommes, comme Ennius le disait de lui-même :

Volito vivu' per ora virûm.

Ce sont de beaux noms assurément que ceux d'Aristote, Aristarque, Cicéron, Horace, Quintilien, Longin, Corneille, Boileau, Voltaire, La Harpe, Marmontel et Chénier, à ne considérer même ces écrivains que comme des critiques; et ne serions-nous pas heureux et fiers d'en voir briller de nos jours qui eussent dans l'avenir une célébrité égale ?

Si nous voulons que de si beaux temps reviennent, il faut nous bien persuader que la critique est comme toutes les sciences sérieuses; que la vérité n'y dépend pas de la mode, mais du rapport de l'œuvre avec les connaissances et les goûts actuels; que son objet n'a pas changé, que le bien y est aujourd'hui ce qu'il y était il y a dix ou vingt siècles; que les progrès des sciences et des lettres y ont sans doute ajouté beaucoup et nous ont, avec raison, rendus plus difficiles, mais n'ont altéré ni supprimé le fond des choses; qu'il faut ainsi faire ce qu'ont fait les hommes célèbres nommés tout à l'heure, et que nous avons montré dans les pages précédentes : c'est-à-dire qu'il faut joindre aux connaissances acquises, à une littérature variée et solide, aux réflexions profondes, l'attention bienveillante qui nous fait lire un ouvrage nouveau non pas avec nos idées, mais selon celles de l'auteur, le goût naturel qui nous fait distinguer le bon du mauvais, la délicatesse qui nous en fait saisir les moindres nuances, et enfin cet esprit de justice par lequel nous attribuons volontiers à chacun ce qui lui est dû.

Que ces qualités se trouvent un jour chez les rédacteurs

chargés dans les principaux journaux de la partie littéraire ; et l'on verra bientôt, sous des conseils plus sages et des encouragements plus justes, la littérature nous donner les beaux fruits qu'elle produisait jadis, et qui, plus encore que les conquêtes, ont fait de la nation française la première nation du monde.

DES CONDITIONS
DE LA POÉSIE[1].

M. de Lamartine a composé en 1834 un discours d'une philosophie singulière sur *les destinées de la poésie*[2]. Il est assez difficile de voir clairement ce que l'auteur entend par là. Pour moi qui ne crois pas que les arts aient ce qu'on appelle une *destinée*, ni qu'on leur puisse trouver d'autre objet que de charmer l'humanité par le plaisir ou les émotions qu'ils procurent, j'espère être plus clair et plus utile aussi en examinant, selon mes moyens, les *conditions de la poésie*. J'entends par là les nécessités auxquelles elle est soumise, les qualités qu'on doit trouver en elle, au moins de nos jours, qualités qu'on y cherche souvent en vain, et dont l'absence a beaucoup contribué à entretenir ce mépris que bien des gens, qui se piquent pourtant d'esprit et de littérature, professent pour ce premier des beaux-arts. Je veux, en un mot, en exposer les règles, non pas, bien entendu, celles qui conviennent à tel ou tel genre de poëme et qu'on trouvera dans les poétiques et les traités de littérature[3]; mais bien les principes généraux sans lesquels il ne

---

1. Cette thèse, dans sa forme actuelle, est de la fin de 1846. Mais l'étude des facultés qui en fait la partie principale était depuis longtemps dans un traité de critique que j'avais eu le projet de faire.
2. Voyez ce discours au commencement de l'édition in-32 des *Méditations poétiques*, 1838.
3. Voyez notre *Petit traité de rhétorique et de littérature*, in-12, 1853.

semble pas qu'un ouvrage puisse être vraiment bon aujourd'hui.

C'est une étude philosophique autant que littéraire que j'essaye ici : et je la crois nouvelle par les résultats auxquels j'arrive, plus encore que par la forme que je veux lui donner.

Qu'est-ce d'abord que la poésie? M. de Lamartine se fait cette question[1], et il y répond en ces termes : « Comme tout ce qui est divin en nous, cela ne peut se définir ni par un mot, ni par mille. C'est l'incarnation de ce que l'homme a de plus intime dans le cœur et de plus divin dans la pensée; de ce que la nature visible a de plus magnifique dans les images et de plus mélodieux dans les sons! C'est à la fois sentiment et sensation, esprit et matière; et voilà pourquoi c'est la langue complète, la langue par excellence, qui saisit l'homme par son humanité tout entière, idée pour l'esprit, sentiment pour l'âme, image pour l'imagination et musique pour l'oreille! Voilà pourquoi cette langue, quand elle est bien parlée, foudroie l'homme comme la foudre et l'anéantit de conviction intérieure et d'évidence irréfléchie, ou l'enchante comme un philtre, et le berce immobile et charmé comme un enfant dans son berceau, aux refrains sympathiques de la voix d'une mère. »

Avec tout le respect que je professe pour M. de Lamartine, j'avouerai que je ne comprends rien à sa définition. Je ne vois là dedans que le tableau désordonné des idées qui se succèdent chez un homme d'imagination, incapable de se rendre compte de chacune, et surtout de comprendre ce qu'il a dans l'âme. *Ægri somnia*, il n'y a pas moyen de qualifier autrement tout ce passage.

Au fond, la poésie est l'art de faire des poëmes. On la prend aussi pour l'ensemble des qualités de ces poëmes; elle est bonne quand les poëmes sont bons, et mauvaise quand

---

1. *Des destinées de la poésie*, ouvr. cité, p. 15.

ils ne valent rien. Que le poëte, s'abandonnant à son enthousiasme ou à ses rêveries, éprouve quelquefois, surtout si sa raison n'est pas bien solide, les sensations que nous venons de voir décrites, je ne le nie pas ; mais il y a un abus inexcusable à prendre pour de la poésie toutes ces défaillances de l'esprit humain, ces rêves d'un homme éveillé, ces hallucinations, en un mot, que les médecins regardent comme le premier degré de la folie.

Cette phraserie vide et sonore a cependant séduit un grand nombre d'esprits, aussi présomptueux qu'ignorants, qui ont cru se rapprocher de la nature des poëtes parce qu'ils partageaient leurs sottises, et admiraient leurs défauts ou leurs absurdités. Le dernier terme de cette maladie mentale a été de définir la poésie : *l'art dans la rêverie et la rêverie dans l'art*. Les poétiques une fois réduites à non-sens, qui pouvait n'être pas poëte ? aussi qui n'y a pas prétendu ?

Il n'en va pas ainsi dans la réalité. Le poëte, le vrai poëte, est toujours difficile à trouver : *Rara avis in terris*. Non pas que nous manquions jamais de songe-creux ou de rêvassiers pour arranger, en lignes rimées et mal cadencées, les lubies qui leur ont traversé la cervelle ; mais parce qu'en effet, au point où nous sommes venus, et après les chefs-d'œuvre immortels que nous ont transmis les deux derniers siècles, il faut que le poëte réunisse un nombre considérable de mérites qui se trouvent bien difficilement dans le même individu ; qu'il donne en même temps à ses ouvrages un soin, un travail, une patience que peu de nos contemporains sauront préférer à la dissipation générale, aux caprices des compagnies de plaisir, aux allèchements des entreprises industrielles, ou même aux hasards des jeux de bourse.

Essayons de montrer ce qu'il faut aujourd'hui pour produire un ouvrage durable ; et, pour cela, considérons d'une part les facultés que doit posséder le poëte ; et, de l'autre, les mérites que le lecteur est en droit d'exiger dans ses œuvres. Cette étude, toute positive et appuyée de faits incontestables, sera plus fructueuse assurément que celle des brillantes fantaisies que nous venons de transcrire.

§ 1. FACULTÉS DU POËTE.

Le poëte, considéré en lui-même, doit avoir les qualités qui constituent le génie, puisque enfin il veut produire quelque chose qui mérite de fixer l'attention de la postérité[1]; or, ces qualités, quelles sont-elles? Ce seront sans doute la sensibilité, l'imagination, l'attention et la réflexion, le jugement, l'originalité.

Sensibilité. — La *sensibilité*, pour le philosophe, est la faculté que nous avons d'être affectés de telle ou telle manière, d'abord par tout ce qui nous touche matériellement, puis par les actions ou les paroles dont nous sommes témoins. Chez le poëte ou le romancier, c'est plutôt encore le pouvoir qu'ils ont de faire naître chez le lecteur l'impression qu'ils ont ressentie eux-mêmes par la manière dont ils la rendent. La sensibilité, chez les autres, peut être purement passive. Chez eux il faut qu'elle soit active et se communique vivement[2]. Or, il y a, sous ce rapport, une différence infinie

---

1. *Thèses de littérature*, n° XIII, p. 400.
2. M. de Pontmartin écrit dans un feuilleton de l'*Assemblée nationale* (23 mars 1857) : « La poésie, si souvent et si incomplétement définie, pourrait se définir : une vibration commençant dans l'âme du poëte et s'achevant dans celle du lecteur. » — Ecartons ce style figuré si cher à ceux qui ne savent pas analyser leurs idées : que reste-t-il? Précisément cette communication des sentiments dont je parle ici : et ainsi le critique qui croit que la poésie a été *incomplétement définie*, ne trouve, pour la faire connaître, qu'une des facultés qu'elle exige, faculté, non pas même spéciale aux poëtes, mais commune à tous ceux qui font des ouvrages d'imagination ou d'éloquence. C'est un exemple entre mille du degré où est tombée de nos jours l'étude de l'esprit humain.

entre un auteur et un autre, comme on le peut voir en comparant des situations analogues dans des ouvrages d'auteurs différents.

Dans la pièce d'*Angelo, tyran de Padoue*, Catarina, se retrouvant seule avec Rodolfo dans une des chambres du palais, s'écrie :

Vous êtes ici! comment vous êtes ici! oh Dieu! je meurs de joie et d'épouvante. Rodolfo, savez-vous où vous êtes? est-ce que vous vous figurez que vous êtes ici dans une chambre comme une autre? malheureux! vous risquez votre tête.... Tu as bien fait, eh bien! oui, tu as eu raison de venir. Une heure avec toi, et ensuite que ce plafond croule s'il veut! oh! ne pensons plus qu'à nous, toi à moi, moi à toi. Tu me trouves bien changée, n'est-ce pas? je vais t'en dire la raison : c'est que depuis cinq semaines je n'ai fait que pleurer; et toi, qu'as-tu fait tout ce temps-là? as-tu été bien triste au moins? quel effet cela t'a-t-il fait, cette séparation? dis-moi cela, parle-moi, je veux que tu me parles.

A cette invitation si pressante, Rodolfo répond :

O Catarina! être séparé de toi, c'est avoir les ténèbres sur les yeux, le vide au cœur! c'est sentir qu'on meurt un peu chaque jour! C'est être sans lampe dans un cachot, sans étoile dans la nuit! c'est ne plus vivre, ne plus penser, ne plus savoir rien. Ce que j'ai fait, je l'ignore; ce que j'ai senti, le voilà.

Catarina reprend alors :

Eh bien! moi aussi; eh bien! moi aussi; eh bien! moi aussi. Oh! je vois bien que nos cœurs n'ont pas été séparés. Il faut que je te dise bien des choses. Par où commencer? On m'a enfermée, je ne puis plus sortir, j'ai bien souffert, vois-tu? Il ne faut pas t'étonner si je n'ai pas tout de suite sauté à ton cou.

Laissons de côté les remarques que l'on pourrait faire sur le style, cette chambre *qui n'est pas comme une autre*, ce plafond *qui croulera s'il veut*, cette femme qui n'a *fait que pleurer depuis cinq semaines;* cette question, si son amant *a été bien triste*, etc., etc. Y a-t-il rien au monde de plus ennuyeux et de plus froid que tous ces lieux communs?

Quoi! deux amants qui se retrouvent après un mois de séparation, n'ont pas autre chose à se dire que : *Tu me trouves bien changée, n'est-ce pas?* ou *quel effet cela t'a-t-il fait, notre séparation?* ou *dis-moi cela, parle-moi, je veux que tu me parles!* ou tout ce jargon métaphysique des *ténèbres sur les yeux*, du *vide au cœur*, du *cachot sans lampe*, de la *nuit sans étoile!* Il faut n'avoir jamais rien senti soi-même pour rester ainsi dans les trivialités des conversations journalières, ou se jeter dans des similitudes si peu naturelles et tirées de si loin.

Dans une situation toute semblable, les deux amants de la tragédie de *Marino Faliero* se disent tout autre chose. Fernando arrive à Venise sans être attendu. Il revient après un an d'absence. Pourquoi revient-il, lui qui avait juré de s'éloigner à jamais de celle qu'il a séduite? Il l'explique lui-même : c'est 'amour de la patrie,

> C'est ce dégoût d'un sol que voudraient fuir nos pas :
> C'est ce vague besoin des lieux où l'on n'est pas;
> Ce souvenir qui tue, oui, cette fièvre lente,
> Qui fait rêver le ciel de la patrie absente;
> C'est ce mal du pays dont on ne peut guérir,
> Dont tous les jours on meurt sans jamais en mourir.

Cette expression vaut mieux que celle de tout à l'heure d'après laquelle on *meurt* UN PEU *chaque jour*. Fernando continue :

> O bien, qu'aucun bien ne peut rendre!
> O patrie! ô doux nom que l'exil fait comprendre!
> Que murmurait ma voix, qu'étouffaient mes sanglots,
> Quand Venise en fuyant disparut sous les flots!
> Pardonnez, Éléna, peut-on vivre loin d'elle?
> Si l'on a vu les feux dont son golfe étincelle;
> Connu ses bords charmants, respiré son air doux,
> Le ciel sur d'autres bords n'est plus le ciel pour nous.
> Que la froide Allemagne et que ses noirs orages
> Tristement sur ma tête abaissaient leurs nuages!

Que son pâle soleil irritait mes ennuis !
Ses beaux jours sont moins beaux que nos plus sombres nuits.
Je disais, tourmenté d'une pensée unique :
Soufflez encor sur moi, vents de l'Adriatique.
J'ai cédé, j'ai senti frémir dans mes cheveux
La brise qu'à ces mers redemandaient mes vœux.
Dieu ! quel air frais et pur inondait ma poitrine !
Je riais, je pleurais, je voyais Palestrine :
Saint-Marc que j'appelais, s'approchait à ma voix,
Et tous mes sens émus s'enivraient à la fois
De la splendeur du jour, des murmures de l'onde,
Des trésors étalés dans ce bazar du monde,
Des jeux, des bruits du port, des chants du gondolier !...
Ah ! des fers dans ces murs qu'on ne peut oublier,
Un cachot, si l'on veut, sous leurs plombs redoutables !
Plutôt qu'un trône ailleurs, un tombeau dans nos sables,
Un tombeau qui, parfois témoin de vos douleurs,
Soit foulé par vos pieds et baigné de vos pleurs [1].

Quelle poésie enchanteresse ! quelle émotion profonde ! quelle richesse dans les idées. Fernando n'est pas ici réduit à débiter des lieux communs, comme Rodolfo tout à l'heure. Il dit ce qu'il a vu, ce qu'il a senti ; il ne fait pas cette distinction étrange : *ce que j'ai fait, je l'ignore ; ce que j'ai senti, le voilà* : il sait trop qu'il a senti tout ce qu'il a fait ; et c'est parce qu'il l'a senti et le sent encore, qu'il le fait si bien sentir aux autres.

Mais ce n'est pas assez ; jusqu'ici l'amour de Fernando pour Éléna n'a pas paru, parce qu'ayant promis à son amante de s'éloigner d'elle et de ne pas chercher à la revoir, il l'a dissimulé d'abord. Cependant sa flamme n'est pas éteinte, elle le brûle, elle le dévore. C'est cet amour, et non celui de la patrie qui le ramène à Venise, comme il le déclare quand le discours d'Éléna lui donne l'occasion d'annoncer qu'il va combattre contre les Génois et trouver la mort dans cette guerre :

---

1. *Marino Faliero*, acte I, sc. 2.

Ce sang que le fer va ravir,
Avant de se répandre où Venise m'envoie,
A battu dans mon cœur d'espérance et de joie.
Il palpite d'amour. A quoi bon retenir
Ce tendre et dernier cri que la mort doit punir?
Je vous trompais : c'est vous, ce n'est pas la patrie,
Vous qui rendez la force à cette âme flétrie,
Vous, vous que je cherchais sur ce climat si doux,
Sur ce rivage heureux, qui ne m'est rien sans vous.
C'est votre souvenir qui charme et qui dévore.
C'est ce mal dont je meurs, et je voulais encore
Parler de ma souffrance aux lieux où vous souffrez,
Respirer un seul jour l'air que vous respirez,
Parcourir le Lido, m'asseoir à cette place,
Où les mers de nos pas ont effacé la trace,
Voir ces murs pleins de vous, ce balcon d'où mes yeux,
En vous les renvoyant recevaient vos adieux.

ÉLÉNA.

Par pitié!...

FERNANDO.

Cette fois l'absence est éternelle.
On revient de l'exil : mais la tombe est fidèle.
Je pars... je mourrai donc, sûr que mon souvenir
De mes tourments jamais ne vint l'entretenir!
Ce prix qui m'était dû, qu'en vain je lui rappelle,
Cette écharpe jamais.... Dieu! qu'ai-je vu? c'est elle!
La voilà, je la tiens! ah! tu pensais à moi!
Elle est humide encore, et ces pleurs, je les crois.
Tu me trompais aussi ; nos vœux étaient les mêmes :
Allons, je puis mourir, tu m'as pleuré, tu m'aimes.

Je ne fais ici aucune observation sur la manière dont est conduite cette admirable exposition, l'une des plus belles de notre théâtre, ni sur le style si pur à la fois, si harmonieux, si enchanteur. Je demande seulement qu'on remarque la profonde sensibilité qui y est partout empreinte, et qu'on l'oppose à la froideur stérile, à la déclamation matérielle et vide dont l'exemple a été donné tout à l'heure.

Imagination. — L'imagination est peut-être de toutes nos facultés celle sur laquelle il est le plus difficile de se bien entendre, tant on a appliqué ce mot à des choses diverses. Il exprime d'abord la faculté d'imaginer, et ensuite ce qu'elle imagine : c'est une première source d'erreur. On avait autrefois le nom d'*imaginative* pour désigner la faculté. C'est dans ce sens que Molière fait dire à son *Étourdi* [1] :

> Mais pourtant, quand je veux, j'ai l'*imaginative*
> Aussi bonne, en effet, que personne qui vive;

et, au contraire, lorsque Corneille écrit [2] :

> *Imaginations*, — célestes vérités !

imaginations représente ici, comme tout ce qui suit, les produits de l'entendement, et non l'entendement lui-même.

Il serait donc bon d'avoir conservé ces deux mots; mais l'usage les a confondus depuis longtemps, et si j'emploie ici le mot d'*imagination*, je préviens que je le prends dans le sens d'*imaginative;* c'est la faculté que j'ai l'intention d'examiner.

Nous allons voir que sur ce point il est encore difficile de s'accorder. Marmontel nous dit d'abord [3] : « On appelle *imagination* cette faculté de l'âme qui rend les objets présents à la pensée. Elle suppose dans l'entendement une appréhension vive et forte, et la facilité la plus prompte à reproduire ce qu'il a reçu. Quand l'imagination ne fait que retracer les objets qui ont frappé les sens, elle ne diffère de la mémoire que par la vivacité des couleurs. Quand de l'assemblage des traits que la mémoire a recueillis, l'imagination compose elle-même des tableaux dont l'ensemble n'a point de modèles dans la nature, elle devient créatrice, et c'est alors qu'elle appartient au génie. »

---

1. L'*Étourdi*, acte II, sc. 14.
2. *Polyeucte*, acte IV, sc. 3.
3. *Encyclopédie* (grammaire et littérature), mot *Imagination*.

Voltaire distingue aussi plusieurs imaginations [1] : 1° celle qui dispose les événements d'un poëme, d'un roman, d'une tragédie, qui donne aux personnages des caractères, des passions, etc. (nous verrons que c'est là bien moins l'imagination proprement dite que la faculté de combiner et d'arranger les idées); 2° celle qui donne à tous les personnages l'éloquence propre à leur état, et convenable à leur situation; 3° l'imagination dans l'expression, par laquelle chaque mot peint une image à l'esprit sans l'étonner, comme quand Virgile écrit : *Pendent circum oscula nati.*

Blair, de son côté [2], regarde avec raison l'imagination comme la cause à laquelle il faut attribuer l'origine des figures de mots, des tropes, des métaphores, etc.

Il résulte de ces observations que le mot *imagination* se prend dans des sens essentiellement différents, et que, si nous voulons nous bien comprendre, il faut commencer par distinguer tous ces sens, et même leur appliquer, si cela devient utile, des noms divers.

L'imagination, d'après l'étymologie du mot, est la faculté qui nous représente la vive image des choses. En ce sens, comme l'a dit Marmontel, elle ne diffère de la mémoire que par sa vivacité. Voltaire exprime absolument la même idée quand il dit [3] que cette imagination, qu'il nomme *passive*, ne va pas beaucoup au delà de la mémoire.

L'imagination, prise dans ce sens, ne doit pas nous occuper; elle n'a rien de littéraire, puisque tout son effet est renfermé dans le théâtre intérieur de notre intelligence, et qu'ainsi celui qui reçoit ces images est le seul qui puisse juger qu'il a de l'imagination.

Maintenant quelques hommes non-seulement éprouvent ces souvenirs vifs qui leur représentent les objets; ils trou-

---

1. *Dictionnaire philosophique*, mot *Imagination*.
2 *Leçons de rhétorique*, n° 14.
3. *Dictionnaire philosophique*, mot *Imagination*.

vent de plus, pour rendre ce qu'ils sentent, un langage si coloré, si pittoresque, qu'ils font voir ou sentir la même chose aux autres. C'est là la véritable imagination dans le sens littéraire du mot ; c'est cette disposition à communiquer ses idées sous des formes sensibles, à personnifier ses abstractions, à les opposer, à les faire quelquefois agir ou combattre. Les moyens qu'elle emploie le plus souvent sont les métaphores, les épithètes, les similitudes, les antithèses de toute sorte, les apostrophes, les prosopopées, les hyperboles, en un mot, les figures véhémentes que nous offre la rhétorique.

L'homme qui les emploie naturellement a une imagination riche ou brillante. Cette imagination est, de plus, juste ou fausse : juste, quand ses images sont conformes à ce que la nature nous présente, ou à ce que l'opinion commune accepte ; fausse, quand elle invente pour le besoin du moment une nature qui n'existe pas et ne peut exister.

Les imaginations fausses sont presque toujours pauvres et stériles autant que déplaisantes. Elles résultent d'un parti pris, d'une volonté préconçue de trouver des images que notre esprit ne nous fournit pas, et pour les avoir nous employons tout ce qui se présente, même ce qui est contradictoire ou absurde.

Chateaubriand est un des écrivains français qui ont eu le plus d'imagination. C'est à cette qualité qu'il a dû en grande partie le succès de ses ouvrages. Voici un court passage extrait de son roman de *René* qui fera apprécier sa manière. C'est René qui raconte ses sensations passées :

Le jour je m'égarais sur de grandes bruyères terminées par des forêts. Qu'il fallait peu de chose à ma rêverie ! une feuille séchée que le vent chassait devant moi ; une cabane dont la fumée s'élevait dans la cime dépouillée des arbres ; la mousse qui tremblait au souffle du nord sur le tronc d'un chêne ; une roche écartée ; un étang désert où le jonc flétri murmurait. Le clocher solitaire s'élevant au loin dans la vallée a souvent attiré mes regards. Souvent j'ai suivi des yeux les oiseaux de passage qui volaient au-dessus de ma tête ; je me figurais les bords ignorés, les climats lointains où ils se rendent ; j'aurais voulu être sur leurs ailes. Un secret instinct me tourmentait : je sentais que je n'étais moi-même qu'un voyageur. Mais une voix du ciel semblait me dire : « Homme, la saison de ta migration n'est pas encore venue. Attends que le vent de la mort se lève ; alors tu déploieras ton vol vers ces régions inconnues que ton cœur demande. » Levez-vous vite, orages désirés qui devez emporter René dans les espaces d'une autre vie.

Rien n'est plus beau, plus imagé, plus vivement coloré que ce passage. Il est en même temps irréprochable, car toutes les figures y sont naturelles ; tous les phénomènes dont il y est question sont tels que l'auteur nous les représente : tout le monde, en un mot, les a vus comme lui, si personne ne les a ni exprimés, ni rappelés avec autant de sentiment ni de vérité.

Il n'en est plus de même lorsque René, dans la peinture de ses agitations intérieures, vient à décrire des choses qui n'existent pas ; qu'il nous donne comme des réalités ce qui n'a pas même pu avoir d'apparence pour lui ; qu'il nous dit, par exemple, qu'au coucher du soleil,

L'astre, enflammant les vapeurs de la cité, semblait osciller lentement dans un fluide d'or, comme le pendule de l'horloge des siècles.

Ce *fluide d'or*, c'est la vapeur éclairée par les rayons du soleil ; mais comment y fait-on *osciller* cet astre ? Quelle analogie y a-t-il entre lui et un *pendule ?* et qu'est-ce que ce peut être que le *pendule de l'horloge des siècles.*

Chateaubriand dit encore :

Lorsqu'à travers ma fenêtre je voyais la lune sillonner les nuages amoncelés comme un pâle vaisseau qui laboure les vagues, il me semblait que la vie redoublait au fond de mon cœur, que j'aurais eu la puissance de créer des mondes.

D'abord la lune sillonne-t-elle, a-t-elle même l'air de

sillonner les nuages ? Ne voit-on pas au premier coup d'œil que ce sont les nuages qui passent devant elle ? Peut-on ensuite la comparer à un vaisseau ? Quelle ressemblance de forme aperçoit-on ? Qu'est-ce aussi qu'un vaisseau *pâle ?* Qu'est-ce qu'un vaisseau qui *laboure des vagues ?* On dit qu'il les *sillonne* et l'on dit bien. Quand de *sillonner* on passe à *labourer*, l'expression devient *fausse* parce que l'idée analogique du *sillon* s'éloigne, et parce que le *labour* présente toujours le sens d'un *labeur*, d'une peine que le vaisseau ne peut éprouver.

Quant à la vie qui *redouble au fond du cœur* parce qu'on voit la lune, et à la *puissance de créer des mondes*, j'avoue en toute humilité que je ne sais ce que cela veut dire.

L'imagination de Chateaubriand toujours riche et féconde en comparaisons, est donc aussi de temps en temps incohérente et vague. Ses images sont fausses ou disparates ; ou les mots qu'il emploie perdent leur sens pour en prendre un tout accidentel que rien ne justifie.

M. Hugo a presque toujours l'imagination fausse, dans ses comparaisons, dans ses métaphores, et même lorsqu'il peint des objets naturels qu'il semble n'avoir jamais vus, tant ils sont loin de ressembler à ce qu'il dit.

Voici des exemples. Je lis dans l'ode *à la colonne de la place Vendôme* [1].

> Que de fois, tu le sais, quand la nuit sous ses voiles
> Fait fuir la blanche lune ou trembler les étoiles,
> Je viens, triste, évoquer tes fastes devant moi,
> Et, d'un œil enflammé dévorant ton histoire,
> Prendre, convive obscur, ma part de tant de gloire,
>   Comme un pâtre au banquet d'un roi.

La pensée exprimée ici est assurément fort belle au fond : la méditation nocturne sur les grandes actions des armées

---

[1]. *Odes et ballades*, liv. III, 7.

DES CONDITIONS DE LA POÉSIE.

françaises a quelque chose de saisissant. Pourquoi faut-il qu'elle soit exprimée de manière à devenir inintelligible par la contradiction des images ou des idées? Depuis quand la nuit *fait-elle fuir la lune?* Depuis quand fait-elle *trembler les étoiles?* Pourquoi le poëte est-il *triste* en évoquant ces fastes glorieux? Comment dévore-t-il une histoire d'un *œil enflammé*, à l'heure précisément où l'on ne voit pas? Enfin l'idée de *convive obscur* et celle d'un *pâtre au banquet d'un roi* n'est-elle pas ridicule à force d'être tirée de loin quand il s'agit de regarder des bas-reliefs?

Dans la *Captive* [1], une des *orientales* dont le sentiment général est le plus naturel, je lis après beaucoup d'autres strophes de semblable facture, celle-ci qui termine la pièce :

> Mais surtout quand la brise
> Me touche en voltigeant,
> La nuit j'aime être assise,
> Être assise en songeant ;
> L'œil sur la mer profonde,
> Tandis que pâle et blonde,
> La lune ouvre dans l'onde
> Son éventail d'argent.

Que de fautes dans ces vers! La brise ne *touche* pas et surtout ne *voltige* pas. *J'aime être assise* est pour *j'aime à être assise* que demande la grammaire. On dit avec raison que la lune est *pâle* ; on ne peut pas dire qu'elle est *blonde*. Enfin *l'éventail d'argent* ne signifie rien : ou les mots n'ont plus aucun sens, ou *l'éventail ouvert* veut dire que la clarté de la lune réfléchie par l'eau de la mer a une forme semblable à celle d'un V, d'un triangle, d'un secteur circulaire : et c'est impossible. M. Hugo n'a peut-être jamais vu un reflet de lune ni sur un bassin, ni sur une rivière, ni sur la mer. Alors pourquoi en parle-t-il?

M. de Lamartine a, au contraire, une imagination vive et

---

[1]. *Les Orientales*, n° IX.

féconde. On la trouve chez lui dès la première de ses pièces, l'*Isolement* :

> Ici gronde le fleuve aux ondes écumantes :
> Il serpente et s'enfonce en un lointain obscur.
> Là, le lac immobile étend ses eaux dormantes
> Où l'étoile du soir se lève dans l'azur [1].
>
> Au sommet de ces monts couronnés de bois sombres
> Le crépuscule encor jette un dernier rayon,
> Et le char vaporeux de la reine des ombres
> Monte et blanchit déjà les bords de l'horizon.

Tout cela est vrai, tout cela est conforme à la nature : et il n'est pas de lecteur qui ne se rappelle, en lisant ces vers, les phénomènes naturels dont il a été mille fois témoin.

Malheureusement M. de Lamartine ne se tient pas toujours dans cette vérité, dans cette observation de la nature réelle. Le désir de dire du nouveau, ou même de parler de ce qu'il ne sait pas, l'entraîne dans des descriptions fantastiques que je n'hésite pas à déclarer inexcusables chez un poëte. Voyez, par exemple, la pièce intitulée les *Étoiles* [2] :

> Alors ces globes d'or, ces îles de lumière
> Que cherche par instinct la rêveuse paupière,
> Jaillissent par milliers de l'ombre qui s'enfuit
> Comme une poudre d'or sur les pas de la nuit ;
> Et le souffle du soir, qui vole sur sa trace,
> Les sème en tourbillons dans le brillant espace.
> L'œil ébloui les cherche et les perd à la fois.
> Les uns semblent planer sur la cime des bois,
> Tels qu'un céleste oiseau dont les rapides ailes
> Font jaillir, en s'ouvrant, des gerbes d'étincelles.

---

1. Il y a ici une petite faute. L'étoile du soir, c'est Vénus qui ne se lève à l'horizon que quand elle est étoile du matin. Il aurait fallu dire : *l'étoile du soir se couche dans l'azur*. Quand elle paraît le soir elle est au haut du ciel, et non dans un lac. Je ne demande pas à M. de Lamartine de savoir l'astronomie quand il fait des vers : je lui demande d'avoir vu ce qu'il décrit, et de le décrire tel qu'il est.

2. *Nouvelles Méditations poétiques*, n° VIII.

D'autres, en flots brillants, s'étendent dans les airs
Comme un rocher blanchi de l'écume des mers.
Ceux-là, comme un coursier volant dans la carrière,
Déroulent à longs plis leur flottante crinière ;
Ceux-ci, sur l'horizon se penchant à demi,
Semblent des yeux ouverts sur un monde endormi ;
Tandis qu'aux bords du ciel de légères étoiles
Voguent dans cet azur comme de blanches voiles
Qui, revenant au port d'un rivage lointain,
Brillent sur l'Océan aux rayons du matin.

Les idées exprimées ici sont si singulières, ou plutôt si fausses, qu'il est bon de les revoir, pour ainsi dire, une à une, afin de bien comprendre où peut entraîner la manie de tout dire sans penser à ce qu'on dit.

a. Les étoiles nous apparaissent comme des points lumineux, et non comme des *îles* ou comme des *globes*. Si l'on veut prendre une de ces dernières assimilations, du moins qu'on ne les mette pas ensemble, car elles se contredisent.

b. Comment la paupière peut-elle être *rêveuse?* Qu'est-ce que c'est que son *instinct?* Enfin ce n'est pas la paupière qui *cherche*, c'est l'œil.

c. Qu'est-ce que c'est que cette ombre qui *s'enfuit* et d'où jaillissent les étoiles ? Les étoiles ont toujours jailli de l'ombre qui *vient ;* elles paraissent d'autant mieux que la nuit est plus profonde.

d. Le souffle du soir ne peut pas *voler sur la trace de la nuit.* C'est la nuit qui vient *sur la trace du soir ;* et quand elle est arrivée, le soir est passé. Sans doute, quoiqu'il soit nuit close, on peut, par continuation, dire que le *souffle du soir règne encore ;* mais il ne faut pas le faire marcher *sur les traces* de ce qu'il précède nécessairement.

e. Comment le souffle du soir sème-t-il les étoiles *en tourbillons* dans l'espace ? Je ne le comprends pas. Toutes les étoiles à la simple vue nous paraissent fixes entre elles. Jamais rien n'a été plus opposé à l'idée de tourbillon.

f. L'œil ébloui *les cherche et les perd à la fois.* C'est une très-mauvaise expression d'un phénomène d'ailleurs réel. On perd en effet fort souvent une étoile qu'on cesse de regarder un seul instant. Il fallait alors : *l'œil les trouve et les perd aussitôt;* ou bien : l'œil les *perd et les cherche ensuite. A la fois* avec les deux mots *perdre* et *chercher* donnera toujours un mauvais sens.

g. Comment des étoiles paraissent-elles *planer* sur des bois? Ce mot indique nécessairement quelque chose d'étendu, dans une position plane et sensiblement horizontale. Tel est l'oiseau dont les ailes ouvertes paraissent immobiles. Appliqué à un point lumineux ou à un globe, il n'a aucun sens.

h. Comment les étoiles peuvent-elles ressembler à un *oiseau?* surtout à un oiseau dont les *ailes s'ouvrent* et font *jaillir des gerbes d'étincelles?* Je m'y perds absolument.

i. Je ne sais, non plus, ce que c'est que les astres qui s'étendent dans les airs *en flots brillants.*

k. S'ils sont des flots brillants, comment s'étendent-ils *comme un rocher blanchi?*

l. Je ne sais quels sont les astres qui *déroulent leur crinière comme un coursier.* Si ce sont les comètes dont le poëte veut parler, elles sont assez rares pour ne point entrer naturellement dans une description du ciel, et l'image qu'en offre la *crinière déroulée d'un cheval* n'y ressemble guère, il faut l'avouer.

m. J'ignore encore plus comment des étoiles se *penchent à demi* sur l'horizon. On dit quelquefois qu'elles *penchent vers l'horizon,* c'est-à-dire qu'elles y arrivent; *se pencher* n'a pas le même sens : il signifie *s'incliner.* Comme *planer,* comme *se dresser,* il ne peut convenir ni aux globes ni aux points. *Se pencher à demi* est surtout absurde en parlant d'une étoile. Il n'est là que pour la rime.

n. Il est difficile de faire des astres *des yeux ouverts* quand on a commencé par en faire des *îles.*

o. Je ne sais ce que c'est que ces étoiles légères qui *voguent au bord du ciel comme des voiles blanches.*

p. Les deux dernières idées se rapportent à ces voiles ; mais je ne comprends pas comment on peut assimiler des étoiles en ce sens *qu'elles brillent aux rayons du matin,* puisque ces rayons sont justement ce qui les fait disparaître.

Ces fautes nombreuses et inconcevables faites par un des poëtes les mieux doués quant à l'imagination, montrent combien cette faculté peut devenir dangereuse, si on ne la règle pas et qu'on tolère tous ses écarts.

Enthousiasme. — L'enthousiasme, au fond, ne diffère pas de l'imagination. Ce mot signifie la fureur d'un homme absorbé par une idée, au point de ne plus distinguer les rapports qui frappent ses semblables. C'est une véritable folie. Les anciens l'attribuaient à une divinité qui s'emparait du personnage ; c'est ce que veut dire proprement le mot *enthousiasme.*

Platon, dans son dialogue intitulé *Ion,* explique ainsi la situation morale des poëtes, qui ont besoin pour composer de si beaux ouvrages d'être animés de l'esprit de Dieu. « Il en est de ces grands chanteurs comme des corybantes qui ne sont plus dans leur sens quand ils dansent et forment des chœurs. Ainsi les poëtes sont hors de leur raison lorsqu'ils font tant de belles choses et se lancent dans le rhythme et dans l'harmonie. Saisis de l'esprit de Dieu comme les bacchantes, ils font sortir de leur sein des fleuves de miel et de lait, ce qu'ils ne pourraient faire dans leur état ordinaire. » C'est-là une explication poétique telle qu'on pouvait l'attendre de Platon. Pour nous autres modernes, l'enthousiasme n'est guère qu'une passion momentanée, poussée assez haut pour nous faire oublier ou méconnaître tout ce qui ne s'y rapporte pas. Nous sommes alors lancés dans un ordre d'idées tout différent de nos habitudes. Pour peu que l'imagination soit féconde, le style suit ; des images fortes et multipliées, des mots sonores et hyperboliques, un discours tantôt périodique, tantôt saccadé, des jugements hasardés, que notre croyance inébranlable fait adopter à ceux qui nous écoutent, enfin l'incohérence même de ces conceptions : voilà ce qui constitue l'enthousiasme. Si le poëte ou l'orateur ont un vrai talent, si l'expression répond chez eux à la passion qui les domine, cette action sympathique que l'homme exerce sur l'homme nous fait bientôt partager une passion que nous n'éprouvions pas auparavant. Nous cédons, non pas à la raison, mais au sentiment ; et nous attribuons volontiers à une puissance divine en quelque sorte, cette influence à laquelle nous ne trouvons pas une cause raisonnable ni suffisante.

A ce point de vue, l'enthousiasme littéraire, le seul dont nous ayons à parler ici, n'est donc autre chose qu'une passion surexcitée, et assez vivement exprimée pour que les auditeurs ou les lecteurs la partagent. C'est une des parties les plus brillantes dans les hommes de génie ; mais cette faculté ne doit pas être seule. « La chose la plus rare, dit Voltaire[1], c'est de joindre la raison avec l'enthousiasme. » En effet la raison consiste à voir les choses comme elles sont ; et la passion les voit autres qu'elles ne sont. A un certain degré, ces deux vues si différentes peuvent se concilier, c'est-à-dire que l'esprit n'aperçoit pas distinctement en quoi elles se contredisent et se détruisent ; mais passé cette limite, il n'y a plus qu'incohérence, contradiction et sottise, et on rejette avec raison des produits si malsains.

L'enthousiasme est admis dans tous les genres de poésie où il entre du sentiment et de la passion. Le genre lyrique est surtout son domaine : là les fictions n'ont, pour ainsi dire, pas de bornes ; et à toutes les époques nous voyons des

---

1. *Dictionn. philosoph.*, mot *Enthousiasme*. Cf. Sabatier, *Dictionn. de littérature*, au même mot.

poëtes, chacun selon le caractère de son génie, créer devant nous des mondes nouveaux et nous transporter dans des régions inconnues et merveilleuses.

Un des plus beaux et des plus anciens modèles de créations extraordinaires, c'est cette prophétie où Ezéchiel annonce la résurrection des morts, en se mettant lui-même au milieu d'une plaine couverte d'ossements blanchis, auxquels il rend la chair et la vie par l'ordre du Seigneur. Lefranc de Pompignan a donné de cette poésie une imitation très-recommandable, dont on sera bien aise de voir ici le début :

> Dans une triste et vaste plaine
> La main du Seigneur m'a conduit.
> De nombreux ossements la campagne était pleine :
> L'effroi me précède et me suit.
> Je parcours lentement cette affreuse carrière,
> Et contemple en silence, épars dans la poussière,
> Ces restes desséchés d'un peuple entier détruit.
> « Crois-tu, dit le Seigneur, homme à qui je confie
> Des secrets qu'à toi seul ma bouche a réservés,
> Que de leurs cendres relevés
> Ces morts retournent à la vie?
> — C'est vous seul, ô mon Dieu ! vous seul qui le savez.

> — Eh bien ! parle ; ici tu présides :
> Parle, ô mon prophète, et dis-leur :
> « Écoutez, ossements arides,
> « Écoutez la voix du Seigneur.
> « Le Dieu puissant de nos ancêtres,
> « Du souffle qui créa les êtres,
> « Rejoindra vos nœuds séparés.
> « Vous reprendrez des chairs nouvelles ;
> « La peau se formera sur elle,
> « Ossements secs, vous revivrez. »

> Dieu parle, et je redis à peine
> Les oracles de son pouvoir,
> Que j'entends partout dans la plaine
> Ces os avec bruit se mouvoir ;

> Dans leurs liens ils se replacent,
> Les nerfs croissent et s'entrelacent,
> Le sang inonde ses canaux,
> La chair renaît et se colore ;
> L'âme seule manquait encore
> A ces habitants des tombeaux [1].

Voilà sans doute un magnifique produit de l'enthousiasme ; et il est beau précisément parce que, dans la situation où le poëte s'est placé, rien n'est plus concevable, rien n'est en quelque façon plus naturel que cette exaltation des idées et la réalisation de ce que lui offre sa pensée.

Au contraire, la prétention à cet état forcé de l'âme est un des travers les plus ridicules et les plus communs chez les poëtes lyriques et dithyrambiques à qui le génie et l'imagination manquent. Cette manie est d'autant plus blâmable, qu'on sent bien que l'enthousiasme ne se commande pas plus qu'il ne s'annonce d'avance. Il est senti et se communique naturellement, ou bien c'est qu'il n'existe pas. On ne peut pas le remplacer, en s'écriant d'un ton emphatique :

> Animé d'une noble audace,
> Je cède à ses transports brûlants [2] ;

ni en commençant une pièce de vers par un adjectif démonstratif qui ne démontre rien :

> En *ces* temps-là du ciel les portes d'or s'ouvrirent [3] ;

ou par des conjonctions qui ne lient pas les phrases comme :

> *Et* j'ai dit dans mon cœur : que faire de la vie [4] ;

---

1. M. de Lamartine a essayé dans ses *Méditations poétiques*, n° XX, de reproduire la même prophétie. Il n'y a pas, à mon avis, aussi bien réussi que Lefranc de Pompignan.
2. La Harpe, *Lycée*, t. XII, p. 357.
3. M. Hugo, *Odes et ballades*, liv. I, 5.
4. M. de Lamartine, *Nouvelles Méditations poétiques*, n° XIX.

ou bien :

> *Pourtant* je m'étais dit : abritons mon navire[1] ;

ni avec des dialogues à bâtons rompus comme, dans une ode de M. Hugo[2], celui de la *voix* et du *siècle*, deux personnages inconnus que rien n'annonce dans la pièce, et qui ne sont indiqués que par un expédient typographique ; ni par des apostrophes à des êtres de raison, comme :

> *Mes odes*, c'est l'instant de déployer vos ailes[3] ;

ni par des expressions prétentieuses et malsonnantes, au point de devenir inintelligibles, comme, en parlant de *Bonaparte*[4] :

> Il *tomba roi* ;

ni enfin par tous ces moyens matériels, qui frappent les ignorants et les niais, et que les écrivains sans imagination ou sans génie prennent pour les facultés qui leur manquent. Les critiques sensés les ont depuis longtemps réduits à leur juste valeur. Ils en disent comme Boileau[5] d'un autre sujet :

> Il aura beau crier : *Premier prince du monde,*
> *Courage sans pareil, lumière sans seconde!*
> Ses vers jetés d'abord sans tourner le feuillet,
> Iront dans l'antichambre amuser Pacolet.

Le poëte Lebrun Écouchard est un de ceux qui ont le plus affiché cette prétention ridicule à l'enthousiasme. Il a été jusqu'à faire sur ce sujet une ode où l'on trouve sans doute quelques belles parties, mais aussi des pensées plus fausses et des expressions plus hasardées que dans aucune

---

1. M. Hugo, *Odes et ballades*, liv. III, 1.
2. M. Hugo, *ibid.*, liv. I, 10.
3. M. Hugo, *ibid.*, liv. I, 1.
4. M. Hugo, *ibid.*, liv. I, 11.
5. *Épître* IX, à la fin.

de ses poésies. C'est en la lisant tout entière qu'on voit combien le surnom de *Pindare* qu'on lui a donné, est plus encore une allusion à son galimatias qu'un éloge de ses qualités poétiques. Le début déjà n'est pas bon :

> Aigle qui ravis les Pindares,
> Jusqu'au trône enflammé des dieux,
> Enthousiasme, tu m'égares
> A travers l'abîme des cieux.

Quoi ! Lebrun est égaré dès le troisième vers !

> Ce vil globe à mes yeux s'abaisse.
> Mes yeux s'épurent et je laisse
> Cette fange empire des rois.

Empire des rois est ici pour la rime; la terre n'est pas plus l'empire des rois que celui des peuples, que celui de l'homme en général.

> Déjà sous mon regard immense
> Les astres roulent en silence,
> L'Olympe tressaille à ma voix.

Qu'est-ce que c'est que *son regard immense?* Les astres *roulent en silence sous ce regard,* dit-il : ils en font autant sous celui du premier venu. Il n'y a pas besoin d'enthousiasme pour cela; et quant à *l'Olympe,* ce souvenir mythologique est bien faible auprès des phénomènes naturels dont il s'agit.

> O muse dans l'ombre infernale,
> Ton fils plongea ses pas vivants !

On a remarqué le ridicule de cette expression boursouflée[1], *plonger ses pas,* et des *pas vivants !*

> Moi ! sur les ailes de Dédale,
> Je franchis la route des vents.

La *route des vents* ne fait-elle pas ici un bel effet ? Y a-t-il une

---

1. Baour-Lormian, dans ses *Trois mots*, satire.

route des vents? est-ce ensuite sur les *ailes de Dédale* qu'il la franchit? Celles-ci étaient matérielles et enlevaient le corps, non l'esprit de l'inventeur; c'était de la mécanique, et non de l'enthousiasme.

> Il est beau, mais il est funeste,
> De tenter la voûte céleste.

Funeste ne vaut rien : c'est *dangereux*, *périlleux* qu'il fallait. Le poëte suppose toujours qu'il réussira, et alors *funeste* ne peut s'appliquer.

> Arrête, importune raison.

Arrête est un contre-sens : c'est *laisse-moi*, *fuis*, *va-t-en*, *arrière* qu'il fallait mettre. On *arrête* ou on veut *arrêter* ce qui va ou nous entraîne trop loin. Ici c'est la raison qui arrêterait le poëte; et quand le poëte veut l'arrêter, il oublie son rôle.

> Je vole, je devance Icare,
> Dussé-je à quelque mer barbare
> Laisser mes ailes et mon nom.

Toujours des souvenirs mythologiques, et pour ne produire aucun effet. Que nous importe qu'il devance Icare? Qu'il nous entraîne et nous échauffe s'il le peut, c'est tout ce qu'on lui demande, et c'est justement ce qu'il ne fait pas.

Je ne cite pas le reste de l'ode. Elle est, partout où l'auteur veut faire de l'enthousiasme, aussi froide que ce que nous venons de lire. Les plus belles strophes sont justement celles où il abandonne son sujet métaphysique pour chanter des événements réels, les progrès rapides de Mahomet et de sa religion, les victoires des Français, le dévouement des républicains.

M. de Lamartine a plusieurs fois pris l'enthousiasme pour sujet de ses chants, soit sous ce nom[1], soit sous un

---

1. *Méditations poétiques*, n° XI.

autre. L'*esprit de Dieu*[1], *Jehovah*, ou *l'idée de Dieu*[2], en donnent des exemples. Il n'a presque jamais pu y atteindre la hauteur où il arrive naturellement et sans peine dans d'autres sujets. Dans la dernière pièce surtout, qui est d'ailleurs d'une longueur excessive, les deux premiers vers font attendre une poésie d'une grandeur, d'une élévation et d'un mouvement qu'on est fort loin de trouver dans ce qui les suit :

> Sinaï ! Sinaï ! quelle nuit sur ta cime !
> Quels éclairs sur tes flancs éblouissent les yeux !

Voilà qui est fort beau ; le reste ne se comprend plus :

> Les noires vapeurs de l'abîme,
> Roulent en plis sanglants leurs vagues dans les cieux.

Comment des vapeurs font-elles des *plis?* comment forment-elles des *vagues?* Comment roulent-elles ces vagues *en plis sanglants ?*

> La nue enflammée,
> Où ton front se perd,
> Vomit la fumée
> Comme un chaume vert.

Il n'y a pas de *chaume vert*. Le chaume est la partie du tuyau des blés qui reste dans le champ quand on les a coupés. Il n'y a pas plus de *chaume vert* que de *paille verte*[3]. M. de Lamartine a été trompé par l'analogie du *bois vert* qui fume en effet beaucoup et flambe mal. Mais ce n'est pas la *paille verte*, c'est la *paille mouillée* qui brûle avec une fumée épaisse.

Le reste de l'ode donnerait lieu à un grand nombre de re-

---

1. *Nouvelles Méditations poétiques*, n° VI.
2. *Harmonies poétiques et religieuses*, liv. II, n°ˢ VIII à XI.
3. En terme de botanique, le chaume, ne signifiant que la forme de la tige en tuyau, peut être vert ; mais ce n'est pas là ce que veut dire l'auteur.

DES CONDITIONS DE LA POÉSIE. 185

marques du même genre : au lieu d'y insister, disons que le poëte rencontre souvent le véritable enthousiasme, surtout quand il ne le cherche pas. On lit, par exemple, dans la pièce intitulée la *Prière*[1] :

> Voilà le sacrifice immense, universel !
> L'univers est le temple et la terre est l'autel ;
> Les cieux en sont le dôme, et ses astres sans nombre,
> Ces feux demi-voilés, pâle ornement de l'ombre,
> Dans la voûte d'azur avec ordre semés,
> Sont les sacrés flambeaux pour ce temple allumés :
> Et ces nuages purs qu'un jour mourant colore,
> Et qu'un souffle léger, du couchant à l'aurore,
> Dans les plaines de l'air repliant mollement,
> Roule en flocons de pourpre aux bords du firmament,
> Sont les flots de l'encens qui monte et s'évapore
> Jusqu'au trône du Dieu que la nature adore.
> Mais ce temple est sans voix. Où sont les saints concerts ?
> D'où s'élèvera l'hymne au roi de l'univers ?
> Tout se tait : mon cœur seul parle dans ce silence.
> La voix de l'univers, c'est mon intelligence.
> Sur les rayons du soir, sur les ailes du vent,
> Elle s'élève à Dieu comme un parfum vivant,
> Et, donnant un langage à toute créature,
> Prête, pour l'adorer, mon âme à la nature.
> Seul, invoquant ici son regard paternel,
> Je remplis le désert du nom de l'Éternel ;
> Et celui qui, du sein de sa gloire infinie,
> Des sphères qu'il ordonne écoute l'harmonie,
> Écoute aussi la voix de ma faible raison,
> Qui contemple sa gloire et murmure son nom.
> Salut, principe et fin de toi-même et du monde !
> Toi qui rends d'un regard l'immensité féconde,
> Ame de l'univers, Dieu, père, créateur,
> Sous tous ces noms divers je crois en toi, Seigneur ;
> Et, sans avoir besoin d'entendre ta parole,
> Je lis au front des cieux mon glorieux symbole.
> L'étendue à mes yeux révèle ta grandeur ;

---

1. *Méditations poétiques*, n° XIX.

> La terre, ta bonté; les astres, ta splendeur.
> Tu t'es produit toi-même en ton brillant ouvrage!
> L'univers tout entier réfléchit ton image,
> Et mon âme à son tour réfléchit l'univers.
> Ma pensée, embrassant tes attributs divers,
> Partout autour de soi te découvre et t'adore,
> Se contemple soi-même, et t'y découvre encore :
> Ainsi l'astre du jour éclate dans les cieux,
> Se réfléchit dans l'onde, et se peint à mes yeux.
> C'est peu de croire en toi, bonté, beauté suprême!
> Je te cherche partout, j'aspire à toi, je t'aime!
> Mon âme est un rayon de lumière et d'amour
> Qui, du foyer divin détaché pour un jour,
> De désirs dévorants loin de toi consumée [1],
> Brûle de remonter à sa source enflammée.
> Je respire, je sens, je pense, j'aime en toi!
> Ce monde qui te cache est transparent pour moi;
> C'est toi que je découvre au fond de la nature,
> C'est toi que je bénis dans toute créature.

Si M. de Lamartine était partout aussi pur, aussi naturel, aussi magnifique qu'il l'est dans ce brillant passage; quel rang ne tiendrait-il pas parmi nos poëtes! Malheureusement il est loin de se soutenir toujours à cette hauteur.

Jugement. — On appelle *jugement*, et il vaudrait mieux nommer la *judiciaire*, comme on disait autrefois, la faculté par laquelle nous percevons les rapports entre nos idées.

Quand il s'agit de littérature, le mot *jugement* s'applique surtout à la puissance qu'ont les auteurs de saisir toujours les vrais rapports des choses, ou du moins ceux qui semblent vrais à tout le monde dans la situation donnée; en d'autres termes, de sentir et d'exprimer toujours la vérité, j'entends la vérité relative.

---

1. Ce féminin montre que *qui* se rapporte à âme. Alors comment lit-on *détaché* au vers précédent?

Par exemple, quand, dans *Iphigénie*[1], Agamemnon s'écrie :

> Heureux qui satisfait de son humble fortune,
> Libre du joug superbe où je suis attaché,
> Vit dans l'état obscur où les dieux l'ont caché !

est-il absolument vrai qu'un roi soit attaché à un joug? ou qu'il doive envier le sort des malheureux obligés de vivre à la sueur de leur front ? Non sans doute : mais cela est vrai pour lui au moment où il le dit, et c'est là la vérité qu'on cherche et qui suffit dans les arts.

Le jugement reste toujours fidèle à cette vérité ; en ce sens, ce n'est autre chose que la raison. Il doit régner partout, même dans les sujets où le poëte s'abandonne le plus à la passion, à l'imagination ou à l'enthousiasme : c'est-à-dire que ses pensées, ses fictions et ses expressions doivent être conformes à la situation où il place lui-même ses personnages. C'est pour cela que Boileau a dit :

> Aimez donc la raison ; que toujours vos écrits
> Empruntent d'elle seule et leur lustre et leur prix[2].

Lisez en effet nos bons poëtes et nos bons écrivains, vous trouverez toujours dans les pensées cette suite exacte qui en fait la clarté, même dans les combinaisons où probablement cette suite n'existait pas primitivement, parce que l'esprit y rétablit cet ordre qui fait aussitôt regarder comme très-naturel ce qui en soi peut ne pas l'être.

Voyez, par exemple, le songe d'Athalie, ou cette lettre de la *Nouvelle Héloïse*[3] dans laquelle Saint-Preux raconte à Mme d'Orbe un rêve qu'il a fait et qui lui a montré à plusieurs reprises Julie expirante. Croyez-vous qu'il pût y avoir dans les rêves eux-mêmes la suite exacte que les auteurs

---

1. Acte I, sc. 1.
2. *Art poétique*, liv. I, v. 37.
3. Partie V, lettre 9.

ont mise dans leur récit? Non assurément; mais tel est l'effet du jugement, telle est la puissance de la raison, qui redresse toujours et fait accepter par tous ce qu'une passion désordonnée offrirait tout de travers et de manière à révolter le lecteur. De même elle nous rend vraisemblables des choses extraordinaires, ou même absolument impossibles, par la manière dont elle les arrange entre elles, et les présente aux esprits qu'elle a disposés pour les recevoir [1].

Chez les poëtes médiocres, au contraire, et chez les mauvais écrivains, rien ne sauve ni l'incohérence des idées, ni l'invraisemblance des actes, ni le désordre des pensées, ni la fausseté de l'expression. Voltaire reprend avec beaucoup de justesse ces défauts dans les mauvaises pièces de Corneille, et quelquefois dans les bonnes de Crébillon [2]. Qu'aurait-il dit de plusieurs de nos compositions contemporaines, où il est impossible de comprendre ce que l'auteur a dans l'âme?

Dans l'*Ahasvérus* de M. Quinet, fiction dont le sens est difficile à déterminer d'une manière précise, on trouve à tout instant des pages inintelligibles par l'absence de tout rapport entre des idées qui devraient se correspondre. Le poëte chante, par exemple, dans l'intermède de la troisième journée :

Ah! que le cœur me serre! Ah! que le cœur me bat! Je ne sais plus rien que ce mot, et il en faut pour achever mon livre plus de mille. Puisque mon sein est tout sanglant, que ne suis-je le bouvreuil? Soir et matin en gémissant dans le jardin, je redirais toujours le même mot, sur une branche de groseillier. Puisque ma voix sanglote, que ne suis-je le ruisseau? Sans avancer, sans reculer, en serpentant, je baignerais toute ma vie le seuil où ma pensée trop mal guérie veut demeurer nuit et jour assise.

Je cherche vainement la signification de toutes ces phra-

---

1. *Thèses de littérature*, n° VII, p. 201.
2. *Dictionn. philosoph.*, mot *Amplification*.

ses ; partout je vois naître les contradictions et une obscurité impénétrable.

Le poëte « ne sait plus qu'un mot, et il lui en faut plus de mille pour achever son livre. » — J'avoue que je ne comprends pas cette relation, et que je suis surtout peu touché d'une douleur qui lui permet de calculer ainsi le nombre des mots dont il a encore besoin.

« Puisque mon sein est tout sanglant, que ne suis-je le bouvreuil?... » — Quel rapport y a-t-il encore ici? L'auteur fait sans doute allusion au plumage de cet oiseau qui a, comme le dit Buffon, le devant du cou, la poitrine et le haut du ventre d'un beau rouge : mais cela ne fait pas qu'il y ait aucune analogie entre une douleur interne, figurée par un sein sanglant, et la couleur tout extérieure de la robe d'un oiseau.

« Soir et matin, en gémissant dans le jardin, je redirais toujours le même mot sur une branche de groseillier. » — Il est d'abord indifférent qu'il soit dans un jardin ou sur une route, sur un groseillier ou sur un troêne. Mais quel rapport y a-t-il entre son *sein sanglant* et le bouvreuil redisant *toujours le même* mot? Puisque, comme homme, il en était déjà réduit là, qu'il a même remarqué que c'était une mauvaise condition pour achever son livre, à quoi l'avancera sa transformation en bouvreuil?

« Puisque ma voix sanglote, que ne suis-je le ruisseau? » — Je ne comprends pas du tout la conséquence. Remarquez qu'il n'y a pas même ici cette analogie verbale du sein sanglant avec la couleur de sang du bouvreuil; ici, il n'y a rien du tout : car un ruisseau ne *sanglote* pas, même au figuré ; il *murmure :* c'est tout ce qu'on peut en dire.

Ce qu'ajoute M. Quinet est bien plus obscur encore : « Sans avancer, sans reculer, en serpentant. » — Qu'un ruisseau *serpente sans reculer*, je le conçois ; mais *sans avancer!* c'est un peu fort.

« Je baignerais toute ma vie le seuil. » — Quel seuil, s'il vous plaît? Le *seuil* est proprement la pièce de bois ou de pierre qui est au bas de l'ouverture d'une porte et qui la traverse. Il doit donc toujours y avoir, au moins pour la pensée, une porte à laquelle ce seuil se puisse rattacher. Où est-elle ici? « Pendant *toute ma vie*. » — Il serait ruisseau, et ruisseau qui n'avance ni ne recule : quelle peut être cette vie-là?

Enfin : « Sa pensée trop mal guérie peut demeurer jour et nuit assise sur le même seuil. » — Qu'est-ce qu'une pensée *mal guérie?* comment une pensée peut-elle *demeurer assise sur un seuil?* qui a jamais compris pour elle une position semblable?

Les pensées de M. Hugo ne sont pas toujours plus faciles à suivre que celles de M. Quinet. Je prends une ode qu'il a intitulée *Actions de grâces*[1]; elle commence ainsi :

> Vous avez dans le port poussé ma voile errante;
> Ma tige a refleuri de séve et de verdeur.
> Seigneur, je vous bénis : de ma lampe mourante
> Votre souffle vivant rallume la splendeur.
>
> Surpris par l'ouragan, comme un aiglon sans ailes
> Qui tombe du grand chêne au pied de l'arbrisseau,
> Faible enfant, du malheur j'ai su les lois cruelles,
> L'orage m'assaillit voguant dans mon berceau, etc.

Les idées, ici et dans la suite, sont tellement disparates ou contradictoires, qu'il est fort difficile, sinon impossible, de comprendre l'auteur. Puisqu'il a une voile et qu'il entre dans un port, c'est un navigateur; alors comment a-t-il une *tige?* Sa tige *refleurit;* une tige ne fleurit pas. Qu'est-ce que c'est d'ailleurs que *fleurir de séve et de verdeur?*

Ce n'est pas tout : étant tige, il a une lampe; et le souffle de Dieu a en *rallumé la splendeur;* c'est-à-dire, par conséquent,

---

[1] *Odes et ballades*, liv. V, 14.

que la *splendeur* avait *été allumée* une première fois, et *éteinte*. Mais qui a jamais entendu un pareil langage?

Quoi qu'il en soit, navigateur, tige ou lampe, il a été surpris par l'ouragan comme un *aiglon sans ailes ;* c'est *sans plumes* que M. Hugo a voulu dire : il n'y a pas d'aiglon sans ailes. Cet aiglon tombe du chêne au pied de l'*arbrisseau ;* quel arbrisseau? et comment fait cet aiglon qui ne peut pas voler pour tomber d'un chêne au pied d'un autre arbre? Il devrait tomber au pied du chêne lui-même.

Enfin, faible enfant, il a *su les lois du malheur*, c'est-à-dire sans doute qu'il les a *subies :* car *savoir les lois* est à peine français, et ici n'a pas de sens. Puis l'orage l'assaillit *voguant dans son berceau :* mais un berceau ne *vogue* pas. Tous ces mots sont donc contradictoires avec eux-mêmes et avec la pensée qu'il s'agit d'exprimer; et c'est l'absence ou le dédain du jugement, jointe à la manie de parler par figures, qui produit ce jargon prétentieux et impénétrable.

Attention, réflexion. — Tout le monde sait ce que c'est que l'attention et la réflexion considérées comme des facultés de notre âme. Appliquées à la composition ou à l'appréciation des ouvrages littéraires, ces deux facultés, particulièrement la seconde, dont j'ai surtout à parler ici, ne changent pas de nature. La réflexion consiste toujours à examiner mûrement et successivement toutes les parties de ces ouvrages, à les comparer entre elles pour voir si elles se conviennent et s'ajustent bien; si l'expression répond à la pensée; si la disposition est neuve ou vieille; si l'on est soi-même capable ou de traiter le sujet ou de juger l'ouvrage fait par un autre.

Cet exercice préparatoire aura deux résultats : le premier, de ne nous laisser jamais entreprendre que ce que nous serons convaincus de pouvoir achever; c'est ce qu'a dit Horace avec tant de justesse [1] : « Vous qui voulez écrire,

---

1. Hor., *Ars poet.*, v. 38. Cf. Boileau, *Art poét.*, liv. I, v. 7 et suiv.

prenez un sujet proportionné à vos forces; examinez longtemps ce que vous êtes capables ou incapables de supporter. Celui qui aura suffisamment choisi sa matière ne manquera ni de force dans l'expression, ni de clarté dans la disposition. »

Le second sera de nous montrer toutes les ressources, toute la richesse d'un sujet donné; de nous y faire trouver mille choses que nous ne soupçonnions pas d'abord, en un mot, de féconder le terrain le plus ingrat en apparence et de faire germer les moissons où d'autres n'auraient vu que des sables et du gravier.

La réflexion profonde et soutenue est donc, pour les auteurs, le principe de toute fécondité, si ce n'est pas la fécondité elle-même.

Fabre d'Églantine nous en donne la preuve dans sa comédie intitulée le *Philinte de Molière*. On se rappelle la critique assurément très-fausse que Rousseau avait faite du caractère de Philinte dans le *Misanthrope*. Cette critique, tout injuste qu'elle était, contenait en germe une idée qui n'était pas à dédaigner; celle de l'égoïste qui s'accommode volontiers de tout, pourvu qu'il soit lui-même à l'abri du mal, et qu'aucun désagrément ne l'atteigne. Fabre, grand partisan et admirateur outré de J. J. Rousseau, réfléchissant sur son observation, méditant les ressources de ce sujet, en creusant les situations, vit qu'en effet il y avait là la donnée d'une comédie importante, savoir le caractère de l'égoïste qu'on n'avait pas jusque-là réussi à mettre sur la scène. Il reprit donc le personnage de Philinte d'après l'idée que Rousseau en avait donnée; et, dans une pièce en cinq actes, dont le plan est simple et bien conçu, la marche claire et soutenue, dont l'action, sans être compliquée, ne languit pas un moment[1], il nous l'a montré comme un de ces hommes qui,

---

1. La Harpe, *Lycée*, t. XIII, p. 94.

pour ne pas déranger leur sommeil ou leur digestion, se refuseraient à rendre le plus grand service ou à faire la meilleure action qui dépendrait d'eux; un homme pour qui rien n'existe au monde que lui, pour qui tout est bien dès que lui-même n'est pas mal; qui n'a aucun sentiment enfin que celui de son bien-être individuel[1].

Ajoutez aux rôles principaux de Philinte et d'Alceste, celui d'Éliante, femme de l'Égoïste; de plus un avocat honnête homme, et un procureur fripon du nom de Rolet; et vous jugerez combien Fabre a par la méditation fécondé l'idée première qu'il devait à Rousseau.

Remarquons bien que ce qu'a fait Fabre sur quelques lignes de l'écrivain génevois, tous nos poëtes dramatiques le font sur la donnée primitive qu'ils mettent en œuvre, et qui n'est jamais qu'une observation ou une pensée isolée, sans aucune des circonstances qui s'y rattachent un peu plus tard. Picard nous donne, en diverses occasions, un exemple de ce que peut la réflexion. Il a, au commencement de plusieurs de ses pièces, placé comme épigraphe un mot, un vers, une phrase qui résument le sens général de sa comédie, et où se trouve en germe l'idée qu'il a développée en trois, quatre ou cinq actes. Ainsi les *Voisins*[2], sont fondés sur ce mot de La Fontaine[3] :

> Ils font partout les nécessaires
> Et partout importuns devraient être chassés;

M. Musard[4], sur cette phrase de Molière[5] :

> Et depuis que je l'ai vu, trois quarts d'heure durant, cracher dans un puits pour faire des ronds;

---

1. La Harpe, *Lycée*, t. XIII, p. 94.
2. En un acte, 1799.
3. *Fables*, liv. VII, 9.
4. En un acte, 1803.
5. Le *Misanthrope*, acte V, sc. 4.

le *Susceptible*[1], sur ce vers de La Fontaine[2] :

Un souffle, une ombre, un rien, tout lui donnait la fièvre;

l'*Alcade de Molorido*[3], sur cette phrase de saint Jérôme à Sabinien :

Solemus mala domus nostræ scire novissimi, ac liberorum ac conjugum vitia, vicinis canentibus, ignorare;

la *Petite ville*[4], sur une phrase de La Bruyère; *les Ricochets*[5], sur une observation tirée des *Aventures de Joseph Andrews* ; les *Marionnettes*[6], sur ce vers d'Horace[7] :

Duceris ut nervis alienis mobile lignum ;

la *Manie de briller*[8], sur ce vers de La Fontaine[9] :

La chétive pécore
S'enfla si bien qu'elle creva.

Lui-même fait remarquer quelque part qu'un seul vers d'Horace lui a donné l'idée de trois comédies : et en effet, on comprend très-bien comment, avec du soin et du travail, on vient à bout de former un ouvrage d'imagination considérable, sur une base primitivement fort étroite.

Je dis *ouvrage d'imagination:* c'est, en effet, la dénomination vulgaire ; mais l'imagination proprement dite n'est pour rien dans la composition de l'œuvre. C'est la *mémoire* et la *faculté de combiner* les connaissances acquises qui se trouvent constamment en jeu dans ce travail.

La *mémoire*, étudiée par rapport à la composition des ou-

---

1. En un acte, 1804.
2. *Fables*, liv. II, 14.
3. En cinq actes, 1810.
4. En quatre actes, 1801.
5. En un acte, 1807.
6. En cinq actes, 1806.
7. *Sat.*, liv. II, 7, v. 82.
8. En trois actes, 1806.
9. *Fables*, lib. I, 3.

vrages, est avant tout le magasin ou le réservoir des matériaux que nous aurons à mettre en œuvre. C'est dans ce sens que Boileau a dit d'un mauvais auteur [1] :

> Et son feu, dépourvu de sens et de lecture,
> S'éteint à chaque pas faute de nourriture ;

c'est-à-dire que la mémoire ne lui fournit rien, et qu'il ne s'est pas garni l'esprit de tout ce qui a été fait de remarquable par le passé, ou que lui-même n'a rien remarqué et ne se souvient de rien de ce que l'expérience commune et la vue du monde auraient dû lui apprendre.

Les Grecs, qui expliquaient tout avec des fables et des allégories, voyaient dans la mémoire la déesse *Mnémosyne*, dont ils faisaient naître les Muses, comme le dit Hésiode [2] :

> D'une flamme divine
> Le puissant Jupiter brûla pour Mnémosyne :
> Vous naquîtes ainsi, Muses aux blonds cheveux,
> Qu'accompagnent les ris et les chants et les jeux.

A l'imitation des Grecs, nous appelons les Muses *Filles de Mémoire* ; ce qui ne veut pas dire seulement qu'elles conservent la mémoire des choses, mais aussi que la mémoire est la source première et fondamentale de ces grands et beaux ouvrages attribués généralement aux Muses.

En effet, comme notre esprit ne peut travailler que sur les objets de ses pensées, c'est-à-dire sur ce que la mémoire a ramassé pour lui, plus il possède de ces matériaux, plus, toutes choses égales d'ailleurs, il peut varier soit le sujet, soit la forme de ses productions ; plus surtout il peut y faire entrer de détails neufs et intéressants.

Les premiers hommes qui ont composé soit en vers, soit en prose poétique, n'ont pu mettre en œuvre qu'un très-petit

---

1. *Art poétique*, liv. III, v. 319.
2. *Theog.*, v. 915.

nombre d'idées : aussi trouvons-nous dans les ouvrages qui nous restent des peuples primitifs une singulière monotonie.

Cela se remarque à un haut degré dans quelques poëmes originaux des peuples sauvages ou à demi sauvages, par exemple ceux des bardes écossais, ceux des Scandinaves. Cela se remarque aussi dans la poésie hébraïque et dans les anciens contes arabes, où les idées tournant toujours dans un cercle fort étroit, sont constamment de la même couleur et nous fatiguent promptement par le manque de variété.

Au contraire, à mesure que la civilisation met les peuples en présence de plus de choses diverses; en d'autres termes, à mesure que la mémoire des hommes s'enrichit d'un plus grand nombre de connaissances, les ouvrages où ces connaissances se montrent, deviennent de plus en plus variés et attrayants pour les lecteurs.

La comparaison de deux morceaux analogues, pris chez deux poëtes, l'un ancien, l'autre moderne, mettra cette vérité dans tout son jour. Assurément s'il y a quelque chose de grave dans les poëmes épiques, ce sont les combats singuliers entre les guerriers célèbres, d'où dépend souvent le destin des peuples. Or il est facile de voir, en lisant la description d'un de ces combats dans Homère, que ce poëte ne savait aucunement exciter l'intérêt ni varier sa description par la peinture des détails et des incidents de la lutte, par les alternatives de la crainte et de l'espoir. Le combat d'Hector et d'Ajax, celui d'Hector et d'Achille sont terminés d'un seul coup. Celui de Pâris et de Ménélas, quoique un peu plus développé, ne présente même aucune péripétie intéressante pour le lecteur. Le voici, en retranchant les discours qui ne se rapportent pas au combat[1] :

1. *Iliade*, liv. III.

Pâris revêt sa brillante armure.... Ménélas a ceint une armure moins superbe. Tous deux ils s'avancent sur le champ de bataille. Leurs regards sont des éclairs, les spectateurs sont remplis de terreur et d'effroi. La rage dans le cœur, les deux rivaux s'approchent et agitent leurs javelots. Pâris lance le sien : il atteint le bouclier de Ménélas, mais il ne peut le percer; la pointe ploie et s'arrête émoussée. Avant de lancer le sien, le fils d'Atrée invoque Jupiter.... A ces mots le javelot part et va percer le bouclier de Pâris et sa cuirasse. Sa cotte de mailles est déchirée; mais il se courbe et se dérobe au trépas. Atride saisit son épée et frappe le casque de son ennemi; son fer se brise et vole en éclats.... Il s'élance, saisit le panache du Troyen et le tire avec effort du côté des Grecs; la courroie qui attache le casque offense la peau délicate de Pâris. Ménélas l'entraîne, déjà il était vainqueur. Mais Vénus s'en aperçoit et soudain elle coupe ce lien funeste. Le casque suit la main qui le tire, le héros en tournant sur lui-même le jette au milieu des Grecs.... Ménélas revient encore et de sa lance il essaie de percer son ennemi. Mais Vénus, une seconde fois, l'arrache de ses mains, l'enveloppe d'un nuage épais et le reporte dans son palais.

Tout le monde remarque qu'ici Pâris ne fait rien du tout après avoir lancé son javelot. Quant à Ménélas, il lance aussi le sien, brise son épée sur le casque de Pâris, et saisissant ce casque par le panache, il le jette dans son parti. Voilà toutes les circonstances que la connaissance des combats de son temps, ou la mémoire de ce qu'il avait vu a pu fournir à Homère.

Je prends parmi les nombreux combats qui décorent le *Roland furieux*, celui de Mandricart et de Rodomont[1], qui n'est pas un des plus importants, puisqu'il est subitement interrompu par l'arrivée d'un courrier d'Agramant, et que, malgré le désir exprimé par les deux guerriers, il n'est pas repris plus tard. On verra tout de suite quelle richesse l'Arioste a déployée dans les circonstances de ce duel, comparativement à la nudité d'Homère. On sentira aussi quel intérêt résulte pour le poëme de cette quantité de détails.

1. Liv. XXIV.

Bientôt ces deux fiers rivaux en sont aux outrages, à la colère, aux cris menaçants, à l'épée haute; et le son cruel de leurs armes fait déjà retentir l'air.... Le cœur et la force extrême de ces deux Sarrasins ne permettaient de leur comparer presque aucun autre guerrier sur la terre. Il semblait que, sortis d'une race féroce, ils fussent nés pour enfanter aussi la guerre et les coups sanglants. La terre frémit sous leurs pieds : le ciel paraît être enflammé par les éclairs, lorsque mille étincelles jaillissent de leurs épées qui se rencontrent. Sans reprendre haleine, sans aucun repos, cet horrible combat se soutient entre les deux rois; tous les deux tournent en combattant pour ouvrir, pour dépécer leur armes; mais sans rien perdre du premier terrain qu'ils ont occupé; et comme s'il y avait autour d'eux des murailles ou un fossé, le cercle de leur combat est toujours le même et toujours également étroit.

Entre mille coups différents qu'ils se portent, Mandricart, à deux mains, fait tomber Durandal[1] sur le frontal du casque de Rodomont. Ce coup terrible fait voir mille flammes au roi d'Alger. Il frappe de sa tête la croupe de son cheval; il perd un étrier; il rougit d'être près de mesurer la terre en présence de la beauté qu'il dispute au fier Tartare. Mais, plus élastique qu'un grand et fort arc d'acier ployé par des efforts multipliés, qui se remet en son premier état avec d'autant plus de force, Rodomont reprend sa vigueur, relève plus haut que jamais sa tête altière, et porte au Tartare un coup plus fort de la moitié que celui qu'il a reçu. Les armes d'Hector garantissent la tête du fils d'Agrican; mais, étourdi par ce coup terrible, il ne pouvait, en cet état, distinguer le jour de la nuit. Rodomont, en fureur, veut redoubler la même atteinte; mais le cheval du Tartare, effrayé par son épée, fait un mouvement qui fait éviter le coup à son maître, et qui le lui fait recevoir entre les deux oreilles. Le pauvre animal, qui ne portait pas comme son maître le casque d'Hector, eut la tête fendue en deux parts, et tomba mort sur la poussière.

Sa chute rappelle Mandricart de son étourdissement : le fils d'Agrican se relève avec plus de fureur. Il tourne avec force Durandal autour de sa tête, et s'irrite encore de voir son cheval mort à ses pieds. Rodomont porte le sien sur lui pour le renverser. Mais le fort Mandricart, semblable au rocher qui résiste au choc d'une vague et qui la brise, heurte si violemment le cheval qu'il le renverse sans vie à ses pieds. Rodomont, prompt à se débarrasser des étriers, est à l'instant

---

1. L'épée de Roland, qu'il avait eue par surprise.

sur ses pieds ; et le combat, égal entre les deux adversaires, recommence sur-le-champ avec la même furie, lorsque tout à coup un courrier d'Agramant vint les séparer [1].

Il n'y a, il faut l'avouer, aucune comparaison à faire entre cette description et la précédente. Je n'entends pas parler ici de la valeur relative de l'une ou de l'autre, valeur qui peut dépendre soit du style, soit de la place dans l'ouvrage entier : je désire seulement qu'on remarque bien, parce que c'est très-important pour la connaissance intrinsèque des ressources de l'art, que trois circonstances au plus sont notées par Homère, que l'Arioste en signale, au contraire, une multitude ; et comme il en est de même partout et sur tous les points dans les bons ouvrages modernes comparés aux bons ouvrages anciens, j'exprime cette particularité d'une manière générale et philosophique, en disant que la mémoire des écrivains modernes est plus richement meublée que celle des écrivains anciens du même ordre, puisque évidemment chacun dit sur chaque chose ce qu'il a vu, ou entendu dire, par conséquent ce qu'il sait ou se rappelle.

Intricative. — La faculté de combiner entre eux les matériaux fournis par la mémoire, faculté qu'on nomme aussi fort souvent l'*imagination*, et qui serait mieux nommée la *combinative*[2] ou l'*intricative*[3], consiste à réunir dans sa pensée, non-seulement toutes les circonstances d'un fait principal, mais toutes les parties qui les contiennent, et celles qui y tombent ou s'y rapportent, et, de plus, à voir comment elles s'enchaînent ou se produisent les unes les autres; à en trouver même qui puissent se joindre aux premières, y introduire des détails imprévus ou changer le premier aspect des choses ; à en tirer enfin des arrangements tout nouveaux.

---

1. Traduction de Tressan.
2. De *combinare*, d'où nous avons tiré *combiner* et *combinaison*.
3. De *intricare*, d'où nous avons tiré *intriguer* et *intrigue*.

Il est facile de voir combien cette faculté diffère de l'imagination proprement dite, laquelle s'allie très-bien avec la faiblesse de l'esprit ; poussée même au delà des bornes convenables, elle constitue la folie. L'*intricative*, au contraire, indique une grande force de tête ; c'est une disposition analogue à celle des sciences, que beaucoup de lectures, de réflexion et d'exercice entretiennent et augmentent sans cesse. Elle participe de la nature des choses qui se perfectionnent à la longue par la connaissance de tout ce qui s'est fait antérieurement. Aussi, presque nulle dans les ouvrages d'une haute antiquité, on la voit naître dans des œuvres postérieures, grandir et se développer dans le moyen âge ou à l'époque de la renaissance, et arriver à sa perfection sous Louis XIV et de nos jours [1].

Comparons sous ce rapport deux pièces faites sur le même sujet par un Grec ancien et par un Français : l'*Agamemnon* d'Eschyle et celui de Lemercier. Dans la pièce grecque, on peut distinguer les parties suivantes : 1° un surveillant et le chœur expriment leur désir de voir Agamemnon bientôt de retour ; 2° Clytemnestre annonce ce retour prochain et le chœur s'en applaudit ; 3° un héraut vient confirmer cette conjecture ; 4° Agamemnon arrive, converse avec Clytemnestre et le chœur se livre à de vagues prévisions d'un triste avenir ; 5° Clytemnestre invite Cassandre à entrer : celle-ci prophétise et dialogue avec le chœur ; 6° Agamemnon est frappé ; Clytemnestre et ensuite Égisthe viennent proclamer leur crime devant le chœur qui exprime son horreur et son effroi [2].

Voilà toute la tragédie. Il est difficile de rien trouver de plus simple, nous dirions même de plus nu. Les autres pièces grecques sont faites en général sur le même modèle.

---

1. *Thèses de littérature*, n° I.
2. Voyez nos *Thèses de littérature*, n° VIII, p. 319.

Dans ce système, assurément, Sophocle et Euripide ont fait mieux qu'Eschyle, d'abord parce qu'ils ont admis en scène un personnage de plus ; ensuite parce qu'ils ont diminué les chœurs au profit de l'action ; enfin parce qu'ils ont serré davantage leurs événements ou leur dialogue ; mais c'est toujours au fond la même succession d'incidents. Les divers personnages viennent à tour de rôle exposer, soit par une narration, soit par un dialogue, les progrès successifs de l'action principale : progrès qui sont d'ailleurs tout à fait indépendants de ce qui se passe sur le théâtre, et qui, n'étant produits par aucune cause aperçue du spectateur, peuvent être regardés comme de simples hasards [1].

Lorsque Lemercier voulut faire passer l'*Agamemnon* sur notre théâtre [2], il fallut y ajouter plusieurs parties importantes. Les rôles d'Agamemnon, de Clytemnestre et d'Égisthe sont presque entièrement de son invention. La fameuse scène de Cassandre [3], est littéralement traduite du grec, où elle est si belle qu'il était difficile d'y rien ajouter ; toutefois Lemercier a ramené cette prophétesse à la dernière scène du cinquième acte, pour lui faire sauver le jeune Oreste, et annoncer la vengeance future du parricide commis par Clytemnestre ; et cette terminaison est aussi heureuse qu'énergiquement exprimée. Enfin il a fait de véritables personnages tragiques de Strophus (ou Strophius) qui n'était que nommé par Eschyle [4], et d'Oreste dont le chœur, dans la pièce grecque, prédit seulement la vengeance [5]. Le résultat immédiat de ces additions, c'est que l'*Agamemnon* français au lieu de se composer de six scènes ou situations déta-

1. *Thèses de littérature*, n° VIII, particulièrement le dialogue II, p. 278 et suiv.
2. En 1797. Voyez l'*Histoire de la poésie française à l'époque impériale*, t. II, p. 284.
3. Acte IV, sc. 5.
4. *Agamemnon*, v. 880.
5. *Ibid.*, v. 1646.

chées comme la tragédie grecque, en compte trente-quatre, très-bien liées entre elles, distribuées en cinq actes ; que, de plus, l'action marche par les passions et le dialogue des personnages. La vengeance d'Égisthe, l'amour de Clytemnestre pour cet adultère, sa jalousie contre Cassandre sont des inventions de l'auteur français; des combinaisons nouvelles qu'il a a su trouver dans l'ancien sujet traité par Eschyle, et où celui-ci n'avait pas su voir ce que son successeur en fait sortir.

C'est qu'en effet le système moderne est tout autre que l'ancien. Il exige dans tous les sens un développement bien plus considérable ; et le poëte doit déployer dans un sujet donné une faculté de combinaison ou d'intrigue que les Grecs et les Romains ignoraient totalement.

Il convient à ce sujet de rapporter et de discuter une opinion de M. J. Chénier, à laquelle le nom de son auteur et la vérité qui s'y trouve en partie renfermée pourraient faire attribuer plus d'importance qu'elle n'en a, et surtout une autre portée que celle qu'elle doit avoir.

Chénier, dans une épître dédicatoire adressée à son frère et placée au-devant de sa tragédie de *Brutus et Cassius*[1] s'exprime ainsi : « On commence à écrire de tous côtés qu'il faut dans une tragédie beaucoup d'incidents, de tableaux, de coups de théâtre. Cette extravagante théorie n'est autre chose que la pratique de plusieurs écrivains modernes réduite en préceptes. Mais quand on se donne la peine d'examiner les ouvrages qui nous ont amené cette théorie nouvelle, on remarque sinon avec surprise, au moins avec douleur, un défaut de connaissance poussé quelquefois jusqu'à l'excès, un manque absolu de judiciaire, et surtout l'absence totale de cette éloquence entraînante qui seule peut donner aux écrits un succès durable, et sans laquelle il n'y a pas d'ou-

---

[1]. *OEuvres posthumes*, t. I, p. 194, 1837.

vrage de génie.... Quand on n'est point en état d'instruire ou d'émouvoir, il faut bien tâcher de plaire aux yeux. On est parvenu de cette manière à dénaturer la tragédie, chef-d'œuvre de l'esprit humain.... Ce n'est plus qu'un roman dialogué, un amas d'événements bizarres, d'aventures incroyables, terminé par quelque machine digne à peine du théâtre lyrique, ou par quelque coup de théâtre d'une exécution difficile et dont le succès est dû, non pas même au talent des acteurs, mais à leur force ou à leur adresse. »

Tout ce passage est susceptible de deux sens, l'un très-bon, l'autre très-mauvais. Si Chénier blâme seulement ici l'emploi des machines, l'abus des incidents romanesques, la multiplicité des situations extraordinaires, il a parfaitement raison ; on ne peut que louer le jugement qu'il porte.

Malheureusement sa pensée allait plus loin. Ce poëte admirablement doué pour la satire n'avait pas, à beaucoup près, le même talent pour le théâtre. Ses pièces, qu'on a beaucoup louées dans un temps, sont à la représentation et même à la lecture, d'une froideur glaciale. D'où cela vient-il ? De ce qu'il n'a pas su arranger une action, en combiner les divers incidents de manière à la développer par la marche même des événements. Ses tragédies, en un mot, ne sont guère que des conversations plus ou moins éloquentes; mais on ne s'y intéresse à personne, attendu que personne n'agit ; et que ses héros ne viennent sur la scène que pour débiter à tour de rôle des tirades que rien n'appelle, que rien ne justifie.

Chénier, le plus personnel des poëtes, avait probablement en vue ses propres ouvrages, lorsqu'il écrivait ces lignes : et dans sa pensée il donnait pour type du beau, ces conversations rimées au delà desquelles il ne voyait rien.

D'autres moins bien doués que lui encore du génie tragique, comme Jouy et Raynouard, sont tombés dans les mêmes fautes. L'un à propos de son *Sylla*, l'autre à propos de ses *États de Blois*, ont cru par ces tragédies sans action avoir fait à leur patrie don d'un nouveau genre ; ils ont vanté comme Chénier la nudité du drame, l'absence des incidents, sinon de l'action.

Dans ce sens, le jugement de Chénier est ce qu'on peut trouver de plus mauvais et de plus faux. Il nous ramène à l'enfance de l'art, à ce temps où, comme tout à l'heure Eschyle, on faisait dialoguer successivement quatre ou cinq personnages dans des scènes qui ne s'amenaient aucunement l'une l'autre et laissaient le spectateur indifférent et froid depuis le commencement jusqu'à la fin du drame. C'est méconnaître les progrès que le temps et la civilisation ont produits dans l'art théâtral.

Dans la comédie où les personnages sont tous d'invention, on est bien plus à l'aise pour feindre toutes sortes d'événements. Aussi ce genre s'est plus et plus promptement perfectionné que le genre tragique en ce qui tient à la combinaison des événements. Les pièces d'Aristophane sont par rapport à la construction générale faites comme celles d'Eschyle ou de Sophocle : c'est une suite de scènes qui ne sont pas liées du tout. Mais dès le temps de Ménandre, si l'on en juge par les imitations de Plaute et de Térence, la marche des comédies était bien plus satisfaisante. Les scènes étaient réellement le produit les unes des autres. Elles formaient ensemble un tout unique, au lieu d'être comme les tragédies une suite d'épisodes.

Toutefois, quand des auteurs d'un vrai talent ont voulu imiter chez nous ces comédies anciennes, il leur a fallu trouver ou inventer de nouveaux incidents, afin de soutenir l'intérêt ; sans quoi ces pièces n'eussent pas été supportées. Molière a, par exemple, dans ses *Fourberies de Scapin,* imité le *Phormion* de Térence ; dans l'*École des maris*, il a imité les *Adelphes* : il a partout ajouté beaucoup de son cru. L'*Amphitryon* et les *Ménechmes* de Plaute, imités par Molière et Regnard, ont exigé aussi beaucoup d'additions ; comme quand Racine a pris d'Aristophane le sujet de ses *Plaideurs*, il y a ajouté toute l'intrigue d'amour, et les disputes de Chicaneau et de la comtesse de Pimbesche [1].

C'est surtout dans l'art dramatique et dans les romans, c'est-à-dire dans ce que nous appelons par excellence *œuvres d'imagination*, que cette supériorité d'invention chez les modernes se montre clairement. Toutefois elle existe aussi dans les autres genres, et particulièrement dans le poëme héroïque. On a remarqué que Virgile avait dans la première moitié de son *Énéide* imité l'*Odyssée*, et l'*Iliade* dans la seconde : cela veut dire évidemment qu'au temps d'Auguste, le plan trop simple de l'*Iliade*, la répétition de ces combats et de ces discours toujours les mêmes dans presque toutes leurs circonstances, n'auraient pas suffisamment intéressé les Romains ; et Virgile, en homme habile, a réuni dans un seul ouvrage les voyages de l'un des deux poëmes grecs, et les batailles de l'autre.

Fénelon, dans son dialogue de *Virgile et Homère*, fait exposer par l'auteur de l'*Énéide* en quoi il diffère de son prédécesseur ; mais il n'a pas remarqué cette différence importante, dont, en effet, les auteurs mêmes ne se rendent pas toujours bien compte, et que les critiques médiocrement philosophes n'auraient garde de découvrir. Pour nous, elle doit d'autant moins nous échapper, qu'elle nous permet d'établir une distinction profonde et capitale entre les poésies de premier jet, si l'on peut parler ainsi, et celles qui sont méditées ou fécondées par la réflexion.

Les premières n'ont d'autre valeur que la forme. C'est

---

1. *Thèses de littérature*, n° VIII, p. 274 et 259.

quelquefois un seul vers, comme dans une sentence, un précepte :

> La façon de donner vaut mieux que ce qu'on donne[1];

c'est un distique, comme :

> Sur le champ de bataille où l'honneur nous conduit,
> La mort fuit qui la brave et cherche qui la fuit[2];

c'est de même un quatrain, un sixain, un madrigal, une épigramme; c'est quelquefois enfin une pièce beaucoup plus longue, comme une ode, une méditation, si l'auteur se laisse aller à ses idées, sans s'occuper de les combiner entre elles, de les féconder les unes par les autres, d'établir enfin un ordre et une gradation qui ne permettent ni de les intervertir, ni d'en retrancher ou d'y en ajouter une.

A égale valeur dans la forme, je n'ai pas besoin de dire combien les poëmes médités sont supérieurs aux autres. Sans doute un bon madrigal vaut mieux qu'une mauvaise tragédie ; mais une bonne tragédie vaut mieux qu'un bon madrigal : et les œuvres qui contribuent le plus à la gloire littéraire d'une nation, sont assurément celles qui supposent l'emploi de toutes les facultés de notre esprit, et non pas celles qui n'en demandent qu'une seule[3].

On voit maintenant où est le vice du raisonnement de Chénier. Incapable d'intriguer convenablement une pièce de théâtre, il en était venu à regarder comme un défaut cet art auquel il ne pouvait s'élever; et, confondant par ignorance ou de propos délibéré l'emploi et l'abus de ce moyen,

---

1. Corneille, le *Menteur*, acte I, sc. 1.
2. Pons (de Verdun).
3. J'ai intérêt à remarquer cette vérité, comme on le verra dans les pièces de poésie qui suivent, puisque rien ne les distingue plus de toutes celles du même genre que j'ai pu lire depuis trente ans, que cette exactitude de composition, fruit d'une étude approfondie des sujets et d'une recherche patiente de tout ce qu'on y pouvait mettre, en suivant le plan que j'avais adopté.

il réduisait la tragédie, le *chef-d'œuvre de l'esprit humain*, comme il le dit lui-même, à n'être plus qu'une réunion presque fortuite de scènes mal liées, c'est-à-dire de conversations produites au hasard, et se succédant sans motif certain, selon le pur caprice du poëte.

Originalité. — L'*originalité* est la qualité particulière aux écrivains originaux, ou par quoi ils ne ressemblent à aucun de ceux qui les ont précédés. L'originalité est donc la maîtresse pièce du génie ; et, par conséquent, si l'on pouvait enseigner à être original, on aurait augmenté de beaucoup la probabilité d'avoir des écrivains remarquables.

Malheureusement c'est la chose impossible. L'originalité ne s'enseigne pas ; elle dépend autant que la sensibilité et l'imagination de la nature de chacun ; et tout le travail du monde ne la donnera pas à ceux qui n'en ont pas les éléments innés.

Cependant si le travail ne peut pas faire naître cette faculté chez nous, le goût, l'étude et la comparaison avec les ouvrages du même genre peuvent la développer et nous faire reconnaître si elle est ou n'est pas dans nos compositions ou dans celles des autres ; si elle est véritablement où le vulgaire croit la trouver, ou si elle est ailleurs. Essayons de nous bien rendre compte de cette difficulté.

D'abord l'originalité est bien rarement dans le fond même ou le sujet primitif de l'ouvrage, dans ce qu'on peut nommer sa *donnée première*. Y a-t-il, en effet, un seul livre dont l'auteur n'ait pu prendre absolument l'idée nulle part ? S'il s'en trouve de tels ils sont, sans doute, infiniment rares.

Voltaire, par exemple, dans son *Micromégas*, suppose deux voyageurs qui viennent l'un de l'étoile de Sirius, l'autre de la planète de Saturne. Assurément, c'est là, dira-t-on, une donnée toute neuve. — Point du tout, puisque Cyrano de Bergerac a écrit son *Voyage dans la lune et dans l'empire du soleil.*—Mais du temps de Cyrano, cette idée, du moins, était tout à fait neuve ? — Non certes, car dans la *Satire Ménippée*, on trouve une pièce intitulée *Nouvelles des régions de la lune*, qui n'est autre chose qu'un voyage dans notre satellite, et une critique à cette occasion de ce qui se passait sur notre terre. — On insistera : Du temps d'Henri IV, cette idée du moins était nouvelle? — Mon Dieu, non. Les anciens discutaient, comme nous, si la lune était habitée[1]; et comme, d'une autre part, ils avaient imaginé la flèche d'Abaris qui le transportait où il voulait[2], les chars des magiciennes qui les enlevaient au-dessus des nuages, et leurs enchantements qui faisaient, en cas de besoin, descendre la lune sur la terre[3], il est impossible d'assigner précisément où remonte l'invention de ces voyages imaginaires.

Pour peu qu'on y réfléchisse, on verra qu'il en est à peu près de même partout. Ce n'est jamais ou presque jamais dans les idées premières que consiste l'originalité. Ces idées sont fournies par l'étude de la nature ou l'expérience du monde, deux sources inépuisables en effet, mais qui appartiennent à tous également, et que chacun néanmoins peut se rendre propres par le parti qu'il en tire.

Nous trouvons encore dans l'histoire et dans l'examen des circonstances qui nous entourent les mille et mille détails que nous pourrons faire entrer dans nos ouvrages, et qui les distingueront de tous les autres. Mais l'histoire, l'érudition sont du domaine public, et ainsi, dans les arts, l'invention proprement dite, c'est-à-dire l'amassement des choses à dire ou à mettre en œuvre, n'est pas une invention réelle ; c'est beaucoup plutôt un choix de matériaux. C'est par ce choix seulement que les auteurs diffèrent.

J'insiste sur ce point parce que les mots nous trompent

---

1. Plutarch., *De facie in orbe lunæ*, t. IX, p. 699, ed. Reiske.
2. Hérodote, *Hist.*, liv. IV, 36. Il y a cependant du doute sur ce passage. Voyez la traduction de Larcher, t. III, p. 402, édit. de 1786.
3. Virg., *Ecl.* VIII, v. 69.

souvent, si bien que nous entendons et nous exprimons, grâce au mauvais emploi des termes, le contraire de la réalité ou de ce que nous voulons dire. Nous nous représentons, par exemple, sous ce nom d'*invention* que j'examine ici, une sorte de trouvaille fortuite, c'est-à-dire précisément l'opposé de ce qui a lieu dans le travail de la composition.

Molière, dans son *Avare*, fait souffler à Harpagon une des deux chandelles qui brûlent sur une table. C'est là un trait de caractère qui a toujours été et sera toujours bien reçu d'un public intelligent. Molière est, à ma connaissance, le premier qui l'ait employé. Dans ce cas, l'a-t-il inventé, c'est-à-dire l'a-t-il fabriqué dans son esprit, lorsqu'il n'existait nulle part? Non sans doute : il était dans l'esprit de tout le monde; et la preuve, c'est qu'au moment où il s'est manifesté, on l'a compris comme vrai, comme conforme à la nature, et on l'a applaudi à cause de ces qualités mêmes. Or, on n'a pu le juger conforme à la nature que parce qu'on avait dans l'esprit l'idée de cette nature; le contraire impliquerait. Donc Molière là dedans, n'a rien créé : il a distingué ce que les autres voyaient confusément, ce qui, par conséquent, leur échappait à tous; il l'a mis en relief, et l'a fait reconnaître aux plus insouciants. C'est là toute l'invention dans les beaux-arts. On voit qu'elle diffère essentiellement de celle des sciences, où en effet on trouve une chose qui n'était connue de personne, et qu'on apprend à tout le monde[1].

Il résulte de là que cette partie du travail poétique est celle sans doute qui demande le plus d'études ou de connaissances antérieures, mais probablement le moins de génie et

---

[1]. Je n'ai pas besoin de dire que cette invention qui caractérise surtout les sciences exactes, se trouve dans les thèses de littérature, de philosophie, d'histoire, etc., toutes les fois qu'une façon nouvelle de considérer les choses vient modifier nos propres idées, augmenter notre connaissance ou nous faire mieux comprendre ce que nous concevions imparfaitement.

d'originalité ; et que pour peu qu'on ait de lectures, d'observations personnelles et de mémoire, on trouvera toujours beaucoup plus de choses qu'on ne voudra ou ne pourra en dire, quelle que soit la longueur de l'ouvrage.

Il n'en est pas de même de la disposition. C'est dans cette partie qui comprend à la fois le choix entre les idées recueillies, et leur arrangement, que le poëte et l'écrivain peuvent trouver des combinaisons toutes nouvelles. C'est par là que les ouvrages se distinguent d'abord les uns des autres, qu'ils ont leur forme nettement et précisément accusée. D'où vient que les comédies de Plaute et de Térence se confondent toujours dans notre souvenir, à moins d'une étude presque journalière ? C'est qu'il n'y a pas dans le choix et la disposition des faits, dans l'intrigue, par conséquent, ou ce qu'on peut nommer la *charpente des pièces*, cette différence frappante que nous trouvons dans les nôtres. Ce sont toujours les mêmes moyens employés, les mêmes personnages qui agissent, et de la même manière. Au contraire, les pièces de Molière, de Regnard, de Destouches, et en général de tous nos bons comiques, ont chacune leur physionomie propre, qu'on ne saurait confondre avec aucune autre. Rien absolument ne se ressemble dans le *Misanthrope* et dans *Tartufe*, dans les *Femmes savantes* et le *Joueur*, dans le *Dissipateur* et dans *Turcaret*.

Bien plus, il y a telle situation où l'homme qui sait un peu son théâtre, notera facilement une réminiscence, et qui n'en est pas moins originale par les incidents qui l'amènent, les circonstances qui la distinguent, les détails qui la relèvent. Lorsque, par exemple, dans le *Méchant*[1], Lisette fait cacher Florise dans un cabinet pour entendre les jugements que Cléon exprime sur elle, n'est-ce pas au fond le même moyen qu'emploie Elmire pour dévoiler à Orgon le caractère de

---

1. Acte IV, sc. 3 et 9.

Tartufe[1]? Et toutefois cette imitation n'a rien de servile ni de répréhensible; et même la situation peut passer encore pour neuve parce que les circonstances qui la précèdent, l'accompagnent ou la suivent sont assez différentes pour qu'on ne reconnaisse pas précisément l'une dans l'autre.

Ainsi, même lorsqu'on imite ce qui a déjà été fait, l'introduction dans cette imitation d'un certain nombre d'éléments nouveaux peut suffire à en faire une création véritable ou, pour parler avec plus d'exactitude, une combinaison nouvelle : c'est là ce qui constitue et ce que l'on nomme une *invention originale.*

Ces observations répondent à la grande et importante question qu'avait proposée l'Académie française : « Quels sont les caractères de l'invention originale? » — Ces caractères sont essentiellement que l'ouvrage, par son sujet et son ensemble, ou par ses détails, ou par le style, nous semble assez différent de ce que nous avons l'habitude de voir, pour que nous le regardions comme nouveau.

L'Académie demandait en outre : « Quelle influence ont exercée sur elle le culte religieux, les institutions politiques, les grands événements, le progrès des sciences, l'état de la civilisation, etc[2]. » — M. Edmond Arnould[3], dont le Mémoire a été couronné par cette savante compagnie, ne paraît pas s'être exactement rendu compte de ces sources d'originalité. Il attribue cette qualité à certaines conceptions abstraites, et la fait dépendre de considérations métaphysiques qui évidemment n'éclaircissent pas la question, et ne convaincront jamais un homme qui veut s'entendre parfaitement lui-même.

Il ne résout pas mieux cette autre difficulté qui était aussi dans le programme académique : « L'invention originale est-

---

1. Acte IV, sc. 4 et 5.
2. Voyez nos *Thèses de littérature*, n° I.
3. Alors professeur à la faculté des lettres de Poitiers.

elle inépuisable ? » Voici une partie de sa réponse : « La faculté de produire, étant naturelle dans l'homme, ne peut s'éteindre qu'avec lui. Être fini, il aspire à l'infini ; limité dans le temps, limité dans l'espace, limité dans ses moyens d'action, il veut cependant, à chaque instant de sa durée comme à chacun des lieux où il s'arrête, réaliser l'idéal qu'il conçoit ; et il le réalise en effet, imparfaitement toujours, car il est contraint de renfermer dans les bornes étroites du présent ce qui lui paraît sans bornes. Toutes ses œuvres sont empreintes de ce caractère, l'œuvre poétique plus que toute autre. Chaque période de l'humanité produit au dehors son idée dans un cadre social et sous la forme multiple des arts et de la poésie. Ainsi fait chaque peuple, ainsi chaque poëte pour la tâche restreinte qui lui est assignée.... La nation, son œuvre accomplie, s'enferme dans l'histoire ; la langue corrompue et désormais stérile, ne vit bientôt plus que dans les impérissables monuments laissés par un petit nombre de grands écrivains. Viennent alors d'autres peuples et d'autres langues, nouveaux ouvriers et nouveaux instruments, tout prêts à faire une nouvelle œuvre, c'est-à-dire une œuvre personnelle. »

Toutes ces pensées, bien qu'exprimées avec beaucoup de pompe[1], ne sont au fond que du galimatias. La vérité est que l'invention originale est inépuisable, parce qu'à mesure qu'on avance dans la civilisation, l'homme se trouve en contact avec un plus grand nombre d'objets divers ; qu'ainsi ses idées se

---

1. En les lisant, je me rappelle involontairement ces mots d'un romancier admirablement doué quant à l'invention et à l'esprit d'observation, et dont malheureusement le style n'était pas à la hauteur de ces autres facultés : « L'abbé.... avait à sa disposition une foule de ces phrases interminables et qui ont l'air d'avoir un sens, comme les nuages ont quelquefois l'air de ressembler à un homme.... à l'exemple de beaucoup d'hommes de très-grande ou de très-petite capacité, qui cachent sous des phrases abominablement longues et filandreuses la pensée qu'ils ont, ou font croire qu'ils en ont une.... » Fr. Soulié, *Marguerite*, ch. 1 et 3.

multiplient et se diversifient sans cesse ; et que les combinaisons nouvelles qu'il en peut faire deviennent de plus en plus nombreuses [1]. Il n'y a donc là qu'un fait d'observation très-simple et très-évident, que M. Arnould n'a pas vu parce qu'il n'a pas voulu le voir ; ou plutôt parce qu'il est plus facile d'arranger dans sa tête quelques conceptions nuageuses avec lesquelles on s'endort soi-même, que d'examiner successivement, et d'étudier avec une patience scrupuleuse ce que nous offrent, depuis l'antiquité jusqu'à nous, les œuvres des écrivains et des poëtes.

Nous avons beau *aspirer à l'infini, concevoir et vouloir réaliser l'idéal;* si les progrès de la civilisation, et surtout le christianisme, n'avaient pas développé chez nous l'amour comme sentiment moral et libre, jamais nos pièces n'auraient pu différer en ce point de celles des anciens ; de même que si le progrès des sciences n'en avait pas répandu le goût et aussi la prétention, on n'aurait jamais eu l'idée de la comédie des *Femmes savantes;* non plus que celle de la comédie du *Cercle*, si les conversations spirituelles et futiles du XVIIIe siècle n'en eussent fourni l'occasion.

Tout cela est un peu plus clair et plus satisfaisant pour la raison que cette *réalisation imparfaite de l'idéal, où l'on renferme dans les bornes du présent ce qui paraît sans bornes,* et que cette *idée de chaque période de l'humanité produite au dehors dans un cadre social, sous une forme multiple.* Les questions étudiées à leur source, et sur les objets eux-mêmes, sont presque toujours résolues en termes aussi simples qu'ils sont naturels ; tandis que la manie d'y répondre par des principes abstraits et connus *à priori* nous fait tomber infailliblement, sans nous rien apprendre, dans le pathos et l'amphigouri.

1. Voyez nos *Thèses de littérature* en divers endroits, surtout p. 60 et 61. Cherchez aussi dans la table des matières, les mots *Progrès, Expérience,* etc.

Il convient de remarquer à ce propos, et ce sera la preuve sans réplique de ce que je viens de dire, que, dans tous les genres, les mauvais auteurs, les esprits stériles et impuissants, ne savent guère que revenir aux combinaisons comme aux inventions ou aux institutions du passé. Incapables de trouver du nouveau, ils cherchent leurs créations dans les vieilleries qu'on a rejetées et oubliées depuis longtemps.

C'est ainsi qu'en 1790 et en 1848, ceux qui tenaient le pouvoir n'ont pas su faire autre chose que de nous rapetasser ces formes politiques et, pour parler en toute vérité, ces sottises grecques ou romaines dont les anciens étaient parvenus à se débarrasser : et Dieu sait le bien que cela a pu faire à la France ! De même dans l'ordre littéraire, les auteurs lyriques sont souvent revenus à cette forme emphatique et indécise des poëmes orphiques ou des odes de Pindare ; et les dramatiques ont reproduit tantôt les prologues de la tragédie ou de la comédie ancienne, tantôt l'absence d'action et surtout le manque d'intérêt des Eschyle, des Sophocle et des Euripide. Ils ont pu dire et faire croire à leurs cointéressés que c'était là de l'originalité, parce que la chose est si mauvaise de soi qu'elle ne laisse aucun souvenir, et qu'à peine mise en œuvre elle est oubliée. Les hommes de goût et de savoir ne s'y trompent pas : ils ont nommé cela de son vrai nom dès le premier moment ; et la postérité n'y verra, comme eux, que copie servile et impuissance.

Dans toutes les œuvres où l'arrangement des matériaux a quelque valeur, l'originalité consiste essentiellement à former une combinaison qui ne retombe dans aucune autre, et surtout à la faire assez correcte et assez belle pour qu'elle semble au moins au niveau des bonnes combinaisons déjà célèbres et connues du public.

Partout où cette qualité ne se trouvera pas, l'originalité de la disposition, ou de l'ouvrage en tant qu'ouvrage, manquera assurément; et s'il échappe à l'oubli, ce ne sera pas par là, mais bien peut-être par quelque autre qualité comme l'heureux choix ou la vérité des détails. Tel est *Gil Blas*, dont la construction est peu satisfaisante assurément, et bien inférieure à celle de beaucoup de romans de nos jours, mais qui compense ce défaut par le grand nombre et la vérité des caractères, l'exacte observation des mœurs, la variété des incidents, la franchise et la propriété du style. C'est dans ces diverses parties qu'est l'originalité et le mérite du roman de Lesage, et non pas dans son ensemble, puisque cet ensemble, s'il y en a un, ne consiste que dans une galerie de portraits, si peu ou si mal liés entre eux qu'on pourrait sans difficulté en ajouter ou en retrancher plusieurs [1].

L'originalité peut encore et même doit se trouver dans le langage; mais il convient de faire d'abord à ce sujet une observation importante; c'est que quelques critiques, entre autres Voltaire et Marmontel, ont pensé que cette qualité consistait surtout dans un certain nombre d'expressions figurées ou d'accouplements de mots tellement extraordinaires qu'on en est frappé tout d'abord, et qu'on les a notées dans les traités de rhétorique, comme autant d'expressions trouvées. *Dévorer un règne, aspirer à descendre, l'Orient désert, nuit brillante*, etc. [2], sont de ce genre : façons de parler splendides sans doute, et tout à fait remarquables, et qui prises en elles-mêmes passent à juste titre pour *originales*; toutefois ce n'est pas là l'*originalité du style*. Celle-ci est

---

1. Le jugement porté ici sur *Gil-Blas* s'applique avec une égale exactitude au roman de *Jérôme Paturot*, où chaque chapitre est en effet remarquable par la variété des détails et le piquant du style; mais l'ensemble est si peu de chose que l'auteur a pu y ajouter deux suites, à mesure que les événements politiques lui ont fourni de nouveaux sujets d'observation. Les bons romans de Ch. de Bernard, aussi vrais quant à la peinture des mœurs et des caractères, montreront ce qui manque aux précédents sous le rapport de la composition.

2. Voyez le *Cours supérieur de grammaire*, partie II, au mot *Pointe*.

une qualité générale et permanente chez certains écrivains ; tandis que les expressions dont il s'agit sont tellement individuelles, qu'on les peut regarder comme des hasards heureux qu'il faut seulement accepter quand ils se présentent, et non pas chercher, de peur de ne rencontrer que des barbarismes. Plusieurs poëtes contemporains l'ont malheureusement prouvé. Oubliant que ces expressions sont, comme toutes les figures, belles seulement à leur place, et qu'elles tirent leur prix de leur rareté même, ils ont fabriqué, en quantité, ces associations de mots extraordinaires, et se sont fait par là, non pas un style original, mais un jargon prétentieux et baroque.

L'originalité du style, fort difficile d'ailleurs à définir, me paraît dépendre surtout de ce que sa forme représente plus au naturel l'esprit et les dispositions de l'auteur, et qu'ainsi elle se reproduit sans cesse dans ses ouvrages, et les distingue des autres du même genre.

Quand c'est un mauvais écrivain, ce retour fréquent irrite et blesse le lecteur, qui n'a pas de peine à signaler ce défaut. Ainsi on lit dans la *France mystique* de M. Erdan [1], à propos de M. Madrolle et de la manière dont il construit ses phrases : « J'ai trouvé bien des variétés de style en étudiant les mystiques. J'ai trouvé le *style Wronski*, qui est un style à épithètes ; j'ai trouvé le *style Comte*, qui est un style à incidentes ; j'ai trouvé le *style Renouvier*, qui est la suprême incarnation du laconisme ; j'ai trouvé le *style Vintras*, qui est un écho piaillard des charabias prophétiques du monde juif ; etc., etc. ; enfin j'ai trouvé le *style Madrolle*. En quoi consiste le *style Madrolle ?* Il consiste essentiellement : 1° dans la pratique exorbitante de l'alinéa ; 2° dans

---

1. P. 261. Cet ouvrage qui a fait condamner l'auteur à la prison, et qui a été supprimé comme injurieux à la religion, a été analysé dans la *Revue de l'Instruction publique* du 19 juillet 1855.

l'abus inimaginable des notes au bas des pages ; et 3º dans l'emploi fabuleux de la parenthèse. »

Considérés par rapport aux écrivains nommés ici, ces défauts constituent précisément pour chacun d'eux l'originalité de son style ; mais on n'emploie pas ce mot parce qu'il ne se prend ordinairement qu'en bonne part. Loin de consister dans le retour fatigant d'une disposition toujours la même, ou d'une coupe matérielle qu'il est aussi facile d'imiter que de remarquer : l'originalité des maîtres laisse subsister la correction, la pureté, la limpidité du style ; mais elle y joint l'expression sensible et facilement reconnaissable des mouvements habituels de l'âme, de ses vues ou de ses désirs les plus ordinaires [1].

Telle est dans Rabelais la gaieté moqueuse et la vérité philosophique sous des expressions quelquefois ordurières ; telle est chez Montaigne la liberté d'allure et le doute philosophique ; chez Corneille, cette grandeur un peu boursouflée, mélangée du romain et de l'espagnol ; chez Molière, la verve, la franchise et le naturel de l'expression ; chez La Fontaine, cette bonhomie et ce bon sens gaulois dans

---

1. Le père Buffier, dans sa grammaire, parle du style qu'il confond un peu avec la syntaxe, et à ce propos il écrit : « Un autre défaut, c'est de confondre deux sortes de style, l'un dont je viens d'apporter la définition et que j'appellerai ici *grammatical*, parce qu'il est du ressort de la grammaire, et l'autre *personnel* parce qu'il est moins dépendant de la grammaire que de la personne qui écrit.... C'est à ce dernier style qu'il faut appliquer la définition que M. de Furetière donne du style en général, quand il dit que c'est la *façon particulière d'expliquer ses pensées ou d'écrire, qui est différente selon les auteurs et les matières....* Le style personnel porte essentiellement avec soi la diversité, parce qu'il change selon les génies différents. C'est alors l'imagination qui agit, qui conçoit, qui propose, qui énonce les choses selon son caractère, lequel est différent dans tous les hommes, et en particulier selon la nature des ouvrages.... Ce style est fort indépendant du style grammatical, de sorte qu'il peut se trouver excellent dans un auteur dont le style grammatical sera souvent défectueux. » — Ces pensées très-justes m'ont paru pouvoir être rapprochées avec utilité de celles que j'exprime moi-même sur l'originalité dans le style.

l'observation et la peinture des détails; chez Boileau, cette sévérité magistrale de raison et de langage; chez Racine, cette élégance majestueuse et cette irréprochable harmonie, conforme aux belles manières de la cour du grand roi.

Dans cette sphère d'idées, et en conservant toujours un excellent langage, on comprend que tel auteur affectionne la périphrase : c'est sous cette forme que la pensée lui vient naturellement. Tel autre, au contraire, la rejette : pressé d'arriver au but, il évite les détours, et dit nettement ce qu'il veut dire. Un troisième aime les images, les comparaisons, les métaphores : sur vingt phrases, il y en a quinze de figurées; c'est par là qu'il frappe, qu'il attache, qu'il charme ses lecteurs. Un autre n'emploie que les formes usitées dans les salons aristocratiques. Un dernier préfère les termes populaires, les locutions proverbiales qui reviennent souvent dans les conversations badines, et les transporte sans façon, dans les discussions les plus sérieuses. Ce sont autant de caractères spéciaux, qui ne sont pas du tout incompatibles avec la correction, la pureté, l'élégance; et qui, pour peu qu'ils soient habituels et se fassent distinguer dans un auteur, constituent pour lui l'originalité de son style.

Cette notion est, ce me semble, aussi claire que précise; et il en résulte immédiatement trois conséquences aussi certaines qu'elle-même. La première est que l'originalité dans l'élocution ne s'enseigne pas plus que toute autre; que ce qui s'apprend dans les écoles, c'est un français d'écrivain public, un style de bureau, excellent pour couvrir la paperasse administrative; langage correct et même élégant, si l'on veut, très-suffisant d'ailleurs pour son objet, mais sans couleur, sans verve, sans intérêt, parce qu'il y manque la vie et ce qui fait la véritable éloquence [1].

---

1. On peut reconnaître cette vérité sur la plupart des élèves de l'Université. Presque tous écrivent *bien*, en ce sens que leurs phrases sont correc-

La seconde conséquence est que cette qualité a en général sa source dans l'âme, dans la fermeté du caractère et la ténacité des affections : *Pectus est quod disertos facit et vis mentis* [1] ; qu'elle est et sera toujours nulle chez les gens sans idée arrêtée ou sans convictions, qui ne pouvant que s'imprégner momentanément des opinions circonvoisines, ne sortiront jamais de l'imitation toute plate, et feront bien de se borner au style administratif, plus ou moins attifé et peigné.

La troisième est que cette qualité repose toujours sur les sentiments et les idées. Les écrivains égoïstes de l'école de Diderot [2], qui dans tout ce qu'ils composent, ne voient jamais qu'eux-mêmes et entretiennent sans cesse le lecteur de cet insipide sujet, ne l'atteindront pas non plus [3]. Tout confits en l'adoration de leur propre personne, malgré leurs prétentions exagérées et les figures de rhétorique que la vanité leur inspire, ils montrent à tout moment leurs ficelles et, loin

---

tement faites et agréablement tournées. Mais tout y est jeté dans le même moule et, comme ils n'ont pas d'idées, à une ou deux exceptions près, ils semblent tous écrire de même.

1. Quintil., *Instit. orat.*, X, 7, n° 15.
2. Voyez ci-dessus p. 73 à 78 et 82.
3. Cette condamnation ne s'applique pas à ceux qui, comme Montaigne, étudient sur eux-mêmes l'homme en général. Il s'agit surtout ici des dramatiques et des lyriques, comme nous en avons tant vu de nos jours, que leur propre personne occupe à ce point qu'ils ne sauraient parler d'autre chose. On est donc sûr de les retrouver dans tout ce qu'ils écrivent. Cette manie inexcusable à tous égards, s'explique par le besoin de faire soi-même ses affaires, et par cette observation si profonde et si juste de Fr. Soulié : « L'homme qui s'estime peu par modestie ne trouvera jamais personne empressé de rehausser sa valeur. Celui qui se pose comme un homme supérieur, peut rencontrer des gens qui contestent le prix auquel il se met et qui tentent de le réduire à sa juste mesure : mais jamais aucun n'ose aller jusqu'à la vérité. L'admiration de cet homme pour lui-même, l'admiration des sots pour lui, arrêteront en chemin le plus intrépide ; et il accordera à cette vanité nulle et vantarde plus de droits qu'il n'en donnerait au mérite le plus éminent, s'il garde le silence. » *Huit jours au château*, n. 14.

d'obtenir l'admiration des vrais critiques, tombent dans le défaut le plus antipathique à l'originalité, la répétition fastidieuse des mêmes pensées et des mêmes formules.

Nous trouverons plus tard quelques exemples de ce singulier défaut. Bornons-nous pour le moment à remarquer que, d'après les distinctions qui viennent d'être faites, il est toujours facile à un critique de se rendre compte à lui-même et d'apprendre aux autres s'il y a dans un ouvrage une véritable originalité et où elle est, dans la disposition générale, dans les combinaisons, dans les idées, dans le style. Rien ne doit lui échapper, pas plus à cet égard qu'en ce qui tient à la sensibilité, à l'imagination, à l'enthousiasme, à l'invention : et ainsi il peut assigner avec précision les qualités caractéristiques des auteurs, et le rang qu'ils méritent d'occuper à ces divers égards.

§ 2. QUALITÉS DANS LES POËMES.

Quittons cependant l'étude des facultés intérieures du poëte pour ce qu'on pourrait nommer ses *qualités externes*, je veux dire celles qu'il montre et qu'on peut reconnaître dans ses ouvrages. Ici ce ne sont plus ses dispositions en elles-mêmes que nous examinons, mais bien ce qu'elles lui permettent d'offrir au public ; et nous avons à le considérer dans ses œuvres sous le triple point de vue de l'*invention*, de la *disposition* et de l'*expression*.

Invention. — Parlons d'abord de l'invention. Quiconque veut écrire en vers, doit avoir un sujet. Cette vérité semble niaise à force d'être évidente, et pourtant la plupart de nos poëtes actuels ne paraissent ni s'en douter, ni s'en embarrasser.

Il y a une cause à cette incroyable négligence : c'est l'immense succès obtenu dans les premières années de la

Restauration, par un poëte d'un grand talent, sans qu'il eût donné, pour ainsi dire, aucun travail à l'arrangement ou à la fécondation de ses sujets [1].

N'oublions pas qu'il y a une certaine poésie qui consiste dans l'expression vive et animée d'un sentiment éprouvé à l'instant même, poésie qu'on pourrait nommer *jaculatoire*, comme ces prières courtes et ferventes, qu'on a supposées par cette expression jaillir en quelque sorte du cœur de l'homme, et s'élever vers la Divinité.

Cette poésie ne demande à l'auteur ni grande intelligence, ni beaucoup de compréhension. L'*intelligence* (je prends ce mot dans son sens étymologique et rigoureux) consiste à lire dans l'intérieur, *intelligere;* à pénétrer, par conséquent, les choses à fond; à les connaître, autant que le permettent les bornes de l'esprit humain, dans ce qu'elles ont de plus caché. La *compréhension* (du latin *comprehendere*) consiste à saisir d'ensemble, ou à comprendre en grand nombre non pas seulement les idées qui nous sont fournies par la sensation et la mémoire, mais particulièrement celles qui

---

[1]. Je trouve à ce propos dans le *Journal général de l'instruction publique et des cultes*, du 20 juin 1857, au commencement d'un article de critique littéraire de M. A. Silvy, les lignes suivantes que je crois devoir transcrire : « Depuis le succès des *Méditations*, la poésie française s'est faite bien souvent, trop souvent même, l'écho de cette voix harmonieuse qui chantait Elvire, les angoisses du doute, les lassitudes du cœur. Chaque année, depuis plus de trente ans, arrivent en foule d'élégants volumes tout remplis d'une sentimentalité vague, d'une religiosité nuageuse, d'une phraséologie creuse et vide, digne expression d'idées qu'on n'a pas suffisamment cherché à éclaircir. Là, comme partout, les disciples exagèrent les défauts du maître, ou, pour le moins, mettent un défaut à la place d'une imperfection. Le maître avait fait aimer un certain demi-jour jeté sur sa pensée; de la gaze légère, les disciples ont fait un voile épais. On écoute, on cherche une idée, et il faut subir sans trêve les longs récits d'une mélancolie qui ressemble fort à de l'ennui; il faut suivre des analyses psychologiques d'une obscurité germanique; il faut entendre les descriptions éternelles de l'azur du ciel, du nuage qui passe, du sylphe moqueur et du lac bleu. Musique sans paroles, ou paroles de *libretti!* »

ayant été étudiées à fond, nous sont bien connues, ou *intra-lues* (si l'on peut forger le verbe *intra-lire*[1] comme répondant à l'*intelligere* des Latins). Il faut, en outre, que l'esprit les contienne si à l'aise qu'il les puisse comparer sans cesse, en composer des groupes ou des séries en les combinant, en tirer des conséquences, faire enfin, à leur sujet, passer la lumière dans l'esprit des autres hommes.

L'intelligence et la compréhension, si nécessaires dans la composition des grandes œuvres poétiques, et même dans ces poëmes de moindre dimension[2] où l'on raisonne, où les les idées se déduisent, où l'on veut établir solidement quelque chose, sont à peu près inutiles dans la poésie que je viens d'appeler *jaculatoire*. Là, comme il ne s'agit guère que de l'expression pittoresque d'un sentiment actuel, l'imagination y suffit; elle réussit d'autant mieux qu'elle est plus riche, plus naturelle et plus brillante; et par là s'explique le grand succès qu'ont mérité tout d'abord, et conservé les *Messéniennes* de Delavigne, quelques chansons de M. de Béranger, les *Méditations* de M. de Lamartine.

Ce dernier, que j'ai particulièrement en vue ici, ne paraît pas être jamais sorti de cette poésie de premier jet qui consiste à rendre, sous la forme harmonieuse des vers, ses impressions à mesure qu'elles se produisent. Lors même qu'il a composé ou essayé des ouvrages de longue haleine, comme sa tragédie biblique sur la *Mort de Jonathas*, son poëme de la *Mort de Socrate*, plus tard son *Jocelyn*, son *Ange déchu*, on voit partout qu'il n'a rien donné à ce travail antérieur de l'amassement ou du choix des idées, ou de leur arrangement entre elles; aussi n'a-t-il jamais réussi là dedans. On a cité chez lui, comme chez Delille, de beaux

---

1. Je ne dis pas *entre-lire*, parce que, d'après les habitudes de notre langue, *entre* précédant un verbe lui donne un sens de réciprocité : *s'entre-nuire*, ou celui d'une action faite à demi : *entr'ouvrir*.

2. Épîtres, satires, dissertations philosophiques.

passages, des morceaux de choix agréables à entendre et bons à retenir : personne n'a jamais pu dire quel est le plan, quelle est la conduite d'un de ses grands poëmes; personne n'a guère cherché, non plus, à s'en rappeler l'ensemble.

Le caractère général de sa poésie, c'est donc qu'une idée s'emparant de son âme, il la rend en vers, en la retournant de plusieurs façons presque toujours fort brillantes, mais sans l'approfondir, sans la nourrir et l'augmenter de ce qui s'y rapporte, ni en tirer un ouvrage qu'on puisse dire bien composé.

Prenons pour exemple la pièce adressée à Elvire[1] où l'auteur ne fait guère que transformer cette pensée d'Horace[2], que les poëtes seuls immortalisent ceux qu'ils chantent. Elle commence ainsi :

> Oui, l'Anio murmure encore
> Le doux nom de Cynthie aux rochers de Tibur;
> Vaucluse a retenu le nom chéri de Laure;
> Et Ferrare au siècle futur
> Murmurera toujours celui d'Éléonore.
> Heureuse la beauté que le poëte adore!
> Heureux le nom qu'il a chanté!
> Toi qu'en secret son culte honore,
> Tu peux, tu peux mourir : dans la postérité
> Il lègue à ce qu'il aime une éternelle vie;
> Et l'amante et l'amant sur l'aile du génie
> Montent d'un vol égal à l'immortalité.

Toute la pièce est dans ces derniers vers. Ceux qui les précèdent ne sont que des exemples qui confirment la pensée; et les quarante-deux qui vont les suivre n'amèneront que des hypothèses, des souhaits, des comparaisons, des images de toute sorte, et enfin l'opposition entre les biens de la

---

1. *Méditations poétiques*, n° III.
2. *Odes*, liv. IV, 9.

terre qui périssent au bout de peu de temps, et les noms de ceux qu'a chantés le poëte, qui deviennent immortels :

> Le tombeau qui l'attend, l'engloutit tout entière ;
> Un silence éternel succède à ses amours :
> Mais les siècles auront passé sur ta poussière,
> Elvire, et tu vivras toujours.

Les plus belles pièces de M. de Lamartine, le *Lac*, l'*Immortalité*, le *Désespoir*, à *Lord Byron*, etc., montreraient toutes la même façon d'être : nulle part on ne trouvera rien qui ressemble ni à l'intelligence, telle que je l'ai définie, ni à la compréhension, ni surtout à cette réflexion féconde qui se reconnaît dans une savante intrigue. L'imagination seule y règne avec l'harmonie de langage et la beauté de versification qui ont fait la renommée de l'auteur.

Comme l'imagination est de nos facultés la plus spontanée, en quelque sorte, et qui dépend le moins du travail, ceux qui se croient favorisés du ciel et de la muse prennent volontiers pour sujet les premières idées qui s'offrent à leur esprit, tant soient-elles communes ou stériles. Ils espèrent leur donner une telle beauté que leur œuvre brillera d'elle-même, sans exiger, pour ainsi dire, aucune peine que celle de faire les vers.

Je n'exagère rien : on a été jusqu'à faire un précepte général du choix de ces sujets qui n'existent pour ainsi dire pas, qui, s'ils existent, se réduisent à peu près à rien. Écoutez M. de Lamartine lui-même[1] : « La poésie sera la raison chantée ; voilà sa destinée pour longtemps. Elle sera philosophique, religieuse, politique, sociale, comme les époques que le genre humain va traverser ; elle sera *intime* surtout, *personnelle*, *méditative* et grave ; non plus un jeu de l'esprit, un caprice mélodieux de la pensée légère et superficielle, mais

---

1. Dans son *Discours sur les destinées de la poésie*, p. 54.

l'écho profond, réel, sincère, des plus hautes conceptions de l'intelligence, des plus mystérieuses impressions de l'âme. »

Il y aurait bien des choses à remarquer, et surtout à reprendre dans ce style figuré, dans ces idées souvent contradictoires pour qui veut les étudier et les *intra-lire* à fond. Je me borne à signaler à l'attention du lecteur cette condamnation violente des poëtes antérieurs. Quoi donc : les odes de Malherbe, les tragédies de Corneille, de Racine et de Voltaire, les comédies de Molière et de Regnard, les fables de La Fontaine, les chefs-d'œuvre de Boileau manquent-ils de gravité? ne sont-ils que des *jeux de l'esprit?* que le *caprice mélodieux d'une pensée légère et superficielle?* On s'étonne à bon droit qu'un homme de talent soit emporté par l'admiration du genre qu'il a cultivé au point d'énoncer ou d'écrire des propositions si outrageantes pour nos maîtres les plus illustres.

Mais sans insister là-dessus, cette recommandation de rendre la poésie *intime, personnelle, méditative*, que signifie-t-elle au fond, sinon qu'il faut dorénavant ne prendre pour sujets que les lubies et les fantaisies qui nous passent par la tête? Ce sont, il est vrai, pour la plupart, des lieux communs, des rêvasseries insignifiantes ; mais on les nommera *les plus hautes conceptions de l'intelligence*, les *plus mystérieuses impressions de l'âme*, et le galimatias rimé qui en sera l'écho *profond* (si *profond* peut se dire d'un écho) passera pour une excellente poésie aux yeux d'une multitude égarée.

C'est là bien malheureusement le bourbier où sont tombés sur les pas de M. de Lamartine, mais sans son talent, tous ces faiseurs de méditations ou de rêveries, de quelque nom qu'ils les aient appelées. Il y a eu de tout temps des hommes qui ont pratiqué ce métier : presque jamais leurs œuvres n'ont survécu. Il y manquait la première condition : celle de reposer sur la base solide d'un sujet présentant un intérêt quelconque au lecteur.

La poésie rêveuse ou intime est, je le sais, ennemie des sujets précis et exactement circonscrits. C'est pour cela qu'elle est si stérile et si monotone, et qu'à l'exception d'un petit nombre de pièces où la beauté extraordinaire de la forme, et ajoutons l'heureuse rencontre de quelques détails intéressants, nous dissimule la pauvreté du fond, rien n'obtiendra le moindre coup d'œil de la postérité. Parmi les contemporains même, il n'y aura que les désœuvrés et les esprit futiles qui pourront y chercher leur distraction, ou y relever à grand'peine quelques vers dignes d'être cités.

Cependant telle est la présomption de notre jeunesse, ou plutôt de toute jeunesse ignorante, que c'est sur ce néant qu'elle s'occupe à rimer sans cesse. On pourrait citer depuis vingt-cinq ou trente ans plus de cent prétendus poëtes qui seraient fort embarrassés sans doute d'expliquer précisément sur quoi roule leur poésie [1]. La maxime fameuse de Boileau [2] :

Et mon vers, bien ou mal, dit toujours quelque chose,

ne semble pas être à leur usage. J'en ai pour preuve non-seulement mes lectures, auxquelles on reprocherait avec raison d'être trop restreintes, mais les comptes rendus dans les feuilletons par les critiques les plus indulgents. M. de Pontmartin, par exemple, fait une longue dissertation inti-

---

1. « Ce livre débutait par une imprécation sur les vices du siècle.... tout ce fatras, tout ce pêle-mêle d'idées incohérentes, sans but, sans principes, et qui est le fond des inspirations de beaucoup de nos jeunes poëtes, avait été mis à contribution dans cette terrible inspiration. Plus loin le doute le plus insolent s'adressait à Dieu sous des formes prétendues byroniennes; plus loin encore, la foi la plus vive, l'espérance la plus religieuse chantaient les calmes aspects de la campagne, la cloche qui sonnait l'*Angelus*, les troupeaux rentrant au bercail, et l'universelle prière de la nature au Seigneur. » (Fréd. Soulié, *Marguerite*, ch. 1.) La recette, on le voit, n'est un mystère pour personne.

2. Epître IX, v. 70.

tulée *Les Poëtes* [1]; il n'en examine pas moins de douze, ou du moins il met douze noms en tête de ses articles : mais c'est à peu près à cela que se borne la connaissance qu'il nous donne des personnages et de leurs œuvres. Sa première dissertation est tout entière consacrée à combattre les opinions politiques ou religieuses de M. Laurent Pichat, et il y oppose avec approbation celles de M. Octave Ducros. Il cite même avec de grands éloges une pièce entière de celui-ci. C'est la prière d'un père auprès du lit de son fils endormi; il y a douze stances de quatre vers. Voici la première :

> Mon fils paisiblement a fermé sa paupière.
> Avant de s'endormir, tout à l'heure, à genoux,
> Sous mes yeux, sous les tiens, il a fait sa prière,
> Mon Dieu! son cœur est pur : que son sommeil est doux!

Le reste est au niveau de ces pauvretés poétiques : ce sont des choses si médiocres et si décousues, qu'on n'oserait pas les dire en prose à un voisin qu'on rencontrerait sur son palier; on les dit en vers à son public; et il se trouve des journalistes pour louer cet insipide verbiage. Mais le lecteur judicieux accuse nettement et tout de suite l'absence d'idées ou le défaut d'invention.

Le second article de M. de Pontmartin n'est pas plus riche en exhibition de sujets; il l'est tout autant en éloges vagues et en promesses générales. Un jeune homme demande si ses vers méritent d'occuper le lecteur; M. de Pontmartin le rassure, et pourquoi cela? Parce « qu'*il a rêvé, il a souffert,*

---

[1]. Voyez l'*Assemblée nationale* des 2 et 11 août 1856. M. de Pontmartin a exploité cette mine, non pas une fois seulement, mais plusieurs. J'ai sous les yeux (mars et avril 1857) des dissertations sur la poésie et les poëtes (n°ˢ 167 à 172), où il les réunit encore par douzaines. Sujets, jugements, exécution, c'est toujours la même chose. Les exemples qu'il cite auraient pu tout aussi bien remplacer ceux que j'ai pris. Lisez aussi dans l'*Union* du 23 août un article de M. Nettement sur quatre poëtes aussi inconnu que ceux de M. de Pontmartin.

il a aimé, il a pleuré. » Voilà de fameuses raisons pour nous faire espérer un poëte.

Le critique cite cependant une pièce intitulée : *Un compagnon;* et ce compagnon n'est autre chose que notre ange gardien, sur lequel on a ressassé huit stances aussi niaises que celle-ci :

> Puis, lorsque nous avons quinze ans,
> Et que l'étude sur les bancs
> Nous tient assis de longues heures,
> Un adolescent gracieux
> Dans notre livre suit des yeux,
> Pour rendre nos leçons meilleures.

Le critique ajoute après les quarante-huit vers que, excepté le mot *lyre*, « il n'y a pas une note fausse dans ce *charmant* morceau. » Je suis parfaitement de son avis, excepté sur l'épithète de *charmant;* je dirais cet *insipide et ennuyeux* morceau. Tout m'y semble en effet parfaitement à l'unisson; il n'y a pas plus d'idées que de style, et il faut être bien dénué pour n'avoir rien de mieux à offrir à ses lecteurs.

Au reste, M. de Pontmartin lui-même le déclare assez franchement: il trouve très-difficile le rôle du critique chargé de rendre compte de toutes ces fadaises en vers : il suppose que les auteurs se plaignent à lui de son silence, et l'engagent par de vives instances à entretenir d'eux son public, et voici sa réponse : « Ils n'ont pas tort; mais comment faire? La première condition pour parler d'un livre, c'est d'avoir quelque chose à en dire ; et c'est là le plus difficile à propos de ces nombreux recueils de vers qui se suivent et qui se ressemblent. »

Sans doute ; mais ce qu'il y aurait de plus simple, ce serait que tous ces jeunes gens *ne prissent pas pour génie un amour de rimer* [1], ou, ce qui est la même chose, qu'ils ne missent

---

1. Boileau, *Art poétique*, liv. I, au comm.

la main à la plume que quand ils auraient un sujet qui en valût la peine. Ce qui serait encore à souhaiter, ce serait que le critique eût le courage de le leur dire.

C'est ce qu'a fait, du reste, l'illustre secrétaire perpétuel de l'Académie française, M. Villemain, dans son rapport sur le concours de 1856[1], malheureusement d'une façon beaucoup trop polie, à mon avis, et si voilée, que bien peu de personnes devineront la critique sous les éloges qu'il semble donner. Écoutons-le : « Si, dans la pensée des anciens législateurs, et selon l'expérience de plus d'un peuple moderne, la musique est douée d'une grande action morale, la poésie, cette musique intérieure de l'âme, n'a-t-elle pas droit au même empire? Et quand elle y met tout son effort, quand elle se propose pour but les vérités mêmes de la philosophie ou les promesses divines de la religion, ne peut-elle pas devenir la forme d'enseignement la plus persuasive pour le cœur? L'enthousiasme du beau ne peut-il pas donner l'inspiration, comme la charité donne l'héroïsme? Ainsi nous ont frappés les *Symphonies* de M. de Laprade, œuvre de méditation et de candeur, mélanges d'inductions métaphysiques, de sentiments austères avec tendresse et de vives émotions empruntées au spectacle de la nature, et rapprochées toujours des grandes vérités inscrites au cœur de l'homme, comme sur la voûte des cieux. »

Qu'est-ce que cela veut dire, sinon que l'ouvrage couronné est aussi moral que les quatrains de Pibrac et les conseils rimés de Fénelon, mais qu'il n'y a pas plus que dans ces ouvrages déjà anciens, un seul sujet qui ait assez frappé l'Académie pour qu'elle le mentionne?

M. Villemain continue : « Qu'on lise ces poésies variées de sujet et de forme, sous une seule passion, l'amour de l'idéal dans l'homme, de l'ineffable dans Dieu; on se sen-

---

1. Dans la séance publique du jeudi 28 août.

tira comme touché d'un souffle bienfaisant, on aimera cette pureté d'âme parée d'imagination autant que d'innocence ; on la goûtera comme la plus poétique des vérités et la plus vraie des poésies, une poésie presque au delà des paroles, indépendante de quelques fautes et de quelques négligences, et conforme au cœur de l'homme, parce qu'elle en vient. Parfois ce sont des stances simples et courtes, la rêverie d'un promeneur dans les bois au déclin de l'automne, sa tristesse devant les feuilles qui tombent et l'année qui se dépouille comme la vie ; puis, son retour courageux sur lui-même, et son élan de résignation.... Ailleurs ce même charme d'allégorie mélancolique semble plus expressif encore dans un souvenir tout personnel au poëte, à son séjour, à sa pensée solitaire et pure, parmi les tumultes d'une grande cité. C'est une rêverie le long des quais du Rhône, entre les bruissements du fleuve et ceux de la foule, mais en vue des cimes du mont Blanc qui domine à l'horizon et fait au loin resplendir sa blanche lumière, comme le spectateur qui la contemple, sent lui-même s'élever du fond de son âme un sommet idéal de pureté religieuse et de libre grandeur. Cette révélation de cœur, cette enthousiaste mélodie, est l'accent naturel de M. de Laprade. Elle lui a inspiré la plus belle ode de son recueil, celle qu'on peut nommer une ode épique par l'étendue qu'elle embrasse, les êtres vivants qu'elle fait agir, les symboles qu'elle personnifie. Mais comment donner l'extrait d'un poëme ? Comment résumer l'imagination d'un poëte ? »

Eh ! sans doute, il n'y a rien à dire de tout cela, parce qu'il n'y a rien dans l'ouvrage, et que les rêveries, non plus que les tirades versifiées qu'elles produisent n'offrent rien de positif à l'esprit. Mais si les odes de Malherbe ou l'élégie de La Fontaine sur la disgrâce de Fouquet paraissaient aujourd'hui pour la première fois, et que vous eussiez à les faire connaître, vous verriez bien que l'imagination d'un poëte se résume aussi facilement que se donne l'extrait de son poëme ; et que le lecteur n'est aucunement embarrassé d'en suivre et d'en apprécier les idées principales.

Ainsi, qui écrit en vers doit d'abord avoir un sujet précisément arrêté, s'il ne veut battre la campagne et se perdre dans les fariboles rimées et les niaiseries prétendues poétiques [1] ; c'est ce qui me semble, aussi bien d'après l'expérience que par le raisonnement, ne souffrir aucune hésitation : mais cela ne suffit pas.

Disposition. — Le sujet une fois trouvé et bien circonscrit dans la pensée de l'auteur, doit être de plus savamment disposé : c'est-à-dire que le poëte doit avoir cherché et choisi les détails ou circonstances qui s'y rapportent ; que leur réunion donne déjà à l'ouvrage une certaine importance, et que l'arrangement qu'il va faire de ces parties ou leur ensemble lui procurera cette nouveauté par laquelle il ne rentre pas dans ce qu'on connaît déjà ou que l'on voit partout. Grâce à ce travail, des pièces roulant au fond sur le même objet peuvent avoir une physionomie toute différente, et former des œuvres réellement neuves.

Prenons pour exemple un sujet traité par une multitude de poëtes, *Bonaparte*. En laissant de côté M. de Béranger, que la forme de ses pièces ne permet pas de comparer aux autres, il y en a trois qui ont obtenu sur ce sujet même une certaine célébrité : MM. de Lamartine, C. Delavigne et V. Hugo.

---

[1]. Je ne saurais mieux confirmer ce que je dis ici qu'en transcrivant ces lignes de M. Laurentie, que je trouve tout à point dans l'*Union* du 31 août 1857. « Justement le temps présent s'est pris d'amour pour ces sortes d'effusions qu'il appelle *intimes* ; mais est-ce bien là la fécondité et la majesté de la poésie ? Et qu'a-t-on produit avec ces révélations intérieures de pauvres âmes sans croyance et sans élan ? Où est la grande œuvre sortie de ces lamentations ridicules, de ces confessions puériles, imitations éternelles des mêmes gémissements, échos fatigués d'une plainte monotone et d'une rêverie épuisée ? où est la création ? où est le drame ? où est le lyrisme ? où est la douleur ? où est la puissance ? où est le grand et le beau ? où est le nouveau et l'original ? »

M. de Lamartine a fait sur la vie et les ouvrages de ce grand capitaine une méditation fort développée, et qui, malgré des taches partielles, est restée un de ses chefs-d'œuvre. C'est Bonaparte qu'il veut juger; et il le fait, sinon avec beaucoup de philosophie, au moins avec une certaine indépendance, et surtout sous une forme poétique on ne peut plus élevée :

> Il est là !... Sous trois pas un enfant le mesure !
> Son ombre ne rend pas même un léger murmure ;
> Le pied d'un ennemi foule en paix son cercueil.
> Sur ce front foudroyant le moucheron bourdonne,
> Et son ombre[1] n'entend que le bruit monotone
> D'une vague contre un écueil.
>
> Ne crains pas cependant, ombre[2] encore inquiète,
> Que je vienne outrager ta majesté muette.
> Non : la lyre aux tombeaux n'a jamais insulté.
> La mort fut de tout temps l'asile de la gloire :
> Rien ne doit jusqu'ici[3] poursuivre une mémoire ;
> Rien, excepté la vérité.

Le poëte continue ainsi, et toujours, selon son procédé ordinaire, exprimant toutes ses pensées à mesure qu'elles lui viennent, d'une manière aussi brillante que poétique, mais sans s'occuper d'établir entre elles aucun ordre précis, ou qui donne à l'ensemble une forme essentiellement distincte.

La pièce de C. Delavigne est conçue tout autrement. Un coup d'œil rapide est jeté sur l'histoire de Napoléon, jusqu'au moment où, par l'envahissement de l'Espagne, il commence cette série de fautes qui l'ont conduit à sa perte :

---

1. Répétition fâcheuse, il y a déjà *son ombre* trois vers plus haut et deux vers plus bas.
2. On aurait pu mettre *âme;* c'était mieux le sens, et on évitait la répétition.
3. Plutôt *jusque-là*, jusqu'à cet asile.

Justice, droits, serments, peux-tu rien respecter?
D'un antique lien périsse la mémoire !
L'Espagne est notre sœur de dangers et de gloire :
Tu la veux pour esclave, et, n'osant ajouter
A ta double couronne un nouveau diadème,
Sur son trône conquis ton orgueil veut jeter
    Un simulacre de toi-même.
    Mais non, tu l'espérais en vain :
Ses prélats, ses guerriers, l'un l'autre s'excitèrent;
Les croyances du peuple à leurs voix s'exaltèrent.
Quels signes précurseurs d'un désastre prochain !
Le beffroi qu'ébranlait une invisible main,
S'éveillait de lui-même et sonnait les alarmes.
Les images des preux s'agitaient sous leurs armes;
On avait vu des pleurs mouiller leurs yeux d'airain.
On avait vu le sang du Sauveur de la terre
Des flancs du marbre ému sortir à longs ruisseaux :
Les morts erraient dans l'ombre : et ces cris : Guerre ! guerre !
    S'élevaient du sein des tombeaux.
Une nuit, c'était l'heure où les songes funèbres
Apportent aux vivants les leçons du cercueil;
Où le second Brutus vit son génie en deuil
Se dresser devant lui dans l'horreur des ténèbres;
Où Richard, tourmenté d'un sommeil sans repos,
Vit les mânes vengeurs de sa famille entière
    Rangés autour de ses drapeaux,
Le maudire, et crier : « Voilà ta nuit dernière ! »
Napoléon veillait, seul et silencieux.
La fatigue inclinait cette tête puissante,
Sur la carte immobile où s'attachaient ses yeux.
Trois guerrières, trois sœurs parurent sous sa tente.

Ces trois guerrières sont les veilles des trois journées de Marengo, du mont Thabor et de Waterloo. Le poëte les dépeint par les attributs poétiques les plus caractéristiques. Elles prennent la parole tour à tour, et annoncent sa chute au vainqueur de l'Europe. Suit en quelques vers le tracé rapide de ses entreprises et de sa mort.

C'est là, tout le monde le reconnaît, une conception absolument neuve, tout autre que celle de M. de Lamartine, plus poétique même, à mon avis, dans la forme générale, quoique à certains égards, et pour certaines pensées, on puisse trouver plus de profondeur et une expression plus inattendue dans la méditation examinée tout à l'heure.

M. Victor Hugo a pris Napoléon pour sujet de ses vers dans une dizaine de pièces : *Bonaparte* [1], *Les deux îles* [2], *A la colonne* [3], *Bounaberdi* [4], *Lui* [5], *Souvenir d'enfance* [6], *A la colonne* [7], *Napoléon II* [8]. Il est impossible de trouver une poésie plus vide, plus ampoulée, plus déclamatoire. Nulle part on ne verra rien qui ressemble à un plan, rien surtout qui distingue une de ces odes de la suivante. Partout des exagérations ridicules à force d'être incroyables ; des idées communes et même triviales, exprimées en fort mauvais français ; et comme suite nécessaire de ce défaut, une monotonie et un ennui à mettre en déroute la volonté la plus ferme et la plus dévouée. Je me borne à marquer ici le sujet de quelques-unes de ces pièces.

Bonaparte. — Quand il y a des prodiges sur la terre, c'est Dieu qui se réveille, et il y a des hommes qui sont les fléaux de Dieu (20 vers) ; naguère la France a commis des crimes. Napoléon a fait l'expédition d'Égypte, il a fait tuer le duc d'Enghien, il a été sacré par le pape (30 vers). Dieu brise ses instruments quand il le veut (10 vers). Napoléon a fait beaucoup de conquêtes, il a soumis beaucoup de peuples ; il est tombé ; il a voulu se relever, il est tombé plus bas. Quand il est mort, le monde a respiré. Ainsi s'égare l'orgueil (50 vers). Peuples ce n'est point là un vrai héros (10 vers : 120 vers en tout).

Les deux îles. — Il y a deux îles très-éloignées : Napoléon est né

1. *Odes et ballades*, liv. I, 11.
2. *Ibid.*, liv. III, 6.
3. *Ibid.*, liv. III, 7.
4. *Les orientales*, XXXIX.
5. *Ib.*, XL.
6. *Les feuilles d'automne*, XXX.
7. *Les chants du crépuscule*, II.
8. *Ibid.*, V.

dans l'une, il est mort dans l'autre (40 vers); là il était rêveur, ici il fut pensif. Il songeait dès son enfance à la souveraineté (12 vers). Acclamation; gloire à Napoléon (30 vers); il a été frappé dans sa puissance; il a été prisonnier des Anglais (18 vers). Imprécation; honte à Napoléon (36 vers). Réflexions (56 vers : en tout 192 vers).

A la colonne. — O monument vengeur, que j'aime à te contempler (42 vers); mais quoi! j'entends des murmures de guerre, l'étranger veut déchirer notre histoire, à quoi donc pense-t-il (114 vers)? moi, je ne me tairai pas, fils d'un soldat, et soldat dans mon enfance (12 vers : en tout 168 vers).

Bounaberdi. — Souvent Bounaberdi regarde du haut d'un mont tout l'espace environnant (12 vers); ô Bounaberdi, quand tu y reviendras, regarde ma tente; car je suis libre et j'ai un bon cheval de guerre (12 vers : 24 vers en tout).

Lui. — Toujours lui, lui partout; je ne pense qu'à lui, officier d'artillerie, général, consul, empereur, prisonnier; c'est là qu'il est le plus grand (36 vers); on en parle à Rome, en Allemagne, en Russie, en Égypte, en Arabie (36 vers); on le voit partout, comme on voit le Vésuve (30 vers : en tout 102 vers).

Il n'y a dans tout cela ni une conception neuve, ni un arrangement qui mérite qu'on s'en souvienne. Toute la poésie, quelle qu'on la juge, est donc dans l'expression. C'est cette partie qu'il me reste à examiner, et sur laquelle je vais m'arrêter quelque temps. Il me suffit pour le moment que tout ce qui touche à l'invention proprement dite et à la disposition soit bien compris et ne laisse aucun doute dans l'esprit du lecteur.

Expression. — L'expression ou la forme, qui est la dernière partie dans les arts, y est aussi la plus importante de beaucoup. Ce ne serait rien d'avoir trouvé et bien disposé les plus belles choses du monde, si l'expression était indigne du fond. Aussi son étude, c'est-à-dire celle du style dans l'éloquence et la poésie, est-elle ce qui occupe le plus les auteurs de talent, et ce qui seul leur donne une valeur éminente. C'est aussi la partie à laquelle les traités de rhétorique et de littérature consacrent le soin le plus scrupuleux, comme c'est à quoi les poëtes doivent donner le plus de temps et de travail.

Je n'ai pas ici l'intention de parler du bon style en français, ni d'insister sur les qualités qui le distinguent : c'est dans les ouvrages dogmatiques qu'on trouvera tous les renseignements utiles à ce sujet[1]. Je veux m'attacher seulement aux qualités méconnues ou négligées de nos jours; non pas qu'elles aient été jamais formellement contestées, mais parce que la négligence des poëtes, en ce qui les concerne, a produit en quantité dans leurs œuvres les vices qui y sont le plus contraires. Ces qualités sont surtout la *correction*, la *justesse de la pensée*, la *variété* et l'*harmonie*, dont l'absence se manifeste par l'*incorrection*, les *chevilles*, les *non-sens* ou *absurdités*, la *monotonie* et la *mauvaise versification*. Donnons successivement, comme nous l'avons fait jusqu'ici, des exemples de ces divers défauts; on sera surpris peut-être de les trouver en si grand nombre et si grossiers chez les hommes les plus célèbres.

Incorrection. — Il semble d'abord bien singulier de placer la correction du style au nombre des qualités méconnues de nos jours, lorsque nous voyons les critiques et les poëtes les plus renommés recommander l'observation des règles de notre langue, et se piquer de l'écrire purement. M. J. Janin a des prétentions à cet égard, et M. Hugo lui-même est, en principe, d'une grande sévérité. Il dit dans une de ses préfaces[2] : « Il est bien entendu que la liberté ne doit jamais être l'anarchie; que l'originalité ne peut en aucun cas servir de prétexte à l'incorrection. Dans une œuvre littéraire, l'exécution doit être d'autant plus irréprochable que la conception est plus hardie. Si vous voulez avoir raison autre-

---

1. Voyez notre *Cours supérieur de grammaire*, seconde partie, ou le *Petit traité des figures et des formes du style* qui en est tiré.
2. *Odes et ballades*, édit. de 1826.

ment que les autres, vous devez avoir dix fois raison. Plus on dédaigne la rhétorique, plus il sied de respecter la grammaire. On ne doit détrôner Aristote que pour faire régner Vaugelas; et il faut aimer l'*Art poétique* de Boileau, sinon pour les principes, du moins pour le style. Un écrivain qui a quelque souci de la postérité cherchera sans cesse à purifier sa diction, sans effacer toutefois le caractère particulier par lequel son expression révèle l'individualité de son esprit. Le néologisme n'est d'ailleurs qu'une triste ressource pour l'impuissance. Des fautes de langue ne rendront jamais une pensée, et le style est comme le cristal, sa pureté fait son éclat. »

Il est impossible de mieux dire assurément. Sauf les jugements littéraires et quelques ignorances (celle, par exemple, qui oppose Aristote à Vaugelas, comme si ce n'était pas chez Aristote qu'on trouve les premiers rudiments de la grammaire), il n'y a rien ici qui ne soit digne d'éloges, et que ne répètent les professeurs de littérature les plus classiques.

Mais en sera-t-il de même dans la pratique?

. . . . Video meliora, proboque;
Deteriora sequor [1],

est une parole ancienne qui exprime une vérité bien générale. M. Hugo, qui donne de si bons préceptes, les foule aux pieds quand il compose. C'est un poëte extrêmement incorrect, à ce point qu'on croirait volontiers qu'il ne sait pas du tout le français, ou qu'on s'étonne qu'il puisse l'écrire aussi mal.

Presque toutes ses poésies donneraient la preuve de cette proposition, surtout les dernières, où il a constamment forcé et multiplié les défauts de sa nature. Je tirerai mes exemples de l'ouvrage de sa jeunesse qui est resté le meilleur de tous

---

1. Ovid., *Metamorph.*, VII, v. 20.

les siens, de ses *Odes et ballades;* j'ouvre une des pièces qui ont eu le plus de succès alors[1]. Après que le poëte a dit :

> Il est deux îles dont un monde
> Sépare les deux océans;

comme si l'on connaissait l'*océan d'une île,* je trouve :

> Ces îles, où le flot se broie
> Entre des écueils décharnés,
> Sont comme des vaisseaux de proie
> D'une ancre éternelle enchaînés.

Un flot qui *se broie,* qu'est-ce que cela ? comment un liquide peut-il se broyer ? Il faut n'avoir aucun sentiment de la langue française pour accoupler ces mots. Je sais bien que c'est une disposition naturelle à M. Hugo de forcer l'expression jusqu'à la rendre sauvage et inintelligible, et je parlerai plus loin de la singulière monotonie qui en résulte. Je me borne à remarquer ici que le mot propre était *se brise;* que *se broie*[2] est un néologisme insensé, et qu'il a prononcé lui-même que le néologisme était *une triste ressource pour l'impuissance.* Je suis convaincu qu'il n'a rien dit de trop.

Des *écueils décharnés* sont tout aussi mauvais. *Décharné* signifie *privé, dépouillé de chair;* et comme jamais l'idée de *chair* ne peut s'accorder avec celle d'*écueil,* l'*écueil décharné,* jeté ainsi sans préparation, est un non-sens et un barbarisme.

---

1. Livre III, 6. *Les deux îles.*
2. Ce mot *broyer* porte malheur au poëte. Il dit dans son *Pas d'armes du roi Jean.*

> Mon cœur ploie
> Sous la joie
> Quand je broie
> L'étrier.

Qui a jamais dit : *broyer l'étrier ? Broyer* c'est écraser entre deux corps durs. On *broie* les aliments entre les mâchoires; on *broie* les couleurs entre la table et la molette. *User* par le frottement n'est pas *broyer.* On repasse un couteau, on ne le *broie* pas; à plus forte raison ne broie-t-on pas l'étrier qu'on ne peut que presser.

Des *vaisseaux de proie* sont encore une expression qui n'est pas française. On dit bien des *oiseaux de proie;* mais il ne faut pas, quand une expression est consacrée par une sorte de catachrèse, s'imaginer qu'on peut également former toutes les analogues, et dire, par exemple, que le lion est un *quadrupède de proie*, et le requin un *poisson de proie*. Des *vaisseaux de proie* sont certainement une faute de langue.

> La main qui de ces noirs rivages
> Disposa les sites sauvages,
> Et d'effroi les voulut couvrir....

C'est la première fois que je lis *couvrir d'effroi;* l'expression est si fausse, que je n'aurais pas cru qu'on pût jamais l'imaginer.

> Loin de nos rives ébranlées
> Par les orages de son sort [1]....

Qu'est-ce que les *orages du sort* de quelqu'un? On dit les *caprices*, les *coups du sort*, et ce sont là des expressions aussi usitées qu'elles sont naturelles : les *orages du sort* n'a pas le sens commun.

> Il mêle à ses drapeaux, de sang toujours humides,
> Des croissants pris aux Pyramides
> Et la croix d'or du grand Yvan [2] !

Mêler à ses drapeaux est encore une faute grossière. On ne peut pas mêler des croissants et une croix d'or à des drapeaux, pas plus qu'on ne les peut mêler à des vêtements ou à des meubles. M. Hugo veut dire, je pense, qu'il joint sur ses drapeaux les signes des puissances turque et russe à celui de la puissance française, et par suite qu'il réunit ces trois pouvoirs entre ses mains. Je n'ai rien à dire de la pensée; mais assurément elle n'est pas exprimée : et la confusion

---

1. *Odes et ballades*, liv. III, 6, str. 4.
2. *Ibid.*, str. .

des mots *mêler* et *réunir* en une telle circonstance est la preuve infaillible d'une grande insouciance de notre langue.

> Le Mamelouk bronzé, le Goth plein de vaillance,
> Le Polonais, qui porte une flamme à sa lance,
> Prêtent leur force aveugle à ses ambitions.
> Ils ont son vœu pour loi, pour foi sa renommée ;
> On voit marcher dans son armée
> Tout un peuple de nations [1] !

S'il y a quelque chose de caractéristique chez les mauvais écrivains, c'est assurément cet emploi perpétuel des mots de la langue dans un sens contraire à l'étymologie, à l'usage et à la raison. Je laisse toujours de côté la pensée générale, pour ne m'occuper que de l'expression, et je cherche ce que c'est que *les ambitions* de Bonaparte. On a toujours dit *son ambition ;* c'est pour rimer à *nations* qu'on a mis ce pluriel, sans s'embarrasser s'il est, non pas usité, mais raisonnable ici.

Ils ont *son vœu pour loi ;* M. Hugo a voulu dire *sa volonté*, et avec ce mot le sens est clair, si la pensée n'est pas bien neuve ; mais un *vœu* qui est une promesse faite à Dieu intérieurement ne peut pas être ce qu'on nomme une *loi*, pas plus que la *renommée* ne peut être une *foi*.

Quant au *peuple de nations*, il est encore plus inintelligible. Le vers veut dire qu'on voit plusieurs peuples représentés dans l'armée de Napoléon. Combien y a-t-il de ces peuples ? Il y en avait en réalité trois, quatre ou cinq, en un mot un très-petit nombre. M. Hugo, exagérant toujours et forçant la pensée, en met une multitude. Il y a donc déjà hyperbole redoublée, d'abord par les *nations*, parce que celles-ci ne marchent pas entières dans une armée ; ensuite par le mot *peuple*, qui indique un nombre très-considérable, lorsque le nombre de ces nations était, au contraire, petit. Mais ce

---

1. *Odes et ballades*, liv. III, 6, str. 9.

qu'il y a de pire et de plus opposé au bon français, c'est cette réunion de deux collectifs indéfinis qui, se régissant l'un l'autre dans un sens figuré, affaiblissent ou plutôt aplatissent la pensée au lieu de la renforcer. On dit tous les jours : *il y avait là une grande multitude;* si l'on mettait *une grande quantité de multitudes*, ce redoublement de collectifs n'aurait plus le moindre sens : ce ne serait qu'une expression emphatique et barbare. Il en est de même du *peuple de nations :* c'est une mauvaise expression pour rendre une pensée fausse.

Il a bâti si haut son aire impériale [1].

Bâtir une aire n'est pas français. L'*aire* est ce qui remplace le nid pour les oiseaux de proie. C'est ordinairement, et le mot l'indique, la surface plane et nue d'un rocher. Il n'y a donc là aucune construction possible, même par métaphore; et il est tout à fait déplaisant de voir accoupler ces deux mots contradictoires.

Qu'on ne croie pas que ces exemples ont été choisis exprès. Toutes les pièces de M. V. Hugo, scrupuleusement examinées, en fourniront en foule d'aussi péremptoires, et prouveront à ses plus aveugles admirateurs sa prodigieuse incorrection.

A l'occasion de fautes si graves et si nombreuses, ces deux vers de Boileau reviendront en mémoire à tout le monde :

> Mon esprit n'admet pas un pompeux barbarisme,
> Ni d'un vers ampoulé l'orgueilleux solécisme [2].

Les autres poëtes contemporains n'ont pas été en général plus scrupuleux que M. Hugo. C. Delavigne et M. de Béranger sont les seuls qui parlent à peu près toujours purement. M. de Lamartine et bien d'autres se laissent aller

---

1. Ode citée, str. 11.
2. *Art poétique*, liv. I, v. 159.

là-dessus à des légèretés inexcusables. Je citerai seulement, pour justifier la condamnation que je porte ici, les expressions suivantes :

Dieu a *semé la nuit* et la *lumière* dans les airs [1].
Une clarté d'en haut me *tenta de bénir* ce que j'avais maudit [2].
Il (l'enfant) *est né d'un tardif oracle* [3].
Les destinées *font roi* pour régner ou mourir [4].
Le soleil *précipite le cours de son char* [5].
Les dieux ont *répandu cette femme sur ma vie* comme *l'ombre* sur le chemin [6].
Mon *âme a versé des larmes* que les *soupirs de la lyre* n'ont pu sécher [7].
Les *soupirs d'une source* [8].

Je m'arrête ici. Cette énumération des fautes d'un grand poëte n'a d'autre objet que de montrer combien il est facile, quand on s'abandonne à un mauvais principe, de tomber au rang des mauvais écrivains, et quel soin il faut donner à son style si l'on veut éviter ce reproche.

Chevilles. — Que les paroles doivent toujours exprimer quelque chose, c'est une vérité qui n'est aujourd'hui contestée par personne : seulement on ne l'a pas de tout temps comprise de la même manière; on ne lui a pas donné la même portée. Dans les langues primitives, la pensée est extrêmement lâche, c'est-à-dire qu'elle occupe, soit par la longueur des mots, soit par l'addition des épithètes oiseuses, ou de ce que les anciens nommaient des *conjonctions de rem-*

---

1. *Méditations poétiques*, n° II, p. 79.
2. *Ibid.*, p. 84.
3. *Ibid.*, n° XV, p. 163.
4. *Ibid.*, p. 165.
5. *Nouvelles Méditations poétiques*, III, p. 31. Outre cette mauvaise expression du *cours d'un char*, le sens est que le soleil se lève, ce qui est contradictoire avec le mot *précipiter*.
6. *Ibid.*, XXIV, p. 192.
7. *Ibid.*, XXVI, p. 201.
8. *Harmonies poétiques et religieuses*, V.

*plissage*¹, un très-grand espace, sans être elle-même fort drue ni abondante². Si nous prenons, par exemple, pour module le vers hexamètre chez les Grecs, il en faut un entier, quelquefois deux ou trois pour exprimer une seule proposition.

Les vers d'Homère et d'Hésiode sont bien connus pour ce relâchement de la phrase. J'emprunte au premier la prière que les Grecs adressent à Jupiter avant le combat d'Hector et d'Ajax³, et je sépare par des traits la teneur de chaque vers grec.

Il parla ainsi. Les Grecs prièrent Jupiter, fils de Saturne, roi ; — et l'un d'eux dit en regardant le vaste ciel : — Jupiter père, très-glorieux, très-grand, commandant du haut de l'Ida, — donne à Ajax la victoire et une gloire brillante à remporter. — Mais si tu chéris Hector et prends soin de lui, — accorde à tous les deux une force et une gloire égales.

Tout le monde voit combien ici la pensée est peu fournie ; six vers sont employés pour sept propositions, dont plusieurs ne font que se répéter. Il en est de même dans Hésiode ; et plus tard, chez les tragiques du beau temps de la Grèce et les épiques alexandrins ou de la décadence, on trouve toujours que la pensée qu'on pourrait appeler *essentielle*, c'est-à-dire à quoi se réduit essentiellement le discours entier, n'est pas beaucoup plus cossue.

Il suffit d'ouvrir Virgile et surtout Horace pour voir combien, sous ce rapport, la composition avait gagné en passant des Grecs aux Latins, aussi bien par le caractère du peuple que par la nature même de la langue.

Chez les modernes enfin, et particulièrement chez nous,

---

1. Voyez notre *Petit traité d'analyse grammaticale appliquée à la langue grecque*, dans la table alphabétique au mot *Conjonction*.
2. Voyez dans nos *Thèses de grammaire*, le n° X, où cette question est traitée à un autre point de vue.
3. *Ilias*, VII, v. 200 et sqq.

la pensée devenant de plus en plus serrée et touffue, si je puis employer ce terme, nous avons successivement rejeté les mots explétifs, les idées parasites ou inutiles; et nous avons, dans les vers, flétri du nom de *cheville* tout ce qu'on ajoutait pour le besoin de la rime ou de la mesure. Je ne veux pas dire qu'il soit aisé de faire des vers français absolument sans chevilles : j'avouerai même qu'à considérer la question de près, cette perfection, entendue dans un sens rigoureux, ne me semble pas possible; mais il est certain que les bons poëtes recourent très-rarement à ce remplissage, et que, quand ils ne peuvent pas l'éviter, ils le dissimulent si adroitement que l'oreille ni le goût n'en sont choqués.

L'école romantique n'a pas suivi le même principe. Soit négligence, soit impuissance ou envie de faire vite et sans travail, elle est revenue au vieux système; elle a admis sans difficulté les qualificatifs les plus indifférents, pourvu qu'ils remplissent exactement ses vers. André Chénier, le digne chef de cette école, n'a pas manqué de farcir ses poésies de ces bouts de phrase insignifiants, qu'on ne peut lire sans déplaisir, je dirais presque sans dégoût. Il commence ainsi sa pièce du *Jeu de paume :*

> Reprends ta robe d'or, ceins ton riche bandeau,
>   Jeune et divine poésie,
> Quoique ces temps d'orage éclipsent ton flambeau.
>   Aux lèvres de David, roi du savant pinceau,
>   Porte la coupe d'ambroisie.

Il y a d'abord ici des expressions impropres. Un temps d'orage *éteint* un flambeau et ne l'*éclipse* pas. L'*ambroisie* est plutôt la nourriture que la boisson des dieux : elle se sert sur un plat et non dans une *coupe*. Mais je laisse là ces observations pour ne parler que des chevilles. Le poëte s'adresse à la poésie. Elle est divine, soit; mais comment est-elle *jeune?* Chénier a voulu dire, sans doute, qu'elle jouissait d'une *jeunesse éternelle;* or, *jeune* n'a pas du tout ce sens-là :

en fait, *jeune poésie* ne signifie rien et ne se comprend pas. Il engage la poésie à reprendre *sa robe d'or*, c'est-à-dire à se montrer sous les plus brillantes couleurs ; c'est là une bonne expression. Mais ce qui vient après, *ceins ton riche bandeau*, s'il avait un sens, voudrait dire exactement la même chose : et bien plus, cela ne signifie rien du tout, car la poésie n'a pas de coiffure qui lui soit propre, et particulièrement elle n'a pas de bandeau. Enfin, *roi du savant pinceau* est une détestable cheville, exprimée en un français aussi mauvais qu'elle-même. Donnez cette expression, *roi du pinceau*, à quelqu'un qui ne connaîtra pas David, et vous verrez s'il vient à bout de la comprendre. Toute la pièce, ou plutôt toutes les pièces[1] d'André Chénier sont de la même facture.

Le procédé de M. de Lamartine est trop souvent pareil en ce qui tient à l'exacte signification des mots. Sa pièce intitulée le *Passé*[2] commence ainsi :

> Arrêtons-nous sur la colline,
> A l'heure où partageant les jours
> L'astre du matin qui décline
> Semble précipiter son cours.
> En avançant dans la carrière
> Plus faible, il rejette en arrière
> L'ombre terrestre qui le suit ;
> Et de l'horizon qu'il colore
> Une moitié le voit encore,
> L'autre se plonge dans la nuit.

Je suis surpris, je l'avoue, du vague qui règne dans ces vers, malgré le grand nombre d'épithètes et de périphrases qu'on y remarque. De quelle heure s'agit-il? Je n'en sais rien du tout. A toute heure le soleil *partage les jours;* à toute heure, depuis midi, le soleil *décline;* quant à *précipiter son*

---

1. Voyez sur la *Jeune Captive*, la meilleure de toutes, le *Cours supérieur de grammaire*, t. II, liv. III, ch. 3, p. 149.
2. *Nouvelles Méditations poétiques*, n° I.

cours, cela dépend, par rapport à nous, de la manière dont nous apprécions la fuite du temps ; eu égard à la position apparente du soleil, c'est surtout des dernières heures de la journée qu'on parle ainsi. Voilà donc déjà trois qualificatifs qui peuvent être regardés comme des chevilles, puisqu'en fait ils ne déterminent rien.

Continuons. *Plus faible :* c'est vers deux ou trois heures que le soleil, dans l'été, devient plus tolérable. Il *rejette en arrière l'ombre terrestre*, c'est-à-dire, probablement, l'ombre qui se fait sur la terre, plutôt que l'ombre de la terre, dont le poëte n'a aucune raison de parler ici. Cette circonstance dure encore depuis midi jusqu'à la disparition du soleil. *L'ombre qui le suit ;* jamais l'ombre ne suit le soleil, elle lui est toujours opposée. Les trois derniers vers n'ont pas de sens : c'est un horizon tout entier, et non une moitié de l'horizon qui voit le soleil ; et jamais, non plus, une de ses moitiés ne se plonge dans la nuit. Le poëte a peint là un phénomène qu'il ne comprend pas, ou il a pris les termes géographiques dans un sens qu'ils ne sauraient avoir. Toujours est-il qu'après six qualifications il est impossible de dire, même approximativement, de quelle heure il parle. Voilà un exemple remarquable de ces mots sans valeur propre, qu'on acceptait dans l'enfance de l'art, que les progrès de l'esprit humain et ceux du langage nous font aujourd'hui rejeter ou écarter avec soin. Ce défaut se trouve partout chez M. de Lamartine, excepté dans une douzaine de pièces excellentes qui ont, dès son début, appelé l'attention du public, et qui resteront son véritable titre auprès de la postérité. Il est perpétuel chez M. V. Hugo, comme chez tous les poëtes qui travaillent trop vite ; et l'on conviendra qu'il est difficile de rien trouver qui soit plus justement rejeté par un homme de goût et de sens.

Non-sens. — Ce défaut est pourtant dépassé de loin par un autre vice, bien plus insupportable encore, où tombent les auteurs qui, selon Boileau[1], *tenaillent leur esprit*, et *martèlent le bon sens pour rimer malgré Minerve*. Ce sont les non-sens, les absurdités, les sottises triviales, quelquefois les bêtises monstrueuses qu'ils nous donnent comme des marques de leur inspiration. Les assertions les plus fausses, les contradictions les plus évidentes, les hyperboles les plus ridicules se présentent sous leur plume; et ils nous servent cela tout chaud, avec une satisfaction d'eux-mêmes dont on ne saurait assez s'étonner.

Chénier (Marie-Joseph), dont le talent satirique est incontestable, est, au contraire, un fort mauvais poëte lyrique. Quoique plusieurs de ses odes aient eu beaucoup de succès pendant la Révolution, grâce à l'exaltation générale qui ne permettait guère alors d'en apercevoir les nombreux défauts, on peut dire que toutes les fois qu'il s'est exercé dans ce genre pour lequel il n'était pas né, les pensées fausses, les expressions barbares ou insignifiantes, les maximes pernicieuses, les sentiments creux, les mots contradictoires ont bourré, on dirait presque inondé ses vers.

J'ai sous les yeux un hymne de ce poëte, chanté à la cérémonie funèbre célébrée au champ de Mars, en l'honneur du général Hoche, le 11 vendémiaire an v (2 octobre 1796). La pièce a quatre stances de huit vers, je n'en citerai que quelques passages :

> Du haut de la voûte éternelle,
> Jeune héros, reçois nos pleurs.

C'est *reçois nos vœux* qu'il fallait. Les pleurs sont toujours considérés comme tombant à terre. Hoche, qui est au haut de la voûte, ne peut les recevoir.

> Aspirez à ses destinées,
> Guerriers défenseurs de nos lois.

---

1. Dans son épigramme contre Chapelain.

> Tous ses jours furent des années,
> Tous ses faits furent des exploits.

L'expression est ici aussi froide que les hyperboles sont fausses et de mauvais goût. Hoche était général. Dire à tous les soldats d'aspirer à commander les armées en chef, c'est un conseil d'une puérilité inexcusable. Si Chénier veut dire seulement : Mourez en braves comme lui, le sens est bien plus raisonnable sans doute, mais il ne répond pas du tout aux paroles.

Les deux vers suivants sont à la fois plats et faux. *Tous ses jours furent des années* est une absurdité et un amphigouri fort mal dissimulé par l'antithèse. On a dit, on a pu dire que si l'on comptait les années d'un homme par ses victoires, par ses belles actions, elles seraient aussi nombreuses que ses journées. Dans ces termes, l'hyperbole est forte, elle n'est pas absurde. Chénier la pousse bien plus loin. Selon lui, tous ses jours sont devenus des années, ce qui ne signifie absolument rien.

Tous ses faits furent des exploits ne vaut pas mieux. Je ne m'arrête pas à la platitude de ce vers; je dis seulement qu'il ne signifie rien ou signifie une sottise. Les exploits sont en général de grands faits d'armes; si c'est dans ce sens qu'il prend le mot *faits*, sa phrase veut dire que tous ses grands faits d'armes furent de grands faits d'armes, tautologie inexcusable assurément; s'il prend le mot *faits* dans son sens général, comme désignant toutes les actions indifféremment, le sens est que ses actes, même non militaires, ont été de grands faits d'armes : c'est une absurdité grossière.

> La mort qui frappa sa jeunesse
> Respectera son souvenir :
> S'il n'atteignit point la vieillesse
> Il sera vieux dans l'avenir.

Les deux premiers vers sont irréprochables; le troisième n'est là que pour amener le quatrième, qui malheureusement n'a pas le sens commun. Chénier a voulu dire « il vivra éternellement, ou il vivra longtemps dans l'avenir. » Mais la pensée n'est pas la même. Les mots de *vieux*, de *vieillesse* emportent avec eux non-seulement l'idée d'un long âge, mais encore celle de la décadence, de l'affaiblissement. Il s'ensuit que quand nous nous représentons un homme comme doué de l'immortalité, nous le voyons tel qu'il était au moment de la mort, son âge ne varie plus. Jamais personne n'a dit le vieil *Achille*, et un peintre serait inexcusable de représenter ce héros des temps anciens voûté, chauve ou avec une longue barbe, par la raison que le temps écoulé depuis sa mort aurait amené chez lui ces incommodités. Chénier a donc confondu ici deux idées essentiellement différentes, la longévité et la vieillesse; la première seule pouvait être appliquée justement à un guerrier divinisé. Il fallait dire : « S'il n'atteignit point la vieillesse, ou plutôt encore : si sa vie fut courte sur cette terre, dans l'avenir elle n'aura point de fin. »

M. A. Barbier, qui a déployé un talent remarquable et s'est fait un nom dans la satire, a écrit quelquefois dans le genre élégiaque, qui n'était pas aussi approprié à son génie; et là on trouve trop souvent des pensées fausses, triviales, prétentieuses, incohérentes. En voici quelques exemples dans sa pièce intitulée *Une marguerite*[1]. L'auteur dit à cette fleur :

> O frêle créature, il faut bien peu de chose,
> Pour te mettre à néant.
> Il te faut ce qu'il faut à la plus belle rose,
> Un peu d'ombre et de vent.

Mais un peu d'ombre et de vent n'a jamais fait périr une rose. On lit ailleurs :

---

[1]. Publiée avec de grands éloges dans l'*Écho de la Seine-Inférieure*, 14 novembre 1831.

> Fais si bien que jamais une noire hirondelle,
> De son rapide vol
> N'aille, en rasant les prés du coupant de son aile,
> La faucher sur le sol.

Le *coupant de l'aile* est ridicule. La fauchaison par ce coupant est absurde. Si M. Barbier avait regardé attentivement les hirondelles quand elles volent, il se serait assuré qu'elles ne touchent à rien de résistant, que partant elles ne fauchent pas l'herbe, et qu'il n'a rien à demander à cet égard pour sa marguerite.

> Qu'un lézard en sa course, une couleuvre *enfuie*
> Ne viennent la ployer,
> Ou que du haut du ciel une goutte de pluie
> Ne tombe la noyer.

Même observation. Quand un lézard, quand une couleuvre, même *enfuie*, viendraient la ployer, il n'y aurait pas grand mal; elle se relèverait, et voilà tout. Quant à la goutte de pluie qui *tomberait la noyer*, c'est encore une absurdité exprimée en un français barbare. La pluie rafraîchit les fleurs et les plantes, et ne les noie pas. Elle les brise quelquefois, les penche ou les couche à terre quand elle est violente; mais alors ce n'est pas *une goutte*.

M. de Lamartine tombe bien souvent dans des fautes semblables; il imagine je ne sais quelle nature déréglée et fantastique à laquelle il croit fermement et qu'il reproduit dans ses vers avec une confiance merveilleuse. On lit chez lui, par exemple :

> Comme entre les piliers d'un dôme qu'il éclaire
> Le soleil fait jouer son rayon circulaire[1].

La lumière se propage en ligne droite; la forme d'un dôme, ni celle d'un appartement, non plus que les piliers qui réflé-

---

1. *La chute d'un ange*, t. I, p. 8, première édition.

chissent les rayons, ne peuvent donner aux rayons la forme d'un cercle.

> Mais vos muscles puissants, vaste épine d'un monde[1].

C'est aux rochers que le poëte adresse la parole, et c'est la première fois, je pense, qu'on leur attribue des muscles. Toutefois, ce que veut dire l'auteur vaut mieux que ce qu'il dit. Le second hémistiche, qui assimile les rochers à l'épine dorsale, montre qu'il prend les muscles pour les os. Cette confusion paraît sans doute incroyable. On ne peut douter pourtant qu'elle ne soit bien dans la pensée de l'auteur, puisqu'il y revient en plusieurs endroits et y appuie des raisonnements, ou y distingue des détails inouïs; exemple[2] :

> Ces membres arrondis, mais où des muscles forts
> Trahissaient[3] sous la chair la vigueur de son corps.

Des *muscles sous la chair*, vous l'entendez; un autre aurait dit *sous la peau*. M. de Lamartine ne se doute pas que les muscles et la chair sont une seule et même chose; il les confond toujours avec les os. C'est dans cette persuasion qu'il écrit encore :

> Tous ses muscles perçant sa chair d'anachorète
> Dessinés sous sa peau, comme ceux d'un squelette[4].

Un squelette n'a pas de muscles; c'est leur absence et celle de la peau qui fait le squelette. D'ailleurs, des muscles *qui percent la chair*, c'est-à-dire qui se percent eux-mêmes, forment une des images les plus inconcevables qui puissent se présenter.

1. *La chute d'un ange*, p. 4.
2. *Ibid.*, 2ᵉ vision, p. 88.
3. *Trahissaient* est ici pour *décelaient, déclaraient* : le sens naturel serait que ces muscles, bien que forts, ne répondaient pas à la vigueur de son corps, ou lui manquaient au besoin. Autre défaut des poëtes rêveurs : ils disent souvent le contraire de ce qu'ils veulent dire, et sans s'en apercevoir.
4. *La chute d'un ange*, 1ʳᵉ vision, p. 28.

M. Hugo pousse plus loin encore, si c'est possible, le mépris de la réalité. Il conte à ses lecteurs des choses si extraordinaires qu'on se demande à tout instant si celui qui débite de pareilles histoires parle sérieusement, si ce n'est pas un défi qu'il jette à la crédulité de ses lecteurs.

Je lis dans une de ses odes [1], dont le sujet est assez difficile à définir, la strophe que voici :

> L'hirondelle enlevée
> Par son vol sur la tour,
> Parfois, des vents sauvée,
> Choisit pour sa couvée
> Un vieux nid de vautour.

Qu'est-ce que cela peut vouloir dire? qu'est-ce qui ne sait pas que le nid du vautour, qu'on appelle beaucoup mieux son *aire*, est par lui établi sur le haut des rochers ou des montagnes? qu'est-ce qui n'a pas vu comment les hirondelles maçonnent le leur? et à qui espère-t-on faire croire que l'hirondelle, sauvée des vents, choisit précisément pour y pondre ses œufs, cette aire où le vautour revient lui-même avec sa femelle? Si l'entraînement lyrique doit aboutir à de telles imaginations, que Dieu nous préserve de l'entraînement lyrique!

La suite est du même genre :

> Sa famille humble et douce
> Souvent, en se jouant,
> Du bec remue et pousse,
> Tout brisé sur la mousse,
> L'œuf de l'oiseau géant.

M. Hugo a-t-il vu, oui ou non, ce qu'il nous affirme ici? S'il l'a vu, c'est un nouveau chapitre, et bien curieux assurément, à ajouter à l'histoire de l'hirondelle; sinon, quelle faculté déplorable que celle qui ne lui apporte que des chimères, ou ne lui suggère que des absurdités!

---

1. *Odes et ballades*, liv. V, 25.

Les vers qui suivent sont, du reste, plus mauvais et moins sensés encore, s'il est possible :

> Dans les armes antiques
> Mes vers ainsi joueront :
> Et, remuant des piques,
> Riront, nains fantastiques,
> De grands casques au front.

Tout cela n'a aucune espèce de signification. Des *vers qui jouent dans de vieilles armes;* ces vers qui sont *des nains fantastiques;* qui, étant des nains, ont *au front de grands casques*, et qui *rient en remuant des piques !* Je n'y comprends rien du tout; c'est un amphigouri indéchiffrable où je ne crois pas que personne puisse voir clair.

Je sais qu'il s'est trouvé, qu'il se trouve peut-être encore un grand nombre de lecteurs pour admirer ces diverses sortes de fatras; mais je n'en conclus rien pour la valeur des œuvres. Les arts en général, et spécialement la poésie, ne peuvent être jugés que par des hommes choisis et suffisamment instruits. L'appel fait à la multitude ignorante est aussi déraisonnable et aussi dangereux dans ce genre que partout ailleurs. Ce n'est donc ni le blâme, ni l'approbation de ce qu'on appelle aujourd'hui le public qui pourront jamais influer sur mon jugement, ou me faire admirer ce qui répugne à ma raison, pas plus que ce qui blesse mon oreille.

Monotonie. — Ce qu'il y a de pire dans toute cette poésie rêvassante, et qui est produit aussi bien par l'absence d'un sujet déterminé que par le défaut d'instruction solide des poëtes et la rapidité de leur composition, c'est cette monotonie qui se manifeste dans toutes leurs œuvres, dans les inventions mêmes comme dans les formes du style, dans les coupes de phrase, dans le choix des figures, et enfin dans les mots. C'est toujours la même litanie, et c'est en refaisant toujours le même ouvrage, et en le refaisant plus mal que d'abord, qu'ils arrivent à remplir tant de volumes.

Les ignorants jugent de la fécondité des auteurs par le nombre de pages qu'ils ont noircies. Les bons critiques y cherchent d'abord la nouveauté et la variété des idées ou de l'expression; et quand ils voient revenir constamment et le même fond et la même forme, ils accusent avec raison d'une stérilité incurable ceux qui ne savent que ressasser la même farine et remplir leurs sacs des mêmes vieilleries.

J'en vais prendre un exemple dans une poésie singulière, vantée avec une exagération insensée par Mme de Staël, et prônée depuis par les admirateurs à sa suite. Je veux parler de la *Lénore* de Bürger [1].

Qu'y a-t-il d'abord de plus pauvre comme sujet qu'un fantôme qui emporte son amante et la mène mourir à l'endroit où est enterré le cadavre que cette âme animait jadis? C'est là, au fond, toute la ballade.

La disposition viendra-t-elle au moins relever cette sotte invention? point du tout. L'auteur, dans une suite de deux cent cinquante vers, n'a pas imaginé un seul incident pour interrompre ou diversifier un peu le galop du cheval qui emporte la femme et le fantôme. Le voyage se réduit à une indication rapide des objets auprès desquels ils passent; jugez un peu de l'intérêt que peut présenter cette espèce de tableau fuyant.

Mais les détails, va-t-on dire : car c'est là qu'un poëte légendaire est souvent remarquable! — Les détails? il n'y en a en vérité qu'un seul, qui revient sans cesse, et le voilà dans cette strophe :

> Voyez là, voyez là sur le lieu d'exécution;
> Autour de la roue,
> Et à demi visibles, au clair de la lune,
> Des squelettes de suppliciés dansent.
> « Çà! çà! canailles, ici, arrivez ici!

---

1. J'emprunte la traduction littérale de M. Alph. Darnault. Nantes, 1849, in-12.

DES CONDITIONS DE LA POÉSIE. 255

> Canailles, venez et suivez-moi!
> Vous nous danserez le branle des noces
> Quand nous monterons au lit! »

Voilà pour les descriptions. Quant au dialogue, car les deux amants portés sur le même cheval pourraient au moins converser d'une manière intéressante, le fantôme ne trouve rien à dire à sa fiancée que

> Hourrah! les morts vont vite :
> Ma mie, as-tu peur des morts?

A quoi la belle Lénore répond perpétuellement :

> Ah! laisse en paix les morts.

Ajoutez à cela que la pièce est enjolivée d'onomatopées farouches qu'on ne trouve que là, et que l'auteur a le bon esprit de nous expliquer de temps en temps. Par exemple un grand bruit se fait au dehors. Bürger écrit :

> *Trap! trap! trap!*

On pourrait ne pas savoir ce que cela signifie; il nous l'explique avec cette fin de vers :

> Un cheval au pied du mur s'arrête.

C'est-à-dire que *trap! trap! trap!* imitait le galop du cheval. A la strophe suivante nous lisons qu'un cordon

> S'ébranle. *Klinglingling!...* la sonnette a vibré.

Et ce dernier hémistiche n'est pas inutile : il nous montre que c'est le bruit d'une sonnette qu'on a exprimé par *klinglingling*. Ailleurs Lénore monte à cheval,

> Et puis hourrah! hourrah! *hop! hop! hop!* ils s'en vont.

Qui n'admirerait ce *hop! hop! hop?* comme il est pittoresque! Dans un autre endroit, lorsque le fantôme a invité les suppliciés à danser à sa noce, la strophe suivante commence ainsi :

Et les suppliciés *housch! housch! housch!*
Suivirent avec le fracas
D'un tourbillon de vent qui siffle.

Les Allemands, dit-on [1], admirent beaucoup tout cela ; ils disent même « qu'il y a dans la répétition de certaines formules de phrases quelque chose de monotone comme la fatalité. » C'est possible, et je ne contesterai pas la similitude ; je prends acte seulement de l'aveu : il y a dans toute cette rapsodie une monotonie insupportable, je ne dis pas seulement pour nous autres Français, mais pour tous les lecteurs de bon sens. Je ne puis croire que les Allemands sensés, tout Allemands qu'on les suppose, approuvent au fond du cœur, non pas des inventions, mais des répétitions si plates et si dégoûtantes.

Ce défaut, du reste, est à divers degrés celui de tous les poëtes qui, n'ayant pas suffisamment fécondé leur sujet par la méditation, vivent sur un petit fonds d'idées générales et de formes de langage qu'ils ramènent à tout moment, sans s'en apercevoir. Les deux auteurs que nous avons examinés jusqu'ici nous en fourniront la preuve.

M. de Lamartine d'abord n'a, tout le monde l'avoue, qu'un bien petit nombre de cordes à sa lyre. Quelque part qu'on ouvre ses *Méditations* et surtout ses *Harmonies*, on est sûr d'y trouver sous tous les synonymes et toutes les périphrases qui peuvent dissimuler la perpétuelle ressemblance de l'idée, le chant et les larmes. *Chanter, murmurer, soupirer, gémir, pleurer, prier,* voilà des verbes qui se conjuguent incessamment chez lui ; et sa pensée ne sort guère du cercle où l'on conçoit que ces mots l'enferment.

Mais ce n'est pas tout : la constante uniformité de l'idée entraîne celle des paroles et des constructions. Ce serait une curieuse étude que celle des formules qui reviennent sans

---

1. M. Darnault, ouvr. cité, p. 96.

DES CONDITIONS DE LA POÉSIE.

cesse chez lui, et dans les mêmes termes. En voici deux ou trois exemples. J'ouvre ses *Méditations*, et je vois que dans sa pièce *sur l'Homme* [1], après avoir représenté sa voix qui monte vers le ciel, il s'écrie :

Mais, *silence*, ô ma lyre!

Cette apostrophe en soi n'est pas mauvaise; malheureusement elle revient sans cesse. L'on trouve ailleurs :

Silence, ô lyre, et vous, *silence*
Prophètes, voix de l'avenir [2].

Son cercueil est fermé,-Dieu l'a jugé : *silence* [3] !

Silence, esprit de feu [4]....

Silence ! c'est assez, j'en ai trop écouté [5].

Silence ! l'avenir ouvre ses noirs secrets [6], etc., etc.

Voilà pour le silence en apostrophe. Passons à l'heure où se fait quelque chose :

C'est l'*heure* où la nature, un moment recueillie [7]....

C'est l'*heure* où la mélancolie
S'assied pensive et recueillie [8].

Arrêtons-nous sur la colline
A l'*heure* où, partageant les jours [9]....

Depuis l'*heure* où la barque a fui loin de la rive [10].

Jusqu'à l'*heure* où la lune en glissant vers Misène [11].

---

1. *Méditations poétiques*, II, p. 89.
2. *Ibid.*, XXX, p. 265.
3. *Nouvelles Méditations poétiques*, VII, p. 64.
4. *Ibid.*, XV, p. 117.
5. *Ibid.*, XVIII, p. 145.
6. *Ibid.*, p. 143.
7. *Méditations poétiques*, XVI, p. 170.
8. *Ibid.*, XXI, p. 205.
9. *Nouvelles Méditations poétiques*, I, p. 3.
10. *Ibid.*, II, p. 18.
11. *Ibid.*, p. 19.

L'Esprit ne souffle qu'à son *heure* [1].

Il est pour la pensée une *heure*, une *heure* sainte [2].

C'était l'*heure* où jadis [3]....

C'était l'*heure* où la nuit de ses paisibles mains [4]....

> Jusqu'à l'*heure* où de ce séjour
> Les fleurs fermeront leur calice [5].

Il est une *heure* de silence [6].

Adieu donc, adieu, voici l'heure [7] !

> Oiseaux ne chantez qu'à l'*heure* [8]....

> Seigneur, chaque créature
> Forme à son *heure*, en mesure,
> Un son du concert divin [9].

A l'*heure* où l'âme solitaire [10], etc.

Veut-on de la lyre, du luth, de la harpe ? En voici à revendre :

Et des accords du *luth*, plus faiblement frappés [11].

Chantons puisque nos doigts sont encor sur la *lyre* [12].

> Viendra-t-il, comme un doux zéphyr,
> Mollement caresser ma *lyre* [13],

Et, cadençant vos pas à la *lyre* des cieux [14].

---

1. *Nouvelles Méditations poétiques*, VI, p. 51.
2. *Ibid.*, VIII, p. 67.
3. *Ibid.*, XV, p. 104.
4. *Ibid.*, XVII, p. 133.
5. *Ibid.*, XXIV, p. 191.
6. *Ibid.*, XXVI, p. 199.
7. *Ibid.*, p. 200.
8. *Harmonies poétiques*, III, p. 28.
9. *Ibid.*
10. *Ibid.*, IX, p. 83.
11. *Nouvelles Méditations poétiques*, II, p. 19.
12. *Ibid.*, V, p. 40.
13. *Ibid.*, VI, p. 50.
14. *Ibid.*, VIII, p. 74.

DES CONDITIONS DE LA POÉSIE.

Que ce calme lui pèse ! ô *lyre!* ô mon génie [1] !

Un mot, toujours le même, et répété cent fois,
O *lyre!* en disent plus que ta vaine harmonie [2].

Ma *harpe,* qu'en passant l'oiseau des nuits effleure [3].

> La *lyre* ne nous fut donnée
> Que pour endormir nos douleurs [4].

Harpe, que l'ange même adore [5].

Un jour cependant, ô ma *lyre* [6] !

Quittons maintenant les idées simples et communes, qui n'ont d'autre tort que de revenir trop souvent ; passons à une conception qui appartient en grande partie à notre auteur, celle d'une langue sans mots et qu'on ne parle pas [7]. Il semblait qu'une telle contradiction ne devait se présenter

---

1. *Nouvelles Méditations poétiques*, XV, p. 104.
2. *Ibid.*, p. 108. M. de Lamartine est sans doute convaincu de ce qu'il dit là ; mais le lecteur se lasse bien vite de ce mot toujours le même.
3. *Ibid.*, XX, p. 159.
4. *Ibid.*, XXVI, p. 201.
5. *Harmonies poétiques*, I, p. 10.
6. *Ibid.*, p. 13.
7. Je dis *en grande partie* et non en totalité : car ici même M. de Lamartine n'a pas l'honneur de l'invention. On en trouve l'idée tout entière dans cette spirituelle critique des théories cosmologiques de Descartes que le P. Daniel a intitulée : *Voyage du monde de Descartes*. Il est vrai qu'il n'en parle que par moquerie. « Les esprits séparés (les purs esprits) s'entretiennent tout autrement les uns avec les autres que quand ils sont dans leurs corps, dont la langue ne peut prononcer qu'une syllabe à la fois. Un seul mot spirituel, qu'une âme séparée dit à une autre âme, exprime plus de choses que mille mots prononcés ou écrits n'en peuvent faire comprendre à ceux qui les écoutent ou qui les lisent ; et depuis que j'ai fait ce voyage, il m'est venu une infinité de belles lumières pour expliquer la manière dont les anges parlent entre eux. Je ne désespère pas d'imprimer un jour sur cette matière. Il est vrai que j'y dirai bien des choses qu'on n'entendra pas faute d'usage ; mais mon livre n'en sera peut-être pas pour cela moins bien venu, et il pourra avoir le même bonheur que ces livres de théologie mystique qui sont depuis quelque temps à la mode, par cette raison seulement que ceux qui les lisent ne les entendent pas, et que ceux qui les composent font semblant de les entendre. » (2ᵉ partie, au comm.)

qu'une fois ; mais avec M. de Lamartine on n'en est pas quitte à si bon marché.

> Dieu fit pour les esprits deux langages divers :
> En sons articulés l'un vole dans les airs....
> L'*autre*, éternel, sublime, universel, immense,
> Est le *langage inné* de toute intelligence.
> Ce n'est point un son mort dans les airs répandu,
> C'est un *verbe divin* dans le cœur entendu.
> On l'entend, on l'explique, on le parle avec l'âme....
> Il n'a que des soupirs, des ardeurs, des élans....
> C'est la *langue du ciel* que parle la prière [1].

> Je leur révélerais dans la *langue divine*
> Un mot du grand secret que le malheur devine [2].

> L'amour n'a pas de sons qui puissent s'exprimer :
> Pour révéler *sa langue*, il faut, il faut aimer [3].

> Si, comme ce roseau qu'un souffle heureux anime,
> Tes cordes exhalaient ce *langage sublime*,
>   Divin secret des cieux,
> Que, dans le pur séjour où l'esprit seul s'envole,
> Les anges amoureux se parlent *sans parole*,
>   Comme les yeux aux yeux [4].

> Et moi, Seigneur, et moi, pour chanter tes merveilles,
> Tu m'as donné dans l'âme une *seconde voix*,
> Plus pure que la voix qui parle à nos oreilles....
> Les cieux l'appellent *grâce* et les hommes *génie* [5].

> Mais la *parole manque* à ce brûlant délire,
> Pour contenir ce feu tous les mots sont glacés.
> Eh! qu'importe, Seigneur, la parole à ma lyre ?
> Je t'entends, il suffit ; tu réponds, c'est assez [6] !

L'auteur revient encore sur ce point et dans *Jocelyn* [7] et

---

1. *Méditations poétiques*, XXVIII, p. 238.
2. *Nouvelles Méditations poétiques*, VIII, p. 74.
3. *Ibid.*, XV, p. 108.
4. *Ibid.*, XXIV, p. 182.
5. *Harmonies poétiques*, I, p. 8.
6. *Ibid.*, p. 9.
7. Quatrième époque, 6 mai 1794.

dans la *Chute d'un ange*[1]; mais c'est surtout dans ses *Souvenirs d'un voyage en Orient*[2], qu'il entre à ce sujet dans les détails les plus extraordinaires. Je transcris :

> Il n'est point de langage ou de rhythme mortel,
> Il n'est point de clairon ou de harpe d'autel,
> Que ne brisât cent fois le souffle de mon âme.
> Tout faiblit à son choc et se fond à sa flamme.
> Il a, pour exhaler ses accords éclatants,
> Aux *verbes d'ici-bas* renoncé dès longtemps.
> Il ferait éclater leurs fragiles symboles,
> Il entre-choquerait des foudres de paroles,
> Et les enfants diraient, en secouant leurs fronts :
> « Qu'il nous parle plus bas, Seigneur, ou nous mourrons. »
> Il ne leur parle plus; il se parle à lui-même
> Dans la *langue sans mots*, dans le *verbe suprême*,
> Qu'aucune main de chair n'aura jamais écrit,
> Que l'âme parle à l'âme et l'esprit à l'esprit[3].

Vous l'entendez : si M. de Lamartine exprimait ce qu'il pense, sa parole briserait tout; elle détruirait ce que la parole de Dieu et la force de la nature ont créé; elle tuerait même les petits enfants. M. de Lamartine, heureusement, ne se livre pas à cette épreuve de sa puissance; il ne se parle qu'à lui-même, et par là il nous rassure un peu sur son état mental, qui pourrait sembler bien compromis par ce qui précède[4].

---

1. Première vision, p. 39 et 53.
2. 4 vol. in-8, 1835.
3. T. I, p. 102.
4. J'espère que ces mots, tout sévères qu'ils paraissent, ne blesseront pas M. de Lamartine. Comme toute l'école rêveuse, il professe un tel mépris pour la raison, qu'il ne saurait trouver bien désagréable la remarque faite ici qu'il s'en éloigne souvent. Il s'en vante d'ailleurs lui-même : et l'on trouve à tout moment dans ses livres la preuve qu'il tient médiocrement à cette manière de juger commune à presque tous les hommes, que sa généralité même a fait nommer le *sens commun*. Dans son *Voyage en Orient* (p. 256), il se fait dire par lady Stanhope : « C'est Dieu qui vous amène ici pour éclairer votre âme. Vous êtes un de ces hommes de désir et de

La monotonie de M. Hugo n'est pas absolument la même, en ce qu'il n'emploie pas des moyens exactement identiques ; mais, comme toutes les monotonies, elle ne tarde pas à ressembler beaucoup à celle de M. de Lamartine.

Ce singulier défaut éclate d'abord dans ses préfaces. Il en a mis à la tête de tous ses volumes ; et toutes sont destinées à prouver que l'ouvrage actuel doit faire époque dans la littérature, comme marquant un progrès dans l'humanité. Les intentions de l'auteur y sont toujours exposées, et ces intentions ne sont rien moins que de découvrir au monde des horizons tout nouveaux, qui malheureusement se sont trouvés jusqu'ici n'être rien du tout.

Une autre monotonie, c'est l'absence d'images, et la dureté, l'inharmonie des vers. Par là, M. Hugo s'éloigne beaucoup de M. de Lamartine : celui-ci est presque toujours remarquable par la cadence et l'harmonie, aussi bien que par les images trop souvent fausses dont il remplit ses pièces. Chez M. Hugo c'est tout le contraire : il disloque ses vers à plaisir et comme par un parti pris [1] ; et quant aux images, qui contribuent tant à l'ampleur de la poésie rêveuse, elles sont généralement absentes chez lui. Cela tient au genre de son talent. M. Hugo rêve peut-être souvent par rapport à la

---

bonne volonté, dont il a besoin comme instrument pour les œuvres merveilleuses qu'il va bientôt accomplir parmi les hommes.... » Et (p. 260) : « Vous êtes un des hommes que la Providence m'envoie et qui ont une grande part à accomplir dans l'œuvre qui se prépare.... Remerciez Dieu. Il y a peu d'hommes qui soient nés sous plus d'une étoile ; peu dont l'étoile soit heureuse ; moins encore dont l'étoile même favorable ne soit contrebalancée par l'influence maligne d'une étoile opposée. Vous, au contraire, vous en avez plusieurs, et toutes sont en harmonie pour vous servir, et toutes s'entr'aident en votre faveur. » — L'homme qui imprime de telles choses, non pas pour s'en moquer, mais en y attachant, au contraire, un grand intérêt, n'a-t-il pas rompu, aussi bien que dans les vers cités précédemment, avec la raison et la sagesse humaines ?

1. Il écrit lui-même dans ses *Contemplations* ce vers caractéristique :

J'ai disloqué ce grand niais d'alexandrin.

nature des idées qu'il nous offre; par lui-même il est très-positif, affirmant toujours ce qu'il a actuellement dans l'esprit, et ne cherchant pas du tout à nous le persuader à l'aide des couleurs brillantes ou vaporeuses dont il enveloperait son idée.

Je prends pour exemple les deux premières strophes d'une de ses odes [1], intitulée le *Poëte* :

> Qu'il passe en paix au sein d'un monde qui l'ignore,
> L'auguste infortuné, que son âme dévore,
>   Respectez ses nobles malheurs.
> Fuyez, ô plaisirs vains, son existence austère :
> Sa palme qui grandit, jalouse et solitaire,
>   Ne peut croître parmi vos fleurs.
>
> Il souffre assez de maux sans y joindre vos joies.
> Chaque pas qui l'enfonce en de sublimes voies,
>   Par une douleur est compté.
> Il pleure sa jeunesse, avant l'âge envolée,
> Sa vie, humble roseau, qui se trouve accablée
>   Du poids de l'immortalité.

Toutes ces pensées, selon moi, sont fausses et incohérentes. Je trouve même indécent que le poëte qui, à moins qu'il ne meure de faim, est au nombre des heureux du monde, et beaucoup moins à plaindre que les paysans et les ouvriers, nous fatigue de ses gémissements sur lui-même. Mais enfin il y a dans ces douze vers une quinzaine de propositions; et c'est le caractère général des pièces lyriques de M. Hugo, que cette abondance de pensées isolées, malheureusement disparates ou contradictoires. Ce caractère est bien évidemment opposé à celui de l'auteur des *Méditations poétiques*.

Ces pensées, pour être ainsi en grand nombre, cessent-elles cependant d'être les mêmes? Non, assurément, elles ne

---

1. *Odes et ballades*, liv. IV, 1.

mettent que mieux en relief le vide de la composition. L'auteur lui-même dit quelque part[1], après une assimilation puérile entre les sciences exactes et la poésie : « L'esprit de l'homme a trois clefs qui ouvrent tout, le *chiffre*, la *lettre*, la *note. Savoir, penser, rêver*, tout est là. » — Il y a certainement autre chose pour les poëtes bien doués; et l'on pourra reprocher à l'auteur de ne pas même remplir son programme; autrement dit de ne pas *savoir*; de se borner à *penser* quelquefois; de *rêver* la plupart du temps, si on entend par *rêveries* des pensées qui n'ont pas leur type dans la nature.

Mais sans revenir sur ce point déjà examiné[2], et puisqu'il ne s'agit ici que de la monotonie, elle est d'abord dans ses sujets. On le voit par la constance avec laquelle il revient sur les mêmes, pour dire toujours à peu près la même chose. Nous savons déjà qu'il a fait une dizaine de pièces sur Napoléon[3]; il en a fait plus encore sur lui-même. Dans ses *Odes* seulement, on peut voir *Le poëte dans les révolutions*[4], *A mes odes*[5], *A mon père*[6], *Dernier chant*[7], *A M. Alphonse de L.*[8], *Fin*[9], *Le poëte*[10], *La lyre et la harpe*[11], *Mon enfance*[12], *Paysage*[13], *Actions de grâces*[14], *A mes amis*[15], *Rêves*[16].

---

1. *Les Rayons et les Ombres*, préface.
2. Ci-dessus, p. 252.
3. Ci-dessus, p. 234.
4. *Odes et ballades*, liv. I, 1.
5. *Ibid.*, liv. II, 1.
6. *Ibid.*, liv. II, 4.
7. *Ibid.*, liv. II, 10.
8. *Ibid.*, liv. III, 1.
9. *Ibid.*, liv. III, 8.
10. *Ibid.*, liv. IV, 1.
11. *Ibid.*, liv. IV, 2.
12. *Ibid.*, liv. V, 9.
13. *Ibid.*, liv. V, 11.
14. *Ibid.*, liv. V, 14.
15. *Ibid.*, liv. V, 15.
16. *Ibid.*, liv. V, 25.

Ne faut-il pas avoir bien peu d'idées pour s'occuper si constamment de soi-même?

La forme, du moins, sera-t-elle variée, si le fond reste si semblable? Hélas, non. Ce sont toujours les mêmes effets produits d'un côté par les mêmes figures de rhétorique, de l'autre par l'affectation des mêmes vices de style.

Comme figure de rhétorique, je prends l'antithèse. La pièce intitulée *Bonaparte*, la première et, selon moi, la meilleure de celles que le poëte a composées sur ce sujet [1], et qui n'a que cent vingt vers, m'en offre les exemples suivants :

> Un homme alors choisi par la main qui foudroie,
> Des *aveugles fléaux* ressaisissant la proie,
> Passe comme un *fléau vivant*.

> Triomphateurs longtemps *armés de l'anathème*,
> Par *l'anathème renversés*.

> Les *envoyés du ciel* sont apparus au monde,
> Comme s'ils *venaient de l'enfer*.

> Il vint, chef populaire, y combattre en courant,
> Comme pour insulter ces *tyrans dans leurs tombes*,
> Sous sa *tente de conquérant*.

> Quand des vieux Pharaons il foulait la couronne,
> Sourd à tant de néant, ce n'était qu'un *grand trône*
> Qu'il rêvait sur leurs *grands tombeaux*.

> L'anarchie à Vincenne *admira son complice;*
> Au Louvre elle *adora son roi*.

> Il fallut presque un *Dieu* pour couronner cet *homme;*
> Le *prêtre, monarque* de Rome,
> Vint *bénir* son front *menaçant*.

> Il voulait recevoir son *sanglant diadème*
> Des mains d'où le *pardon descend*.

---

1. *Odes et ballades*, liv. I, 11.

La dévorante armée avait, dans son passage,
    Asservi *les fils de Pélage*,
    Devant *les fils de Galgacus* [1].

Aux fêtes qu'il vouait à ses *vainqueurs esclaves* [2],
    Il invitait les *rois vaincus*.

Les peuples sommeillaient : un *sanglant incendie*
    Fut *l'aurore* du grand réveil.

Ce reste d'un *tyran*, en s'éveillant *esclave*,
    N'avait fait que changer de fers.

Il mourut : quand ce bruit éclata dans nos villes,
Le monde respira dans ses fureurs civiles,
    Délivré de son *prisonnier*.

Il fit du *glaive un sceptre* et du *trône une tente*.

Il *passa par la gloire*, il *passa par le crime*.
    Il n'est *arrivé* qu'au *malheur*.

Voilà pour les antithèses : et l'on relèverait aussi aisément là ou ailleurs les autres figures indiquées par les rhéteurs. Quant aux vices du style, ils consistent surtout chez M. Hugo dans l'abus désordonné de l'hyperbole, d'où suit le forcement de l'expression ; et dans l'accouplement insolite des mots, accouplement presque toujours barbare. Je trouve dans la même pièce, les expressions que voici, que la critique ne saurait approuver :

Que le vent *sème* au loin un *poison voyageur*.

Et si lassant enfin *les clémences* célestes.

    Quand la reine des nations
    Descendit de la monarchie,
    Prostituée aux factions.

---

1. Erreur historique. Galgacus était un Calédonien ; les Anglais ne peuvent être appelés *ses fils*, non plus que les Français de nos jours ne pourraient être nommés les *fils d'Alaric* parce que celui-ci a régné à Toulouse.

2. Ces deux mots veulent dire *les esclaves* qui sont *vainqueurs* des rois ou des peuples étrangers, et non pas les *vainqueurs de lui-même*, qui seraient *esclaves* de quelque autre.

Un despote *empereur d'un camp.*

Sourd *à tant de néant* [1].

De cités en cités promenant *ses prétoires.*

Il ne voulait dormir qu'en une cour de princes,
Sur *un trône continental.*

Ses aigles qui volaient *sous vingt cieux parsemées.*

Il *tomba roi*, puis dans sa route
Il voulut, *fantôme ennemi*,
Se relever.

On jeta ce *captif suprême*
Sur un rocher, débris lui-même
De quelque ancien monde englouti.

Peuples qui *poursuivez d'hommages*
Les victimes et les bourreaux.

La monotonie des mots ne résulte pas moins chez M. Victor Hugo que chez M. de Lamartine du peu d'idées qu'il a, et de son goût pour certaines figures. On trouve dans la pièce même que nous avons sous les yeux les répétitions que voici : au premier vers, quand la terre *engloutit* les cités, et au vers 89, quelque ancien monde *englouti ;* au vers 3, quand des *monts brûlants* s'ouvrent, et au vers 30, un sombre *volcan ;* au vers 4, c'est le *réveil* d'un Dieu vengeur, et au vers 80, l'aurore d'un grand *réveil ;* au vers 11, élus de la fureur *suprême*, et au vers 88, on jeta ce captif *suprême*, etc.

Ce serait bien pis si l'on épluchait ainsi toutes ses pièces, et que l'on cataloguât les idées ou les mots qui reviennent constamment ; on serait surpris de ce retour perpétuel des mêmes choses. J'en prends un exemple entre beaucoup d'autres, dans quelques-unes des méditations sur Napoléon,

---

1. Comment peut-on être *sourd à du néant ?* et comment y a-t-il *plus*, *moins*, ou *autant de néant ?*

que j'ai déjà mentionnées : j'y remarque l'idée ou le mot de *géant*, et je trouve dans la pièce sur *Bonaparte*, au vers 60, le fantôme échappe au *géant;* dans les *Deux îles*, aux vers 3 et 4, qu'elles dominent l'onde comme des têtes de *géants;* dans l'ode *A la colonne*, vers 5 et 6, qu'elle est la ruine triomphale de l'édifice d'un *géant;* dans les stances sur *Bounaberdi*, au vers 3, qu'il monte *géant* lui-même au front d'un mont *géant;* dans la pièce intitulée *Lui*, au vers 5, son nom *gigantesque;* au vers 60, les quarante siècles *géants;* au vers 72, son pied *colossal;* et au vers 102, le noir *géant* qui fume à l'horizon.

N'allons pas plus loin, et concluons, non pas seulement pour les deux poëtes cités ici, mais pour toute l'école dont ils sont les chefs proclamés et reconnus, que la manie d'écrire en vers, sur tout propos, et souvent sans propos, autrement dit, de rimer à peu près indistinctement nos idées, nos opinions dès qu'elles se présentent, ne prouve qu'une déplorable stérilité; et ne peut engendrer dans les pensées, dans les images, dans les figures de style, dans les constructions grammaticales et même dans les mots, que la plus assommante monotonie.

On peut être assuré d'après cela, que les auteurs de ces ennuyeuses fadaises, s'ils obtiennent aujourd'hui quelque succès, par des raisons que tout le monde comprend et qu'il n'est pas besoin d'énumérer, ne peuvent attendre de la postérité que le mépris et l'oubli le plus profond.

Versification. — L'école romantique a voulu changer entièrement le système de notre versification, particulièrement en ce qui tient à l'alexandrin, qu'avec une monotonie inexcusable elle a presque uniquement cultivé [1]. M. Sainte-Beuve a résumé toute cette doctrine en disant que : « avec la rime riche, la césure mobile, et le libre enjambement,

---

1. *Cours supérieur de grammaire*, partie IIe, liv. I, ch. 8.

l'école d'André Chénier a pourvu à tout, et s'est créé un instrument à la fois puissant et souple [1]. » Il y a quelque autre chose encore dont M. Sainte-Beuve ne parle pas ici, et que je rappellerai tout à l'heure. Je veux d'abord m'occuper de la césure mobile et de l'enjambement, et j'affirme que ces deux conditions, ou même une des deux, sont la destruction du vers français de douze syllabes.

Je ne dis rien de trop : je fais remarquer même que ce n'est pas par pusillanimité ou soumission aux règles reçues que je parle ainsi. J'ai montré dans ma thèse *Sur les diverses espèces de vers français* [2], une bien autre hardiesse que tous les poëtes romantiques ensemble, puisque j'y ai fait voir qu'on pouvait faire des vers de quatorze, de quinze, de seize, de dix-huit, de vingt syllabes, etc., et quel principe devait les régir.

Mais précisément à cause de cette indépendance de jugement, je mérite toute confiance quand je dis ne trouver aucune harmonie versifique dans des vers coupés comme ceux-ci :

Mal parler d'un ami défunt, c'est sans excuse [3].

C'est le sceau de l'État, oui le grand sceau de cire Rouge [4].

Quant à toi, si tu veux d'un beau rôle, il nous manque Un matamore. On est fendu comme un compas [5].

C'est monsieur? dites-moi.... Mais c'est singulier comme Il me regarde [6].

Moi ce sont les Brissac, oui, tous les deux, qui m'ont Supplanté [7].

---

1. *Vie, Poésies et Pensées de Joseph Delorme*, p. 210 de la première édition, 1829.
2. *Thèses de grammaire*, n° XIII.
3. *Marion Delorme*, acte III, sc. 3.
4. *Ibid.*, sc. 4.
5. *Ibid.*, sc. 5.
6. *Ibid.*, sc. 7.
7. *Ibid.*

La pauvre enfant, n'allez pas lui faire un sermon ¹, etc.

Est-ce à dire que jamais, en aucun cas, on ne puisse ni déranger la césure, ni transporter un mot d'un vers à l'autre? Point du tout. Nos anciens et nos meilleurs poëtes ont quelquefois manqué à la rigueur de la règle. Mais c'était une exception, par conséquent une faute que la beauté de l'exécution, ou l'intérêt du passage, ou enfin la nécessité pouvaient seuls faire pardonner. L'école romantique, en faisant de l'exception la règle même, a multiplié les vers boiteux, et détruit toute notre harmonie poétique : c'est ce qu'il ne faut pas perdre de vue quand on veut se rendre compte des changements qu'elle a tâché d'introduire.

La *rime riche* est la seconde prescription de l'école romantique, et ici il faut d'abord remarquer qu'elle marche en sens inverse des philosophes du siècle dernier qui ont rejeté l'opinion commune, en ce qui tient à la poésie. Fontenelle, Lamotte, Trublet, Buffon croyaient et disaient que la rime était un jeu d'esprit puéril qui n'avait pas même l'avantage d'être agréable à l'oreille. Ils proposaient, en conséquence, ou de supprimer absolument les vers, ou, puisque la rime est sans comparaison la plus grande difficulté de notre versification, d'écrire en vers blancs. L'école romantique que nous avons vue sacrifier assez volontiers l'harmonie essentielle des vers, harmonie qui leur vient toujours de l'égalité des prolations totales, et de leurs divisions en membres égaux ², par conséquent de leur clôture finale et de la régularité des césures, cette école exige au contraire la richesse de la rime. C'est là, il faut l'avouer, une règle à laquelle il était permis de ne pas s'attendre.

Notons d'ailleurs que la richesse ici recommandée pour-

---

1. *Marion Delorme*, acte III, sc. 7.
2. *De quelques points des sciences*, etc., n° XI ; *Thèses de grammaire*, n° XIII.

rait bien n'en être pas une pour tout le monde. Trop souvent elle ne consiste que dans la similitude des lettres, sans aucune ressemblance dans le son. On trouve ainsi chez M. Sainte-Beuve :

> Agrafe auteur des seins *nus*
> De *Vénus*[1],

où l'oreille entend *nu* et *nusse*;

> A mon cœur *enflammé*
> Aussi fraîche qu'aux fleurs est la rosée en *mai*[2],

où l'oreille entend *mé* et *mè*. On lit dans les œuvres de M. Hugo :

> Vil baladin ! l'orgueil eu des âmes si *basses !*
> S'il se pouvait qu'un jour en nos mains tu *tombasses*[3].

où l'oreille entend *áce* et *ace*, etc., etc. Il est bien évident que ces mots ne riment pas du tout, que le son n'est pas le même, et que si l'œil y voit des lettres semblables, l'oreille, seul juge infaillible de la rime, y perçoit des syllabes très-différentes. La recommandation de rimer richement a donc une signification très-particulière chez les poëtes romantiques. Ils ont, en effet, remplacé d'abord par une obligation toute matérielle les préceptes élevés et beaucoup plus difficiles de nos anciennes poétiques; et puis ils ont fait de cette règle ce qu'ils avaient fait de toutes les autres : ils l'ont foulée aux pieds quand elle les gênait.

Maintenant, je vais plus loin, et je dis que par leur système de versification ils ont radicalement supprimé la rime; car s'il y a quelque chose d'incontestable pour les métriciens intelligents, c'est que la rime ne nous est sensible qu'à la condition de porter l'accent rhythmique. Or, cet accent disparaît

---

1. *Vie, Poésies et Pensées de J. Delorme*, p. 49.
2. *Ibid.*, p. 135.
3. *Marion Delorme*, acte III, sc. 9.

toujours quand un mot dans le discours se lie au mot suivant [1]. Ainsi, lorsqu'on trouve des vers comme ceux-ci :

>   Or, vous seriez *hardis*
> De ne pas m'obéir ; car, si lorsque je *dis*
> A l'un de vous qu'il aille, exécute et se taise [2],

l'œil voit bien la rime de *hardis* avec *je dis*, parce que les vers sont séparés dans l'écriture. Si les mêmes mots étaient écrits comme on les prononce, sans alinéa ni séparation typographique :

> Or, vous seriez hardis de ne pas m'obéir ; car, si lorsque je dis à l'un de vous qu'il aille, exécute et se taise,

la rime, absolument nulle à l'oreille, disparaîtrait même à l'œil, tout comme la mesure que les règles établies depuis Malherbe faisaient du moins sentir. Cet *instrument puissant et souple*, que s'est créé l'école d'André Chénier, consiste donc en ce qu'au lieu de vers elle nous a donné de la prose ; mais une prose gênée au point de devenir baroque, parce qu'elle est asservie à la loi la plus puérile et la plus ridicule, celle de ramener après un certain nombre de syllabes des lettres semblables, de la présence desquelles on ne s'aperçoit pas.

Je crois, quant à moi, que la vérité n'est ni dans l'opinion des philosophes du xviiie siècle, ni surtout dans celle de l'école romantique. La rime, sans être essentielle au vers, en augmente la grâce et l'harmonie à tel point que nous ne pouvons guère nous en passer ; mais il faut pour cela qu'elle soit exacte, c'est-à-dire que le son apporté à l'oreille, et dont l'intensité s'augmente par l'accent rhythmique, soit exactement le même. Ce n'est donc que par exception qu'on peut faire rimer *nus* avec *Vénus*, *hache* avec *lâche* [3], *trône* avec

---

1. *Cours supérieur de grammaire*, partie Ire, liv. I, ch. 8 ; partie IIe, liv. I, ch. 8.
2. *Marion Delorme*, acte III, sc. 10.
3. *Vie, Poésies et Pensées de J. Delorme*, p. 97.

couronne[1], *pâle* avec *balle*. Toutes ces rimes en soi sont mauvaises ; on doit les rejeter si l'on n'est absolument forcé de les admettre.

Faut-il aussi que la rime soit riche ? Si ce n'est pas nécessaire, c'est au moins avantageux, et il est bon d'en faire un principe général. Mais je n'hésiterai jamais à sacrifier cette richesse à la beauté ou à la justesse de la pensée. Je ferai sans scrupule rimer *brisé* avec *renversé*, si je ne trouve pas un mot qui ait un sens pareil et une couleur semblable. L'école romantique mettrait sans façon *cassé* au lieu de *brisé*, et la rime deviendrait riche. Mais je croirais acheter trop cher, par la perte d'un mot noble et l'admission d'un trivial, la faible supériorité d'harmonie que la règle nous fait trouver dans la rime riche.

Remarquons que cette richesse même, suivant l'opinion commune, n'est bien souvent que pour les yeux. On regarde comme très-correctes et bien suffisantes des rimes fort pauvres, uniquement parce que la consonnance est écrite avec plusieurs lettres au lieu d'une seule. Rien, certes, n'est plus richement rimé que l'*Art poétique* de Boileau : on trouve cependant dans le premier chant *fin* et *jardin*, *mots* et *repos*, *haut* et *Bertaut*, où la rime ne consiste que dans les voix indécomposables *in* ou *ô*, sans aucune articulation commune ni avant ni après. Vainement dira-t-on qu'il y a là des monosyllabes, ou que le son consonnant est écrit avec deux ou trois lettres : c'est là de la convention, ce n'est pas une harmonie véritable ; et si l'oreille ne se plaint pas de ces rimes, elle ne se plaindra pas davantage de *brisé* avec *écarté*, de *plaça* avec *jeta*, de *fini* avec *réussi*, que Boileau n'avait jamais voulu se permettre.

Je traite donc pour moi, sans difficulté, la richesse de la rime comme une convention : je m'y soumets toutes les fois

---

1. Lebrun dans ses odes ; M. Hugo, *Odes et ballades*, liv. I, 11, v. 38 et 39.

que je le puis ; quand je ne le puis pas je passe outre. J'aime mieux une rime très-pauvre, mais exacte, qu'une rime riche en apparence, et qui n'existe pas pour l'oreille, comme celle de *basses* avec *tombasses*, que j'ai citée tout à l'heure.

Je vais quelquefois plus loin. Des consonnes entièrement muettes à la fin des mots ne me semblent pas empêcher la rime, pourvu qu'elles ne soient pas caractéristiques de quelque accident grammatical contraire. La Fontaine a mis dans son *Joconde :*

> En galant homme, et, pour le faire *court*,
> Un véritable homme de *cour*.

Je n'hésite pas plus que lui à faire rimer *Hector* avec *sort*, *encor* avec *effort*, *camp* avec *flanc* ou *sang*, *fond* avec *plomb*, etc.

Je sais bien que par là je m'attirerai les critiques sévères de tous ceux qui sont habitués à la versification de Corneille, de Boileau et de Racine ; mais je suis convaincu que ces grands poètes ont trop cédé à la coutume ou aux règles qu'elle avait admises, et qui n'étaient pas fondées sur une raison évidente. Je pense que Voltaire a bien fait de se relâcher un peu à cet égard ; et si je l'imite en cela, si même je vais plus loin que lui, je veux qu'on sache que ce n'est ni par ignorance, ni par négligence ; c'est par un dessein prémédité, et parce que je crois être et rester dans le vrai.

A l'occasion de la rime et de l'harmonie poétique, je dois dire un mot de la douceur du langage, recommandée dans tous les traités de versification, entièrement négligée par l'école romantique [1], et sans laquelle pourtant il n'est pas de bons poètes.

Voltaire, dans son *Temple du goût*, fait prononcer à Lamotte ce vers imitatif :

> Mes vers sont durs, d'accord : mais forts de choses ;

---

1. Voyez dans nos *Thèses de littérature*, le n° XVI.

et il ajoute : « La critique le reconnut à la douceur de son maintien et à la dureté de ses derniers vers. » Et, en effet, comme Lamotte manquait absolument d'oreille, les vers rocailleux se présentaient souvent, ou même habituellement, sous sa plume. Il s'en excusait, d'ailleurs, en disant qu'*un poëte n'est pas une flûte*[1].

Ce mot ingénieux dont il serait facile d'abuser, me semble, si on l'entend dans une juste mesure, renfermer sur le point qui nous occupe une vérité très-importante. Sans doute il faut en général que les vers soient bien cadencés, et que le langage considéré dans son matériel, c'est-à-dire dans la suite des voix et des articulations, y soit fort doux. Horace l'a dit[2] :

> Non satis est pulchra esse poemata, dulcia sunto.

Mais faudra-t-il tout sacrifier à cette douceur éternelle ? Et si une pensée grande ou vigoureuse exige une construction serrée et même un peu dure, devrons-nous absolument y renoncer de peur de redoubler une consonne, ou de faire heurter deux voyelles ? Je ne saurais le croire ; et ici se place naturellement une distinction qu'on n'a pas assez faite entre la poésie de sentiments et d'images, et une autre plus forte et plus corsée, que je définirai tout à l'heure.

Dans la première, la pensée nécessaire étant peu de chose, le poëte y ajoute ou en retranche à son gré des comparaisons, des épithètes, des périphrases, etc. : il peut alors, et toujours, être aussi doux qu'il le désire. Soit, par exemple, cette strophe de Racine[3] :

> O rives du Jourdain ! ô champs aimés des cieux !
>   Sacrés monts ! fertiles vallées,
>   Par cent miracles signalées !

---

1. D'Alembert, dans son *Éloge de Lamotte*.
2. *Ars poet.*, v. 99.
3. *Esther*, acte I, sc. 3.

Du doux pays de nos aïeux
Serons-nous toujours exilées?

La pensée que je nomme *nécessaire* est ici comprise dans les deux derniers vers; les trois autres ne sont que des exclamations que le poëte aurait pu supprimer ou remplacer par d'autres, si la phrase lui eût paru manquer de l'harmonie qu'il désirait y mettre. Il est donc là tout à fait maître du choix de ses mots ou de leur admission, et peut ainsi pousser au plus haut degré la douceur de sa versification.

Il n'en est pas de même dans la narration, dans la discussion, quand on converse sur un sujet qui veut être exactement défini. Écoutez Aman expliquant à son confident que la présence et le regard de Mardochée l'importunent et l'irritent [1]:

En vain de la faveur du plus grand des monarques
Tout révère à genoux les glorieuses marques.
Lorsque d'un saint respect tous les Persans touchés
N'osent lever leurs fronts à la terre attachés,
Lui, fièrement assis et la tête immobile,
Traite tous ces honneurs d'impiété servile....
Du palais cependant il assiége la porte :
A quelque heure que j'entre, Hydaspe, ou que je sorte,
Son visage odieux m'afflige et me poursuit....

Il est visible qu'ici les trois premiers vers, et surtout l'avant-dernier, sont loin d'avoir la douceur harmonieuse de ceux que nous citions tout à l'heure. D'où cela vient-il? De ce que la pensée y est plus pleine et plus serrée; de ce que tous les mots ont leur place et leur signification obligée; de ce que le poëte, ne pouvant ni choisir, ni écarter, ni changer les idées, est bien forcé de subir la loi de leur ordre, de leurs liaisons et de leurs conséquences.

L'harmonie du langage dans les vers n'est donc pas absolue; elle est relative au genre d'esprit du poëte, et à ce

---

1. Racine, *Esther*, acte II, sc. 1.

qu'il veut exprimer. Si la poésie est, en quelque façon, *soufflée* et *vaporeuse*, c'est-à-dire si, la pensée y étant presque vide, elle se réduit à des sentiments vagues, à des impressions fugitives et non liées entre elles; les images, les figures, pouvant toujours être échangées contre d'autres, l'harmonie dépendra essentiellement du poëte; elle sera, s'il le veut, la plus grande possible; et c'est par là que se distinguent, en effet, les gens qui, avec une grande imagination et une oreille délicate, n'ont presque rien d'utile à nous dire.

Si, au contraire, la pensée est serrée et compacte, comme on la trouve chez les poëtes les plus élevés, la douceur de l'expression s'y subordonne nécessairement. On cherche alors, et les hommes heureusement doués trouvent, non pas une forme absolument harmonieuse, mais celle qui l'est le plus dans les conditions imposées; puis ils font des vers tels que ceux-ci[1]:

> Dans mes lâches soupirs d'autant plus méprisable
> Qu'un long amas d'honneurs rend Thésée excusable;
> Qu'aucuns monstres par moi domptés jusqu'aujourd'hui
> Ne m'ont acquis le droit de faillir comme lui....

vers magnifiques, sans contredit, mais admirables par la pensée, par la correction et la propriété des termes, beaucoup plus que par ce qu'on nomme proprement la *mélodie*.

En résumé, dans ce genre de poésie sévère et substantielle, les hommes sans talent poétique font constamment, comme Lamotte, des vers durs et rocailleux; les poëtes les plus élevés, comme Boileau, Racine et Voltaire, maintiennent dans leur versification une douceur générale satisfaisante; mais ils laissent quelquefois échapper des vers un peu durs, que la force de la pensée et la beauté des vers voisins empêchent de remarquer : c'est là tout ce que l'on peut raisonnablement demander. On citerait facilement chez

---

[1]. Racine, *Phèdre*, acte I, sc. 1.

nos poëtes les plus éminents un grand nombre de vers où ils ne se sont évidemment pas proposé de flatter l'oreille : mais blâmer ces vers, ce serait justement leur reprocher ce qui a le plus contribué à faire leur immense valeur; ce serait vouloir rabaisser la poésie au rôle de ces harpes éoliennes qui produisent les sons les plus doux possible, mais en même temps les plus vagues et les plus insignifiants.

Passons à cet autre précepte de la nouvelle école poétique, sur lequel j'ai dit que je reviendrais. M. Sainte-Beuve le formule ainsi [1] : « Le procédé de couleur dans le style d'André Chénier et de ses successeurs roule presque en entier sur deux points : 1° au lieu du mot vaguement abstrait, métaphysique et sentimental, employer le mot propre et pittoresque; au lieu *du ciel en courroux*, mettre *le ciel noir et brumeux;* au lieu du *lac mélancolique*, mettre *le lac bleu;* préférer aux *doigts délicats*, les *doigts blancs et longs* [2]...; 2° tout en usant habituellement du mot propre et pittoresque, tout en rejetant sévèrement le mot vague et général, employer à l'occasion et placer à propos quelques-uns de ces mots indéfinis, inexpliqués, flottants, qui laissent deviner la pensée sous leur ampleur : ainsi des *extases choisies*, des *attraits désirés*, un *langage sonore aux douceurs souveraines*, etc.... »

Je ne veux pas m'arrêter sur cette métaphysique; je fais seulement remarquer que ce dernier précepte est excellent aux yeux de ceux qui ne savent jamais précisément ce qu'ils veulent dire. De tout temps on a employé les mots que recommande ici le critique; mais on les prenait quand le sens les demandait. La recommandation de les mettre pour eux-

---

1. *Vie, Poésies et Pensées de J. Delorme.* Pensée XIV, p. 230.
2. Il est bizarre que les mots recommandés ici soient précisément ceux que Chapelain avait mis dans la *Pucelle* et dont Boileau se moque avec tant de raison dans sa *troisième réflexion critique sur quelques passages de Longin.*

mêmes, et parce que avec eux la pensée sera devinée plutôt que comprise, est assurément des plus inattendues, disons même des plus incroyables.

Quant à l'épithète purement matérielle dont il s'agit dans la première section du paragraphe, et que M. Sainte-Beuve nomme, par un euphémisme mal justifié, le *mot propre et pittoresque*, on s'étonne qu'un critique de tant de valeur et d'instruction ait pu confondre ainsi des objets aussi différents [1]. Un mot est *pittoresque* quand il peint; et *peindre*, en poésie, ce n'est pas dire de quelle couleur est un objet, mais montrer vivement en lui une qualité qui s'accorde avec le sentiment qu'on veut faire naître chez nous.

Dire, par exemple, qu'une forêt est *verte*, lorsque le poëte réfléchit sur la grandeur de Dieu, et que sa profondeur seule ou son immensité doit nous occuper; ou remarquer que l'océan a la couleur glauque, quand un vaisseau y sombre; ou que la poudre est noire, quand elle fait sauter une ville; ce ne sont pas des épithètes pittoresques, ce sont de détestables chevilles, et plutôt encore de pures sottises. L'épithète matérielle est bonne toutes les fois que ce qu'elle représente concourt à fortifier le sens du discours. Elle fait, à ce qu'il me semble, un très-bel effet dans ces vers de l'*Épître à Duhamel*, où Colardeau peint l'approche de l'orage :

> La tempête, semblable aux ombres de la nuit,
> Dans le calme imposant du plus profond silence,
> Monte, se développe et lentement s'avance.
> La nature frémit dans un muet effroi,
> L'air immobile et lourd s'appesantit sur moi.

Le poëte décrit avec une grande vérité la nature physique,

---

1. M. Sainte-Beuve est revenu plus tard dans ses *Portraits littéraires* sur cette opinion. Il a montré comment et pourquoi elle était fausse. Malheureusement une simple remarque placée par occasion dans un ouvrage biographique n'a pu détruire le mal qu'avait fait l'assertion contraire dans un ouvrage dogmatique comme les *Pensées de J. Delorme.*

et tous ses traits s'accordent avec le sentiment du voyageur que l'orage surprend. Il continue et passe sans difficulté, quand il le trouve bon, au mot abstrait et sentimental :

> Les cieux grondent; les vents sifflent; l'urne céleste
> Menace le vallon d'un déluge *funeste*.

C'est ce mot *funeste* que l'école d'André Chénier aurait rejeté; elle y eût préféré des vers comme ceux-ci :

> Les cieux grondent; les vents sifflent, et la rafale
> Menace le vallon d'un déluge d'*eau sale*.

Voilà en effet le mot propre et matériellement pittoresque; mais cette circonstance, tout à fait indifférente, ne suffirait-elle pas à gâter la meilleure pièce?

Ajoutons que ces épithètes matérielles sont en très-petit nombre pour chaque objet; et qu'ainsi la variété que nos impressions diverses mettent dans les choses naturellement pareilles, variété dont la poésie profite si utilement, disparaît tout à fait pour nous. Le ciel sera donc toujours bleu ou gris; l'eau toujours claire ou trouble; le sable toujours jaune, etc., etc. Préférer ces épithètes qu'il suffit d'accepter quand on en a besoin, c'est se condamner à la plus détestable monotonie; comme déranger les césures et pratiquer le libre enjambement, ç'a été détruire les vers et y substituer de mauvaise prose. Tel est le progrès que nous propose en théorie l'école d'André Chénier. On ne s'étonnera pas que je m'y refuse, et que, persuadé, comme je le suis, que la forme des arts a toujours été en se perfectionnant, je regarde les principes qui nous ont été légués par les siècles précédents, comme la loi de quiconque veut aujourd'hui produire quelque chose de durable.

Qu'on ne croie pas que cette soumission à ce que ma raison me montre comme juste, dégénère pour moi en servitude, ou qu'elle empêche aucunement mon indépendance et ma liberté. On a pu voir jusqu'ici, on verra encore, je l'espère, que je ne manque ni de hardiesse, ni d'initiative. Mais là, comme en d'autres matières, le véritable moyen d'arriver au but, ce n'est pas de mépriser l'expérience ancienne, ou de renverser d'abord et de détruire ce qu'ont établi les plus illustres génies des temps passés : c'est d'examiner avec soin leurs œuvres; de remarquer, s'il y a lieu, les défauts qui les déparent, en tâchant pour nous de les éviter; d'y admirer surtout les beautés qui les recommandent, de les imiter selon la mesure de nos forces, et d'y en ajouter, s'il est possible, de nouvelles, que le travail ou une heureuse inspiration nous aura fait découvrir.

Conclusion. — De toute cette étude, il résulte des conséquences bien opposées, ce me semble, à la croyance commune, aussi bien à celle qui était autrefois admise partout, qu'à celle que l'école romantique a fait prévaloir et rendue générale en France, depuis une trentaine d'années. Ces conséquences les voici :

1° La poésie est quelque chose de précis, et qu'on peut définir exactement : et si tant d'hommes ont déraisonné sur ce sujet, c'est qu'ils ont pris successivement et confusément tous les sens détournés de ce mot pour son sens propre [1].

2° Les qualités qui doivent distinguer le poëte ne sont pas seulement la sensibilité, l'imagination, l'enthousiasme, ou la spontanéité; mais aussi le jugement, l'attention, l'exacte connaissance des choses et la réflexion profonde.

3° C'est de l'ensemble de ces qualités, et surtout des dernières, que vient chez lui l'originalité, après laquelle tant de gens courent, et que si peu atteignent.

4° A considérer, non plus les poëtes eux-mêmes, mais leurs œuvres, il faut distinguer la poésie de premier jet ou poésie *jaculatoire*, devenue de notre temps la poésie *rêveuse;* et la poésie *méditée*, à laquelle appartiennent les poëmes

---

1. *Petit traité de rhétorique et de littérature*, ch. I, § 1, p. 2, 3 et 4.

bien composés ou de longue haleine, les seuls qui, à la longue, fassent la gloire littéraire d'une nation.

5° Dans ces poëmes, l'expression doit être au niveau de la conception première et de la bonne disposition : c'est-à-dire qu'elle doit se distinguer par la correction grammaticale, la fermeté de la pensée, la variété et l'harmonie.

6° La pensée est serrée ou lâche : celle-ci se reconnaît chez nous aux mots insignifiants, c'est-à-dire aux *chevilles* admises en si grande quantité par l'école romantique.

7° La pensée est conséquente ou disparate : celle-ci produit les non-sens et les absurdités les plus condamnables; et plusieurs poëtes modernes ne se sont pas assez tenus en garde contre ce vice le plus détestable de tous.

8° Le défaut de méditation et de travail produit nécessairement dans les œuvres la monotonie la plus fatigante, non-seulement pour les sujets, les détails, les tournures de phrase et les figures; mais même pour les mots qui reviennent toujours et sans cesse nous apporter la même idée sous le même son.

9° La versification, pour être harmonieuse, doit suivre exactement les règles formulées par les poëtes du xvii° siècle, et n'admettre jamais que comme des exceptions les dérogations à ces règles. Ces dérogations seront ensuite jugées d'après la beauté particulière qu'elles ont pu faire naître, ou qu'elles ont sauvée, lorsque la rigueur des règles l'aurait écartée.

10° Quant à la richesse de la rime, c'est la plupart du temps un mérite de convention, qui n'augmente pas sensiblement l'harmonie poétique. On fait bien de le conserver quand il est possible; mais on doit y renoncer, si pour obtenir ce faible avantage il en faut sacrifier un plus important.

11° Les épithètes enfin doivent être choisies, comme l'ont recommandé les anciennes poétiques, parmi les mots qui répondent le mieux à la pensée actuelle du poëte et de son lecteur. Il est puéril de distinguer en théorie l'épithète *matérielle* de l'épithète *abstraite ou sentimentale :* la meilleure, quelle que soit sa nature, sera toujours celle qui s'accordera le mieux avec le sens du passage où elle entre, par l'effet qu'elle fera sur nous.

Ces conclusions, on le voit, s'écartent en plusieurs points et des doctrines classiques, et de celles que les feuilletonistes nous ont répétées depuis plus de trente ans, sur la foi de quelques poëtes, trop intéressés à vanter les mauvais ouvrages et les mauvaises règles. Mais ici, comme partout, il faut tâcher d'atteindre la vérité; et quand on croit la tenir, la suivre ou la dire sans s'inquiéter si l'on sera d'accord avec Pierre ou Paul. C'est ce que j'ai fait, autant que je l'ai pu, dans la présente dissertation.

LE PÉDANTISME
DANS LA POÉSIE[1].

On connaît sous le nom de *pédanterie du style*[2] un défaut bien insupportable, qui n'appartient guère qu'aux écrivains médiocres et infatués d'eux-mêmes. C'est cette prétention à la profondeur qui leur fait débiter, comme autant d'oracles, des pensées extrêmement communes, souvent de véritables sornettes revêtues seulement d'une expression ambitieuse. Mably est un de ces écrivains boursouflés, sans valeur intrinsèque, et ses ouvrages historiques un répertoire inépuisable de ce bavardage aussi vide que prétentieux.

Il y a un défaut qui a quelque ressemblance avec celui-là, mais qui, plus insupportable encore, dégénère en un véritable pédantisme. C'est celui des auteurs qui, dans un ouvrage d'imagination où les recherches savantes ne sont rien, font parade d'une érudition de bas aloi, citant à tout propos, et presque toujours hors de propos, soit des faits, soit des textes dont l'ouvrage n'a aucun besoin; et cela non pas seulement dans les notes, mais dans le corps de l'œuvre ou dans des passages qu'on reconnaît, au premier coup d'œil, n'avoir été introduits que pour motiver les notes.

Ce n'est pas que l'érudition ne soit en elle-même une fort bonne chose, qu'elle ne puisse nous fournir de précieux

---

1. Cette dissertation a été écrite en avril 1842.
2. *Cours supérieur de grammaire*, part. II, liv. IV, ch. 2.

détails, souvent des idées poétiques neuves, profondes, originales. Je n'hésite pas à penser, pour moi, qu'une partie de la supériorité des poëtes modernes sur les anciens vient précisément de ce qu'ils savent plus et mieux; qu'ils ont, par conséquent, beaucoup plus à dire; et mettent soit dans l'invention, soit dans la disposition de leurs ouvrages, plus de variété et d'intérêt [1]. L'érudition, en soi, est donc excellente; les ignorants seuls peuvent douter de sa fécondité ou méconnaître son influence sur la beauté du plan et la richesse des détails dans nos bons poëmes modernes.

Ce qui est insupportable, c'est l'érudition sans motif et sans choix, dans un ouvrage qui n'en demande pas; l'érudition faite pour elle-même, pour l'étalage de la science et la satisfaction de l'auteur qui semble dire au public comme le *Médecin malgré lui :* « Ah! vous ne savez pas le latin! *Cabricias arci thuram, catalamus, singulariter, nominativo; hæc musa*, la muse; *bonus, bona, bonum* [2]. » Autant j'estimerai toujours les connaissances solides, celles qui nous apprennent quelque chose, et qui se présentent quand on les désire; autant je méprise et repousse celles qui se jettent à la tête des gens sans autre motif que de se faire admirer, et l'auteur avec elles.

Un poëte de l'époque impériale à qui ses succès, comme professeur, et l'amabilité de son caractère ont fait quelque temps une réputation au-dessus de son mérite, doit être mis au nombre de ces poëtes pédants dont je parle; c'est Luce de Lancival, qui, dans son *Achille à Scyros*, fournit un grand nombre d'exemples de ce mauvais goût. Il met dans la bouche de Neptune un discours destiné à consoler Thétis : le dieu des mers lui promet en termes entortillés qu'Ulysse qui doit déterminer la vocation d'Achille et l'entraîner dans

---

1. Ci-dessus, p. 195 à 199.
2. Molière, le *Médecin malgré lui*, acte II, sc. 6.

l'armée des Grecs, en sera puni plus tard parce qu'il verra son vaisseau ballotté sur toutes les mers.

Il ajoute[1] :

> La fille de Nérée
> Reprendra tous ses droits, lorsque le Capharée,
> Faisant briller au loin ses nocturnes flambeaux,
> Sous l'onde aux Grecs vainqueurs ouvrira leurs tombeaux;
> Et d'écueils en écueils promenant son supplice,
> De nos traits réunis nous poursuivrons Ulysse.

A quoi tient ici cette citation du Capharée et de la vengeance de Nauplius? Elle ne tient à rien absolument. Elle donne seulement à l'auteur l'occasion de rappeler ici, et dans la note qui se rapporte à ce passage[2], qu'après la prise de Troie, la flotte des Grecs revenant en Aulide fut battue d'une affreuse tempête qui en dispersa une partie et jeta le reste sur les côtes de l'Eubée; que Nauplius, en ayant eu avis et voulant venger la mort de son fils Palamède, fit allumer la nuit des feux parmi les rochers dont son île est environnée, dans le dessein d'y attirer les vaisseaux des Grecs et de les y faire périr; que les vaisseaux s'y brisèrent en effet; que les Grecs furent en partie noyés, en partie assommés par les gens de Nauplius, excepté toutefois Ulysse, que Minerve déroba à la vengeance du roi. « Nauplius en fut si désespéré, ajoute Luce, qu'il se précipita dans la mer. » — N'avouera-t-on pas alors que la consolation essayée par Neptune auprès de Thétis est singulièrement choisie, puisque 1° Nauplius poursuit une vengeance qui lui est propre et qui ne regarde pas du tout la déesse; 2° que l'objet de leur haine commune leur échappe à l'un et à l'autre; 3° que celui sur qui elle comptait pour punir Ulysse, est si confus et si irrité d'avoir manqué son coup qu'il ne lui reste qu'à se noyer[3] ?

---

1. *Achille à Scyros*, chant I, p. 6.
2. Note M du chant I, p. 15.
3. Hygin, et Noël, *Dictionnaire de la Fable*, mot *Nauplius*.

Ne valait-il pas mieux alors retrancher tous ces vers et la note qui les explique?

Dans le second chant du même ouvrage, Thétis délibérant sur le lieu où elle déposera son fils ne veut pas le conduire à Athènes parce que :

> Chez les Athéniens, peuple amant de la gloire,
> Au prix de tout son sang il se croirait heureux
> S'il achetait l'honneur d'être loué par eux [1].

Vous vous demandez comment Thétis a pu avoir cette idée biscornue; et si les Athéniens, barbares alors comme tous les autres Grecs, pouvaient si bien dispenser la gloire qu'on mourût volontiers pour être estimé d'eux? Une note [2] vous explique que c'est un mot d'Alexandre le Grand. Vous reconnaissez alors que pour le placer tant bien que mal dans son *Achilléide*, Luce a prêté à Thétis des connaissances et des idées qui lui sont postérieures de sept siècles environ.

Le même poète écrit un peu plus loin [3] :

> Sestos est plus modeste, Abydos plus tranquille.

Or, Sestos ni Abydos n'ont aucun rapport à son sujet. Toutefois, ces deux villes ont été illustrées par Héro et Léandre. Le grammairien Musée a composé un petit poëme sur la funeste aventure de ces jeunes gens. Luce se serait cru un maladroit de perdre l'occasion de dire quelque chose sur ce point. Il a donc écrit son vers tout exprès pour avoir l'occasion d'une remarque [4].

Un autre poète, contemporain de Luce de Lancival, mais qui lui a survécu longtemps, Deguerle, a fait un conte en vers, intitulé *Pradon à la Comédie*, ou les *Sifflets*. Le fond du récit, c'est que Pradon, irrité de ce qu'on le siffle, prend

---

1. *Achille à Scyros*, chant II, p. 24.
2. Note F du chant II, p. 29.
3. *Achille à Scyros*, chant II, p. 24.
4. Note G du chant II, p. 29.

le parti de siffler lui-même, et se fait ainsi une querelle avec un mousquetaire qui admirait de bonne foi sa pièce. Il semblerait qu'il n'y a pas place. là pour des citations ; mais où le pédantisme ne se glisse-t-il pas ? Deguerle représente Pradon obligé de sortir du théâtre, où il est bafoué par tout le monde :

> Et lorsqu'ainsi du public qui le hue
> Sifflets encor le suivent dans la rue,
> Au clair de lune (admirez le tableau),
> La buse va heurter contre Boileau.

Qu'est-ce que cela peut faire à Pradon, je vous le demande, dans un moment pareil, et surtout au lecteur ? Y a-t-il là de quoi *admirer le tableau ?* mon Dieu non. Deguerle s'est seulement souvenu que Boileau avait critiqué Pradon ; il a trouvé merveilleux de faire rencontrer le satirique et le poëte fugitif, et l'a ainsi introduit, dans son poëme, sans aucune raison que de faire honneur à sa propre mémoire.

Un homme d'un bien autre talent, et dans un ouvrage d'une bien plus haute importance, Chateaubriand, dans ses *Martyrs*, n'a pas su résister à cette envie de faire admirer ses connaissances, et il a ainsi déparé en beaucoup d'endroits un ouvrage digne à d'autres égards de notre admiration.

Je sais que la belle imagination de l'auteur et le caractère particulier de son talent l'entraînaient à la description : l'amplification et tout ce qui s'y rapporte lui convenaient par conséquent ; c'est là qu'il était à l'aise, et qu'il pouvait le plus naturellement produire ces ouvrages si remarquables par la beauté et le riche coloris du style. A Dieu ne plaise que je le blâme absolument de cette indulgence pour son propre génie qui nous a valu des pages si magnifiques ; mais ne la pousse-t-il pas trop loin ? Il a fait trois volumes sur Eudore et Cymodocée ; et qu'y a-t-il, bon Dieu ! dans les actions de ces deux personnages ? la matière d'un demi-volume, tout au plus. Il a donc fallu pour tout le reste recourir au remplissage, entasser les descriptions, les actions épisodiques, les extraits d'auteurs, et parmi ces extraits ceux même qui ne se rapportent pas du tout au sujet principal.

C'est là l'immense défaut de ce roman poétique: une action insuffisante et en revanche le dépouillement des poëtes et historiens anciens, dépouillement importun, quoique exécuté avec talent et dans un très-beau langage, où l'homme de goût ne verra qu'un hors-d'œuvre qu'il jugera surtout trop long.

Que sera-ce si, au lieu d'indiquer les fautes où tombent les hommes vraiment instruits par cette affectation déplacée d'une science dont il n'est pas question actuellement, nous les considérons chez ceux dont les connaissances réelles peuvent être facilement contestées?

Voici d'abord comment ils composent la plupart du temps : ils ouvrent un livre par hasard, ils sont surpris tout d'abord de ce qu'ils y trouvent; leur ignorance les aveuglant sur la valeur de cette prétendue découverte, ils ne se doutent pas que d'autres y ont vu et lu la même chose qu'eux[1]; que s'ils ne l'ont pas pris, c'est qu'ils ne l'ont jugé ni bon ni neuf. Persuadés, en conséquence, que c'est une vraie trouvaille, une invention heureuse, un hasard qui n'est fait que pour eux, ils copient leur passage avec enthousiasme, et le fourrent de gré ou de force dans leur premier poëme.

En voici quelques exemples. Un auteur dramatique dans une tragi-comédie fait dire au comte de Camporéal[2]:

---

[1]. On se rappelle ce qui a été dit de deux écrivains modernes qui croyaient avoir découvert, l'un le Rhin, l'autre la Méditerranée. Cette critique, si plaisante dans la forme, est au fond justifiée chez la plupart des écrivains pédants par l'importance exagérée qu'ils donnent à des détails dont personne n'a voulu jusqu'à eux, et qu'ils ont été obligés de ramasser pour composer leurs livres.

[1]. *Ruy-Blas*, acte III, sc. 1.

> La maison de la reine ordinaire et civile
> Coûte par an six cent soixante-quatre mille
> Soixante-six ducats.

Il nous renvoie en note [1], à *Solo Madrid es corte,* où l'on trouvera, dit-il, cette somme *sans un maravédis de plus ni de moins.* Il ajoute : « Le laquais du quatrième acte dit :

> L'or est en souverains,
> Bons quadruples pesant sept gros trente-six grains,
> Ou bons doublons au marc [2]. »

Il triomphe de ce que le livre des monnaies publié sous Philippe IV, *en la imprenta real,* donne exactement les mêmes notions. Il conclut modestement de cet exemple *qu'à défaut du talent il a la conscience,* et que, cette conscience, il la porte dans les petites choses comme dans les grandes. — Nous verrons bien tout à l'heure que la fidélité dont M. Hugo se vante n'est pas aussi réelle qu'il le croit. Remarquons seulement ici que la conscience n'est aucunement intéressée dans la vérité des détails d'une comédie, et que cette exactitude est celle d'un livre de blanchisseuse et non celle qui convient à la scène.

Un autre poëte de la même école, M. Alexandre Dumas, malgré une imagination féconde et une entente remarquable des choses du théâtre, a prouvé en mille occasions qu'il était plus facile d'entasser sans choix des bribes tirées de tous côtés que d'inventer sans cesse ou de combiner des situations neuves.

Déjà, dans son *Henri III,* il avait semé force discussions, annotations et réflexions pillées de toutes parts, sans rapport avec son sujet, et qui ne faisaient que grossir le volume. C'est là que d'Épernon s'écrie en fouillant dans sa bourse [3]:

---

1. Note à la fin du volume.
2. *Ruy-Blas,* acte IV, sc. 3.
3. *Henri III,* acte I, sc. 3.

Je ne pensais plus que j'avais perdu à la prime jusqu'à mon dernier Philippus. Je ne sais ce que devient ce maudit argent. Il faut qu'il soit trépassé. Vive Dieu ! Saint-Mégrin, toi qui es ami de Ronsard, tu devrais bien le charger de faire son épitaphe.

Pourquoi, demandez-vous, M. Dumas a-t-il mis ce couplet ? Pour enseigner aux spectateurs que l'on jouait alors à la prime, que l'on comptait par Philippus, que Ronsard était un poëte de ce temps, qu'il était l'ami de Saint-Mégrin. La pièce n'avait pas besoin de tout cela, mais l'auteur se donnait, auprès d'un parterre ignorant, l'air d'un érudit : et le couplet a été écrit. Un peu plus loin, d'Épernon donne à Ruggieri un bon de dix écus *noble rose*, et il ajoute cette observation :

Fais bien attention que la noble rose n'est pas démonétisée comme l'écu sol et le ducat polonais, et qu'elle vaut douze livres.

Cet avertissement est aussi étrange et aussi ridicule, que le serait celui-ci, dans une pièce du commencement de notre siècle : « Fais bien attention que les écus de six livres perdent vingt centimes, et fais-toi remettre l'appoint, si l'on te paye en cette monnaie. »

Si nos comiques d'alors, Picard, Étienne ou Duval, avaient admis dans leurs pièces une pensée pareille, quels sifflets n'auraient-ils pas justement excités ! M. Dumas a trouvé un parterre pour admirer son instruction et applaudir à sa phrase.

Ailleurs encore, il entre dans des détails on ne peut plus déplacés, sur la construction du Pont-Neuf[1], détails qui se lisent dans tous les historiens de Paris, et qu'il n'a eu qu'à mettre en dialogue pour en régaler son auditoire, quelque étrangers qu'ils soient à l'intrigue de son drame.

Mais c'est surtout la pièce de *Charles VII chez ses grands vassaux*, qui est infectée de cet odieux pédantisme. A tout

---

1. *Henri III*, acte II, sc. 1.

moment on y trouve rappelés sans but ni motif, des mots ou des détails historiques, mis évidemment pour remplir des rôles vides, pour suppléer à la pauvreté de l'invention, peut-être aussi pour apprendre quelque chose aux spectateurs.

C'est, par exemple, le comte de Savoisy, qui rappelle l'invention de l'artillerie[1] :

> Voilà Salisbury qui vient *dans nos débats*
> Jeter l'artillerie au milieu des combats.

C'est Charles VII, qui fait un cours d'histoire contemporaine au comte de Savoisy, son hôte[2] :

> Nos deux frères aînés, l'espoir de la maison,
> Sont morts, et quelques-uns disent par le poison :
> Philippe de Bourgogne et Jean six de Bretagne,
> Mes beaux-frères tous deux, font contre moi campagne.
> Ma mère, qui devrait m'être un puissant soutien,
> Achèterait mon sang de la moitié du sien.

Ce dernier vers veut dire qu'Isabeau de Bavière donnerait la moitié de son sang pour voir périr son fils. Il est bon d'en être prévenu, car la phrase signifierait tout aussi bien le contraire.

Dans la même scène, le comte de Savoisy adresse au roi le mot si connu que l'histoire attribue au brave Lahire :

> Vraiment,
> Sire, l'on ne perd pas son trône plus gaiement.

Dans l'acte suivant, le même personnage rend au roi la leçon d'histoire qu'il en a reçue tout à l'heure. Il lui énumère longuement les acquisitions faites par ses ancêtres[3].

> Philippe de Valois
> Après le Dauphiné conquérait la Champagne ;
> Philippe-Auguste, au loin rejetant la Bretagne[4],

---

1. *Henri III*, acte II, sc. 3.
2. Acte II, sc. 6.
3. Acte III, sc. 4.
4. Je ne sais ce que signifie cet hémistiche.

> Prenait la Normandie et le Maine et l'Anjou;
> Avec les clefs de Tours il ouvrait le Poitou;
> Par un traité, Louis neuf[1] ajoutait à la France
> Le Languedoc. Vous même aviez sur la Provence
> Des droits comme beau-fils de Louis d'Anjou....

Il oppose à ce tableau celui des pertes de Charles :

> Il ne vous reste plus, Sire, que trois provinces.
> L'Anglais victorieux à grands pas envahit;
> Jean six, son allié, vous leurre et vous trahit.
> Philippe de Bourgogne à belles dents dévore
> Vos comtés d'Armagnac, de Foix et de Bigorre.

Et le malheureux ne s'aperçoit pas que ces énumérations, placées dans un moment où le drame devrait marcher, sont aussi ennuyeuses pour l'auditoire que pour le roi qui les écoute.

Certes, l'histoire est une des plus fécondes et des plus nobles sources où se puisse rafraîchir et renouveler l'imagination des poëtes; mais, pour entrer dans le domaine de la poésie, l'histoire veut être mise en œuvre. L'artiste a un travail à faire. Il ne suffit pas de copier platement, ou de diviser en lignes consonnantes, ce qu'on a lu le matin dans les chroniqueurs ou compilateurs de tout ordre. On ne réussit par là qu'à entasser des détails fastidieux pour les hommes de goût, qu'à hérisser son style de notions déplacées, et à faire haïr de plus en plus ce jargon pédantesque malheureusement à la mode aujourd'hui.

Quelquefois, du reste, à ce dogmatisme prétentieux se joint l'ignorance des faits ou la fausseté des détails : et ce n'est plus seulement le mécontentement des hommes de goût, c'est leur mépris que le poëme excite.

On a reproché avec raison à Millevoie d'avoir, dans son élégie sur Danaé, fait invoquer à cette femme les Dioscures,

---

1. *Louis* fait deux syllabes. La contraction en une seule est d'une dureté extrême.

qui ne vécurent et surtout ne furent divinisés que longtemps après sa mort.

Lemercier a fait de même de l'érudition à contre-sens, quand, dans sa comédie de *Plaute*, où il met en scène ce poëte et les personnages de l'*Aululaire*, il fait appeler Euclion, le *véritable aïeul d'Harpagon*. Nous savons qu'Harpagon est l'avare de Molière. Les contemporains de Plaute auraient donc prévu que, dix-neuf siècles après eux, paraîtrait, dans une pièce célèbre, un Harpagon dont le caractère serait calqué sur celui du héros de Plaute.

Voici des exemples bien pires encore. M. Hugo écrit dans son ode *sur le rétablissement de la statue d'Henri IV*[1] :

> Que le fier conquérant de la Perse avilie,
> Las de léguer ses traits à de frêles métaux,
> Menace dans l'accès de sa vaste folie
> D'imposer sa forme à l'Athos.

Ce conquérant c'est Alexandre. Seulement M. Hugo lui prête un rôle et des desseins tout contraires à ceux que nous a conservés l'histoire. Vitruve raconte tout au long, au commencement de son second livre, qu'un architecte macédonien, nommé Dinocrate, proposa en effet au roi de Macédoine de tailler le mont Athos à son effigie ; mais qu'Alexandre, tout en louant la grandeur de l'idée de l'artiste, se refusa à la faire exécuter, par la raison que la dépense serait énorme et n'aurait aucune utilité. Il promit d'ailleurs d'employer Dinocrate, quand l'occasion se présenterait, et en effet il lui fit plus tard construire Alexandrie. Ainsi, un des traits qui font le plus d'honneur à Alexandre, qui mettent le mieux en relief sa modération, son bon sens, et surtout son génie administratif, est devenu, sous la plume de M. Hugo, une tache à sa mémoire.

Le même poëte, dans un autre poëme lyrique, adressé à

---

1. *Odes et ballades*, liv. I, n° 6.

l'Arc de triomphe (de l'Étoile), suppose qu'il viendra un temps où tout Paris sera détruit, excepté trois monuments : l'église Notre-Dame, la colonne de la place Vendôme et l'Arc de triomphe lui-même. Voici comment il exprime cette pensée bizarre [1] :

> Il ne restera plus dans l'immense campagne,
> Pour toute pyramide et pour tout Panthéon,
> Que deux tours de granit faites par Charlemagne,
> Et qu'un pilier d'airain fait par Napoléon.
>
> Toi, tu compléteras le triangle sublime.

Passons lui son *granit*, quoique les tours de Notre-Dame soient en pierre à bâtir comme tout le reste de l'église; mais attribuer la construction de Notre-Dame à Charlemagne, quand on a fait sur cette métropole un roman prétendu historique, en vérité c'est une erreur impardonnable.

Au reste, il y a des exemples où l'affectation d'une science qui nous est étrangère, est plus blâmable et plus ridicule encore; c'est lorsqu'elle nous fait tomber dans les non-sens ou le galimatias. Il est vraiment pénible et risible à la fois de voir l'écrivain employer des mots dont il ne comprend pas la valeur, faire des phrases auxquelles il suppose un sens, et qui en ont un tout contraire, ou même n'en ont pas du tout [2]; et dans cette satisfaction imperturbable de lui-

---

1. Les *Voix intérieures*, n° IV, § 3.
2. J'en trouve un exemple bien curieux dans le *Romulus* de M. Alex. Dumas, représenté aux Français le 13 janvier 1854. Cette comédie s'ouvre par quelques propos échangés entre la jeune Marthe, son frère le docteur Célestus et le docteur Wolf. Ce dernier est un métaphysicien, Célestus est un astronome; et les deux docteurs sont de la même force dans leurs sciences respectives. Wolf, grand admirateur de Leibnitz, ne fait que le nommer, il ne dit pas un mot qui montre qu'il ait compris une seule de ses idées. L'astronome est bien plus sot encore. Il est armé d'un télescope (c'est-à-dire probablement d'une lunette astronomique), et cherche quoi? Orion! M. Dumas a cru qu'Orion était une étoile très-difficile à apercevoir. Il ne sait pas que c'est une constellation, la plus grande et la plus brillante de tout le ciel, à

même, s'imaginer que tout le monde admire aussi bien sa doctrine que sa faconde.

Deguerle, dans son conte déjà critiqué de *Pradon à la Comédie*, prête à ce personnage le discours suivant :

> Ah! je vous tiens, amateurs de sifflets.
> Nouveaux Midas, puisque leur mélodie
> Plus que mes vers a pour vous des attraits,
> Dans le concert je ferai ma partie.
> Vous m'entendrez d'une fugue en faucet
> A votre barbe enfler la symphonie,
> Et sans nuls frais, docteur en harmonie,
> A vos accords mêler l'accord parfait.

Il n'est pas douteux que Deguerle, en écrivant cela, croyait donner de sa science en musique une idée favorable. On l'aurait bien étonné sans doute, si on lui avait dit que tous les mots sont ici pris à contre-sens, à tel point que ses phrases ne signifient rien du tout. Qu'est-ce que c'est qu'une *fugue en faucet?* est-ce qu'il y a des *fugues en voix de poitrine?* qu'est-ce encore qu'*enfler une symphonie d'une fugue?* qu'est-ce enfin que *mêler l'accord parfait à des accords?* Ce

---

ce point qu'il est aussi impossible de l'y chercher que de chercher le nez au milieu du visage. On l'y trouve tout de suite quand elle y est, comme on y trouve la grande Ourse. M. Dumas ignore encore qu'avec une lunette astronomique on peut considérer une étoile, ou une constellation extrêmement petite, mais qu'il n'y en a pas dont le champ puisse embrasser une constellation aussi grande qu'Orion, qu'on ne peut le voir dans son ensemble qu'à l'œil nu. Ce n'est pas tout, selon Célestus, c'est le vent d'est qui l'empêche de voir Orion. C'est une propriété toute nouvelle dans ce vent, qui nettoie le ciel la plupart du temps et fait briller les étoiles de leur plus vif éclat. Célestus est aussi fort sur la météorologie que sur l'astronomie. Un autre détail de la même scène n'est pas moins curieux, c'est celui-ci, que « si Orion disparaissait du ciel, ce serait un grand malheur pour le bâton de Jacob. » Suivent quelques réflexions, d'où l'on peut conclure que M. Dumas prend le bâton de Jacob pour une constellation séparée d'Orion. Il ne sait pas que les trois étoiles qui le composent sont au milieu d'Orion, et en forment le ceinturon ou le baudrier. Ce n'est donc pas quelque chose à part; c'est une partie de la constellation même que le vent d'est l'a empêché de voir; et il n'y a pas à l'en distinguer.

sont là de purs non-sens qu'il est honteux d'écrire, parce qu'il est honteux de parler de choses dont on n'a pas la moindre idée. La suite ne vaut pas mieux :

> A ce discours, digne d'un *Pergolèse*,
> Voilà Pradon qui se joint aux railleurs.
> Il siffle, siffle *en bémol, en dièse*.

Pourquoi Pergolèse est-il nommé là ? parce que c'est un compositeur célèbre ; et Deguerle a voulu faire croire qu'il était versé dans l'histoire de la musique : il n'a prouvé que son ignorance, puisque Pergolèse est né dix ans après la mort de Pradon, et qu'il est absurde de comparer ce poëte agissant et discourant, à un musicien qui n'existait pas encore, et qui n'a peut-être jamais fait de discours.

Ce n'est pas assez : on le fait *siffler en bémol, en dièse*. C'est une autre incongruité. Le *bémol* et le *dièse* pris en général ne sont que des signes ou de pures conceptions de notre esprit. Dans la pratique, ils ne diffèrent pas l'un de l'autre : le bémol d'une note est le dièse de la note inférieure, de sorte que *siffler en bémol, en dièse*, s'il signifiait quelque-chose, voudrait dire *siffler d'une seule façon*, le contraire assurément de ce que l'auteur a pensé.

La prétention à parler de la musique instrumentale et à peindre ses effets n'a pas, non plus, porté bonheur à M. Hugo, qui a écrit une sorte de dissertation plus ou moins lyrique, sous ce titre que *La musique date du* XVIe *siècle*[1]. En fait, cela est absolument faux. Si M. Hugo n'était tout à fait étranger à l'histoire de l'art, il n'aurait pas imprimé une proposition contre laquelle protestent tous les ouvrages, même élémentaires, relatifs à ce sujet[2]. C'est Palestrina, qu'il prend pour le créateur de la musique ; il en fait un

---

1. *Les Rayons et les ombres*, n° XXXV.
2. Voyez *le Dictionnaire de plain-chant et de musique d'église*, au mot *Époques*, p. 592 et suivantes ; *le Cours complet de plain-chant* de M. Adrien de La Fage, à l'appendice, article V, surtout aux paragraphes 5 et 6 ; et

artiste rêveur, à physionomie dévastée, comme les poëtes sans talent ont eu la manie de se peindre il y a trente ans, qui

> Dans l'homme et dans les choses,
> Dut entendre des voix joyeuses et moroses;

qui pensait déjà à l'âge où notre cœur sourit, et emportait dans son esprit,

> Comme un fleuve à l'onde fugitive,
> Tout ce que lui jetait la nuée ou la rive;

et cetera, et cetera. Je n'ai rien à dire de ces billevesées. Mais je lis à propos des symphonies instrumentales :

> Puissant Palestrina, vieux maître, vieux génie,
> Je vous salue ici, père de l'harmonie.
> Car ainsi qu'un grand fleuve *où boivent les humains*,
> Toute cette musique a coulé de vos mains.
> Car Gluck et Beethoven, *rameaux sous qui l'on rêve*,
> Sont nés de votre souche et faits de votre sève :
> Car Mozart, votre fils, a pris sur vos autels
> Cette nouvelle lyre *inconnue aux mortels*.

Il est difficile de réunir, sous une forme plus prétentieuse et plus barbare, autant d'ignorance et de faussetés qu'il y en a dans ces vers. Tout le monde sait, excepté M. Hugo sans doute, que Palestrina n'a écrit que de la musique religieuse et purement vocale; que les instruments concertants avec les voix furent introduits vers 1640, un demi-siècle après sa mort[1]; que quarante ans plus tard, entre 1680 et 1700, on commença à perfectionner la musique instrumentale indépendante; qu'au milieu du xviiie siècle, la musique instrumentale faisant toujours des progrès, Gluck en tira un parti immense et tout nouveau dans ses opéras; et que plus

le *Dictionnaire universel des sciences, des lettres et des arts* de M. Bouillet, au mot *Musique*.

1. Palestrina est mort en 1594.

tard, Haydn réalisa dans la composition de ses symphonies tout ce que l'on pouvait concevoir de mieux alors [1]. Haydn est donc la véritable tige d'où procèdent Mozart, Beethoven, Onslow, Mendelsohn, Spohr, etc., et non Palestrina, qui n'a jamais rien fait, qui ne se doutait pas même qu'on pût jamais rien faire qui ressemblât à nos symphonies instrumentales.

Voilà pour l'histoire. M. Hugo a-t-il mieux rencontré dans ce qu'il a dit de l'art lui-même? Il suffit, pour répondre à cette question, de transcrire quelques-uns de ses vers :

> Écoutez, écoutez, du maître qui palpite
> Sur tous les violons l'archet se précipite....
> Comme sur la colonne un frêle chapiteau,
> La flûte épanouie a monté sur l'alto.
> Les gammes, chastes sœurs, dans la vapeur cachées,
> Vidant et remplissant leurs amphores penchées,
> Se tiennent par la main, et chantent tour à tour,
> Tandis qu'un vent léger fait flotter alentour,
> Comme un voile folâtre autour d'un divin groupe,
> Ces dentelles de son que le fifre découpe.
> Ciel! voilà le clairon qui sonne. A cette voix
> Tout s'éveille en sursaut, tout bondit à la fois.
> La caisse aux mille échos, battant ses flancs énormes,
> Fait hurler le troupeau des instruments difformes,
> Et l'air s'emplit d'accords furieux et sifflants
> Que les serpents de cuivre ont tordus dans leurs flancs;
> Vaste tumulte, où passe un hautbois qui soupire!
> Soudain du haut en bas le rideau se déchire.
> Plus sombre et plus vivante à l'œil *qu'une forêt*,
> Toute la symphonie en un hymne apparaît....
> Les sons étincelants s'éteignent dispersés....
> Et la strette jetant sur leurs confus amas
> Ses tremblantes lueurs largement étalées,
> Retombe dans cette ombre en grappes étoilées[2].

---

1. Voyez pour des dates plus précises le *Dictionnaire de plain-chant* déjà cité, et les dictionnaires biographiques.
2. Pièce citée, au § 2.

J'aime beaucoup la musique et les belles symphonies d'Haydn, de Mozart, de Beethoven. Je les ai entendues presque toutes avec délices, et j'oserai dire avec intelligence. Mais je veux être étranglé si je comprends un mot à tout ce que M. Hugo nous décrit ici. *L'archet du maître* qui *se précipite sur tous les violons*, la *flûte épanouie* qui *monte sur l'alto*, les *gammes qui vident et remplissent leurs amphores*, et qui *se tiennent par la main*, tandis qu'un *vent léger fait flotter des dentelles de son*, la caisse *qui bat ses flancs*, l'air qui s'emplit *d'accords furieux et sifflants* que les *ophicléides ont tordus;* le *rideau qui se déchire du haut en bas*, et la *strette* qui *étale ses lueurs tremblantes*, pour *retomber en grappes étoilées;* tout cela n'est pour moi qu'un long contre-bon-sens. M. Hugo n'a été certainement frappé, quand il a entendu des symphonies, que de l'opposition des sons forts et des sons faibles, des instruments doux et des cuivres. C'est-à-dire de la partie matérielle et presque brute de l'œuvre; c'est là ce qu'il a voulu représenter, et il l'a fait comme un homme qui ne sait pas même le sens des mots qu'il emploie, et qui dit souvent le contraire de ce qu'il voudrait dire.

Ce n'est pas malheureusement le seul exemple de ce défaut, qu'on trouve dans cet auteur. Il écrit quelque part[1] :

> Qu'un Pharaon cruel en sa magnificence,
> Couvre d'un obélisque immense
> Le grand néant de son cercueil.

De quel obélisque veut-il parler? Ce sont probablement les pyramides d'Égypte qu'il désigne ainsi : mais on ne saurait confondre sous le même nom des objets aussi différents qu'un obélisque, qui n'est qu'une aiguille en pierre, et une pyramide dont la base est beaucoup plus grande que la hauteur. M. Hugo dit donc autre chose que ce qu'il veut dire.

---

1. *Odes et ballades*, liv. I, n° 6.

Ne vaudrait-il pas mieux s'épargner cette citation, d'ailleurs inutile, d'un fait de l'histoire ancienne?

Le même poëte, dans son ode *sur le sacre de Charles X* [1], adresse à Dieu deux stances paraphrasées du *Te Deum* et du *Sanctus*. On y lit ces vers :

> Vous êtes *Sabaoth* le dieu de la victoire :
> Les chérubins remplis de gloire
> Vous ont proclamé saint trois fois.

On reconnaît là une imitation de ces mots : *Tibi cherubim et seraphim incessabili voce proclamant : Sanctus, sanctus, sanctus, Dominus deus sabaoth.* Mais qu'est-ce donc que ce *sabaoth* dont M. Hugo fait si agréablement le nom propre de la Divinité? Est-ce un équivalent d'*Adonaï*, d'*Éloïm* ou de *Jehovah*, si souvent employés dans le texte hébreu? Point du tout. *Sabaoth* est un nom pluriel, qui signifie *des armées*, en latin *exercituum*; le *Deus sabaoth* veut donc dire le *Dieu des armées* : c'est une qualification que la langue hébraïque donne très-souvent au Créateur, et que nos orateurs sacrés lui ont aussi fréquemment empruntée. M. Hugo est le premier qui y ait vu le nom propre ou le surnom de la Divinité. Il a fait là la même bévue qu'un écrivain qui, lisant dans une gazette *l'empereur des Français*, croirait que *des Français* était le nom de l'empereur [2]. Ne pourrait-on pas lui appliquer les vers qui terminent la fable *le Singe et le Dauphin* dans La Fontaine? et surtout ne devrait-on pas lui conseiller de parler de ce qu'il sait et de ce qu'il comprend,

---

1. *Odes et ballades*, liv. III, n° 4.
2. La pièce sur le *Te Deum* du 1er janvier 1852, dans les *Châtiments*, reproduit la même faute renforcée et plus ridicule encore :

> Quand tu dis *Te Deum*, nous vous louons, Dieu fort,
> Sabaoth des armées!...

Sabaoth des armées, est bien bon. Il vaut le *hæc musa*, *la muse* de Sganarelle (ci-dessus, p. 285), mais il est dit sérieusement et avec conviction : ce qui le rend plus précieux.

au lieu de demander à ce qu'il ne comprend pas les apparences d'une science dont personne ne doit être dupe ?

Pensons donc, s'il se peut, sans aucune prétention ; écrivons et parlons avec modestie, c'est-à-dire ne mettons dans chaque sujet que ce qui s'y rapporte essentiellement. Il est déjà bien assez difficile d'avoir toutes les connaissances nécessaires pour le bien traiter, sans affecter d'y en mêler d'autres dont il se passerait avec avantage.

Ainsi, loin de révolter le lecteur par une arrogance mal justifiée, nous intéresserons par la justesse des détails, nous instruirons par la vérité des faits et des paroles, nous plairons par le naturel de notre style ; nous toucherons peut-être par la simplicité des pensées et la convenance des sentiments.

LA
POÉSIE A LA MODE[1].

« Mon père, disait le jeune d'Artfol, vous me pressiez, il y a quelques jours, de choisir un état. Mon choix est fait, je composerai des vers, c'est pour cela que je suis né. Dès mon enfance, vous vous en souvenez, j'enfilais des rimes. On a dans toutes mes classes vanté mon imagination; mes professeurs louaient mon style. J'ai plus que jamais dans la tête le rhythme poétique. Pourquoi ne tirerais-je pas parti de ces dispositions? quelques-uns ont fait une fortune brillante, qui n'avaient pas, j'en suis bien sûr, la moitié de mes moyens. Je suis donc résolu à enrichir mon pays de mes productions ; et je vous prie seulement de me dire comment il faudra m'y prendre pour réussir le plus vite possible. »

M. d'Artfol hocha la tête. Il eût mieux aimé tout autre métier pour son fils. Mais puisque c'était un parti pris, puisque le jeune élève d'Apollon demandait conseil non pas sur l'état qu'il choisirait, mais sur la manière dont il mettrait en pratique celui qu'il avait choisi, il n'y avait plus à reculer ; et le père pensait à résumer dans sa réponse ce que sa longue expérience lui avait appris, quand ils se trouvèrent devant l'échoppe d'un savetier.

---

1. Cette pièce est de janvier 1846. Il est inutile de dire quelle en a été l'occasion. Les éloges donnés partout et jusque dans les séances académiques aux pièces de vers les plus insignifiantes et les plus communes, à celles surtout qui rebattent sans cesse les vieux sujets, les vieilles idées, les vieilles formes de style, l'expliquent assez.

Cet artisan, les bras appuyés sur ses genoux, le nez en l'air, et les maniques immobiles, expliquait à un jeune bottier plus pimpant que lui, quoique moins bien dans ses affaires, comment c'était encore un bon état que celui de raccommoder de vieux souliers. « Vous ne faites que le neuf, lui disait-il, et vous gagnez plus que moi sans doute sur chaque paire livrée aux pratiques. Mais la même paire qui sera sortie de chez vous pour n'y plus rentrer, me reviendra dix fois au moins avant qu'on la jette aux ordures. Vous ne sauriez croire, compère, combien le monde tient à ses vieux serviteurs. Quand les souliers se sont une fois bien moulés sur le pied; quand il n'y a pas de cor ni d'oignon qui ne se soit par un long usage, en quelque sorte, fait son lit; quand, en un mot, on se peut chausser sans difficulté, et surtout sans douleur, on laisse volontiers de côté, croyez-moi, l'agrément de la forme, la vivacité des arêtes de la semelle, la juste proportion de l'empeigne ou des oreilles. Vous vous donnez beaucoup de peine pour assouplir ou tendre le cuir, et lui imprimer la figure à la mode; je n'ai rien à faire de pareil : j'ajuste seulement des semelles ou des talons. Mais tout le monde revient à moi, parce que tout le monde aime ses vieilles pantoufles, et que les souliers ressemelés sont pour la rue ce que les pantoufles sont pour la chambre. »

A peine le savetier eut-il dit ces mots, que M. d'Artfol, entraînant son fils : « Ce brave homme, lui dit-il, vous a donné en fort bons termes le conseil que vous me demandiez. Il faut dire de l'art des vers, ce qu'il dit de celui de la savate; et puisque vous êtes décidé à ramer sur le Permesse, à y trafiquer du fruit de vos labeurs, travaillez en vieux, mon fils, c'est ce qu'il y a de plus sûr. Cultivez les vieilles images, recourez aux vieilles comparaisons, débitez de vieilles maximes, suivez, en un mot, les vieilles ornières. Tout cela est peu relevé, sans doute, et ne fait pas plus d'honneur aux lecteurs qu'aux poëtes; mais croyez bien qu'il en est de la tête comme des pieds. Ceux-ci n'aiment pas plus les vieux souliers, que celle-là n'aime un vieux chapeau; et l'esprit qui s'est habitué à certaines idées, exprimées d'une certaine façon, est tout d'abord favorable à qui lui ramène ses anciennes connaissances. La beauté est *une fleur qui se fane;* la vie, une *ombre qui fuit;* la jeunesse, l'*âge de l'espérance;* la vieillesse, celui *du souvenir*, etc., etc. Tout cela est commun comme des choux. Mais que vous importe, si ces vieux dictons et tant d'autres, pour peu qu'ils soient ornés d'une rime, font palpiter tous les cœurs, mettent en mouvement toutes les mains, font pousser partout des bravos? Ajoutez qu'on ne risque rien; que si des vers vraiment originaux par le sujet, par l'arrangement ou même par l'expression, peuvent, comme les souliers neufs, blesser les pratiques et en être rejetés, les vers ressemelés, au contraire, sont sûrs d'aller à tout le monde, et de ne blesser personne. Que de raisons pour n'en pas faire d'autres! »

POÉSIES.

I. L'ORIGINE DE PARIS[1].

Heureusement sauvé du plus affreux carnage[2],
Avec quelques Troyens, après un long voyage,
   Quand le fils de l'antique Hector
Eut abordé cette île où, l'orgueil de notre âge,
   Paris n'existait pas encor[3];

Dans un joyeux banquet, sur cette noble rive
On dit qu'il réunit sa troupe fugitive [4]

---

1. Composé en octobre 1844 et inséré dans le journal de l'Institut historique.
2. On a supposé qu'Astyanax, précipité du haut d'une tour par les Grecs, selon toutes les traditions antiques, avait été réellement sauvé par la substitution d'un autre enfant. C'est sur cette hypothèse que Ronsard a construit sa *Franciade*. Voyez la préface de l'*Andromaque* de Racine. Cf. Boyardo et Arioste dans leurs *Rolands*, où les armes et la descendance d'Hector jouent un si grand rôle.
3. *Francio* ou *Francus*, fils d'Hector, fuyant, comme Énée, les rivages troyens, et venant fonder sur les bords de la Seine la ville de Paris, en mémoire du beau Pâris, est un personnage qui n'appartient plus qu'à l'histoire d'ailleurs très-curieuse et très-instructive des traditions populaires (De Gaulle, *Hist. de Paris*, t. I, p. 1). Il appartient donc de plein droit à la poésie.
4. Cette introduction est imitée de la fin d'une ode d'Horace (*Carm.*, I, 7, v. 12 et sqq.), qui m'a toujours paru d'une noble simplicité :

    Teucer Salamina patremque
  Quum fugeret, tamen uda Lyæo
Tempora populea fertur vinxisse corona,
   Sic tristes affatus amicos.

Pour annoncer de meilleurs jours;
Et qu'avant le repas à la foule attentive
Le jeune chef tint ce discours[1] :

« Amis, j'ai parcouru cette île verdoyante;
J'ai porté sous ces bois ma course vigilante;
J'ai bien examiné ces bords :
Les lieux paraissent sûrs : dressons-y notre tente,
Enfouissons-y nos trésors.

Autant que nous pouvons former nos conjectures
Sur les traditions et les fables obscures
De quelques hardis voyageurs[2],
Ce pays fut jadis témoin des aventures
Que content nos divins chanteurs[3].

Ceux que la Toison d'or attirait en Colchide[4],
Qui, maîtres de leur proie, avec leur noble guide,
Sur les mers durent tant souffrir,
D'un fleuve occidental et profond et rapide
Nous ont transmis le souvenir[5].

1. Je m'estimerai heureux si j'ai pu, dans les dix stances suivantes, représenter, en m'appuyant sur les textes des anciens, et sans devenir trop prosaïque, l'incertitude des connaissances géographiques de cette époque.
2. Les Tyriens avaient, dès lors, répandu dans l'Orient quelques notions confuses sur l'Europe occidentale. Consultez sur ce point Malte-Brun, *Hist. de la géogr.*, liv. II.
3. Θεῖος ἀοιδός; c'est l'épithète habituelle des poëtes dans ces temps reculés. Cf. Hom., *Ilias*, XVIII, v. 604.
4. Voyez Orphée, *Argonaut.*, v. 1050 et sqq., surtout v. 1171; Diodore d'après Timée, IV, 56, § 3 et 4; et Malte-Brun, les résumant, dit (liv. II) : « Des poëtes et des historiens plus modernes, voulant mettre d'accord ces anciennes traditions avec les découvertes de leur siècle, conduisent les Argonautes par la Palus-Méotide et le Tanaïs dans l'Océan septentrional, et ensuite autour des limites supposées du monde, par les contrées des Hyperboréens et des Cimmériens, jusqu'au détroit d'Hercule, par lequel ils entrent dans la Méditerranée et arrivent à l'île Scheria. »
5. Diodore, lieu cité; Apollonius (*Argonaut.*, IV, 627), nomme ce fleuve : c'est le Rhône, Ῥοδανός; mais ce mot chez lui ne signifie pas plus le Rhône

Le brigand Tauriscus y portait le ravage :
Hercule, contre lui signalant son courage,
　　Détruit ce tyran détesté [1];
Puis à la belle Alèse uni par mariage,
　　Sous son nom fonde une cité [2].

Ce n'est donc point, amis, une vaine croyance :
Nous sommes dans la Gaule [3], et venus en présence
　　De peuples grands et généreux [4],
Qui voudront avec nous conclure une alliance
　　Sous la protection des dieux.

Voyez s'étendre au loin des terres ignorées :
Ah! je vous reconnais, plaines Hyperborées [5],
　　Que dore le soleil couchant [6]!

que le Rhin, la Seine ou la Gironde : c'est un fleuve imaginaire du pays des Hyperboréens (v. 614) et qui se jette dans l'Éridan (v. 628).

1. Amm. Marcell., XV, 9, § 6 : Herculem ad Geryonis et Taurisci, sævium tyrannorum perniciem festinasse, quorum alter Hispanias, alter Gallias infestabat. Cf. Æschyl., fragm. 76, p. 192, édit. Didot.
2. Diodore, V, 24, § 2 et 3. Amm., lieu cité : Coisse cum generosis feminis, suscepisseque liberos plures, et eas partes quibus imperitabant suis nominibus adpellasse.
3. Amm. Marcell., XV, 9, § 5 : Aiunt quidam paucos post excidium Trojæ fugitantes Græcos, ubique dispersos loca hæc occupasse tum vacua.
4. Les Celtes, Gaulois ou Galates; Amm., XV, 9, § 3. Ces trois mots sont évidemment le même, comme on le voit en écrivant seulement leurs consonnes, *Gll*, *Glt*, *Klt*.
5. Sur les peuples hyperboréens, le bonheur dont ils jouissaient et les positions très-diverses qu'on leur avait successivement assignées, voyez Malte-Brun, lieu cité. La Celtique est une de ces positions, et probablement la première en date. « Les relations d'Hésiode sont perdues, dit notre savant géographe ; mais les auteurs les plus rapprochés de son temps placent les Hyperboréens, non pas au Nord, mais à l'Occident.... Les îles Enchantées, où les Hespérides gardaient les pommes d'or, et que toute l'antiquité place à l'Occident, non loin des îles Fortunées, sont appelées Hyperboréennes par des auteurs très-versés dans les anciennes traditions. » Cf. Pind., *Olymp.*, 3, v. 24 et sqq.; Soph., fragm. 326, p. 311, édit. Didot.
6. Selon les idées astronomiques de ces temps reculés (1250 av. J. C.),

Combien de fois chez nous vous a-t-on célébrées
Par les vers, la lyre ou le chant?

Là, disions-nous souvent, les saisons sont meilleures [1] :
Dans un calme parfait coulent toutes les heures :
Heureux qui s'y peut établir!
Mais de nos régions, des mers intérieures [2],
Avant tout il faudrait sortir.

Aux sources d'Océan [3], deux rocs plongent sous l'onde [4],
Incessamment battus par la vague profonde :
Sur leur marbre un dieu put tracer :
« N'allez pas plus avant, ici finit le monde [5]. »
Ces rocs, il faut les dépasser.

Eh bien, lorsque les vents grondaient sur notre tête,
Notre esquif au hasard fuyait sous la tempête ;
Enfin chassé par l'ouragan,
Il s'est, suivant des dieux la volonté secrète,
Lancé dans le fleuve Océan [6].

la Celtique étant à l'extrémité occidentale du monde, le soleil l'éclairait surtout au moment où il allait se coucher.

1. L'éclat que jetaient les *îles Fortunées*, dit Malte-Brun, lieu cité, engagea la plupart des écrivains à rapprocher d'un climat aussi heureux les Hyperboréens, peuple merveilleux....

2. Les peuples de l'époque homérique se figuraient la terre comme un disque séparé en deux parties, l'une au nord, l'autre au midi, par la mer Noire et la Méditerranée. C'étaient là les mers intérieures d'où il fallait absolument sortir pour pénétrer sur les côtes extérieures baignées par l'Océan. Voyez les auteurs cités.

3. Les sources de l'Océan, selon Hésiode, étaient placées à l'extrémité occidentale du monde, par conséquent au détroit de Gibraltar. Malte-Brun, lieu cité; Cf. Stace, *Theb.*, III, 409; Silius, *Punic.*, XIII, 554; Lucien, *Tragop.*, 91, etc.

4. Ces deux rocs sont Calpé et Abyla, ou les colonnes d'Hercule. Cf. Æschyl., *Prom.*, 347.

5. Apollodore, *Biblioth.*, II, 5; § 10, n° 4.

6. C'est un point hors de discussion aujourd'hui, que les temps homériques se représentaient l'Océan comme un grand fleuve coulant autour du rond de la terre. Hom., *Il.*, VI, 606; XX, 7; XXI, 195; *Odyss.*, XI, 157 :

Là, longtemps entraînés par un souffle contraire,
Mais fixant nos regards sur le dragon polaire [1],
    Gardien du palais de la Nuit [2],
Nous avons à la fin trouvé cette rivière
    Qui coule limpide et sans bruit.

Sans doute, ô mes amis, c'est le courant immense [3],
Le fleuve renommé qui reçut la naissance
    De Téthys et de l'Océan [4];
Où Phaéthon si cher paya son imprudence [5],
    Le majestueux Éridan [6].

Fleuve chéri du ciel! de tes heureuses plaines,
Ces arbres vigoureux, et ces fruits, et ces graines
    Attestent la fécondité;
C'est ici, croyez-moi, que finiront nos peines,
    Que nous vivrons en sûreté.

XII, 1. Aussi Hésiode appelle-t-il l'Océan le dernier des fleuves, le fleuve parfait, τελήεις ποταμός. *Theog.*, v. 242, 959. Cf. Æschyl., *Prom.*, 138, et Malte-Brun, *Hist. de la géogr.*, liv. II.

1. Le Dragon n'est pas une des constellations nommées par Homère; mais comme ce poëte remarque que la grande Ourse ne se plonge pas dans l'Océan (*Il.*, XVIII, 489; *Odyss.*, V, 275), on peut induire que de son temps on connaissait au moins obscurément le pôle du monde, et par conséquent le Dragon, qui en est plus rapproché que la grande Ourse.

2. La terre, comme je l'ai dit, était coupée en deux parties par la Méditerranée: l'Afrique et l'Asie méridionale étaient le côté du jour ou du soleil; l'Europe était le côté de la nuit ou des ténèbres; le pôle était le palais de la Nuit. Hom., passim; Apoll., *Argon.*, IV, 630.

3. Qu'on se rappelle combien étaient petits les fleuves de la Troade et de la Grèce; on concevra que la Seine ait dû paraître immense à nos voyageurs.

4. Hésiode, *Theog.*, 338.

5. Apoll., *Argon.*, IV, 598, 623; Ovide, *Metam.*, II, 326; Diodore, V, 23, § 2.

6. Sur l'Éridan et les déplacements successifs de ce fleuve, voyez Malte-Brun, lieu cité. Sa position primitive répond assez bien à celle de la Seine; c'est un fleuve occidental qui se jette dans l'Océan. L'historien Phérécyde, qui vivait dans le milieu du ve siècle avant notre ère, est peut-être le premier qui ait appliqué au Pô le nom d'Éridan. Voyez les *Fragm. des histor. grecs*, édit. Didot, p. 80.

Troie, hélas ! a péri : dans toute sa puissance,
Jupiter a sur nous épuisé sa vengeance ;
  Des Grecs dut l'emporter le sort [1],
Quand la fière Pallas eut fait tomber la lance [2]
  Des mains de l'invincible Hector.

Et bientôt de mon père, à jamais regrettable,
Le cadavre neuf jours fut traîné sur le sable
  Par l'impitoyable vainqueur [3] !
Dans son frère, du moins, ce héros déplorable
  A trouvé plus tard un vengeur [4].

Apollon dirigea la flèche meurtrière [5] :
Pour la veuve d'Hector, pour son fils et sa mère,
  Faible et tardif soulagement,
Et qui n'empêcha pas que bientôt Troie entière
  Ne pérît misérablement !

Alors j'ai dû quitter, comme un titre inutile,
Ce nom d'Astyanax [6] si cher à notre ville,
  Trop glorieux pour des bannis :
Sous celui de Francus [7] j'ai cherché cet asile,
  Où de beaux jours nous sont promis.

1. Hom. *Il.*, XXII, 212.
2. Hom., *Il.*, XXII, 225 à 296.
3. Hom., *Il.*, XXIV, 14, 31 ; Virg., *Æn.*, I, 483 ; II, 270 et sqq.
4. Hom., *Il.*, XXII, 359 ; *de Cyclo epico*, p. 583, édit. Didot.
5. Quintus de Smyrne (*Posthom.*, III, 60) attribue à Apollon tout seul la mort d'Achille. Sophocle fait dire la même chose à Néoptolème dans sa tragédie de *Philoctète*, v. 335. Cependant cette tradition n'a pas été universellement admise ; la menace d'Hector (*Il.*, XXII, 359) et le mot cité du cycle épique prouvent que du temps d'Homère on pensait que Pâris y était pour quelque chose. — Tzetzès (*Posthom.*, v. 395, 396) suppose qu'Achille, ayant voulu épouser Polyxène, Déiphobe fit semblant de l'embrasser, et que Pâris choisit ce moment pour le tuer d'un coup d'épée dans le ventre.
6. Hom., *Il.*, VI, 402. Ce passage est touchant. « Hector, dit le poëte, avait nommé son fils Scamandrius ; mais les Troyens l'appelaient Astyanax, car son père était le seul défenseur de Troie. » *Astyanax* signifie, en grec, *prince* ou *protecteur de la ville*.
7. Voyez la note 3, p. 307.

Que ce nom soit le vôtre ; amis, notre misère,
Si j'en veux croire un dieu sensible à ma prière,
  Ne peut pas tarder à finir.
Les Troyens ne sont plus [1] ; mais une nouvelle ère
  Pour les Francs va bientôt s'ouvrir [2].

Qu'ainsi puissent ces lieux nous rendre la Phrygie !
Et, comme sont déjà fixés dans l'Hespérie
  Les gens d'Énée et d'Anténor [3],
Que la Gaule à son tour devienne la patrie
  Des compagnons du fils d'Hector.

Et partant, dès demain, pleins d'espoir et de zèle,
Bâtissons dans cette île une ville immortelle ;
  Ce soir oublions nos chagrins,
Et, fêtant de nos dieux la demeure nouvelle,
  Faisons gaîment couler nos vins [4]. »

1. Horace (*Carm.*, III, 3, v. 38 et sqq.) exprime des idées à peu près analogues sur la nécessité de laisser dans l'oubli le nom de Troie.

  Qualibet exules
In parte regnanto beati
 Dum Priami Paridisque busto
Insultet armentum, et catulos feræ
  Celent inultæ.

2. L'origine troyenne des Français, généralement admise par nos légendaires et nos chroniqueurs, jusqu'à la naissance de la critique historique, c'est-à-dire jusqu'au commencement du xvi° siècle, est une croyance d'une haute antiquité (De Gaulle, *Hist. de Paris*, t. I, p. 1). Cf. la note 3 de la page 309. A cette tradition se rapporte l'opinion soutenue par quelques historiens, que les Francs, conquérants de la Gaule, étaient des Gaulois émigrés d'abord en Germanie et revenus en Gaule vers le v° siècle (Marchangy, *Gaule poétique*).

3. Aurel. Victor, *Origo gentis Romanæ*, 1 ; Messala, *De progenie Aug.*, 9, 10, 12 ; Virg., *Æn.*, I, v. 242.

4. Hor., *Carm.*, I, 7, v. 32.

  O fortes, pejoraque passi
Mecum sæpe viri, nunc vino pellite curas ;
  Cras ingens iterabimus æquor.

II. EUXÈNE ET GYPTIS [1].

1.

Phébus sous l'horizon ne descend pas encore :
Des régions du soir son disque radieux
Sur le golfe gaulois [2] lance ses derniers feux ;
Et sur la vaste mer que sa flamme colore,
Venu du beau pays qu'a salué l'aurore [3]
    Un navire a frappé nos yeux.

Il touche le rivage : un jeune chef hellène,
Suivi de tous les siens, s'élance au même instant :
« O Jupiter, dit-il, ô maître tout-puissant,
Et toi, des Phocéens déité souveraine,
Diane [4], et vous nos dieux, de votre fils Euxène [5]
    Protégez l'empire naissant.

---

1. Ou la *Fondation de Marseille*, en 600 avant J.-C. Cette pièce est d'octobre 1840. — Il n'y a pas de tradition plus poétique que celle qu'ont recueillie à ce sujet d'après Aristote, Athénée (*Deipnosoph.*, XIII) et Justin (*Hist.*, XLIII); je m'estimerai heureux si j'ai pu en conserver la gracieuse naïveté.

2. Itaque in ultimam Oceani oram procedere ausi, in sinum Gallicum, ostia Rhodani amnis devenere. Justin, *Hist.*, XLIII, 3.

3. Phocée, ville d'Ionie, dans l'Asie Mineure.

4. Ephèse où Diane avait un temple célèbre était voisine de Phocée; aussi Strabon dit-il en parlant d'elle : Τιμᾶν ἐν τοῖς πρώτοις ταύτην τὴν θεόν. *Géogr.*, IV, I, n° 4.

5. Euxène est nommé dans Athénée; Justin nomme Simos et Protis : Duces classis Simos et Protis fuere. Il a fallu choisir, j'ai fait de Protis le père d'Euxène. Athénée, d'ailleurs, reconnaît qu'ils étaient de la même famille, puisque les descendants d'Euxène furent nommés *Protiades* du nom de son fils. Πρῶτις γὰρ ἐγένετο υἱὸς Εὐξένου καὶ Ἀριστοξένης. On sait que chez les Grecs l'enfant portait ordinairement le nom de son aïeul.

Nous voilà donc enfin sur une terre amie.
Vous savez, compagnons, que le dur Harpagus,
Cet esclave inhumain du puissant roi Cyrus,
Par le fer et le feu désolait l'Ionie [1] :
Fallait-il plus longtemps à tant de barbarie
    Opposer nos cris superflus ?

Fallait-il fatiguer d'une plainte importune
Le ciel qui sans pitié nous entendait gémir ?
Diane nous pouvait révéler l'avenir [2].
Enfants des Phocéens, confiez à Neptune,
A-t-elle répondu, vos dieux, votre fortune :
    Allez, hâtez-vous de partir.

Les vents vous porteront vers ces rives lointaines [3],
Où mon frère lassé de ses rudes travaux,
Dans le sein de Téthys va goûter le repos.
Au delà de Cyrnus [4], au delà des Pyrènes [5],
Vous verrez devant vous s'ouvrir de riches plaines [6] :
    Vous y planterez vos drapeaux.

---

1. Φησὶ.... Φωκαίας ἁλούσης ὑφ' Ἁρπάγου τοῦ Κύρου στρατηγοῦ, τοὺς δυναμένους ἐμβάντας εἰς τὰ σκάφη πανοικίους, πλεῦσαι εἰς Μασσαλίαν. Strab., *Geogr.*, VI, 1, n° 1; Voyez aussi Thucyd., *Hist.*, I, 13, et Amm. Marcel., XV, 9.

2. Παραστῆναι κατ' ὄναρ τὴν θεὸν, καὶ κελεῦσαι συναπαίρειν τοῖς Φωκαιεῦσιν. Strab., *Geogr.*, IV, 1, n° 4.

3. Voyez la note 2 de la page précédente. C'était alors une audace inouïe d'aller jusqu'aux extrémités occidentales de la Méditerranée.

4. Cyrnus est la Corse. Strab., *Geogr.*, VI, 1, n° 4.

5. Malgré la ressemblance du nom, les Pyrènes ne sont pas les Pyrénées, pas plus que le Rhône d'Apollonius n'était le vrai Rhône (ci-dessus, note 5 de la page 309). C'est un ensemble de montagnes, peu connues des anciens Grecs, qui représentaient pour eux les Alpes d'abord, et les monts les plus occidentaux de l'Europe. Voyez notre *Thèse sur la physique d'Aristote*, dans nos *Études sur quelques points des sciences dans l'antiquité*, note 2 de la p. 41, et Malte-Brun, *Abrégé de géogr.*, liv. III.

6. Cujus loci amœnitate captus. Justin, *Hist.*, XLIII, 3. Il est vrai qu'il parle d'une première expédition, et de l'arrivée des Phocéens, non pas à Marseille, mais à l'embouchure du Rhône. J'ai cru devoir toutefois conserver cette idée.

C'est là que vous pourrez, non loin de Ségobrie [1],
Par une longue paix [2] réparant vos revers,
Sur de nombreux vaisseaux parcourir l'univers ;
Là vous verrez pour vous renaître une patrie,
Et vous illustrerez le nom de Massilie [3],
    La reine superbe des mers.

Amis, voici les lieux qu'annonçait la déesse.
Ses oracles alors ne nous abusaient pas.
Tes enfants aujourd'hui, ne seront point ingrats,
Diane, tu le vois : quand ta sainte prêtresse
Invoque ta faveur, tout ton peuple s'empresse
    D'accompagner ici ses pas. »

De Diane, en effet, apportant la statue,
Sur un autel construit de gazons et de fleurs,
La prêtresse [4] la fixe, et, le visage en pleurs,
Otant le voile épais qui la cache à la vue :
« O déesse, dit-elle, ici la bienvenue,
    Écarte de nous les malheurs.

Quand la terre natale à ta voix fut laissée,
En jetant dans la mer une table de plomb [5],
Nous jurâmes, qu'avant qu'elle en quittât le fond,
Jamais aucun de nous ne reverrait Phocée :
Maudit soit de ce vœu qui perdra la pensée ;
    Les justes dieux le puniront.

---

1. Voyez la note 2 de la page suivante.
2. Justin, lieu cité, parle de longues guerres.. Ligures.... Græcos assiduis bellis fatigabant. Mais cela n'est pas possible, les Grecs peu nombreux eussent entièrement péri.
3. C'est le nom latin et ancien de Marseille. Massiliam inter Ligures et feras Gallorum gentes condidit. Justin, lieu cité.
4. Cette prêtresse s'appelait *Aristarcha*. Τὴν Ἀριστάρχην τιμῆσαι διαφερόντως ἱέρειαν ἀποδείξαντας. Strab., *Geogr.*, IV, 1, n° 4.
5. Cette circonstance, dont je n'ai jusqu'ici retrouvé aucune mention dans les auteurs originaux, est rapportée dans le *Florus Gallicus* de Berthauld.

Exilé maintenant sur la plage étrangère,
Tout ton peuple, ô Déesse, implore ton secours :
Fais-nous couler ici de longs et d'heureux jours ;
Que cependant Euxène ou Protis, son vieux père,
Aillent vers les guerriers, maîtres de cette terre,
    Et les touchent par leurs discours.

Renouvelons aussi cette antique alliance [1]
Qui jadis unissait les Grecs et les Gaulois :
Surtout de Ségobrie adoucissez les rois [2] ;
Qu'ils nous cèdent un peu de cette terre immense,
Et vous verrez bientôt, j'en donne l'assurance,
    Refleurir vos arts et vos lois. »

A ces mots, les guerriers levant leurs javelines,
Approuvent la prêtresse et son prudent conseil.
Mais la nuit aujourd'hui, commande le sommeil :
On n'abordera donc les peuplades voisines,
Que lorsque, redorant le sommet des collines,
    De nouveau naîtra le soleil.

2.

    Le lendemain avec Euxène
    Trois de nos jeunes voyageurs
    Marchaient vers la ville prochaine.
    Tout à coup de vives clameurs
    Se font entendre dans la plaine :

---

1. Justin regarde l'époque de notre poëme comme postérieure à la première expédition des Phocéens, et même à la fondation de Marseille. Je me borne à supposer une alliance ancienne entre les deux peuples, sans en déterminer la nature.
2. Itaque regem Segobrigiorum Nannum nomine, in cujus finibus urbem condere gestiebant, amicitiam petentes conveniunt. Justin, lieu cité. Athénée raconte qu'Euxène était l'hôte de Nannus : Εὔξενος Νάνῳ τῷ βασιλεῖ ἦν ξένος.

Ils s'arrêtent : des ravisseurs
Poursuivaient des filles tremblantes,
Et les dissipaient palpitantes
Au mépris des dieux protecteurs.
Une seule était entraînée ;
La plus belle, et la tête ornée
D'un chaperon de fleurs des champs,
A ces détestables brigands
Adressait en vain sa prière ;
Et, parmi ses cris déchirants,
Répétant le nom de son père,
Elle invoquait les dieux puissants.
Faibles efforts ! fausse espérance !
Hélas ! un farouche guerrier
Malgré sa folle résistance
Sur son char la faisait lier.
Bientôt le fouet sanglant des guides
Anime les coursiers rapides :
Ils s'élancent impétueux,
Plus prompts que la flèche légère
Que décoche un bras vigoureux,
Ou que l'aquilon furieux
Qui siffle au loin sur la bruyère.
Dans un tourbillon de poussière
Le char ailé vole avec eux,
Et sous leur cercle radieux,
Roulant mille traits de lumière,
Les rais éblouissent les yeux.
 Cependant au vaillant Euxène
Un seul coup d'œil a tout appris :
Il s'écrie : « O braves amis,
Montrons-nous de la race hellène
En ce moment les dignes fils.
En vain dans sa course cruelle,
Aussi vite que l'hirondelle
Ce brigand nous aura surpris :
Nous que souvent notre patrie

Vit vainqueurs aux jeux d'Olympie[1],
N'en doutez pas nous l'atteindrons,
Et de ce ravisseur impie
Aisément nous triompherons. »
Il a dit et se précipite
Au-devant du rapide char.
Ses amis volent à sa suite;
Pour lui, dans sa vive poursuite
Il voit, il calcule avec art
Qu'il faut pour arrêter sa fuite
Percer un coursier de son dard.
Le trait à son œil est fidèle :
L'animal aussitôt chancelle ;
Par son maître en vain excité,
Il tombe et sa chute est mortelle,
Et le convoi s'est arrêté.

   Le vainqueur aussitôt s'avance :
« Lâche guerrier, traître et sans foi,
Qui vas signaler ta vaillance
Sur une femme sans défense,
Ose donc t'attaquer à moi! »
L'autre, sans d'abord lui répondre,
Lui lance un trait ensanglanté :
« Voilà, dit-il, qui va confondre,
Insolent, ta témérité.
Qui donc es-tu? toi dont l'audace
Ose arrêter dans ses desseins
Comanus, roi des Salyens[2]?
Ah! je veux payer ta menace. »
Un nouveau trait vole en sifflant.
Euxène, à se couvrir habile,

---

1. Les jeux olympiques institués par Hercule dans le XIVe siècle avant notre ère, commencèrent à déterminer les dates, l'an 776 avant J. C., deux siècles environ avant l'époque de notre poëme.

2. Comanus est donné par Justin comme fils de Nannus, et par conséquent frère de Gyptis. Mortuo rege Nanno.... quum regno filius ejus successisset. Lieu cité. Ce ne fut qu'après la mort de son père, et par suite

Du trait sur son écu glissant
Arrête la rage inutile :
Le dard retombe en frémissant.
Lui-même à l'instant il s'élance ;
De son char Comanus descend,
Et plus animé, plus pressant,
Le combat entre eux recommence.
Oh ! qui de leurs glaives brûlants
Peindra dans cette horrible scène
Les vifs et trompeurs mouvements ?
Ébloui, l'œil en peut à peine
Suivre les cercles flamboyants :
Sous les coups des deux combattants
Le feu jaillit de leurs armures :
Mais notre Euxène plus heureux
Porte des atteintes plus sûres,
Et Comanus perd furieux
Son sang par de larges blessures.
Le Phocéen victorieux
Ralentit ses coups généreux :
« Jupiter pour moi se déclare :
Cessons un combat inégal ;
Quand je pourrais d'un coup fatal
Dans la sombre nuit du Ténare
Plonger à jamais un rival,
J'aime mieux lui donner la vie.
Retourne donc en ton palais ;
Mais laisse libre désormais
Celle que ton bras a ravie.
— Je reconnais ta courtoisie,
Étranger, répond Comanus.
Vous, amis, ne combattez plus :
Celle que nous avions saisie,

des instances d'un Ligurien, *Ligur quidam*, qu'il fit la guerre aux Phocéens. Ce n'est donc pas de lui qu'il s'agit ici. J'ai seulement appliqué son nom à quelque prince Salyen qui aurait voulu enlever Gyptis.

Gyptis[1] est libre : vers Nannus,
Étranger, tu peux la conduire.
Or, retiens ce que je vais dire,
Et la promesse que je fais.
Ta vaillance et le sort contraire
Ont seuls empêché mes projets :
Moi, je ne renonce jamais
A ce qu'un jour j'ai voulu faire.
J'y reviendrai donc, je l'espère :
Mais alors, si je te revoi,
Si je te trouve devant moi
Excitant ma juste colère,
Ne te montre plus généreux :
La mort seule de l'un des deux
Entre nous finira la guerre[2].
Adieu, ma force s'affaiblit ;
Le jour à mes yeux s'obscurcit ;
De mes serments qu'il te souvienne.
Toi, Gyptis, descends promptement,
Et vous, amis, que l'on m'emmène. »
 La jeune fille alors descend ;
Euxène pense en la voyant
Voir la Diane Éphésienne :
Sa riche taille et son beau corps,
Et cet éblouissant visage,
Appelaient son ardent hommage
Vers la déité de ces bords.
Il se prosterne devant elle :
« Déesse, dit-il[3], car je crois,
Quand je vous contemple si belle,
Trouver quelque nymphe des bois

---

1. C'est le nom que Justin donne à la fille de Nannus. Athénée la nomme Petta. Ὄνομα δ' ἦν παιδὶ Πέττα. Lieu cité.
2. Passage imité d'Homère (*Il.*, VII, 287), lorsque les hérauts séparent Hector et Ajax.
3. Passage imité d'Homère (*Odyss.*, VI, 149), lorsque Ulysse rencontre Nausicaa.

Plutôt qu'une simple mortelle !
Laissez-moi me féliciter
D'avoir ici pu vous défendre :
Que ferons-nous pour mériter
Qu'à nos vœux vous daigniez vous rendre,
Et protégiez à votre tour
Des bannis que le dernier jour
Sur cette côte a vus descendre? »
La vierge alors vers son vengeur
Relevant enfin son visage
Couvert d'une aimable rougeur :
« Étranger, changez de langage :
Aux dieux ne me comparez plus,
Ces honneurs passent mon envie :
Je suis la fille de Nannus[1],
Qui commande dans Ségobrie.
Pour parer les autels des dieux
J'allais cueillir dans la prairie
Les fleurs qui plaisent à leurs yeux,
Lorsque Comanus, furieux
De ma sage persévérance
A repousser son alliance,
Voulut à la face des cieux
Me faire le sanglant outrage
Qu'empêcha seul votre courage.
Les dieux ont puni sa fureur.
Maintenant, généreux vainqueur,
Rendez une fille à son père,
Et plus tard, celui-ci, j'espère,
Récompensera mon sauveur. »

   A ces mots, marchant la première,
Gyptis ordonne le départ.
Les Grecs escortent cette belle ;
Euxène marche non loin d'elle,
Et, la dévorant du regard,

---

1. Autre imitation d'Homère (*Odyss.*, VI, v. 186).

Il se livre sans résistance
Au feu naissant d'un fol amour.
Insensé! dans quelle espérance ?
Ah! que tu gémiras un jour,
Et maudiras ton imprudence,
Lorsque les soucis en silence
Te consumeront sans retour.

3.

Partout, un an plus tard, les chants se font entendre :
Voyez-vous vers la mer les peuplades descendre?
Tous sont les bienvenus ;
Les bouquets et les fleurs les appellent aux fêtes;
Le chêne et l'olivier parent toutes les têtes :
C'est l'ordre de Nannus.

Ses hérauts tout le jour ont couru les campagnes,
Visité les vallons, gravi sur les montagnes,
Criant à haute voix :
« De Nannus aujourd'hui la belle et noble fille
Pour un heureux époux va quitter sa famille
Et faire enfin son choix.

Réunissez-vous donc, et d'un commun suffrage
Venez tous saluer son prochain mariage,
Venez bénir Gyptis ;
Venez de nos cantons couronner la plus belle,
Et suppliant les dieux, obtenez d'eux pour elle
Des nœuds bien assortis. »

Ces discours entendus, on s'agite, on s'empresse :
Les Ségobrigiens, pour leur jeune princesse,
Ont quitté leurs travaux :
Ils se rendent en foule au fortuné rivage,

Ils viennent applaudir, selon l'antique usage,
　　Au bonheur d'un héros.

C'est là qu'en un banquet, rassemblant tant de princes,
Nannus a convoqué de ses riches provinces
　　Les heureux habitants :
Tous ils ont pris leur part du repas de famille :
Tous peuvent contempler à la main de sa fille
　　Les nombreux prétendants [1].

Or, c'était la coutume en cet âge prospère;
Que la fille nubile, elle-même à son père
　　Nommât son fiancé.
Sa mère, entre ses mains, remettait une aiguière,
Et devant le héros que son âme préfère
　　Le vase était placé [2].

Le père à ce signal reconnaissait son gendre.
Plus de vingt poursuivants étaient là pour entendre
　　Prononcer sur leur sort.
Entre eux, le fondateur de la nouvelle ville
Attendait son arrêt [3], inquiet, immobile,
　　Plus pâle que la mort.

Brûlant depuis longtemps d'une amoureuse flamme,
Il avait renfermé ce secret dans son âme :
　　De désirs dévoré,
Il craignait, dans son cœur si l'on venait à lire,

---

1. Quum ad nuptias invitati omnes proci essent. Justin, lieu cité.
2. Athénée est formel à cet égard. Ὁ δὲ γάμος ἐγίγνετο τόνδε τὸν τρόπον· ἔδει μετὰ τὸ δεῖπνον εἰσελθοῦσαν τὴν παῖδα, φιάλην κεκερασμένην ᾧ βούλοιτο δοῦναι τῶν παρόντων μνηστήρων· ᾧ δὲ δοίη, τοῦτον εἶναι νυμφίον. Justin se contente d'indiquer cette coutume qu'il décrira cinq lignes plus bas : Rex occupatus in apparatu nuptiarum Gyptis filiæ, quam more gentis, electo inter epulas genero, nuptum tradere illic parabat.
3. Οὗτος ὁ Νάνος ἐπιτελῶν γάμους τῆς θυγατρός,... τὸν Εὔξενον παρακέκληκεν ἐπὶ τὴν θοίνην. Justin dit aussi : Itaque quum ad nuptias omnes proci invitati essent, rogantur etiam Græci hospites a convivium.

Qu'un rival envieux n'ébranlât son empire
         Encor mal assuré.

Il cachait donc à tous avec soin sa souffrance :
Mais sur le point de perdre à jamais l'espérance
         Sa force chancelait;
Il eût voulu tout dire; et le sang vers sa source
En battements aigus précipitant sa course,
         Son malheur l'accablait.

Ainsi l'infortuné périssait en silence :
Entre les prétendants, Gyptis pourtant s'avance
         Tenant son vase d'or [1].
Qu'elle est belle, grands dieux! maîtresse souveraine,
De qui va-t-elle ici faire cesser la peine?
         Nul ne le sait encor.

Enfin, soit qu'elle eût pris le conseil de son père,
Ou suivi de son cœur la pente volontaire [2],
         Au héros voyageur
L'onde pure est offerte [3], et cette voix amie :
« A toi qui conservas au péril de ta vie
         Ma vie et mon honneur! »

Elle avait deviné l'amour du jeune Hellène.
De sa joie accablé, le guerrier peut à peine
         Articuler ces mots :
« Qui? moi! moi! dieux puissants! je doute si je veille :
O de ce beau pays la plus belle merveille,
         O fille des héros!

---

1. Athénée et Justin, aux mêmes endroits.
2. Le grec porte εἴτε ἀπὸ τύχης, εἴτε καὶ δι' ἄλλην τινὰ αἰτίαν. Justin expose le fait sans donner de motifs, j'ai supposé les deux raisons les plus probables.
3. Ἡ δὲ παῖς εἰσελθοῦσα δίδωσιν.... τῷ Εὐξένῳ. Athén., *ibid*. Justin est plus explicite. Introducta deinde virgo, quum juberetur a patre aquam porrigere ei quem virum eligeret, tum, omissis omnibus, ad Græcos conversa, aquam Proti porrigit.

Dites, dieux immortels ! n'est-ce point un mensonge ?
Et ne viendrez-vous pas, dissipant ce beau songe,
   Me rendre à ma douleur ?
Ah ! ramenez, amis, ma raison égarée,
Ou je vais aux genoux d'une fille adorée
   Mourir de mon bonheur.

De l'hospitalité toi qui serres la chaîne,
Reçois, reçois de nous le nom d'Aristoxène [1],
   Et puisse, ô ma Gyptis,
Ce nom de ta faveur éclatant témoignage,
Chez tous nos descendants s'allier d'âge en âge
   A celui de Protis [2] ! »

Il dit : à son bonheur les peuples applaudissent ;
Les Gaulois transportés aux Phocéens s'unissent
   Par des vœux solennels ;
Et tous, priant les dieux pour leur noble princesse,
Pensent voir sur ces bords renaître de la Grèce
   Les honneurs immortels [3].

---

1. C'est encore un des traits de cette histoire : Ἔλαβεν ὁ Εὔξενος γυναῖκα, καὶ συνῴκει, μεταθέμενος τοὔνομα Ἀριστοξένην.
2. Μέχρι νῦν Πρωτιάδαι καλούμενοι, dit Athénée.
3. Il est inutile de rappeler ici les témoignages anciens qui prouvent combien Marseille s'est toujours montrée digne de son origine. Je transcris seulement à ce sujet les mots suivants de Malte-Brun (*Géogr.*, liv. CLXI) : « En voyant les établissements et les édifices dont elle s'enorgueillit, ses écoles d'hydrographie, de médecine, de dessin et de musique ; ses amphithéâtres où l'on enseigne gratuitement la chimie, la géométrie et la mécanique appliquée aux arts ; son collége, son institution des sourds-muets, son observatoire, ses sociétés savantes, l'hôtel des monnaies, la bourse et le lazaret, le plus vaste et le mieux administré qui existe, on reconnaît encore l'héritière de cette célèbre *Massilia*, que Cicéron nommait l'*Athènes des Gaules* et Pline la *maîtresse des sciences*.

III. VERRÈS EN SICILE [1].

Au fond d'un bois, sous un épais feuillage
Est un autel jadis couvert de fleurs;
Mais ni l'autel, ni le sombre bocage
N'appellent plus les danses des pasteurs;
Le vil chardon et la ronce épineuse,
De ces beaux lieux nous défendent l'abord :
O mon pays! puisse un jour plus heureuse
    Ta nacelle surgir au port!

— Dis-nous, berger, dis quel dieu tutélaire,
Sous ce berceau fut autrefois fêté?
— Bons voyageurs, c'était le sanctuaire
De la patrie et de la liberté.
Souvent alors notre troupe joyeuse....
Mais aujourd'hui tout est frappé de mort :
O mon pays! puisse un jour plus heureuse
    Ta nacelle surgir au port!

— Berger, dis-nous, quelle est cette guirlande
Où l'if se mêle au sinistre cyprès?
— Aux dieux sauveurs journalière offrande,
Ces noirs rameaux attestent nos regrets.
D'un temps meilleur une loi précieuse
Nous restait seule, on nous l'arrache encor :
O mon pays! puisse un jour plus heureuse
    Ta nacelle surgir au port!

---

1. Cette pièce, composée en 1825 à l'occasion des lois restrictives de la liberté de la presse, et surtout de la censure qui venait d'être rétablie, a le défaut de toutes les pièces de vers politiques : les idées en sont fausses d'abord; car enfin la censure, représentée là comme si sévère, n'était pas assurément le régime le plus dur que la presse pût supporter. Mais ce qui me blesse surtout, c'est l'absence des idées, absence que ne peut dissimuler ni la tournure assez facile des vers ni la douceur du refrain.

Préteur cupide et ministre inhabile,
Un homme seul a causé nos malheurs :
L'affreux Verrès pèse sur la Sicile....
Qu'osé-je dire? adieu, bons voyageurs;
La moindre plainte est ici factieuse :
Des lois de sang la punissent de mort.
O mon pays! puisse un jour plus heureuse
  Ta nacelle surgir au port!

IV. CHANT DES BARDES [1].

Fille du ciel, lumière aimable et pure,
Toi dont l'éclat console la nature,
De ton flambeau que j'aime la clarté!
Que ta douceur, que ton calme me plaisent!
Ah! dans mon cœur tous les chagrins s'apaisent
Au seul aspect de ton disque argenté [2].

Qui dans les cieux peut marcher ton égale,
Quand, t'élevant de l'onde orientale,
Du firmament tu traverses l'azur?
Le vent plus doux murmure à ton passage,
Et sur tes pas se presse le nuage
Dont ta lueur blanchit le flanc obscur.

---

1. Cet hymne à la lune, terminé en mai 1827, remontait à l'époque de mon séjour à Saint-Maixent. Je supposais un chœur de bardes gaulois réunis sur le bord de la mer dans la seconde Aquitaine (Saintonge); et je voulais représenter l'aspect du ciel et de la mer qui m'avait frappé, soit aux Sables-d'Olonne, soit à la Rochelle, ainsi que les sentiments que cette vue avait fait naître en moi.

2. Les idées qui entrent dans ces stances sont en partie imitées du commencement de *Dar-Thula*, poëme attribué à Ossian par Mac-Pherson.

O lune ! ainsi tu t'avances brillante :
Mais où vas-tu, quand ta course moins lente
Te fait plonger sous le cristal des mers ?
A nos regards quand la vague écumeuse
A dérobé ta face radieuse,
Que deviens-tu, souveraine des airs ?

Ah ! de tes sœurs avant le temps déchues,
Seule aujourd'hui, seule au milieu des nues,
Tu vas pleurer la perte et les malheurs :
Triste et plaintive, ô charmante lumière,
En ton palais, sur leur gloire première
Tu vas gémir et répandre des pleurs [1].

Mais une nuit viendra, nuit effroyable,
Où périra ton éclat peu durable,
Où tu verras ton trône renversé :
Alors, alors, les étoiles brillantes
Relèveront leurs têtes scintillantes
Pour applaudir au coup qui l'a brisé [2].

D'un vif éclat cependant revêtue,
Brille à présent au-dessus de la nue ;
Reine des nuits, montre-toi dans les cieux :
Et vous, ô vents, dissipez les orages,
Et déchirez ce manteau de nuages
Dont les replis la cachent à nos yeux.

Que ta clarté plus tranquille et plus pure,
Astre divin, ranime la verdure

---

[1]. Tradition du pays de Galles, si du moins, comme cela est assez vraisemblable, Mac-Pherson s'est inspiré, pour écrire sa prose poétique, des opinions reçues chez les habitants de cette contrée.

[2]. C'était encore une tradition reçue chez les bardes, et qui revient souvent dans Ossian, que les astres n'étaient pas éternels, que plusieurs lunes avaient déjà disparu, et que celle qui reste disparaîtrait à son tour aussi bien que le soleil. Quoi qu'il en soit, l'idée m'a paru agréable et je l'ai prise.

Et les rochers, et la cime des monts :
Viens réjouir les nochers et les pâtres,
Et que la mer roule ses flots bleuâtres
A la lueur de tes pâles rayons.

V. JULIEN[1].

1.

Au flanc de ce coteau[2] tout brillant de verdure,
Vous voyez un palais de romaine structure[3],
Où l'art de l'architecte épuisa ses efforts :
Sous de vastes lambris, sous de hautes arcades[4],
Dans des cuves d'airain, des tritons, des naïades
　　D'une onde pure épanchent les trésors.

De platanes épais une imposante allée
Descend en serpentant au fond de la vallée;

---

1. Ou *Paris et la Gaule au IV siècle*. Cette pièce, terminée en juillet 1841, à une époque de bonheur et de longues espérances trop promptement déçues, était précédée de la dédidace suivante : « A toi, — mon beau Paris, — à toi, — noble capitale du premier peuple du monde; — à toi, — que les étrangers nous envient, — que les Français contemplent avec orgueil, — que tes fils apprécient surtout quand le sort les force à te quitter; — à toi — est aujourd'hui dédié par ton enfant affectionné — ce poëme — où se trouve rappelé le premier grand événement dont ton sol ait été le théâtre. » — Depuis la révolution de 1848, cette dédicace n'a dû subsister que comme un souvenir : elle ne représente plus ce que je pense.

2. Le palais des Thermes de Julien est à mi-côte à peu près du mont Leucotitius, nommé depuis la *Montagne Sainte-Geneviève*.

3. Le palais des Thermes lui-même, ou si, comme on le croit, ce qui en reste est postérieur à Julien, ce que ce prince pouvait en avoir bâti.

4. Voyez ces arcades en passant dans la rue de la Harpe.

Jusqu'au bord de la Seine au nord elle s'étend :
C'est là qu'enseveli dans un morne silence,
Un guerrier, s'appuyant de sa puissante lance,
    Sur l'avenir va méditant [1].

Son casque est surmonté de la louve latine ;
Un corselet d'acier entoure sa poitrine ;
Un glaive étincelant pend à son baudrier [2] :
Il est prêt à combattre ; et pourtant sur la terre,
Nulle part, nous dit-on, ne s'agite la guerre,
Et Minerve partout peut planter l'olivier.

Le Romain cependant près du fleuve s'arrête :
Son pied touchait le sable ; il relève la tête,
Et, promenant les yeux sur ces fertiles bords :
  « Que j'aime, ô ma chère Lutèce [3],
    L'onde pure qui te caresse [4]
Et de tes ponts de bois les faciles abords [5] !

Que j'aime tes contours embellis par ces ondes [6] !
Que j'aime les berceaux de tes vignes fécondes [7]
    Et l'ombrage de tes figuiers [8] !
  Ah ! que ne puis-je au gré de mon envie
Passer dans tes beaux champs une paisible vie
    Loin du tumulte des guerriers ?

---

1. Hiemem agens apud Parisios Cæsar distractusque in sollicitudines varias. Amm. Marcell., *Rerum gestar.* XX, 1, n° 1.
2. Julien était toujours armé.
3. Ἐτύγχανον ἐγὼ χειμάζων παρὰ τὴν φίλην Λευκετίαν, ὀνομάζουσι δὲ οὕτω; οἱ Κελτοὶ τῶν Παρισίων τὴν πολίχνην. Julian., *Misopog.*, t. II, p. 61. Parisiis, 1630. Cette description que fait Julien du berceau de Paris, a été souvent et justement citée. J'ai tâché d'en saisir les principaux traits.
4. Ὕδωρ ἥδιστον καὶ καθαρώτατον ὁρᾶν καὶ πίνειν ἐθέλοντι παρέχον. *Ibid.*
5. Ξύλιναι δ' ἐπ' αὐτὴν ἀμφοτέρωθεν εἰσάγουσι γέφυραι. *Ibid.*
6. Καὶ αὐτὴν κύκλῳ πᾶσαν καταλαμβάνει. *Ibid.*
7. Φύεται παρ' αὐτοῖς ἄμπελος ἀγαθή. *Ibid.*
8. Καὶ συκᾶς ἤδη τινές εἰσιν οἳ ἐμηχανήσαντο σκεπάζοντες αὐτὰς τοῦ χειμῶνος, ὥσπερ ἱματίοις τῇ καλάμῃ τοῦ πυροῦ. *Ibid.*

Mais quoi! tout ce bonheur va fuir comme un vain rêve :
La Bretagne déjà contre nous se soulève;
Ses peuples indomptés harcèlent les Romains [1];
Et, malgré mon pouvoir et mon armée entière,
Le Rhin n'oppose plus qu'une faible barrière
   A l'avidité des Germains [2]!

Ah! que quitter la Gaule est une dure épreuve! »
Ainsi, les yeux fixés sur le courant du fleuve,
A ses tristes pensers s'abandonnait Julien :
Lorsqu'au-dessus des flots, élevant sa stature,
Apparut une nymphe à la noble figure,
   Au sévère maintien.

« Oui, tu dois me quitter; oui, Julien, lui dit-elle,
Loin de ces prés riants un dieu puissant t'appelle :
Tu ne peux éviter ses ordres souverains.
Mais en de vains pensers toi-même tu t'égares,
   Lorsque tu te prépares
A vaincre les Bretons, les Scots ou les Germains.

Sache que tu suivras une pente fatale.
Je te vois revêtir la pourpre impériale;
L'empire se partage en ce triste discord,
Sans que rien toutefois puisse sauver Constance;
Et malgré ta valeur et ton pouvoir immense,
   Tu rencontres bientôt la mort.

Dans les chants phrygiens tu deviendras sa proie.
Laisse faire aux destins : ils trouveront leur voie [3].
Qui jamais évita ce qu'ils ont arrangé [4]?

---

1. In Britanniis quum Scotorum Pictorumque gentium ferarum excursus, rupta quiete condicta, loca limitibus vicina vastarent. Amm. Marcell., XX, 1, n° 1.
2. Verebatur ire subsidio transmarinis gentibus, ne rectore vacuas relinqueret Gallias. *Ibid.*
3. Fata viam invenient. Virg., *Æn.*, III, 395.
4. Ineluctabile fatum. Virg., *Æn.*, VIII, 334.

Va donc et suis le cours du torrent qui t'entraîne,
Tu reviendras plus tard errer dans cette plaine ;
    Mais combien tu seras changé[1] ! »

    A ces mots la reine des ondes
Rentre silencieuse en ses grottes profondes ;
Et celui que sa voix est venue avertir,
Pour pénétrer le sort vainement se tourmente :
Il ne peut qu'entrevoir la lueur menaçante
        D'un sinistre avenir.

2.

    Quand le soleil ramena sur la terre
Le lendemain sa féconde chaleur ;
Lorsque déjà sur tout notre hémisphère
Il répandait la joie et le bonheur ;
Un messager envoyé de Byzance,
Décentius[2], de la part de Constance
Vint apporter un ordre cacheté.
César l'ouvrit : que venait-il d'y lire ?
Et quel dessein s'y trouvait arrêté ?
Expressément nul ne l'aurait pu dire ;
Mais le césar, inquiet, attristé,
De noirs soucis paraissait agité.
    Bientôt un bruit se répand dans l'armée
Qu'il faut quitter la Gaule sans retard ;
Que l'empereur ordonne le départ
Pour l'Arménie ou bien pour l'Idumée :
« Adieu les bords de la Seine et du Rhin[3] !

---

1. Quantum mutatus ab illo. Virg. *Æn.*, II, 274.
2. Decentium tribunum et notarium misit. Amm., XX, 4, n° 2.
3. Dolore duplici suspensi discesserunt et mœsti quod eos fortuna quædam inclemens et moderato rectore et terris genitalibus dispararet. Amm., XX, 4, n° 13.

Adieu les champs du Rhône et de la Loire!
C'est vers l'Araxe, ou non loin du Jourdain,
Qu'il faut cueillir les palmes de la gloire!
O doux pays, notre premier amour!
Faut-il, hélas! te quittant sans retour,
Perdre à jamais tes bois et tes vallées? »
 C'était ainsi, tant que dura le jour,
Que se plaignaient les troupes désolées;
Mais quand la nuit, sur son char ténébreux,
D'un voile noir eut couvert la nature,
Tout changea bien, et ce faible murmure
Devint bientôt un cri séditieux,
Universel, menaçant, furieux [1].
« Ah! disaient-ils, on reconnaît Constance.
Pour tant de maux, tant de travaux soufferts,
Pour tant de sang versé sans espérance,
De ce tyran voilà la récompense;
Il nous relègue au bout de l'univers :
Et nos amours, nos enfants en bas âge,
Sans protecteurs livrés aux Allemands,
Vont retomber dans l'affreux esclavage
Qui nous coûta tant de combats sanglants [2]!
Accourez donc, venez, grands conquérants,
Vous emparer de femmes sans défense.
Qui vous fait peur? Croyez-vous que Constance
Vienne jamais secourir les Romains?
Secouera-t-il sa honteuse indolence
Pour repousser les hordes des Germains?
Non, non : jamais il n'a tenu la lance,
Jamais le fer n'arma ses lâches mains.
Mais au tyran il faut qu'on obéisse;
Comme à Byzance, il faut même en ces lieux

---

1. Nocte vero cœptante in apertum erupere dissidium.... ad tela convertuntur et manus. Amm., XX, 4, n° 13.
2. Nos quidem ad orbis extrema, ut noxii pellimur et damnati; charitates vero nostræ Alemannis denuo servient, quos captivitate prima post internecivas liberavimus pugnas. Amm., XX, 4, n° 10.

De ce despote adorer le caprice!
Jusques à quand, braves et valeureux,
Resterons-nous à supplier les dieux?
N'avons-nous pas la force et la justice?
Brisons, amis, brisons un joug honteux.
En son palais, qu'à son gré réussisse,
Si Dieu l'ordonne, un tyran odieux;
Mais envers nous quand il se montre injuste,
Créons ici, créons avec ardeur,
Armée et peuple, un nouvel empereur [1].
Vive à jamais, vive Julien Auguste,
Toujours heureux, toujours brave et vainqueur! »
    Les cris aigus de cette foule immense,
Des murs épais ont percé le silence.
Julien surpris se réveille en sursaut :
Hors de son lit il se jette aussitôt,
Prend son épée, et transporté s'élance
Où le tumulte est le plus effrayant.
« Que faites-vous, ô mes compagnons d'armes?
Quels ennemis, assiégeant votre camp,
Ont parmi vous répandu ces alarmes?
Qui vous émeut? la crainte où la fureur? »
On lui répond : « Mort au tyran Constance,
Et vive ici Julien notre empereur! »
— O mes amis, calmez votre douleur :
Par un courrier que j'envoie à Byzance,
N'en doutez pas, j'ai pris votre défense;
Vous resterez dans ces riches vallons.
Croyez-le bien : Auguste, en sa clémence,
Nous laissera ces champs que nous aimons [2].
— Il est trop tard, répond l'armée entière.
Sujets soumis encore ce matin
N'avons-nous pas épuisé la prière?

---

1. Augustum Julianum horrendis clamoribus concrepabant. Amm., XX, 4, n° 14.

2. Hoc apud Augustum capacem rationis et prudentissimum ego competenti satisfactione purgabo. Amm., XX, 4, n° 16.

Le fils obscur du puissant Constantin
Doit perdre enfin un rang qu'il déshonore.
Laissons-le en paix régner sur le Bosphore :
Mais dans la Gaule et sur les bords du Rhin
Il faut un prince et courageux et juste,
Un chef habile, et qui dans les combats
Ait enchaîné la victoire à ses pas.
Vive à jamais, vive Julien Auguste !
Qu'il nous conduise et que, toujours vainqueur,
Il prenne enfin le beau nom d'empereur[1] ! »
　Des légions tel était le langage.
D'un bouclier aussitôt on fait choix,
Et, malgré lui, sur ce noble pavois
De ses soldats Julien reçoit l'hommage[2].
Il veut parler ; les cris couvrent sa voix,
Ses gestes seuls témoignent sa souffrance ;
Et c'est en vain : malgré sa résistance
Il est par tous de nouveau salué.
Que ferait-il contre leur violence ?
Seul, sans pouvoir, de secours dénué,
L'amour des siens, la haine de Constance,
De l'empereur l'implacable vengeance,
Sa sûreté, la gloire des Romains,
Tout le décide ; au zèle qu'il inspire
Il cède donc[3], et désormais l'empire,
Comme naguère, aura deux souverains.

---

1. Conclamabatur post hæc ex omni parte nihilominus uno parique ardore nitentibus universis. Amm., XX, 4, n° 17.

2. Impositus scuto pedestri et sublatius eminens, nullo silente, Augustus renuntiatur. Amm., XX, 4, n° 17. Libanius rappelle cette exaltation de Julien dans son *Prosphoneticus* ou panégyrique, lorsqu'il dit : Ὦ μακαρίας ἀσπίδος ἣ τὸν τῆς ἀναρρήσεως ἐδέξατο νόμον, πρεπωδεστέρας σοι παντὸς εἰωθότος βήματος.

3. Cæsar adsentire coactus est. Amm., *ibid.* Voyez pour la suite de cette histoire les numéros suivants d'Ammien Marcellin. — On regarde souvent ceux qui arrivent au pouvoir suprême comme ayant préparé, ou du moins saisi avec ardeur tout ce qui devait les y conduire. Cette assertion ainsi généralisée est plus conforme à la malignité humaine qu'à l'exacte vérité.

5.

Trois ans sont écoulés à peine [1],
Et de la nymphe de la Seine
Les oracles bientôt seront tous accomplis.
Quoi que le césar ait pu dire [2],
Quoi qu'en son nom ses agents aient promis [3],
Constance a refusé de diviser l'empire [4].
La Discorde triomphe, elle tient son flambeau,
Agite son poignard : « Sors enfin du fourreau,
Dit-elle, et par tes coups que ce vieux monde expire :
Que ce peuple odieux soi-même se déchire;
Et de ses mains qu'il creuse son tombeau! »
Heureusement la Providence
N'accueillit pas cette horrible espérance.
Par ses ordres la Mort du tranchant de sa faux
Sur son trône a touché Constance [5] :
Il tombe; et dans l'instant le calme, le repos
Ont remplacé l'ardeur de la vengeance :
Et l'unique héritier de sa vaste puissance,
Julien, voit devant soi s'incliner ses drapeaux [6].
Le voilà donc qui règne sans partage.
Les Perses cependant, fiers de quelque avantage,
Osent les armes à la main
Réclamer une part dans ce bel héritage [7]!
A la grandeur de Rome insupportable outrage :
Des Perses succéder à l'empereur romain!

---

1. L'exaltation de Julien est de l'an 360, la mort de Constance de 361, et la guerre des Perses de 363.
2. Voyez la lettre de Julien dans Ammien, XX, 8, n° 5.
3. Amm., XX, 4, n° 19.
4. Amm., XX, 9, n°ˢ 2, 4 et 6.
5. Amm., XXI, 15, n° 2.
6. Amm., ibid.
7. Amm., XXII, 12, n° 1.

Ah! sans doute on devait punir cette insolence :
Julien aussi contre eux s'est élancé ;
Mais, emporté par sa vaillance,
Dans leurs vastes déserts il s'est trop avancé.
Là règne au loin une affreuse misère[1] ;
Là tout le fuit ; là, le soldat romain,
Manquant de tout, sans eau, sans pain,
Souffre à la fois les transes de la guerre
Et les angoisses de la faim.
Au pied du mont Taurus s'étend la Cordouène[2],
Qu'on peut atteindre en quelques jours.
Là domine du moins la puissance romaine ;
Là, pourra-t-on trouver quelques secours.
Mais, du terrain saisissant l'avantage,
Les Perses sont campés avec leur roi Sapor.
Il faudrait donc par un puissant effort
Au milieu d'eux se frayer un passage :
Et comment l'espérer ? par un brûlant orage,
Bien mieux que nous connaissant les chemins,
Ces vaincus de la veille ont surpris les Romains,
Et porté dans leurs rangs le trouble et le ravage[3].
Au bruit qui se répand de cet affreux carnage,
Julien vole bouillant d'ardeur.
« Qu'avec courage ici chacun combatte
Sous les yeux de son empereur.
Rappelez-vous, amis, et le Tigre et l'Euphrate[4],
Ces témoins de votre valeur.
Du fleuve ils occupaient les rives escarpées,
Ces Perses aujourd'hui si vains, si triomphants.
Orgueilleux de leurs tours, fiers de leurs éléphants,
Ont-ils pu résister à vos nobles épées ?
Ils ont fui comme des enfants.

1. Amm., XXV, 1, n° 10 ; 2, n° 1.
2. Amm., XXIV, 8, n° 5.
3. Amm., XXV, 3, n° 1.
4. Amm., XXIII, 2, n° 7 ; 3, n°ˢ 8 et 9 ; XXIV, tout entier. Voyez aussi Millot, *Éléments d'histoire romaine*, sous l'année 363.

En avant donc, amis, et, pleins de confiance,
Rejetons le barbare en son triste pays! »
    Il dit : l'armée entière en poussant de grands cris,
    Comme un seul homme en bon ordre s'avance.
On reprend l'offensive, on vole, on est vainqueur ;
      Lorsque tout à coup l'empereur,
      Dans l'aine est frappé d'une lance[1].
      Il tombe, et de sa chute immense
      Retentit au loin la rumeur.
Le blessé cependant sur ses pieds se redresse :
« Un cheval, un cheval[2], » dit-il, et l'on s'empresse
      D'amener un puissant coursier.
On a bandé la plaie[3], on le place avec peine,
Et, malgré ses tourments, s'élançant dans la plaine,
      Il veut encore s'écrier.
Hélas ! il faut céder à l'affreuse torture,
      Et sa faiblesse a trompé son effort.
Trop profonde et trop vive était cette blessure.
Bientôt s'étend sur lui le voile de la mort ;
      Bientôt touche au dernier passage
      Celui que l'on croyait si fort.
Qui donc te fait périr en la vigueur de l'âge[4]?
Est-ce l'un des enfants du farouche Ismaël ?
    Est-ce un de ceux qui sous un heureux ciel
Et non loin de l'Indus ont vu naître l'aurore ?

---

1. Ὑπ' Ἀχαιμενίδου τινὸς κατενήνεκται. Libanius, *Concio funebris de Juliani imperatoris nece.* Ammien dit (XXV, 3, n° 6) : Subita equestris hasta cute brachii ejus præstricta, costis perfossis, hæsit in ima jecoris fibra. » Il a soin d'ajouter que cela n'est pas sûr : *incertum*. Cette incertitude même m'a paru favorable à la poésie.

2. Il y a un mouvement pareil dans Shakspeare : « A horse ! a horse ! my kingdom for a horse ! » Mais les motifs de cette exclamation ne sont pas les mêmes.

3. Καὶ πέσων ἐπὶ γῆς, τὸ αἷμα ὁρῶν καταρρέον, κρύπτειν ἐθέλων τὸ συμβᾶν, ἐπὶ τὸν ἵππον αὖτις ἀναβάς, κ. τ. λ. Libanius, *Oratio*, X.

4. Τίς ἄρα λόγχην ἐκείνην ἐχάλκευσε τοσοῦτον δυνησομένην; τίς ἐπήγαγε δαίμων τῷ βασιλεῖ θρασὺν ἱππέα; τίς κατηύθυνεν ἐπὶ τὰ πλευρὰ τὴν αἰχμήν; Libanius, *Concio funebris.*

Est-ce un soldat romain? le monde entier l'ignore[1] :
        C'est le secret de l'Éternel.
Mais que ce soit un homme, ou que ce soit un ange
Qui d'un si puissant prince a tranché le destin ;
Toujours fut-il alors, par un concours étrange,
        L'instrument d'un Dieu souverain[2].
Car lorsque de Julien la vigueur abattue
        Ne le pouvant plus soutenir,
Malgré lui sous sa tente il fallut revenir[3] :
« Où suis-je? et sous quel nom dans ces lieux est connue
La terre que mon sang, dit-il, vient de rougir?
— La Phrygie[4], a-t-on dit. — Mon heure est donc venue,
Reprit-il ; c'est ici que je devais mourir.
D'une nymphe autrefois la divine science
L'annonçait par un mot que j'interprétais mal[5] :
Ah! c'était bien ici, j'en fais l'expérience,
        Que m'attendait le coup fatal.
        Bien jeune encor[6] je quitterai la terre.
Dieu me frappe : à ses coups je suis tout résigné.
Cessez donc, mes amis, une vaine prière :
Nul ne peut, croyez-moi, prolonger sa carrière
        Au delà du terme assigné[7]. »

---

1. Τὸν μέντοι τὴν δικαίαν ἐκείνην ἐπενεγκότα πληγὴν οὐδεὶς ἔγνω μέχρι καὶ τήμερον. Theodoret, *Hist. eccles.*, XX.

2. Ἀλλ' εἴτε ἄνθρωπος, εἴτε ἄγγελος ὦσε τὸ ξίφος, δῆλον ὡς τοῦτο δέδρακε τοῦ θείου νεύματος γεγονὼς ὑπουργός. Theodoret, *Hist. eccles.*, XX.

3. Τοῦ δεινοῦ δὲ ἥττατο καὶ κομίζεται πρὸς τὴν σκηνήν. Libanius, *Orat.*, X. Voyez aussi Amm., XXV, 3, n° 10.

4. Ideo spe deinceps vivendi absumpta quod percunctando *Phrygiam* appellari locum ubi ceciderat comperit, hic obiturum se præscripta audierat sorte. Amm., XXV, 3, n° 9.

5. Voyez ci-dessus le vers 25 de la page 332.

6. Julien avait 31 ans. Medio noctis horrore vita facilius est absolutus, anno ætatis altero et tricesimo. Amm., XX, 3, n° 23.

7. J'ai remplacé par ces quatre vers le discours fort beau, mais un peu long, qu'Ammien met dans la bouche du mourant (XXV, 3, n°ˢ 15 à 20). Ces lieux communs philosophiques, en supposant même qu'ils soient vrais, doivent être écartés de la poésie où ils jetteraient nécessairement beaucoup de froideur.

Alors pressant du doigt sa blessure saignante
Il confessa le Dieu qu'il avait méconnu,
　　Et vers le ciel levant sa main sanglante,
　« Galiléen, dit-il, tu m'as vaincu [1].
　Pourquoi si tard, et le pied dans la tombe,
　　Ai-je à ta grâce ouvert mon cœur?
J'en serai bien puni : mais lorsque je succombe,
Sur moi seul, ô mon Dieu, que ta vengeance tombe,
　　Et que l'empire soit vainqueur! »
Dieu du mourant exauce la prière :
Ses soldats à l'instant ont redoublé d'ardeur :
Malgré les feux du jour et des flots de poussière [2],
Les Perses ont senti leur force meurtrière,
　　Que des prodiges de valeur
　Ont devant nous dispersés dans les plaines [3].
Cinquante illustres morts, satrapes, capitaines [4]
Ont encor du héros le trépas ennobli,
Et Julien apparaît aux légions romaines
　　Dans son triomphe enseveli [5].

---

1. Le fait est rapporté par Théodoret (lieu cité) : Ἐκεῖνον δέ γέ φασι δεξάμενον τὴν πληγήν, εὐθὺς πλῆσαι τὴν χεῖρα τοῦ αἵματος, καὶ τοῦτο ῥίψαι εἰς τὸν ἀέρα, καὶ φάναι· Νενίκηκας, Γαλιλαῖε. Ce récit, dont tout le monde comprend l'invraisemblance et la mauvaise intention, a été vivement critiqué par Voltaire, et repoussé par les hommes sensés. Mais la poésie peut s'emparer de ce que la philosophie n'admet pas quand cela peut plaire ou toucher. Ici la position était essentiellement poétique, j'ai dû la conserver ; j'ai seulement changé l'intention morale : au lieu d'une menace aussi folle qu'elle est impie, j'ai donné aux mots que prononce Julien le sens d'un repentir tardif, plus convenable à mon objet et plus d'accord même avec le caractère du mourant que cette forfanterie d'impiété qu'aucun historien ne lui reproche.

2. Quamvis effundebatur oculis altitudo pulveris et æstus calescens officeret alacritati membrorum. Amm., XXV, 3, n° 10.

3. Voilà une tournure ancienne ou latine que les paristes ne pardonneront pas. L'emploi de *qui* conjonctif, aussi éloigné de son antécédent, est une hardiesse que j'ai pourtant préférée au sens louche produit par le pronom *les*.

4. Quinquaginta tum Persarum optimates et satrapæ cum plebe maxima ceciderunt. Amm., *Ibid.*, n° 13.

5. Belle expression de Fléchier dans l'oraison funèbre de Turenne.

4.

La nuit sur nos climats régnait silencieuse :
Aux bords d'un ciel serein, la lune radieuse
    S'élevait lentement :
De sa clarté blanchâtre elle baignait la plaine,
Et faisait scintiller sur les flots de la Seine
    Mille reflets d'argent.

Soudain, sans que dans l'air bruisse[1] aucun murmure,
Comme un voile funèbre, une nuée obscure
    Se montre à l'orient,
Qui, d'un rapide vol traversant l'étendue,
En face de notre île est bientôt descendue
    Sur le pré verdoyant.

Là ce manteau de deuil à nos regards s'abaisse,
Et la noire vapeur sur soi-même s'affaisse,
    Et ses flancs disparus
Laissent apercevoir, majestueux fantômes,
Deux pâles habitants des éternels royaumes,
    Parmi nous revenus.

L'un calme, grand et beau, des plus cruels supplices,
Aux pieds, aux mains, au sein, portait les cicatrices ;
    Mais son front glorieux
Paraissait dominer et calmer la tempête ;
La divine auréole environnait sa tête :
    C'était le roi des cieux.

L'autre, couvert d'un casque et portant une épée,
Vers lui levait sa main de sang toute trempée,
    Et pressant ses genoux :

---

1. *Bruisse* me semble l'expression propre ; ceux qui ne trouvent pas ce terme assez noble pourront lire *s'entende*.

« Seigneur, lui disait-il, je me sais bien coupable ;
Mais vous, mais vous, mon Dieu, qui fûtes charitable
    Jusqu'à mourir pour nous !

Vous qui de votre amour échauffâtes la terre ;
Qui remîtes sa faute à la femme adultère[1] ;
    Qui, comme au moissonneur
Qu'a vu l'aube du jour partir en diligence,
Sans égard du passé, promîtes récompense
    Au tardif travailleur[2] !

Si j'hésitai, vivant, à suivre en vous mon maître,
Si votre loi trop tard à moi s'est fait connaître,
    N'ai-je donc mérité
Par aucune vertu la céleste indulgence ?
Ne dois-je plus jamais trouver que la vengeance
    De mon juge irrité ? »

Devant le Roi de paix, ainsi l'homme de guerre
Humblement prosterné, d'une ardente prière
    Sa grâce demandait :
Et le Christ à son tour, jetant sur le coupable
D'une douce pitié le regard ineffable,
    En ces mots répondait :

« Par tes vertus, Julien, quand tu me sollicites,
Tu t'abuses, crois-moi, sur tes propres mérites.
    Ton crime fut bien grand :
Non qu'on t'ait vu jamais, avide ou sanguinaire,
T'efforcer de gagner, en opprimant la terre,
    Le nom de conquérant.

Mais quand le paganisme infâme et ridicule
Succombait sous les maux que toujours accumule

---

1. Saint Jean, *Évang.*, 8, ℣ 1 à 11.
2. Voyez dans saint Matthieu (*Évang.*, 20, ℣ 1 à 16) la parabole du ciel semblable à un père de famille qui loue des ouvriers pour les envoyer à sa vigne.

        La fière oisiveté;
Quand ma loi proclamant que les hommes sont frères,
Opposait le travail aux humaines misères
        Avec la charité[1];

Celui qui, des faux dieux rappelant les prodiges,
Fit, comme leur pontife[2], encenser leurs prestiges
        Dans l'empire romain,
A-t-il réellement et quoi que soit sa gloire,
Aussi bien mérité que tu le sembles croire,
        De tout le genre humain?

Non: ne t'y trompe pas; sans ton apostasie
Nous aurions vu briller une si belle vie
        D'un bien plus pur éclat.
Mais c'est à tes hauts faits une tache, et l'histoire
N'en doute pas, Julien, flétrira ta mémoire
        Du surnom d'Apostat.

Ne crois pas toutefois, que, dur, inexorable,
Je veuille à tout jamais châtier le coupable:
        Je n'ai rien oublié;
Ni pour tous tes sujets ton exacte justice,
Ni pour tes assassins qu'attendait le supplice,
        Ton active pitié[3].

Tes travaux, tes vertus, pèsent dans la balance.
Repens-toi cependant, et par la pénitence
        Rends ton juge indulgent.
Moi-même, tu le vois, pour alléger ta peine,
Je t'ai voulu conduire aux bords de cette Seine
        Que tu chérissais tant.

1. Saint Matthieu, *Evang.*, 7, ☩ 3; 19, ☩ 19; 22, ☩ 38; saint Jean, *Evang.*, 13, ☩ 14, 34; 15, ☩ 12; *Nov. Testam.* passim.
2. Διὰ τοῦτο χαίρει καλούμενος ἱερεὺς οὐχ ἧττον ἢ βασιλεύς. Libanius, *Panegyr. Juliani.*
3. Τοὺς θήξαντας ἐπ' αὐτὸν τὰ ξίφη.... ἐλέγξας μὲν καὶ μεμψάμενος, τῶν ψυχῶν δὲ οὐκ ἀποστερήσας. Libanius, *Leg. ad Julian.*

Là, nuit et jour errant sur l'une ou l'autre rive,
Tu rêveras sans cesse ombre triste et plaintive
    Au moment souhaité,
Où les morts, recueillis dans un morne silence,
Viendront du Juge-Dieu recevoir leur sentence,
    Et pour l'éternité.

Pénitent jusque-là, muet et solitaire,
Invisible aux humains, inconnu sur la terre,
    Tu n'auras de plaisir
Que de voir, en foulant cette rive fleurie,
Les immenses progrès qu'à ta ville chérie
    Réserve l'avenir.

Des siècles successifs mobile et faible image,
Pendant des milliers d'ans vers la liquide plage,
    Ces ondes rouleront;
Et de riches palais, et de brillants portiques
Des jardins somptueux, des temples magnifiques,
    Ici s'élèveront;

Jusqu'à ce que Lutèce en richesse, en puissance,
Surpassant de bien loin Babylone, Byzance,
    Rome, Memphis et Tyr,
Tous les peuples du globe à son prince obéissent.
Alors tu connaîtras que les temps s'accomplissent,
    Et vont bientôt finir.

Car c'est l'ordre éternel qu'en merveilles féconde,
Mais sous un autre nom, Lutèce soit du monde
    Le plus riche joyau;
Et que, dût l'avenir à l'infini s'étendre,
L'œil ne puisse rien voir, ni l'esprit rien comprendre
    D'aussi grand, d'aussi beau. »

VI. BÉLINDE A TRISTAN [1].

Tristan, en bonheur et liesse
Que Dieu vous veuille maintenir!
En honneur, loyauté, simplesse,
Doux ami, puissiez-vous grandir!
Aux jeux de la chevalerie,
Allez los et gloire acquérir :
Soyez heureux; mais d'une amie,
Ami Tristan, gardez le souvenir.

Vous vous souviendrez du bocage
Où vous rêviez silencieux.
Je vous vis : un soudain nuage
De Bélinde obscurcit les yeux.
De quels maux, hélas! fut suivie
La ruse que je vins ourdir!...
Oubliez-la..., mais d'une amie,
Ami Tristan, gardez le souvenir.

Et voici que, de pleurs trempée,
Je vous veux octroyer un don.
Tristan, recevez cette épée,
C'est celle du grand Pharamond :

1. Nos vieux romanciers disent que Bélinde, fille de Pharamond, étant devenue amoureuse de Tristan de Léonais, le fit accuser auprès de son père d'avoir voulu attenter à son honneur. Tristan fut condamné par les juges; mais Pharamond, soupçonnant sa fille de n'avoir pas dit la vérité, lui donna son épée et lui ordonna de punir elle-même celui qui l'avait outragée. Alors Bélinde se jeta aux pieds de son père et lui avoua sa passion pour le chevalier, à qui Pharamond enjoignit néanmoins de quitter sa cour. Bélinde, désespérée du mauvais succès de sa ruse et de l'absence de Tristan, résolut de se laisser mourir; elle lui écrivit cependant cette lettre dont on retrouvera le texte en prose dans la collection de M. de Tressan (*Romans de chevalerie*, t. II, p. 32, édit. in-18), et une imitation en vers dans le sixième chant de la *Table ronde* de M. Creuzé de Lesser (p. 53, 1839), où Bélinde est seulement appelée *Zamire*. — Cette pièce est de 1827.

On la vit dans la Germanie
   Briller aux mains de Marcomir.
   Elle est à vous. Ah ! d'une amie,
Ami Tristan, gardez le souvenir.

   Et mon dogue, mon chien fidèle,
   Tristan, ne le refusez pas.
   Il m'aimait tant ! le même zèle
   Près de vous retiendra ses pas.
   Hélas ! tout ce qui m'a chérie
   A Tristan doit appartenir :
   Prenez-le donc, et d'une amie,
Ami Tristan, gardez ce souvenir.

   Déjà s'éteint ma froide haleine.
   Adieu ! puissiez-vous quelque jour
   Ne pas apprendre quelle peine
   Dans nos cœurs fait naître l'amour !
   Si pourtant votre âme ravie
   Sans espérance allait languir,
   Que du moins alors votre amie
En vous, Tristan, éveille un souvenir.

VII. SAINTE GENEVIÈVE [1].

1.

« Divin auteur de la nature,
   Père des saisons et des ans,
   Toi qui dispensas dans leur temps

1. Ou la *Gaule au* v^e *siècle*. Cette pièce a été terminée en octobre 1836.

Et le jour et la nuit obscure :
Déjà par ses cris éclatants
Le coq, messager de l'aurore,
Au monde qui sommeille encore
Annonce le soleil et ses feux renaissants.

A sa voix s'enfuit la nuit sombre
Devant l'étoile du matin :
Déjà le pauvre pèlerin
N'erre plus égaré dans l'ombre :
Les flots tumultueux des mers
Vont plus mollement au rivage ;
L'oiseau commence son ramage,
Et nous à ses accents nous mêlons nos concerts [1]. »

Ainsi dès l'aube matinale,
Couvertes de brillants habits,
Les jeunes filles de Paris,
Dans une marche triomphale,
Chantaient la gloire du Seigneur.
Geneviève [2] était avec elles ;
A seize ans, belle entre les belles,
Geneviève aux autels avait donné son cœur.

Mais pourquoi donc ce chant si tendre?
Pourquoi ces fêtes? cet éclat?
De Chartres le digne prélat
A Paris doit bientôt se rendre.
Tenez, écoutez ces clameurs,
Entendez ces cris d'allégresse.
Sur ses pas la foule se presse,
Partout sur son chemin on a semé des fleurs.

---

1. Le commencement de ce chant est imité de l'hymne si connue *Æterne rerum conditor*, que saint Ambroise a faite pour célébrer le retour de la lumière. On la trouvera dans le recueil des *Poetæ ecclesiastici*, t. IV, p. 411, de l'édition Hurez, Cambrai, 1825.

2. Geneviève, patronne de Paris, née à Nanterre en 423.

Vélicus[1] en effet s'avance.
Voyez avec quelle bonté
Il bénit un peuple enchanté,
Ivre de joie à sa présence.
Mais bientôt paraît à ses yeux
La jeune vierge de Nanterre :
« Quel est cet ange sur la terre ?
Vient-il donc de ta part, maître puissant des cieux?

En elle, quelle vertu brille !
Quel éclat de sainte douceur!
Et quelle divine splendeur ! »
Mais à ses pieds la jeune fille
Se prosterne, et pressant sa main :
« Veuillez exaucer ma prière,
Veuillez accomplir, ô mon père,
Ce que promit jadis le saint prêtre Germain[2].

Il venait de quitter Auxerre,
Et me remettant cette croix :
Va, me dit-il, au Roi des rois
Un peu plus tard, ô fille chère,
Un grand saint te doit consacrer.
Trop jeune encore, attends que l'âge
Ait un peu mûri ton courage ;
Et du saint voile alors on pourra t'honorer. »

Vélicus est touché du zèle
Qu'en ses yeux il voit éclater :
« Oui, dit-il, on va t'apporter
Ce prix d'un amour si fidèle,
Ce voile objet de tes désirs :
Va, ma fille, va, sois bénie ;
Au Seigneur consacrant ta vie,
Renonce à la richesse, au monde, à ses plaisirs. »

1. Vélicus, évêque de Chartres, par qui Geneviève fut consacrée.
2. Saint Germain l'Auxerrois, né à Auxerre en 380, nommé évêque après

2.

Paris d'un doux repos savourait le délice :
Rien ne semblait devoir à ce calme propice
    Arracher ce beau lieu :
De fuyards tout à coup nos campagnes s'emplissent :
    Et ces cris retentissent :
« Malheur ! malheur à nous ! c'est le Fléau de Dieu ! »

Attila s'avançait [1] : des hordes de barbares,
Des peuples tout entiers de Huns et de Tartares
    Se pressaient sur ses pas,
Plus nombreux que ne sont les sables des rivages ;
    Et ces monstres sauvages
Hurlaient leurs chants affreux de guerre et de trépas [2].

Ah ! depuis que quittant les champs de la Scythie,
Ils ont dans notre Europe exercé leur furie,
    Dieux ! que d'horribles morts !

la mort de saint Amatre, fut envoyé en Angleterre, d'abord en 429 et de rechef en 434, pour y combattre les progrès du pélagianisme. Ce fut à son passage à Paris que Geneviève, âgée seulement de douze ans, lui demanda le voile ; Germain le lui refusa à cause de son jeune âge.

1. Attila ravagea la Gaule en 451 (Millot, *Hist. anc.*, t. IV, à cette date). Battu près d'Orléans, par Aétius, Théodoric et Mérovée, il se replia sur Châlons et voulut mettre Paris à feu et à sang. Mais Geneviève rassura les Parisiens qui voulaient s'enfuir, et leur promit que les Huns ne toucheraient pas à leur ville, ce qui eut lieu en effet (*Biogr. univ.*, mot *Geneviève*; De Gaulle, *Hist. de Paris*, t. I, p. 22). « Nouvelles vindrent à Paris que le felon roi des Ougres, Attila avoit entreprins à degaster toutes les parties de France.... laquelle cité fut gardée par ses merites et prieres.... et pour la sienne amours fist que les tyrans n'approcherent point de Paris. » (*Légende dorée*, imprimée à Poictiers, en 1522, fol. xxvj.)

2. Millot, lieu cité. Rien n'égale l'horreur qu'inspiraient les Huns. Grégoire de Tours (II, 6) les peint comme des barbares qui ne respectaient rien. Reliqua depopulando, tradentes urbem incendio et populum in ore gladii trucidantes, ipsosque sacerdotes domini ante sacrosancta altaria perimentes.

Que de murs abattus! que de tours écroulées!
Que de moissons brûlées!
Dans nos champs engraissés que de monceaux de corps!

Où le sang répandu s'imbibe dans la terre,
Où fument les débris amassés par la guerre :
« Les Huns ont passé là,
Peut-on dire, et voilà les fruits de leur conquête! »
Mais tout seul, à leur tête,
Plus terrible qu'eux tous éclatait Attila.

Semblable au feu cruel qui sillonne la nue,
Les pleurs, les cris, la mort signalaient sa venue,
En cent lieux à la fois :
Il brillait tout à coup, effrayant météore,
Du couchant à l'aurore,
Et son éclat funeste épouvantait les rois.

Déjà, de ses soldats couvrant au loin la plaine,
Dans ses noirs bataillons il enfermait la Seine,
Et d'un riche butin
Enflammant le désir chez son peuple indocile :
« Voilà donc cette ville
A qui son Dieu, dit-on, garde un si beau destin?

De tes murs vainement, ton fleuve nous sépare :
Tu vas voir, ô Paris, dans les mains du Tartare
Passer tous tes trésors;
Et cette même nuit, pour combler nos délices,
Tes brillants édifices
D'une clarté rougeâtre éclaireront ces bords.

Mais pillons avant tout tes greniers et tes caves :
Que tes filles, tes fils nous servent en esclaves,
Jusqu'au moment fatal
Où des flots de leur sang, pour terminer l'orgie,
L'herbe sera rougie!...
— Allons, criaient les Huns, Attila, le signal! »

Et le roi fait dresser cette épée effrayante.
Des Scythes et des Huns divinité sanglante
      Et symbole de mort.
Tout à coup un bateau se détache de l'île,
      Et la rame docile
Le fait en peu d'instants toucher à l'autre bord.

Les Huns sont attentifs, les Scythes font silence :
Bientôt aux yeux de tous une femme s'avance,
      Ou la fille des dieux :
Quel port ! quelle beauté ! quelle grâce admirable :
      Jamais rien de semblable
De ces hommes grossiers n'avait frappé les yeux.

Geneviève leur parle, et cette voix puissante
Jusqu'aux plus éloignés vibre retentissante :
      « Huns, écoutez-moi tous.
Et toi, Fléau de Dieu, sur la ville éternelle
      Que ta main criminelle,
Malgré mon ordre exprès, ne porte pas ses coups.

Vous y péririez tous. En faites-vous l'épreuve ?
Je vous défie ici : franchissez donc ce fleuve,
      Attaquez ces remparts.
Ils sont pleins de soldats et les armes sont prêtes ;
      Attirez sur vos têtes,
Faites pleuvoir sur vous les flèches et les dards.

Vous ne l'oserez pas.... Ah ! fuyez les batailles.
Déjà Théodoric presse vos funérailles ;
      Aétius le suit
Dont vous avez aussi la valeur éprouvée ;
      Et du grand Mérovée
Sous les murs de Châlons la hache vous poursuit.

Eh bien ! déjà la peur a pâli vos visages.
L'éternel par ma voix a brisé vos courages,
      Vos cœurs sont abattus :

Fuyez donc, de Paris quittez le territoire :
Vous parliez de victoire,
Vous menaciez Paris.... Paris ne vous craint plus [1]. »

Elle dit, et sa voix les maîtrise et les dompte.
En vain, les yeux baissés, ils cherchent dans la honte
Leur antique valeur :
Ils maudissent en vain leur indigne faiblesse ;
Un Dieu plus fort les presse,
Et jette en leurs esprits le trouble et la terreur.

3.

Bientôt Châlons, dans son immense plaine [2],
Voit s'agiter ce turbulent ramas,
Quand un Tartare accourant hors d'haleine :
« Les rois unis portent ici leurs pas :
Au loin déjà vous voyez leur bannière [3]. »
Attila lève alors sa tête altière ;

---

1. M. Maindron, dans son beau groupe d'Attila et Geneviève, a donné à cette sainte un caractère tout autre que celui que je lui suppose.
2. Convenitur ex utraque parte in campos catalaunicos, qui centum in longitudine leucis, et ex latitudine septuaginta feruntur. Paul. diac., *Hist. rom.*, XV.
3. Igitur Aetius cum Gothis Francisque conjunctus adversus Attilanem confligit. Greg. Turon., *Hist. Francorum*, II, 6. Paul Diacre énumère avec plus de détails les peuples qui accompagnaient Aétius. Millot nomme Mérovée que Grégoire ne désigne que sous le nom de *Francorum rex*, comme ayant été personnellement à cette bataille (*Hist. anc.*, t. IV, p. 221). L'auteur de l'ouvrage intitulé les *Mérovingiens et les Carlovingiens, et la France sous ces deux dynasties*, croit que Mérovée n'y assistait que de loin ; que la veille de l'action il en était venu aux mains avec les Gépides, et que peut-être fut-il placé en observation pour donner du repos à son armée et agir suivant le besoin (t. I, p. 34). La poésie n'a point à vérifier ces faits. Le passage de Grégoire de Tours a paru suffisant pour justifier l'intervention très-active de Mérovée dans cette bataille. Voyez d'ailleurs De Gaulle, *Nouvelle histoire de Paris*, p. 23.

Et, recouvrant sa première vigueur :
« Allons, dit-il, la guerre! le carnage!...
Huns, rappelez votre immortel courage :
Au brave ici le profit et l'honneur! »

Il dit, et tous par leurs cris applaudissent,
Et, de leur camp commençant les travaux,
Par des liens ensemble ils réunissent,
Comme un rempart, leurs pesants chariots[1].
Sur les côtés s'entassent les bagages ;
Des bois rompus coupent tous les passages ;
Le fer s'aiguise et le grand Attila,
Quand tout est prêt, aux premiers rangs s'élance,
Et, brandissant sa redoutable lance :
« Allons, enfants, vos ennemis sont là. »

Oh! qui dira la rage meurtrière
Des combattants, leurs coups, leurs cris affreux?
Que de héros ont mordu la poussière!
Quels flots de sang bouillonnent autour d'eux!
Tristes combats! horrible boucherie!
Là, tout à l'heure enflammés de furie
Mille guerriers brillaient au premier rang :
Ils sont tombés : mille autres les remplacent;
Leurs corps bientôt sur les premiers s'entassent :
La mort triomphe et nage dans le sang[2].

Mais quelle gloire à l'occident rayonne?
Du sein des cieux quels rapides éclairs!
C'est de Paris la puissante patronne :
Les chérubins la portent dans les airs.

---

1. Qui quum die altera intra plaustrorum munimenta se continens erumpere non auderet. Paul. Diac., *Hist. rom.*, XV. Les chariots de l'armée formaient une espèce de rempart autour de son camp selon la méthode des barbares. Millot, *Hist. anc.*, t. IV, p. 221.

2. Voyez, pour la description de la bataille, Paul Diacre au livre XV. Malgré l'intérêt que présente sa narration, je n'ai pas cru devoir le suivre.

Des pleurs d'amour mouillent son beau visage;
Et Geneviève, heureux et doux présage!
Pour son pays élève encor la voix :
Le ciel plus pur sourit à sa tendresse,
Et tout frémit d'une sainte allégresse,
La terre et l'onde, et les champs et les bois.

Remplis alors d'une vigueur nouvelle,
Francs, Goths, Romains serrent leurs bataillons :
Le fer plus vif en leurs mains étincelle,
Un sang épais inonde nos sillons [1].
Les coups des Huns, au contraire, languissent;
En vain du roi les clameurs retentissent,
Quand Mérovée enfin voit ce rival
Dont les succès fatiguaient sa pensée :
Sur lui sa hache est aussitôt lancée [2];
D'un grand combat c'est le nouveau signal.

Parmi les Huns, le Franc se précipite.
Environné d'ennemis furieux,
Son bouclier, qu'avec force il agite,
Donne la mort aux plus audacieux [3].

---

1. Tantumque est sanguinis effusum ut parvulus qui ibidem labebatur rivulus, immodicus subito torrens effectus, cadavera secum traheret peremptorum. Paul. Diac., XV. On croira ce qu'on voudra de cette ridicule hyperbole.

2. C'est dans le panégyrique de l'empereur Majorien, par Sidoine Apollinaire (v. 246) que se trouvent les détails qui suivent sur les Gaulois nos ancêtres :

> Excussisse citas vascum per inane bipennes
> Et plagæ præscisse locum, clypeosque rotare,
> Ludus et intortas præcedere saltibus hastas,
> Inque hostem venisse prius.

3. J'entends ainsi le *clypeosque rotare* dans le passage que je viens de citer. Si *clypeos rotare ludus* était tout seul, il signifierait sans doute que les Francs s'amusaient à faire tourner avec adresse leurs boucliers, comme nos soldats font quelquefois pirouetter leurs fusils; mais il est question de guerre, il faut donc que *rotare clypeos* se rapporte lui-même à la guerre,

Autour de lui, plus prompt que le tonnerre,
Il fait voler son sanglant cimeterre :
De morts bientôt il s'est enveloppé ;
Mais c'est leur chef, c'est leur roi qu'il appelle,
Lui qu'il défie à la lutte mortelle,
Lui qu'il menace, et son fer l'a frappé.

Se redressant à cet horrible outrage
Sur Mérovée Attila s'est lancé :
Des deux rivaux qui nous peindra la rage ?
Un coup par l'autre à peine est devancé.
Le feu jaillit de leurs lourdes armures ;
Bientôt le sang coule de leurs blessures.
Quel choc affreux ! quel combat de géants !
Tout autour d'eux s'arrête et fait silence ;
L'effroi seul règne : ah ! qu'on voit bien, ô France,
Que ce duel sauve ou perd tes enfants !

Le roi des Francs que la gloire aiguillonne
Veut d'un seul coup terminer ces combats :
Sa lourde épée en sifflant tourbillonne,
Tombe avec bruit, fait voler en éclats
De son rival la solide cuirasse.
Le Hun chancelle au choc de cette masse ;
Il va périr : par un dernier effort
De ses soldats la fidèle cohorte,
Vers lui s'élance ; on le prend, on l'emporte,
Un chariot le dérobe à la mort.

Alors tout fuit, la déroute est entière :
Sur les chemins, dans les bois, dans les prés,
Une poursuite et vive et meurtrière
Nous a des Huns à jamais délivrés.
Les rois unis sur le champ de la gloire,

---

et que les Francs se fissent habituellement de leur bouclier une arme offensive. Voyez dans Quinte-Curce (liv. IV, 4) : Quosdam etiam cominus gladio clypeoque impulsos præcipitavit.

Du héros franc célébrant la victoire,
En rendaient grâce au Maître des humains :
Et tous, les yeux tournés vers l'empyrée,
Glorifiaient la sainte révérée
Dont la parole a changé nos destins.

VIII. CHILDÉRIC [1].

1.

L'enfer est en émoi : car dans chaque province
    Un héraut crie à crever le tympan :
      « De par très-haut et très-puissant,
Très-redoutable et très-excellent prince,
Par la grâce de Dieu roi des enfers, Satan :
      A tous nos amés, composant
    De nos États la garde impériale :
    Salut. On fait assavoir que céans
    Sont convoqués de la ligue infernale
      Les bans et les arrière-bans.
      Ce n'est pas une mince affaire;
Il faut du cœur : hâtez-vous donc, enfants;
      Levez-vous, armez-vous en guerre,
      Et, fidèles à vos serments,
      Gardez bien de perdre le temps
      Quand vous avez du mal à faire. »
A peine avait-il dit; diables et diablotins,
      Verts, jaunes, gris ou zinzolins,

---

1. Ou les *Parents de Clovis*, en 465. Cette pièce est du mois d'août 1839.

Ou bleus, ou noirs, ou rouges, il n'importe,
Mettent tous la clef sous la porte;
Et les voilà par vaux, par monts et par chemins,
Qui s'en vont à la capitale.
On les reçut dans une immense salle,
Une salle ayant de contour
Un grand myriamètre en mesure du jour :
C'était trop peu pour l'armée infernale,
Et, pour entrer en ce vaste pourpris,
Chacun dut rabaisser sa taille colossale
Presque au niveau de celle des fourmis.
Alors à l'assemblée immense
Messer Satan fit une révérence,
Toussa, cracha, se frotta le menton,
Et, commençant son oraison
D'une voix pleine de jactance,
Il s'écria : « Çà, mes enfants,
Vous saurez que sur cette terre
Dont autrefois la céleste colère
Nous a soumis les habitants
Pour les punir du péché de leur père,
Il existe un petit pays
Où nous aurons un jour beaucoup à faire.
On le nomme la Gaule; et, si je réussis,
Ainsi que j'en ai l'espérance,
Jamais pour lui les temps ne seront accomplis;
Jamais il ne prendra l'aimable nom de France.
Que fait le nom? direz-vous, mes amis :
Écoutez-moi, je vous prie, en silence.
Childéric dans la Gaule autrefois commandait.
Majestueux, jeune, beau, fait à peindre,
Et brave jusqu'à ne rien craindre,
De son père, en un mot, c'était tout le portrait.
Or, dans mon humeur inquiète,
Et toujours méditant mes éternels desseins,
Sur l'empyrée un jour je braquais ma lunette.
Notre tyran au livre des destins

Gravait en traits de feu ce discours effroyable :
 « De Childéric je veux qu'il naisse un fils ;
 « Roi des Français, aux payens redoutable,
  « Il aura nom Clovis[1].
« Docile aux doux conseils d'une épouse soumise,
 « Par sa foi des Gaulois il conquerra les cœurs,
 « Et transmettra plus tard à tous ses successeurs
« Ce glorieux surnom : Fils aîné de l'Église. »
  Eh! bien, qu'en dites-vous, amis?
  Ce Clovis-là nous enlevait la France :
Mais il n'est pas encore, et je m'y suis bien pris
Pour que nous n'eussions pas à craindre sa naissance.
De son père futur j'enflammai les esprits ;
Dans son cœur jeune encore et brûlant d'espérance,
Je soufflai tous les feux de la concupiscence
  Et l'embrasai d'une indicible ardeur[2].
  Que vous dirai-je? auprès de chaque belle,
Aimable, entreprenant sous un air de candeur,
  L'adroit fripon devint bientôt vainqueur :
  Il ne trouva jamais une cruelle,
  Et ne laissa, je crois, aucun seigneur
  Dont la moitié ne lui fût infidèle.
Puis, lorsque se berçant de volages amours,
Et sans cesse brûlant d'une flamme nouvelle,
  De ses succès il poursuivait le cours,
Je crus qu'il était temps d'arrêter le scandale.
  Ma foi, je vengeai la morale.
  Entre les mains de ces braves maris
Je fis tomber un jour une lettre fatale,
  Où leurs malheurs étaient écrits.
  Tous aussitôt contre un seul réunis,
  Ils appellent le comte Gilles[3],

---

1. Quæ concipiens peperit filium vocavitque nomen ejus Clodovechum. Grégoire de Tours, *Hist. Francorum*, II, 12.

2. Quum esset nimia in luxuria dissolutus.... cœpit Francorum filias stuprose detrahere. *Ibid.*

3. *Gilles* ou *Egidius*, en latin *Ægidius*.

Lui livrent leurs soldats, leurs remparts et leurs villes[1].
　　Le roi, sans défense surpris,
Ne peut leur résister ; de lui-même il s'exile
　　Dans la Thuringe[2], et là, brûlant toujours,
Pour la reine Bazine[3] en ce moment il file,
Et sans danger pour nous, de constantes amours.
　　J'espérais bien qu'il s'userait près d'elle :
Mais voilà qu'envoyé par un ami fidèle
Un courrier aujourd'hui lui porte la nouvelle
　　Qu'il peut en roi, retraversant le Rhin,
　　　　Rentrer dans ses vastes domaines ;
　　　　Que bientôt des aigles romaines
　　　　Il fera fléchir le destin.
Amis, si nous laissons s'accomplir ce dessein,
　　　　La Gaule, sous le nom de France,
　　　　N'en doutez pas, doit tôt ou tard,
　　　　Du Christ arborant l'étendard,
　　　　Le porter loin par sa vaillance.
Ah ! périssons plutôt que de sentir nos fronts
Rougir à tout jamais d'un si sanglant outrage;
Ou mieux, dès ce moment, à ce hardi passage,
Opposons, il le faut, nos épais bataillons.
　　Le Rhin est large et ses flots sont profonds :
　　Emparons-nous de son heureux rivage,
　　　　Et par nos efforts repoussons
　　　　　　Dans l'onde turbulente,
　　　　Avec sa barque menaçante,
　　　　L'ennemi que nous haïssons. »
　　　　Il dit : les diables applaudissent,
　　　　Les bravos partout retentissent,
　　　　C'est un tintamarre infernal ;
　　　　On saute, on s'élance, on s'écrie :

---

1. Franci ob hoc indignantes de regno eum ejiciunt.... et Ægidium sibi unanimiter regem adsciscunt. Greg. Turon., *Hist. Francorum*, II, 12.

2. Thoringiam petiit relinquens ibi hominem sibi carum qui virorum furentium animos mollire posset. Diviserunt simul unum aureum. *Ibid.*

3. Apud regem Bisinum uxoremque ejus Basinam latuit. *Ibid.*

« Montons tous sur notre cheval. »
Et du fond de son écurie
On tire le noble animal :
Et des démons la noire ribambelle
Avec ardeur lui saute sur le dos.
Sa longue croupe a rejeté la selle,
On monte à poil; c'est le roi des chevaux.
D'abord de la tête à la queue
On comptait à peine une lieue;
Il s'en trouva bientôt un million;
Et puis il centupla cette dimension,
Puis l'augmentant sut si bien faire
Que pour aller de chez lui sur la terre
Il lui suffisait d'un seul bond.
Finalement entre sa sphère
Et la nôtre il devint un pont,
Et put ainsi, de ses fortes épaules,
Verser tout d'un coup dans les Gaules
L'immense Pandémonion.

2.

Cependant Childéric depuis longues années[1],
Ne voyant pas finir ces haines obstinées,
Affectait d'oublier le monde et les combats.
Il semblait renoncer à l'empire, à la gloire,
Et des nobles labeurs écartant sa mémoire,
Loin des jeux, loin des cours, il égarait ses pas.

Toutefois, lorsque ainsi sur la verte fougère
Au fond des bois obscurs il rêvait solitaire,
De quels pensers cruels était-il agité ?

---

1. Ægidius, quum octavo anno super eos regnaret, amicus ille fidelis.... nuntios ad Childericum cum parte illa divisi solidi misit. Greg. Turon., *Hist. Francorum*, II, 12.

Comme il se reprochait une ardeur déloyale !
Combien il maudissait cette beauté fatale,
Qui mettait en sa place un rival détesté !

La reine dans ces lieux vint un jour à paraître :
Childéric de son cœur déjà n'était plus maître ;
Tout brûlant d'un amour étouffé jusqu'alors,
Il contemple en silence une taille divine ;
Il admire immobile, interdit; et Bazine
Par sa confusion peut juger ses transports.

Et croirons-nous la reine assez fière et sauvage
Pour résister longtemps à ce muet langage?
A ce feu qui se cache et n'est que plus ardent?
Non, non : sa voix se tait; mais son charmant sourire,
Son geste, son regard, à l'amour qu'elle inspire
Ont répondu pour elle ; et Childéric l'entend.

Alors renaît pour lui la riante espérance :
Alors l'amour, la gloire, et Bazine et la France
Lui semblent de lauriers parer son avenir ;
Quand, lui glissant en main l'anneau de Vidomare[1],
Un inconnu bientôt, sans parler, lui déclare
Que les temps sont changés, qu'il peut, qu'il doit partir.

Partir.... dieux! quel bonheur! partir.... à l'instant même !
Mais le jour le défend.... d'ailleurs celle qu'il aime
Doit avant son départ recevoir ses adieux :
Il ira donc la nuit sous sa haute fenêtre,
Se couvrant tout entier du feuillage d'un hêtre,
Faire entendre aux échos ce chant mélodieux [2] :

1. Le nom de l'ami fidèle n'est pas uniforme : on trouve *Viomade*, *Vinomade*, *Vidomare*, *Guinomand*, *Guiémant*. J'ai choisi le troisième qui m'a paru plus sonore et qui se trouve dans les *Mémoires et anecdotes des reines de France*.
2. Il a fallu poétiser un peu toute cette partie du récit, sur lequel voyez les *Réflexions* de Bayle, au mot *Basine*.

« Quelle est dans nos vallons la plus belle bergère?
La plus digne d'amour? c'est celle qui m'est chère,
Celle pour qui je brûle et dont je tais le nom.
Zéphyrs, vous la verrez : dites-lui que mon âme
Ne ressentit jamais une aussi vive flamme;
Allez, zéphyrs légers, portez-lui ma chanson.

Languissant et proscrit, je dévorais ma peine :
Lorsque du monde entier je la voulais voir reine,
Je ne lui devais pas offrir ma pauvreté :
Ah! si je puis un jour, recouvrant ma puissance,
Réaliser enfin ma brillante espérance,
Quelle femme aussi haut aura jamais monté?

Les dieux mêmes seront jaloux d'elle, et la terre,
Brûlant un pur encens aux pieds de ma bergère,
Portera jusqu'au ciel la gloire de son nom.
Zéphyrs, vous la verrez: dites-lui que mon âme
Ne ressentit jamais une aussi vive flamme;
Allez, heureux zéphyrs, portez-lui ma chanson. »

Il dit et disparaît sous la feuillée épaisse;
Et bientôt un coursier qu'avec ardeur il presse
Le porte comme un trait aux bords sacrés du Rhin :
De fidèles amis l'attendaient au rivage.
En oyant [1] sa parole, en voyant son visage,
Tous, heureux désormais, défiaient le chagrin.

« O mon roi, disaient-ils, ô fils de Mérovée!
Que bénissent les dieux votre heureuse arrivée!
Du comte Égidius le joug sanglant et dur [2]

---

1. *Ouïr* est un vieux mot, mais bien plus expressif et plus précis qu'*entendre*; il est d'ailleurs plus doux et plus poétique.

2. L'auteur de la *France sous les Mérovingiens* trouve peu probable que Gilles ou Égidius, qui avait gouverné les Francs avec sagesse, ait tout à coup changé au gré des désirs de Vidomare, et se soit fait haïr de ses peuples : il croit que la mort d'Égidius n'a pas été remarquée par les historiens, et que

A vers vous ramené vos vieux compagnons d'armes.
O prince, hâtez-vous ! venez sécher nos larmes ;
Et le ciel sous vos lois nous sourira plus pur ! »

A ces mots Childéric s'élance dans la barque ;
Les Francs avec ardeur y suivent leur monarque,
Fiers de l'heureux succès dont le jour leur a lui ;
Lorsque, sur l'autre rive, une noire fumée
Se dissipe et découvre une effroyable armée :
Satan est à son poste et l'enfer avec lui.

Du milieu de ces rangs tout hérissés de piques,
S'élèvent sur les bords des remparts fantastiques ;
Partout brillent des dards, des glaives flamboyants,
Des javelots de feu, des lances enchantées ;
Et, repoussant la nef dans les eaux irritées,
Les démons loin du bord ont entraîné les Francs.

En vain, dans sa fureur, levant sa lourde épée,
Childéric de leurs corps a la trame coupée :
De ceux qu'il a fendus se rejoignent les parts.
Pour vaincre leurs efforts nos Francs en vain s'agitent :
Les démons sur l'esquif d'abord se précipitent,
Et le font tournoyer sous les coups de leurs dards.

Et loin, en-mi [1] les flots, de la rive française
Tout entier d'un côté l'enfer s'élance et pèse.
Le fleuve cependant refuse d'engloutir,
Sans l'aveu du Très-Haut, ceux que porte son onde :
Alors, dissimulant sa colère profonde,
Le père du mensonge est réduit à mentir.

---

ce qu'on dit du changement de gouvernement doit s'entendre d'un changement de gouvernant ; qu'en un mot, Syagrius aurait succédé à son père, et que les historiens auraient continué à le désigner sous le nom d'Égidius (t. I, p. 42). Cette hypothèse ne m'a pas paru pouvoir être adoptée contre le témoignage de l'histoire.

1. Vieux et beau mot qui s'écrivait souvent *emmi*.

Et comme en un marais des raines odieuses
Font, du sein échauffé de leurs ondes bourbeuses,
Résonner dans les airs d'aigres coassements;
Mais qu'un pied sur leurs bords foule l'herbe amassée,
Ou qu'une pierre au loin soit dans leurs eaux lancée,
Tout se tait aussitôt jusqu'au fond des étangs :

Ainsi Satan partout fait régner le silence.
« Beau Childéric, dit-il, reconnais ma puissance;
Cesse de t'épuiser pour un honteux trépas;
Retourne en ta Thuringe où t'appelle la reine;
Là, le bonheur pour toi remplacera la peine :
Ici tu perds ton temps, tu ne passeras pas.

— Je passerai, démon, ou j'y perdrai la vie.
Tu veux qu'en ce combat elle me soit ravie;
Combattons donc. » Il dit, et son glaive a frappé
Et tranché du maudit la légère substance;
Mais l'enfer en hurlant de toutes parts s'élance,
Et le léger esquif en est enveloppé.

Quel bruit! de l'océan les vagues furieuses,
Se heurtant, se brisant sur des côtes rocheuses;
Ni l'horrible roulis des durs cailloux des mers
De leur sein arrachés par l'effort des tempêtes;
Ni le choc des autans qui sifflent sur nos têtes;
Ni l'éclat de la foudre en ses affreux concerts;

Ni le bris des vaisseaux; ni le cri pitoyable
De ceux que vient saisir une mort effroyable;
N'égaleront jamais le vacarme odieux
Que faisaient ces suppôts des ténébreux empires.
C'étaient des hurlements, des sifflets et des rires,
Des blasphèmes, des cris, à renverser les cieux.

Cependant l'Éternel, de son trône sublime,
Contemplait ce combat où l'auteur de tout crime

Se flattait de changer à son gré les destins.
Il appelle Michel. « Tiens, dit-il, prends mon foudre :
Frappe-les, chasse-les ; il faut enfin dissoudre
Cette ligue obstinée à rompre mes desseins. »

L'ange aussitôt s'élance, et son aile azurée
Le porte en un clin d'œil du haut de l'empyrée
Aux lieux où du roi franc succombaient les efforts.
Michel sur les maudits lance ses feux rapides;
En sillons tortueux, en lanières livides,
La foudre les étreint et s'attache à leurs corps.

Alors cessa pourtant ce rire détestable,
Ce gloussement affreux, sinistre, impitoyable,
Qui déchirait l'oreille en torturant le cœur :
Alors des grincements et des pleurs s'entendirent,
Et la chair se tordit, et les démons rugirent
Sous le poinçon aigu d'une ardente douleur.

Fuyez, vils ennemis du bonheur de la terre;
Regagnez, malheureux, votre profond repaire;
L'archange vous poursuit et de son fouet sanglant
Imprime sur vos corps une trace noirâtre.
De vos hontes, vaincus, fuyez l'heureux théâtre :
Childéric malgré vous y revient triomphant.

3.

Mille cris au loin retentissent,
J'entends les clameurs des guerriers;
Les glaives dans leurs mains frémissent,
Sous eux bondissent les coursiers.
C'est le fidèle Vidomare
Et ses Francs qui vont aujourd'hui,
Dans le combat qui se prépare,
Vaincre avec Childéric ou mourir près de lui.

Non loin des rives de la Meuse
Leurs bataillons sont réunis ;
Vers Bar, cette ville fameuse,
Le prince a rejoint ses amis [1].
Tout à coup, au sein de la nue,
Il entend ces mots retentir :
« Roi, sur ces champs fixe ta vue ;
Le ciel te veut ici dévoiler l'avenir [2]. »

A ses yeux alors apparaissent
Un lion et des léopards ;
Puis des loups et des ours se pressent
Et s'assaillent de toutes parts.
Le prince étonné voit encore,
Dans un lointain plus ténébreux,
De vils chiens qu'un dragon dévore,
Et le dragon plus tard a disparu comme eux [3].

Childéric songeait avec peine
A ces obscures visions,
Quand Égidius dans la plaine
Guide ses épais bataillons.

---

1. Ce fut en effet auprès de Bar-le-Duc que Childéric fut rejoint par son ami Vidomare. *Les Mérovingiens*, etc., p. 42.
2. Cette vision est célèbre dans l'histoire de Childéric ; mais la manière dont Aimoin et Frédégaire la font naître ne pouvait être admise dans la poésie. Selon ces auteurs, lorsque Bazine fut seule avec Childéric dans le lit nuptial, elle le pria de passer la première nuit dans une entière continence, de se lever, d'aller à la porte de son palais et de lui dire ce qu'il y aurait vu. Elle l'envoya ainsi se promener une seconde et une troisième fois, et lui fit voir en trois tableaux, comme disent aujourd'hui nos dramaturges, ce que j'expose ici (Dreux du Radier, *Mémoires des reines de France*, etc., art. *Bazine*. Voy. aussi Collin de Plancy, *Dictionn. infernal*, mot *Bazine*).
3. L'idée du dragon qui dévore tous les animaux est assez belle, et représente assez bien l'usurpation de Pépin le Bref pour que l'on dût s'étonner que Bazine, ou seulement les auteurs qui ont écrit cette histoire et qui vivaient avant la chute de la première race, eussent pu prévoir si juste. Aussi est-elle d'un auteur bien plus moderne : c'est le poëte J. Desmarets, dont Boileau s'est tant moqué (Voy. l'édit. in-12 de Daunou, t. III, p. 317),

Au soleil brillent les framées,
Les dards, les piques, les cimiers ;
Alors entre les deux armées
Les chefs, Romain et Franc, poussent leurs blancs coursiers[1].

C'est par eux que le choc s'engage :
Écoutez leurs sanglants défis :
Tous les deux d'un égal courage
S'attaquent en poussant des cris.
Bientôt sous de larges entailles
Les hauberts tombent en morceaux ;
Des casques, des cottes de mailles,
Leurs pesants coutelas dispersent les anneaux.

Mais en ce combat effroyable
Childéric a brisé son fer :
Il prend sa hache redoutable,
La balance un instant dans l'air,
Et d'une force irrésistible,
La descend sur Égidius :
Ah ! pour peu que ce coup terrible
Eût porté plus avant, le Romain n'était plus.

qui dans le Ve chant de son *Clovis*, traduit presque littéralement la narration des historiens cités ci-dessus, et y ajoute le trait en question :

Au soir l'heureux monarque à sa couche est conduit :
« Va, dit-elle, au balcon : sois sage cette nuit,
Et par mon art puissant de ta race future
Tu verras dans la cour la mystique peinture. »
Il voit un fier lion jetant de fiers regards ;
Il voit des ours, des loups suivant des léopards.
Puis des chiens casaniers qu'un grand dragon dévore.

Après cela vient l'explication de la vision Voy. Dreux du Radier, ouvr. cité.

[1]. Le combat corps à corps n'eut pas lieu entre Childéric et Égidius, mais entre le prince franc et le comte Paul, gouverneur d'Orléans, qui s'était réfugié à Angers et que Childéric y attaqua et tua de sa main. (Grégoire de Tours, lieu cité). L'introduction de ce nouveau personnage eût nui à la rapidité de l'action ; j'ai mieux aimé supposer une rencontre sinon réelle, au moins possible et vraisemblable.

Son œil de la hache irritée
Suivait le cercle étincelant :
Il a mesuré sa portée ;
De son coursier tout pantelant
L'écart le rejette en arrière,
Pâle et de terreur frémissant ;
Et pourtant l'arme meurtrière
A fendu la cuirasse et fait couler le sang.

Tout inondé de sa blessure,
Le Romain hurle de douleur :
Il veut pour venger son injure
Ramasser toute sa vigueur :
Hélas ! ses forces le trahissent :
Son épée échappe à ses mains ;
Ses membres déjà se roidissent ;
On l'entraîne, et les Francs ont vu fuir les Romains.

Childéric aussitôt s'écrie :
« Amis, poursuivons ces fuyards.
— Non, non, dit une voix chérie [1],
Retiens ici tes étendards :

---

1. Le rôle de Bazine dans la fin de cette pièce était fort embarrassant. Tout le monde comprend qu'elle y était nécessaire comme accomplissement de la volonté divine ; mais la manière dont Grégoire de Tours la fait venir auprès de Childéric est si ridiculement scandaleuse, qu'il n'y avait pas moyen de suivre l'histoire sans tomber dans le burlesque. Je place ici le texte même qui vaudra mieux que tout ce que je pourrais dire : *Bazina illa.... relicto suo viro, ad Childericum venit, qui quum sollicite interrogaret qua de causa ad eum de tanta regione venisset, respondisse fertur : Novi, inquit, utilitatem tuam, quod sis valde strenuus ; ideoque veni ut habitem tecum. Nam noveris, si in transmarinis partibus aliquem cognovissem utiliorem te, expetissem utique cohabitationem ejus.* Greg. Turon. *Hist. Franc.*, II, 12. J'ai cherché à relever un peu ce caractère en supprimant ces idées plus que terrestres, et prêtant à Bazine des sentiments d'humanité peu communs de son temps. Consultez, du reste, au mot *Basine* le *Dictionnaire* de Bayle, qui augmente encore, s'il est possible, l'indécence de cette déclaration : car il prétend qu'il faut lire *virilitatem tuam* et *si aliquem cognovissem viriliorem te*.

Arrête, arrête le carnage.
Quand tes ennemis sont vaincus,
De ta bonté qu'ils aient ce gage,
Et tes nombreux sujets chériront tes vertus.

Du pays où tu m'as connue,
Suivant les ordres de nos dieux,
Jusqu'en ces lieux je suis venue
Chercher un vainqueur généreux.
Rends-toi donc digne de Bazine,
Et reconnais en même temps,
Celle que le ciel te destine,
Celle que t'annonçaient des signes éclatants.

Dis-moi, n'as-tu pas vu paraître
Des léopards? un fier lion?
C'est le fils qui de nous doit naître
Qu'annonce cette vision.
Grand dans la paix, grand dans la guerre [1],
Il soumettra ses ennemis,
Et quelque jour la Gaule entière
Doit, sous le nom de France, obéir à Clovis.

Mais il meurt : aussitôt la France
Se partage entre ses enfants :
Sous eux règnent la violence,
La fraude, les traités sanglants.
Sur ce trône si désirable
Plus tard notre race s'endort;
C'est alors qu'un dragon l'accable,
Et son triste réveil, c'est sa chute et sa mort.

Tel est l'ordre des destinées.
Nos fils les verront s'accomplir :

---

1. Hic (Chlodovechus) fuit magnus et pugnator egregius. Greg. Turon., *Hist. Francorum*, II, 12.

Pour nous, aux lointaines années
Remettons ce triste avenir.
Fière aujourd'hui de ta présence,
De ton amour, de ta valeur,
Les dieux me font ta récompense :
Trouve donc près de moi ta gloire et ton bonheur [1]. »

IX. CLOVIS [2].

1.

« Réveille-toi, réveille-toi, Seigneur !
De tes enfants exauce la prière !
N'entends-tu pas, dans leur folie altière,
Tes ennemis défier ta rigueur ?
Où donc est, disent-ils, ce Dieu ? ce Dieu vengeur
Dont nous devait écraser le tonnerre ?
Son bras a-t-il perdu son antique vigueur ?
Le foudre échappa-t-il à sa main téméraire ?
Faible courroux ! impuissante fureur !
Nous nous jouons de sa colère....
Punis, punis, mon Dieu, cette insulte grossière !
Souffle sur eux, et qu'ils soient emportés
Comme l'est la poussière
Par les vents irrités.

---

1 At ille gaudens eam sibi in conjugio copulavit. Greg. Turon., *Hist. Francorum*, II, 12. C'est un dernier trait ajouté à une histoire déjà passablement indécente. Il est impossible de faire moins de façons pour un mariage.

2. Ou la *Bataille de Vouillé* en 507. Cette pièce est d'octobre 1837.

O mes amis! quelles vives lumières
Vers l'Orient éclatent dans les cieux!
Bientôt, Jérusalem, vont cesser tes misères.
Bénis celui qu'ont béni tes aïeux;
Il est toujours le plus puissant des dieux :
Comme il a protégé tes pères,
Il protégera tes neveux.
En vain sur les eaux de l'abîme
Le noir esprit s'élève suspendu :
Dans le piége qu'il a tendu,
En vain Satan entraîne sa victime :
Un Dieu puissant se rit de ses efforts.
Gloire à celui qui sait punir le crime
Jusque dans l'empire des morts [1]! »

Dans la cité de Tours, sous cette nef antique
Qui fut du grand Martin [2] la sainte basilique,
Ainsi chantaient, couverts de leurs blancs vêtements,
Les prêtres des chrétiens, et les jeunes enfants,
Lorsque du roi Clovis les envoyés parurent.
Des exploits de ce prince, Alaric effrayé,
Dans les murs de Poitiers s'était réfugié.
Là sans doute ses Goths à l'envi le reçurent :
Mais le peuple de Tours de son départ joyeux,
Exprimait, libre enfin, sa nouvelle espérance.
Pour un libérateur, il invoquait les cieux,
Et s'il n'osait encor nommer le roi de France,
C'était bien lui du moins que désignaient ses vœux :
Aussi les guerriers francs sans peine le comprirent,
Surtout lorsque ces chants dans les airs retentirent :

1. Les idées de ces deux stances sont tirées des psaumes et chants bibliques; voyez les chœurs d'*Esther* et d'*Athalie*, où des idées analogues reparaissent souvent.

2. Martinus in Gallia prædicare exorsus est. Greg. Turon., *Hist. Franc.*, I, 36. Saint Martin, né vers 316 à Sabarie, dans la Pannonie, ordonné évêque de Tours en 374, mourut à la fin du IVe siècle de notre ère. Voyez sa vie écrite par Sulpice Sévère qui avait été son disciple.

« Je poursuivrai tes ennemis :
 Sous mes pieds les foulant à terre,
Je ne cesserai point de leur faire la guerre
 Qu'ils ne soient tous anéantis.
Je briserai leur orgueil et leur rage.
En vain alors implorant leur vainqueur,
Ils voudront me fléchir :... c'est toi, c'est toi, Seigneur [1],
 Qui m'as vêtu de ton courage,
 Qui m'as guidé dans les combats,
Qui m'as conduit de conquête en conquête,
 Alors que menaçant ma tête,
Mes ennemis s'élançaient sur mes pas.
 Dans une fuite désastreuse,
 Grand Dieu! tu les as confondus :
Appesantis sur eux ta main victorieuse,
 Et qu'ils ne se relèvent plus. »

De Clovis à ces mots les députés s'avancent,
Par des actes de foi dévotement commencent,
Aux pieds des saints autels déposent leurs présents,
Et disent de leur roi la piété sincère [2] ;
Qu'il veut d'un peuple entier terminer la misère;
Qu'on le verra bientôt, à la tête des Francs,
Du joug de l'arien délivrer le fidèle [3].
Tout le peuple à ces mots, dans un transport joyeux,

---

1. Persequar inimicos meos, et comprehendam illos; et non convertar donec deficiant.—Confringam illos, nec poterunt stare; cadent subtus pedes meos. *Psalm.* XVII, ⩗ 38, 39.

2. Ipse vero rex direxit nuntios ad beati basilicam, dicens : Ite et forsitan, etc. Greg. Turon., *Hist. Franc.*, II, 37.—Clovis s'était recommandé à saint Martin, et il avait envoyé des députés pour qu'ils jugeassent par les versets chantés de l'issue de la guerre; les versets entendus par ces envoyés et cités par Grégoire de Tours, sont les versets 40 et 41 du psaume XVII : Præcinxisti me virtute ad bellum ; et supplantasti insurgentes in me subtus me. — Et inimicos meos dedisti mihi deorsum, et odientes me disperdidisti. J'ai paraphrasé ces quatre versets dans mes vers.

3. Igitur Clodovechus rex ait suis : Valde moleste fero quod hi ariani partem teneant Galliarum. Greg. Turon., *Hist. Franc.*, II, 37.

Accueillant de Clovis l'espoir religieux,
Sur lui, sur ses guerriers, par sa prière appelle
Et l'amour de la terre et la faveur des cieux.

« Au Dieu dont la sagesse égale la puissance,
     Au Dieu qui règne glorieux,
  Et qui sur nous au jour de la souffrance
     A bien voulu jeter les yeux,
     Gloire, amour et reconnaissance!
Et toi, vaillant héros, toi l'élu du Seigneur,
Toi dont par des exploits il marque les journées,
Marche avec ce courage, avec cette valeur
     Dont tu brillas dès tes jeunes années.
     Poursuis, Clovis! remplis tes destinées :
  A tes désirs égale ton bonheur,
     Et jusqu'aux pieds des Pyrénées,
     Vole, combats et sois vainqueur. »

2.

     Déjà la nuit sur notre terre
     Avait jeté son voile noir;
     Depuis longtemps sur la bruyère,
     Sifflait le vent glacé du soir.
     Les Francs reposaient sous leurs tentes,
     Et l'oreille comptait les pas
     Des sentinelles vigilantes ;
     Mais Clovis ne s'endormait pas.
     Clovis dans cette nuit obscure
Interrogeait l'incertain avenir.
A ses regards tout à coup vient s'offrir
     Un spectre d'immense stature.
     Assis sur un trône éclatant,
     Le front ceint d'un bandeau de flamme,
Tenant en main un sceptre étincelant,

Il regardait Clovis, et semblait dans son âme
      Vouloir plonger un œil perçant.
« Que veux-tu ? dit le roi, la main sur son épée;
D'où viens-tu ? Que fais-tu ? Gardes ! voit-on ainsi
      Votre surveillance trompée ? »
Le spectre fait un signe, et d'un ton adouci :
« Des hommes contre moi tu ne dois rien attendre;
   Ton peuple dort et ne peut nous entendre;
      Clovis, nous sommes seuls ici.
   Écoute-moi. Tu vois un de ces anges
      Qui près de l'Éternel assis,
      Pour avoir refusé jadis
         De chanter ses louanges,
Furent chassés du ciel et, de ses coups meurtris,
Perdirent à jamais la céleste lumière.
Triste ressouvenir d'une gloire éphémère !
     Je brillais alors dans les cieux :
Plus éclatant que l'astre qui t'éclaire,
De mes rayons j'éblouissais les yeux....
Tu vois, je porte encor le sacré diadème,
Inutile ornement, depuis longtemps brisé,
   Que mon tyran a sur mon front laissé,
Comme un vain souvenir de ma grandeur suprême,
      Et d'un pouvoir passé !...
Mais, que dis-je ? je règne, oui, oui, je règne encore.
Qu'importe que sa rage aux enfers m'ait plongé
   Dans une nuit qui n'aura point d'aurore ?
      De ses fers enfin dégagé,
     Oui, Clovis, oui, je règne encore.
Viens partager mon trône et t'asseoir près de moi,
     Et, tout entier à ta puissance,
 A mes efforts désormais unis-toi :
Je te veux à ce prix donner toute la France.
Mais quitte un Dieu cruel, abandonne sa loi;
Laisse un peuple imbécile adorer ses mystères;
   N'enfume plus les autels des chrétiens
D'un encens qu'autrefois tu brûlais sur les miens,

Et foule aux pieds ces pieuses chimères.
— Loin de moi, dit Clovis, loin de moi, tentateur!
Crois-tu me dérober la lumière éternelle?
Détrompe-toi : saint Remi d'un saint zèle
Par le baptême a pénétré mon cœur [1].
Insensé! ton orgueil t'aveugle donc sans cesse!
Quoi! de la foudre vengeresse
Ton sein, ton visage, tes bras
Portent encor la cicatrice :
Et tu veux, essayant d'inutiles combats,
M'entraîner dans le précipice,
Où t'a plongé l'éternelle justice!
Fuis, malheureux! je ne te connais pas.
— Tu ne me connais pas! De cette ignominie,
Faut-il prendre à témoin toute la Germanie?
Le temps n'est pas si loin où les dieux des Germains
Ornés des noirs festons préparés par tes mains,
Et tous les jours fumant du sang de tes victimes,
A la face du ciel justifiaient tes crimes!
Qui les faisait parler? Dieux de pierre ou de bois,
Pour te répondre ils empruntaient ma voix :
Seul je les animais : leur muette nature,
De l'avenir te dévoilant les lois,
T'annonçait par moi seul ta puissance future.
Je me plaisais alors, Clovis, à voir en toi
Le vrai chef des Germains, le digne fils d'un roi.
Traître, aujourd'hui tu m'abandonnes.
Les Gaulois ont ton cœur; leurs prêtres, ton amour :
A leurs pieds tu mets chaque jour
Tous les lauriers que tu moissonnes.
Si maintenant tu poursuis Alaric,
Lâche! c'est encor pour leur plaire!
Va donc! mais hâte-toi : pour te faire la guerre,
Au secours de son gendre accourt Théodoric.

---

1. Clovis fut baptisé par saint Remi, après la bataille de Tolbiac, où il avait fait vœu d'embrasser le christianisme s'il était vainqueur.

Si tu tardes un jour, l'union glorieuse
    De ces deux rois garantit leurs succès :
        Elle ne laisse à tes Français
    Qu'une défaite, une fuite honteuse.
        Hâte-toi donc! vois, déjà tes soldats
    Ont revêtu le casque et la cuirasse ;
L'Orient se colore : au gré de leur audace
        Allons, conduis-les aux combats.
            Qui t'arrête? Qui t'embarrasse?
La Vienne débordée à tes stériles vœux
        Oppose ses flots furieux [1].
Le chemin est ouvert à qui vient sur ma trace.
Suis-moi donc. » Dans les airs aussitôt s'élevant
        Au-dessus des vagues fangeuses,
Il appelle Clovis et, de loin le raillant,
        Lui montre ces eaux furieuses.
Clovis le suit de l'œil ; il gémit en son cœur
De l'obstacle imprévu qui trompe son ardeur
        Et lui ravit toute espérance.
Vers celui que jamais nous n'invoquons en vain,
        Sa prière pourtant s'élance ;
        Et dans l'instant, d'un bois voisin,
    Vers la rivière une biche s'avance.
Elle entre dans les flots, marche avec confiance,
        Et guide ainsi par un étroit chemin
            Les guerriers qui suivent ses traces.
Clovis rend au vrai Dieu mille actions de grâces :
    Car seul de tous il a vu saint Martin
Mener malgré Satan la biche favorable ;
        Seul il a vu l'ange pervers,
        A l'aspect du saint redoutable
S'enfuir épouvanté dans le fond des enfers.

---

1. Voyez sur le débordement de la Vienne, sur l'intervention de saint Martin, et l'apparition miraculeuse d'une biche, l'histoire de Grégoire de Tours, lieu cité. On trouve dans nos anciennes légendes, et ce récit en est la preuve, une foule de traits aussi favorables à la poésie qu'à la peinture, et qui semblent ignorés jusqu'ici des peintres et des poëtes.

3.

Poitiers alors offrait dans ses murailles
Au roi des Goths un sûr retranchement [1];
Mais il fallait éviter les batailles,
Et, dans ces murs à regret s'enfermant,
De la victoire attendre le moment ;
Lorsque les Francs jusqu'aux pieds de la ville,
Venant porter leurs outrageants défis,
A chaque Goth dirent avec mépris :
« Ces murs pour toi sont un bien doux asile ;
Mais que fais-tu de ce fer inutile?
Va d'une femme emprunter les habits;
Qu'une quenouille arme ta main débile,
Lâche guerrier qu'on nous vantait jadis. »
  De tels discours si souvent se redirent,
Qu'enfin, les Goths sollicitant leur roi,
De la prudence il oublia la loi :
Du vieux Poitiers les barrières s'ouvrirent,
Et hors des murs les troupes s'épandirent.
Dans ce moment, sur un fougueux coursier,
Clovis volait et, brillant sous l'acier,
Criait aux Goths dans un mépris extrême :
« De votre roi vous vantiez le grand cœur ;
Quoi! fuira-t-il toujours ce champ d'honneur
Qu'en vos chansons vous prétendez qu'il aime?
Quand donc pourrai-je éprouver sa valeur?
— Par tous les dieux, c'est en ce moment même, »
Crie Alaric; et son dard en sifflant
S'en va frapper le casque du roi franc,
Et rebondit sur l'armure effleurée.
  Clovis alors avec un ris moqueur :
« Tu croyais bien ta victoire assurée ;

---

1. Veniente autem rege apud Pictavos. Greg. Turon., *Hist. Franc.*, II, 37.

Ton javelot a trompé ta fureur :
Le mien peut-être aura plus de bonheur ;
Voyons. » Il dit, et sa pique acérée
Sur le roi goth vole rapidement.
Mais Alaric se courbe adroitement
Et se dérobe au coup qui le menace.
 Lors se livrant à toute son audace,
La hache en main et de rage écumant,
Sur son rival à grands cris il s'élance.
Clovis le voit ; bouillant d'impatience,
De son coursier il presse aussi le flanc.
Les voilà joints. Le choc de deux nuages
Qui dans leur sein renferment les orages,
N'est pas plus rude. Au bruit de leur combat,
Tous les soldats ont suspendu leurs armes :
Que feraient-ils en ce sanglant débat?
Pour leurs rois seuls leurs craintes, leurs alarmes.
Des deux guerriers les coups précipités
Font en éclats voler de tous côtés
Les boucliers ; alors entre eux commence
Un long combat mille fois plus affreux,
Lutte terrible où ces héros fougueux
N'ont que leur fer pour arme et pour défense.
Enfin lassé de tant de résistance,
Clovis du Goth veut trancher les destins :
Il saisit donc sa francisque à deux mains,
Sur soi dans l'air l'élève menaçante,
Et tout à coup, plus vite que le vent,
Il fait tomber la hache foudroyante,
Sur Alaric qu'il atteint dans le flanc.
 Sous les efforts d'une vaste machine,
Où les humains que la fureur domine
Ont pour la guerre épuisé tout leur art,
Vous avez vu, dans un jour de ruine,
Cent bras nerveux battre en brèche un rempart :
Rien ne résiste au choc épouvantable ;
Pierre, bois, fer, tout roule sur le sable.

Tel fut le coup porté par le roi franc.
L'acier brûlant, secondant son audace,
En atteignant le bas de la cuirasse,
Brisa le fer et s'enivra de sang,
Et de ce coup sur la sanglante arène
Le roi des Goths, pâle, éperdu, tremblant,
Tomba sans force et respirant à peine.

 Déjà couvert des ombres de la mort,
Il voit les siens qui fuyaient dans la plaine,
Et de son peuple il peut prévoir le sort,
Lorsque Clovis, tout rayonnant de gloire,
Et le montrant à ses soldats vainqueurs,
Leur crie : « Amis, achevons ma victoire ;
Dieu nous appelle à des destins meilleurs.
Poitiers, Bordeaux, attendent vos cohortes;
Cahors, Toulouse ouvrent déjà leurs portes;
Dieu vous protége; allez donc pleins d'amour,
Pleins d'espérance et d'une foi pareille.
N'en doutez pas, Arles, Nîmes, Marseille,
Lyon, Châlons vous recevront un jour.
Alors du Rhin aux pieds des Pyrénées,
De l'Armorique aux Alpes étonnées,
Et de l'Escaut jusqu'au golfe gaulois,
Voyant uni par le même langage
Un peuple entier soumis aux mêmes lois,
Dieu, mes amis, finira son ouvrage,
Et jusqu'aux cieux portera d'âge en âge
Et votre gloire et celle de vos rois. »

X. LA MORT DE CHRAMNE[1].

Entendez-vous au loin de sourds rugissements ?
C'est le chant des démons, ce sont leurs cris de joie :
Avec impatience, ils attendent la proie
Qui doit à leurs clameurs mêler ses grincements.

    Clotaire a dans la Germanie
    A la fin soumis le Saxon[2]
    Et de la terreur de son nom
    Toute la Thuringe est remplie[3].
    Mais de gloire et de sang couvert,
    Il rentre à peine en sa patrie,
    Qu'encouragé par Childebert,
    Son fils à ses yeux s'est offert
    Menaçant son trône et sa vie[4].

« Hâte-toi, roi des Francs, répétaient les démons ;
De tes nombreux soldats couvre au loin la campagne,
Et viens de tes fureurs effrayer la Bretagne :
C'est là qu'est le rebelle, et là nous t'attendons[5].

---

1. Chramne, fils de Clotaire Ier, mort en 561, comme on le verra. Cette pièce a été terminée en 1840.
2. En 660 il fit une guerre heureuse aux Saxons, voisins de la Thuringe. Rebellantibus Saxonibus Chlotacharius rex maximam eorum partem delevit. Greg. Turon., *Hist. Francorum*, IV, 10.
3. Pervagans totam Thoringiam, ac devastans pro eo quod Saxonibus solatium præbuisset. *Ibid.*
4. Chramnus, seductus per malorum consilium, ad Childebertum patruum suum transire cœpit, patri insidias parare disponens. *Ibid.*, 16. — Je réunis en une seule les deux révoltes de Chramne. La seconde, où il périt, est postérieure de deux ans à la mort de Childebert.
5. Britanniam petiit ibique cum Chonobro Britannorum comite, ipse et uxor ejus et filiæ latuerunt. *Ibid.*, 20.

— Chramne, mon fils! que veux-tu faire?
Quel prix peux-tu donc espérer?
Le ciel vient de se déclarer,
Reviens à toi, lui dit Clotaire.
De Childebert l'heureuse mort
Met sous ma loi la France entière [1] :
Insensé, quel sera ton sort,
Et quel pouvoir est assez fort
Pour t'éloigner des bras d'un père? »

Ces mots des noirs démons ont excité les ris :
« Clotaire, disent-ils, eh! pourquoi te contraindre?
Ces tendres sentiments que tu cherches à feindre,
Sont aussi loin de toi qu'étrangers à ton fils. »

Cependant de son entreprise
Chramne lui-même épouvanté
Avec mystère a consulté
Les saints oracles de l'Église [2],
Et, par un discours ambigu,
Les Évangiles, les Prophètes,
Les Apôtres ont répondu
A ce criminel éperdu
Qu'agitent des terreurs secrètes [3].

« Crainte et forfanterie, orgueil et lâcheté,
Dit Satan, voilà l'homme : osant tout entreprendre,
Mais, toujours inquiet, il veut d'abord apprendre
Ce que garde le sort à sa témérité.

---

1. Childebertus rex ægrotare cœpit, et, quum diutissime apud Parisios lectulo decubasset, obiit. Greg. Turon., *Hist. Francorum*, IV, 20. La mort de Childebert est de 558.

2. Oraverunt ad Dominum ut Chramno quid eveniret ostenderet. *Ibid.*, 10.

3. Positis clerici tribus libris super altarium, id est Prophetiæ, Apostoli atque Evangeliorum, oraverunt, etc. — Cette consultation des sorts par Chramne se rapporte à la première guerre qu'il fit à son père; mais comme l'idée en est fort poétique, j'ai cru devoir la conserver.

— Bien fou qui bâtit sur le sable,
A dit le livre du Sauveur :
Le vent soufflant avec fureur
Amène un orage effroyable ;
Les lames d'eau du firmament
Battent les flancs de la colline ;
Du ravin s'élance un torrent,
Et le palais sans fondement
N'est plus qu'une immense ruine [1]. »

— Isaïe à son tour : « Ma vigne périra :
Je détruirai le mur qui l'abrite sans cesse ;
J'arracherai l'appui qui soutient sa faiblesse,
Et bientôt le passant aux pieds la foulera [2].

— La voix de Dieu même l'assure,
Dit saint Paul; le jour du Seigneur
Fondra sur vous comme un voleur
Au milieu d'une nuit obscure [3].
On vous dit : *Paix, sécurité* ;
Fuyez cette voix mensongère.
Je le répète, en vérité :
De la mort l'instant redouté
Frappera comme le tonnerre [4]. »

---

1. Similis erit viro stulto qui ædificavit domum suam super arenam : et descendit pluvia, et flaverunt venti, et irruerunt in domum illam, et cecidit, et fuit ruina illius magna. Matth., *Evang.*, c. 7, ⅴ. 26, 27. Greg. Turon., *Hist. Francorum*, IV. 10.

2. Quid est quod debui ultra facere vineæ meæ?... Auferam sepem ejus et erit in direptionem. Diruam maceriam ejus, et erit in conculcationem. Isaïe, c. 3, ⅴ. 45. Grég., lieu cité.

3. Matth., c. 24. ⅴ. 42 ; Luc., c. 12, ⅴ. 39 ; B. Petri *Epist.*, II c. 3, ⅴ. 10 ; B. Joann. *Apocal.*, c. 3, ⅴ. 3, et c. 16, ⅴ. 15. On voit que cette image est fréquente dans les livres saints.

4. Ipsi enim diligenter scitis quia dies Domini, sicut fur in nocte, ita veniet. Quum enim dixerint : *Pax et securitas*, tunc repentinus eis superveniet interitus, sicut dolor in utero habenti, et non effugient. B. Pauli *Epist. ad Thessal.*, I, 5, ⅴ. 2, 3. Grég., lieu cité.

Des livres consultés tels étaient les discours ;
Mais, la haine et l'orgueil aveuglant le rebelle,
Il ne s'appliquait point la parole éternelle
Et dans sa guerre impie il persistait toujours.

    « Le ciel contre toi se déclare,
    A dit le comte Conobert
    Au fier neveu de Childebert ;
    Crains l'ambition qui t'égare [1].
    — Non, non, remplaçons nos parents :
    Il n'est rien ici que je craigne,
    Répond-il. Au trône des Francs
    Mon père est resté trop longtemps ;
    A mon tour Dieu veut que je règne.

— Courage, fils ingrat ! a crié le démon :
Persévère, maudit, dans ce dessein coupable ;
Et toi, Dieu sans pitié, pour nous seuls implacable,
Voilà donc ces humains la gloire de ton nom ! »

    Le soleil s'élevait à peine ;
    Déjà dans l'un et l'autre camps,
    Des clairons les sons éclatants
    De combattants couvraient la plaine [2] :
    Ainsi contre un fils révolté,
    Nouveau David, marchait Clotaire [3] ;
    Des rois vengeant la majesté,
    Ce roi justement irrité
    Adressait à Dieu sa prière.

« De ton trône élevé, disait-il, vois, Seigneur,
Et juge quels affronts il faut que je subisse :

---

1. Ea quoque nocte Chonober.... dixit ad Chramnum : « Injustum censeo te contra patrem tuum debere egredi. » Greg. Turon., *Hist. Francorum*, IV, 10.
2. Mane autem facto uterque commoto exercitu ad bellum contra se properant. *Ibid.*
3. Ibat Chlotacharius rex tanquam novus David contra Absalonem. *Ibid.*

Contre un enfant ingrat j'implore ta justice :
Père éternel, d'un père ici sois le vengeur [1]. »

Et bientôt, soit qu'ainsi l'ordonne
Le Dieu qui préside aux combats,
Soit que du front des potentats
Ne puisse tomber la couronne,
Le comte breton va mourir
Le sein percé d'un coup de lance [2] ;
L'armée aussi commence à fuir,
Et Chramne voit s'évanouir
Jusqu'à sa dernière espérance..

« Clotaire, dit Satan, pour toi c'est un beau jour :
Ton Dieu t'a protégé, tout ici te seconde,
Et, vainqueur généreux tu peux montrer au monde,
Pour la chair de ta chair quel était ton amour. »

Que faisait Chramne en sa détresse ?
Ses pas rapides le portaient
Vers la chaumière où l'attendaient
Les doux objets de sa tendresse [3] ;
Il veut s'enfermer avec eux,
Et que son père compatisse
A leur destin si rigoureux....
Fuis, imprudent, si tu le peux,
Déjà s'apprête ton supplice.

---

1. Respice, Domine, de cœlo, et judica causam meam, quia injuste a filio injurias patior. Greg.-Turon., *Hist. Francorum*, IV, 10.

2. Confligentibus igitur pariter, Britannorum comes terga vertit, ibique et cecidit. *Ibid*.

3. Sed dum Chramnus uxorem et filias liberare voluit, ab exercitu patris oppressus, captus et ligatus est. Greg. Turon., IV, 20. — Je n'ai pris de ce fait que la partie qui m'a paru utile. Chramne, pris et garrotté, fut livré à son père, qui le fit enfermer dans une chaumière avec sa femme et ses filles, pour les y brûler vifs. C'est bien assez de supposer qu'on le brûle dans le réduit où il se retire.

« Allons, Clotaire, allons, les hyènes ont faim :
Viens leur livrer ton fils, et sa femme et sa fille ;
Bourreau de tes neveux [1], bourreau de ta famille,
Viens servir aux vautours cet odieux festin [2]. »

  Et le démon de la vengeance
  Dans le cœur du prince inhumain
  Fait bouillonner le noir venin
  De son implacable démence.
  « Qu'ils soient la pâture des loups,
  S'est écrié le roi Clotaire ;
  Courez, soldats, m'entendez-vous ?
  Étouffez-les, brûlez-les tous
  Dans leur misérable repaire [3].

— Brûler ainsi son fils ! Horreur ! a dit Satan :
Ah ! j'en conviens, de Dieu cette parfaite image,
Nous a bien surpassés, et jamais dans sa rage
Un démon, quel qu'il fût, n'en aurait fait autant. »

  Cependant la flamme pétille :
  De toutes parts environné
  Chramne, tremblant et consterné,
  Pleure et lui-même et sa famille.
  Ils veulent fuir, les malheureux,
  A travers l'épaisse fumée :
  Des satellites rigoureux
  De toutes parts lancent sur eux
  Et l'huile et la poix enflammée.

1. Ce fut ce Clotaire qui tua deux des trois enfants de son frère Clodomir. Le seul Clodoalde s'échappa et se réfugia dans un monastère.
2. Il y a dans Racine (*Iphigénie*, acte IV, sc. 4) :

  Bourreau de votre fille, il ne vous reste enfin
  Que d'en faire à sa mère un odieux festin.

3. Chlotacharius jussit eum cum uxore et filiabus igni consumi, inclusique (pour *includi*) in tugurio cujusdam pauperculi. Greg. Turon., *Hist. Francorum*, IV, 10.

« Va, monstre! va bourreau cent fois pire que nous!
Ton fils reconnaîtra tes affreuses largesses,
Quand te voyant tombé dans nos mains vengeresses
Il t'entendra gémir et hurler sous nos coups. »

    Du feu les cruelles étreintes
    Ont embrassé les murs entiers :
    Déjà des pauvres prisonniers
    Les chairs sont par la flamme atteintes.
    Écoutez leurs cris déchirants ;
    Le roi seul y reste insensible :
    Ce tigre a vu de ses enfants
    Fumer les membres palpitants,
    Et sa conscience est paisible !

Ah! détournons les yeux de cette atrocité !
Et toi, qui la permets, Dieu puissant, Dieu terrible !
Que pour elle, du moins, ta justice inflexible
Garde à son châtiment toute l'éternité !

XI. LA MORT DE CHILPÉRIC[1].

1.

Le front chargé d'ennuis dans sa douleur profonde
Chilpéric est venu, jaloux de Frédégonde,
    Interroger l'enfer :

---

1. Cette pièce, terminée au mois d'août 1833, est fondée sur un récit fort peu authentique de la chronique intitulée *Gesta Francorum*, laquelle est de près d'un siècle postérieure à l'événement. Les historiens contemporains disent simplement qu'un assassin blessa mortellement Chilpéric de deux

Debout auprès de lui, dans un cercle magique,
Un sorcier élevant sa verge druidique
    La balance dans l'air.

« Au nom du seul puissant, du seul grand, du seul maître,
Dit-il, à nos regards hâte-toi d'apparaître,
    Esprit viens devant moi :
Ou du grand saint Michel l'épée étincelante,
Te plongeant tout meurtri dans une mer brûlante,
    Me vengera de toi.

M'entends-tu? m'entends-tu? quoi! tu tardes encore!
Hâte-toi, malheureux! crois-tu donc que j'ignore
    Ces noirs enchantements
Qui font pâlir les saints dans la céleste sphère?
Ou que je ne puis plus faire trembler la terre
    Sur ses vieux fondements?

Crains que dans ma fureur.... » Mais non, le charme opère :
Une dalle s'écarte, et de son blanc suaire
    Un spectre revêtu,
Élevant lentement sa figure terreuse,
« Je t'obéis, dit-il, d'une voix caverneuse.
    Parle, que me veux-tu?

Les morts se sont troublés à ta voix solennelle?
De l'éternel repos pourquoi m'entraîne-t-elle
    Vers ces funestes lieux? »
Chilpéric le regarde : « Eh! quoi? c'est vous, mon père!
— Oui, mon fils, malgré moi je revois, dit Clotaire,
    Ce séjour odieux.

Un lourd sommeil pesait sur notre empire immense;
Tes cris ont tout à coup troublé notre silence,

coups de poignard et se sauva à la faveur des ténèbres; mais les détails ajoutés par le *Gesta Francorum*, s'ils ne sont pas vrais, sont du moins très-poétiques, et méritaient d'être recueillis.

Et j'accours à tes cris ;
Mais crains de l'avenir la science fatale :
Ne me demande rien, va, la cour infernale
Vend trop cher ses avis.

— Trop cher! non, non, jamais : l'affreuse jalousie
Depuis un trop long temps empoisonne ma vie :
Mes tourments sont affreux.
Du beau Landry charmée, on dit que Frédégonde[1]....
Ah! si j'étais bien sûr de ce que dit le monde :
Que je serais heureux!

Parle donc, instruis-moi : la reine, que fait-elle?
A-t-elle à son époux toujours été fidèle?
— Demain, tu le sauras.
— Demain? mais où? comment? en quel instant? Mon père,
Qui me dévoilera cet horrible mystère?
— Demain, tu me verras. »

Et l'ombre disparut sous la terre tremblante;
Et Chilpéric sentit sur sa chair palpitante
Une froide sueur :
L'enfer se soulevant dans cette âme flétrie,
Ce n'était déjà plus la seule jalousie
Qui déchirait son cœur.

2.

Le lendemain, quand de leur doux ramage,
Aux premiers feux de nos derniers beaux jours[2],
Tous les oiseaux, réveillant leurs amours,

---

1. Ne Fredegundis impuros amores, quos cum Landerico habebat, ipse rex puniret. — Tiré d'une note mise par Dom Ruinart au chap. 93 de l'*Abrégé de Grégoire de Tours*, par Frédégaire.
2. La mort de Chilpéric est de 584; il habitait Chelles, maison royale à

Allaient frapper l'écho du voisinage,
Déjà levé, le prince soucieux
Dans les plaisirs d'une chasse bruyante[1]
Veut dissiper l'ennui qui le tourmente :
« Allons, vos arcs, vos flèches, vos épieux. »

Il dit : bientôt le vieux manoir de Chelle
Voit d'écuyers s'emplir ses corridors.
Le hallali se mêle au bruit des cors ;
Un chant guerrier au combat les appelle.
Mais tout à coup le tumulte a cessé,
Et dans les cours règne un profond silence :
Sur un coursier, que la terreur devance,
Au milieu d'eux le roi s'est avancé.

« Partons, » dit-il, et la troupe joyeuse
Avec ardeur s'élance sur ses pas,
Et va chercher l'image des combats
Par les détours de la forêt ombreuse.
Dans tous les rangs éclate la gaieté ;
Un seul paraît repousser toute joie :
C'est Chilpéric ; à la tristesse en proie,
Il s'est bientôt dans la plaine arrêté.

Il lui semblait que, pour lui seul visible,
Devant ses pas un spectre se dressait :
C'était Clotaire, et ce prince disait,
En l'accablant de son regard pénible :
« Je t'ai promis que tu me reverrais,
Et me voici : mais quoi ! dans ta furie
As-tu perdu tout le soin de ta vie ?
Ne peux-tu pas perdre ou briser tes traits ?

---

quatre lieues de Paris, depuis l'automne, et s'y livrait aux plaisirs de la chasse.

1. Chilpericus, venatum profecturus a regia, in stabulum descendit equorum. Aimoin. *Hist. Franc.*, III, 57.

Et ce fourreau de son épée est vide !
Va la chercher, va seul, et tu sauras
Ce que tu veux lorsque tu reviendras. »
Mais Chilpéric d'autres détails avide :
« Est-ce là tout ? lui dit-il ; en ce lieu,
Vous me deviez découvrir, ô mon père !...
— Tu m'as compris, interrompit Clotaire :
Suis donc mon ordre et sans murmure. Adieu.

— Oui, quel que soit l'ennui qui me dévore,
J'obéirai ; mais, bientôt de retour,
Vous reverrai-je avant la fin du jour ?
— Oui, mon fils, oui, tu me verras encore ;
Mais hâte-toi. — Je pars. » Et son coursier
En un instant a dévoré la plaine ;
Sous la poussière on le distingue à peine ;
Il a bientôt disparu tout entier.

3.

Dans ses bains cependant la reine retirée
    Obscurcissait le demi-jour
    Dont la salle était éclairée.
    Dans son elliptique contour,
    De marbre et d'agate enrichie,
    Une cuve de son beau corps,
    Sous les flots d'une onde tiédie,
    Semblait attendre les trésors.

Or elle était parée ; une robe traînante
    Qui voilait ses membres charmants,
    Dessinait sa taille élégante
    Sous un cordon de diamants.
    Sa chaussure, en pointe allongée,

Serrait le pied le plus mignon,
Et, dans ses cheveux engagée,
Une émeraude ornait son front.

Le roi vint à passer : la porte entrebâillée
Lui montre celle qu'il aimait ;
Sa passion s'est réveillée,
L'inquiétude disparaît.
Plein d'amour il s'approche d'elle,
Et, du jonc qu'il tient à la main,
Soulève le voile rebelle
Qui retombait sur son beau sein [1].

La reine en cet instant, aimable enfantillage,
Dans le pur et mouvant cristal,
Contemplait ce charmant visage
A tant de cœurs dejà fatal.
Elle riait, et la coquette,
Pour mieux enflammer son amant,
Sans détourner vers lui la tête,
Affectait un air mécontent.

« C'est vous ? eh ! quoi ! déjà devais-je vous attendre ?
Dans le bois prochain mon mari
N'a pas eu le temps de se rendre.
Vous êtes trop pressé, Landry [2].
— Landry !... Je sais tout !... Mon épée !
O fureur ! et je ne l'ai pas....
Ma vengeance sera trompée....
Courons.... perfide ! tu mourras [3]. »

---

1. Regina vero, æstimans regem jam progressum in interiori cubiculo, caput proprium aquis parabat abluere.... Rex.... eam, ut jacebat super scamnum acclinem baculo in posterioribus ludens percussit. Aimoin, *Hist. Franc.*, III, 57.

2. Illa autumans Landericum...: Utquid, Landerice, talia facere præsumis ! *Ibid.*

3. Illico rex indignatione nimia furens animique impos exiliit. *Ibid.*

A ce bruit Frédégonde a détourné la vue ;
    Elle voit, elle reconnaît
    Son époux, et, pâle, éperdue,
    Tremble sur ce nouveau forfait.
    « Malheureuse ! que vais-je faire ?
    Faut-il ici finir mes jours ?
    Qui désarmera sa colère ?
    O mes amis, à mon secours !

Si jeune encor, grand Dieu ! que la mort est amère !
    O vous, vous que j'ai fait périr,
    Clovis, Mérovée, Audouère,
    Galsuinde, ici, je vais mourir [1]....
    Mais quoi ! dans la plaine il s'avance [2] !
    Il m'oublie !... Oh ! non, non, le roi
    Veut mieux calculer sa vengeance !...
    J'aurai du temps, il est à moi. »

4.

Sur la plus haute tour Frédégonde est montée,
Et de là palpitante, inquiète, agitée,
Sur la vaste campagne elle jette les yeux.
« Il ne vient pas, dit-elle ; ô ciel ! je suis perdue !
    Landry, ton absence me tue,
    Quand le temps est si précieux ! »

Vers la tour cependant sur un coursier rapide,
Un hardi cavalier courait à toute bride :
De joie en le voyant la reine pousse un cri ;

---

1. Ce sont les principaux membres de la famille royale dont Frédégonde avait ordonné ou préparé la mort.
2. Silvarum secreta petit, ut, venatibus intentus, tantam animo conceptam leniret iracundiam. Aimoin, lieu cité.

A sa riche ceinture, à sa cotte brillante,
  Déjà l'œil perçant d'une amante
  A reconnu le beau Landry.

Il arrive, brûlant de sa coupable flamme,
Il vole vers la reine : « O seul bien de mon âme,
Ma joie et mon amour! enfin je te revois!
Que le temps me durait! ah! livre à ma tendresse
  Ces mains qu'avec ardeur je presse,
  Que je les baise mille fois.

A tes pieds prosterné, que ma bouche amoureuse,
Sous les plis ondoyants de ta robe soyeuse.... »
La reine l'interrompt : « Il n'est pas temps, Landry :
Malheureux! Chilpéric a surpris tout à l'heure
  Le secret qu'en cette demeure
  Nous croyions bien enseveli [1].

Et nous le connaissons : terrible en sa vengeance
Il cherche à présent même, et médite en silence
De quel supplice affreux il pourra nous punir.
Aux plus cruels tourments nous devons nous attendre.
  Veux-tu voir ton sang se répandre?
  Aimes-tu mieux le prévenir?

— Moi!... comme tu voudras; commande à ton esclave :
Quoi qu'il fasse, ce roi, maintenant je le brave,
Puisqu'il sait que je t'aime et que tous deux ravis,
Nous avons.... Mais que dis-je? il menace ta vie!
  L'insensé, parle, ô mon amie!
  Parle, j'écoute et j'obéis.

— Eh bien! de son retour quand arrivera l'heure,
Au sein de la forêt, ce soir, que le roi meure!

---

1. Cui (Landerico) Fredegundis : Ausculta, ait, paucis et quid ego te facere velim et quid nobis profuturum sit scies. Aimoin, *Hist. Franc.*, III, 57.

Que sa honte avec lui s'éteigne pour toujours [1].
Sous le nom de mon fils nous règnerons ensemble.
    Sous son nom!... et pourtant je tremble
    Pour ce doux fruit de nos amours.

En immolant celui qui s'était cru son père,
Gardons que le soupçon ne plane sur sa mère ;
Gardons.... — Ah! ne crains rien; l'imbécile Gontran
Ne soupçonnera rien du meurtre de son frère [2].
    Et des évêques pour Clotaire
    Nous achèterons le serment [3]. »

5.

    Déjà le soleil sur la plaine
    Ne lançait plus ses doux rayons.
    La nuit de son voile d'ébène
    Enveloppait nos creux vallons.
    Tout se taisait dans le bocage :
    A peine à travers le feuillage
    Entendait-on siffler le vent,
    Et seul, dans cette nuit obscure,
    Le roi rêvant à son injure
    En méditait le châtiment.

    Il marchait... Dans un détour sombre,
    Soudain, pour la troisième fois,
    De son père il aperçut l'ombre,
    Il reconnut sa triste voix :

---

1. Revertente rege de venatione, ut ei mos est, sub obscura nocte immittantur ei homicidæ qui lethali eum perfodiant vulnere. Aimoin, lieu cité.

2. Gontran jura d'exterminer jusqu'à la neuvième génération la race d'un seigneur que Frédégonde accusait du meurtre de son époux. Millot, *Hist. de France*, success. de Clotaire I.

3. Alors Frédégonde jura et fit jurer par trois cents témoins, par trois évêques en particulier, que Clotaire était vraiment fils de Chilpéric. *Ibid.*

« De l'enfer te voilà complice,
Tu courais vers un précipice,
Ma voix a voulu t'en tirer.
Chilpéric, tu l'as méconnue;
A présent ton heure est venue,
Rien ne peut plus nous séparer.

— Qu'entends-je? quel affreux langage!
Mourir, moi ? mourir en ces lieux,
Où tout m'obéit, où ma rage
Va punir deux audacieux!
Eh! quelle main assez puissante?...
— Celle qui dans sa propre tente
Frappa ton frère Sigebert[1].
— La reine!... ah! l'horreur m'environne :
Gardes, à moi.... N'ai-je personne ?
Et suis-je seul dans un désert?

— Seul ? non ; tu le voudrais peut-être.
Nous sommes deux, dit une voix.
— Qui parle? — Tu veux me connaître :
Tiens donc. » Il le frappe deux fois,
Et dans l'ombre s'enfuit rapide[2].
« Tu m'as surpris; attends, perfide. »
Mais il était déjà trop tard ;
Ce fut sa menace dernière ;
Le roi tomba sur la poussière
Sans avoir tiré son poignard.

---

1. Chilpéric, assiégé dans Tournay (en 574) par son frère, se voit sans ressources ; mais Frédégonde en trouve une dans le crime. Elle envoie deux scélérats qui assassinent Sigebert au milieu de son armée. Millot, *Hist. de France*, success. de Clotaire I. Voyez aussi Dreux du Radier, *Mémoires des reines de France*, t. I, p. 263 et suiv. Hénaut rapporte la mort de ce prince, mais sans en accuser Frédégonde.

2. Laudat Landericus consilium et revertentem de silva Chilpericum, his qui cum eo venerant alio intentis, circumstantes qui missi fuerant.... opprimunt. Aimoin, *Hist. Franc.*, III, 57.

Au même instant, des cris partirent
Qui décelaient un noir complot ;
Ces mots dans les bois retentirent :
« Ce sont les gens de Brunehaut.
Trahison.... trahison.... arrête[1] ! »
Alors le roi leva la tête
Et, s'indignant d'un pareil cri,
« Ah ! n'en imposez pas au monde ;
C'est bien le cœur de Frédégonde,
Dit-il, et le bras de Landry. »

XII. SAINTE RADEGONDE[2].

Rassemblons-nous, filles de Radegonde,
Que notre reine anime nos concerts :
De ses vertus entretenons le monde,
Et racontons sa gloire à l'univers.

Du beau pays que féconde la Seine,
    Mes sœurs, dans le sein de nos murs,
Vous avez vu venir une puissante reine.
D'un monde corrupteur elle brisait la chaîne
    En fuyant ses plaisirs impurs ;
Et pour cacher au roi sa retraite lointaine,
    Les cloîtres seuls lui semblaient assez sûrs[3].

---

1. Clamantes insidiatores, a rege Childeberto.... directos, dominum suum interemisse. Aimoin, lieu cité.

2. Reine de France en 538, fondatrice du couvent de Sainte-Croix à Poitiers, morte en 587. Cette pièce est de mai 1827.

3. Illa quoque ad Deum conversa, mutata veste monasterium sibi infra Pictavensem urbem construxit. Greg. Turon., *Hist. Francorum*, III, 7. Sainte Radegonde s'était d'abord retirée à Tours, après avoir reçu le voile de saint Médard, évêque de Noyon.

Mais que peuvent contre Clotaire
Les faibles murs d'un monastère [1],
Quand la terre frémit au pas de ses coursiers?
Écoutez ces clameurs et ces voix menaçantes;
Voyez de toutes parts ces aigrettes flottantes;
Le fer brille aux mains des guerriers.

Ivre d'amour et de colère,
Il s'élance, ce roi sévère;
Du temple il a déjà dépassé le parvis;
Il appelle, il menace une épouse adorée,
Et court en furieux dans cette nef sacrée
Qu'il fait retentir de ses cris.

Près d'un autel agenouillée,
Voyez cette femme voilée :
« Clotaire, a-t-elle dit, mon époux et mon roi,
Que veux-tu? Vers Paris ton ordre me rappelle;
Mais, liée au Seigneur d'une chaîne éternelle,
Radegonde n'est plus à toi.

— Perfide! — Au nom du ciel, Clotaire,
Entends-moi, je serai sincère,
Et tu pourras après reprendre ton discours.
Rappelle-toi ces lieux où brilla ton courage :
Mon père n'était plus [2], et d'un frère en bas âge,
Ce fut toi qui tranchas les jours [3].

---

1. Les auteurs de la vie de sainte Radegonde prétendent que l'amour de Clotaire se ralluma, qu'il vint à Tours dans le dessein de la retirer de son monastère, et qu'elle le fit renoncer à ce dessein par ses prières et celles de saint Germain, évêque de Paris (Du Radier, t. I, p. 161). Cet événement fait le sujet de ma première partie. Je suppose seulement, en ne nommant pas le monastère, que toute l'action se passe à Poitiers.

2. Berthaire, père de Radegonde, avait été assassiné par Hermanfroy, son frère.

3. Cujus fratrem postea injuste occidit. Greg. Turon., *Hist. Francorum*, III, 7.

Quand sur la Thuringe alarmée,
Ta main secouait la framée,
L'incendie à ta voix en tous lieux rugissait [1].
Je devais te haïr ; une indigne faiblesse
Fit croître cet amour que blâmait la sagesse [2],
Et dont mon père s'offensait.

Ah ! je m'en suis assez punie :
Au Seigneur désormais unie,
Clotaire, j'ai voulu me soustraire à ta loi ;
J'ai du grand saint Martin appelé la vengeance
Sur le roi qui voudrait, dans sa vaste puissance,
M'empêcher de prier pour toi.

Va donc : vers les bords de la Seine,
Que l'ordre de Dieu te ramène ;
Moi, je vais me cacher à l'ombre des autels ;
Et, tâchant d'effacer le souvenir du monde,
Éteindre, si je puis, au sein de Radegonde,
Des feux désormais criminels. »

Telle était sa douce prière.
Le roi, dévorant sa colère,
Sur son visage en feu sent ruisseler des pleurs ;
Muet, il se détourne en maudissant sa flamme,
Et s'enfuit, indigné que la voix d'une femme
Ait ainsi dompté ses fureurs.

Rassemblons-nous, filles de Radegonde,
Que notre reine anime nos concerts :
De ses bienfaits entretenons le monde,
Et racontons sa gloire à l'univers.

---

1. Ibi tanta cædes ex Thoringis facta est, ut alveus fluminis cadaverum congerie repleretur. Greg. Turon., *Hist. Francorum*, III, 7.

2. Chlotacharius rediens Radegundem.... secum captivam abduxit, sibique eam in matrimonium sociavit. Greg. Turon., *ibid.* Il ne l'épousa pourtant pas tout de suite ; Radegonde n'avait que huit ans lorsqu'elle tomba entre

Ce présent de la **Providence**,
Ce fleuve qui devait sur ses bords enchanteurs
Faire naître à la fois la joie et l'abondance,
Le Clain était pour nous une source de pleurs
　　　Depuis qu'une grotte profonde
　　　Y cachait un dragon immonde [1],
Qui sur nous tous les ans s'élançait furieux.
　　Des tourbillons d'une épaisse fumée
　　　　Sortaient de sa gueule enflammée,
　　　Son haleine infectait les cieux.

Il allait s'élever de sa fange profonde,
Lorsque, pleine d'espoir en l'appui du Sauveur,
Une femme osa seule, et ce fut Radegonde,
　　　　Affronter sa fureur [2],

les mains de Clotaire. Ce roi la fit élever avec soin et baptiser en France, et l'épousa en 538 à Soissons.

1. C'était la Grand'gueule qui sortait chaque jour de la caverne située au bord de la rivière de Clain pour venir dévorer les vierges du Seigneur, les religieuses du couvent de Sainte-Croix. Voyez sur ce sujet E. Salverte, *Des sciences occultes*, II, p. 316 de la première édition. Consultez aussi les *Mémoires de l'Académie celtique*, V, 52 et les *Mémoires de la Société des antiquaires*, I, p. 464.

2. Pictaviensium patrona tutissima.... obsessæ urbis propugnatrix potentissima. Voyez les Litanies de sainte Radegonde, et la preuve historique de ces Litanies par Jean Filleau, docteur en droit de l'université de Poitiers, in 4°, 1643, ch. 18. La première de ces Litanies se rapporte à notre sujet. La seconde a trait à un autre miracle de sainte Radegonde, que je vais transcrire du texte de Filleau, parce qu'il mérite d'être connu surtout de nos peintres. « La ville de Poictiers.... se voyant assiegee par les Anglois, l'an 1202, soubs le regne de Philippe-Auguste II du nom..., et l'un des domestiques du maire ayant faict dessein de surprendre les clefs de la porte de la tranchee pour donner entree aux ennemis, saincte Radegonde ne lui manqua pas au besoin ; mais, dans le soin qu'elle prenoit de sa defense, ayant employé ses favorables intercessions vers la tres-sacree Mere de Dieu, l'on vid paroître sur la même porte de la tranchee, la glorieuse vierge Marie, accompagnee de sainct Hilaire, autrefois evesque de la mesme ville et de Radegonde, lesquels, comme trois astres favorables et trois phares lumineux, dissiperent les nuages de cette trahison et porterent l'effroy et l'estonnement dans le cœur des ennemis. »

Elle vint, n'emportant que le livre de vie,
Qu'elle lisait encor quand le monstre parut;
Et pressant sur son cœur, pensive et recueillie,
　　　Le signe du salut.

Ses yeux se dirigeant vers le céleste empire
Semblèrent y chercher un secours incertain :
Grand Dieu! quelle était belle [1]. Ah! son divin sourire
　　　Désarma le destin.

Alors, mais vainement, le reptile contre elle
Déroula de son corps les anneaux redoutés [2];
Car abaissant sur lui de la voûte éternelle
　　　Des regards irrités :

« Au nom du Dieu vivant, dit-elle, esprit immonde,
Loin d'ici; les enfers t'attendent trop longtemps. »
Et les efforts du monstre aux pieds de Radegonde
　　　Tombèrent impuissants [3].

Satan s'émut au bruit de sa chute effrayante :
Mais sa rage inutile en vains cris s'exhalait,
Tandis que célébrant la reine triomphante
　　　Le peuple s'assemblait;

Et nous disions : Enfants de Radegonde,
Que notre reine anime nos concerts;
De ses vertus entretenons le monde,
Et racontons sa gloire à l'univers.

　　　Hélas! une si belle vie
　　　A nos vœux fut trop tôt ravie.

---

1. Regina corpore et animo speciosa. *Litanies de sainte Radegonde.*
2. Dæmonum dominatrix perfectissima. *Ibid.*
3. Cujus meritis suscitatos constat mortuos, expulsos dæmones. Saint Hildebert, évêque du Mans, cité par Filleau, ch. 80 sur cette litanie : *Miraculorum operatrix assidua.*

Le ciel, mes sœurs, nous l'enviait;
Naguère encor pour nous elle priait,
Et voilà que la mort vient l'enlever au monde[1];
Et les restes de Radegonde
Sont descendus dans l'ombre des tombeaux[2].
Mais quoi! quels prodiges nouveaux
Dieu puissant, devons-nous attendre?
Quels chants ici se font entendre,
Et de l'église emplissent les arceaux?
C'est Radegonde qu'on appelle;
Pour elle le ciel s'est ouvert,
Et d'une louange immortelle
Les saints ont commencé le sublime concert[3].

Plus prompt que l'étoile tombante,
Un ange à l'aile éblouissante
S'est détaché du haut des cieux :
Il soulève sa froide pierre,
Et va réchauffer sa poussière
Par ses discours harmonieux.

« Lève-toi, dit-il, grande reine;
Au haut de la céleste plaine
Tu dois régner à l'avenir;
Entends ces cris qui te demandent;
Nos sacrés bataillons t'attendent,
Et nos rangs pour toi vont s'ouvrir[4]. »

---

1. Radegonde mourut en 587, âgée d'environ 65 ans.
2. Stabant autem plangentes atque dicentes : Nunc contenebrata est nobis terra. Greg. Turon., *De gloria confessorum*, 106.
3. On reconnaît facilement à la longueur et à l'irrégularité de cette stance, que la pièce entière, bien qu'elle n'ait pas été faite pour être mise en musique, a été composée dans la forme d'une grande cantate. Le refrain représente les chœurs; les exposés qui les suivent sont les récitatifs; et les strophes égales qui viennent après eux dans chaque partie, sont les airs.
4. Nisi scirem beatam Radegundem ablatam monasterio corpore non virtute, et absumptam a mundo, conlocatam in cœlo. Greg. Turon., *ibid*.

Toujours charmante, toujours belle,
Quoique d'une pâleur mortelle [1],
A ces paroles, à ces cris,
La sainte lentement se lève,
Et, comme au sortir d'un long rêve,
Jette sur nous des yeux surpris.

« O mon Dieu, dit-elle, ô mon père !
De mes péchés dans ta colère,
Tu ne t'es donc point souvenu !
Du sein de la nuit éternelle
La voix de tes anges m'appelle
Au triomphe de la vertu.

Que ta parole soit bénie !
Forte d'une nouvelle vie,
Près de toi j'irai me placer ;
Mais, ô Déité tutélaire,
Reçois ma demande dernière,
Et daigne encore l'exaucer.

C'est pour mon ancienne patrie,
Pour cette France si chérie,
Qu'ici j'implore mon Sauveur :
O mon Dieu ! protége la France,
Et fais éclater ta puissance
Dans sa durée et son bonheur [2] ! »

1. Reperimus autem eam jacentem in feretro, cujus sancta facies ita fulgebat ut liliorum rosarumque sperneret pulchritudinem. Greg. Turon., *ibid.* Le bon évêque semble être allé un peu loin en mettant à pleines mains les lis et les roses sur le visage de Radegonde. Je n'ai conservé que les lis, c'est-à-dire la pâleur. Du reste, la beauté de Radegonde est célèbre chez tous les historiens. Voyez Dreux du Radier, *Mémoires des reines de France*, t. I, p. 157 ; et ce n'est pas un portrait de fantaisie qu'il trace ; il traduit ce qu'ont écrit les auteurs contemporains.

2. Gemma Galliæ pretiosissima. Ces mots qui se trouvent dans les *Litanies de sainte Radegonde* (voyez Filleau, ch. 10) sont le résumé des paroles que Jésus-Christ adressa à cette sainte lorsqu'il lui apparut. « Tu gemma nobi-

Ainsi priait-elle éplorée :
Soudain, du haut de l'empyrée,
Un nuage d'or et d'azur
Sous ses pieds nous parut descendre,
Et l'on cessa bientôt d'entendre
Cette voix et ce chant si pur.

Les cieux s'abaissant devant elle,
Des saints la phalange immortelle
Avec ardeur ouvrit ses rangs [1],
Puis aux cris de « Vive la France! »
Leurs voix, dans un lointain immense,
Mêlaient encore ces accents :

Rassemblez-vous, filles de Radegonde,
Que votre reine anime vos concerts ;
De ses vertus entretenez le monde
Et racontez sa gloire à l'univers.

XIII. LE SERF AU IXe SIÈCLE [2].

Pauvre berger sur les bords de la Seine,
Calme jadis je gardais mon troupeau :
Mes yeux alors n'avaient pas vu la reine ;
Jamais le ciel ne fit rien de si beau.

lis, noveris te in diademate capitis mei esse e gemmis primariis unam. »
Voyez sa vie par Bondomina.

1. Beatorum spirituum agminibus sociata. *Litanies de sainte Radegonde*, et Filleau, ch. 31. — Dicentes te choris sanctarum virginum et Dei paradiso esse conjunctam. Greg. Turon., *De gloria confessorum*, 106.

2. Ou la *France sous Charles le Gros*. Cette pièce est de 1826.

Dieu! quel regard! et quelle voix céleste!
Mais quels tourments! ah! cet amour funeste,
Je le sens trop, jamais ne s'éteindra.
Fille des rois! dans ma pauvre chaumière!...
Ah! quel penser! quelle folle prière!
Souffre, berger, toute ta vie est là.

Des fiers Normands les nombreuses cohortes
De leurs esquifs s'élancent dans nos champs.
Sous le bélier ils ébranlent nos portes [1];
Eudes, Goslin [2], serrez, serrez vos rangs.
Rejet impur du plus grand de nos princes,
Charles [3] se laisse enlever ses provinces,
C'est à prix d'or qu'il les rachètera [4];
Par ces brigands la France est occupée,
Et je ne puis contre eux tirer l'épée!
Serf, obéis, tout ton devoir est là.

Que vois-je, ô ciel! c'est Ricarde, la reine [5].
On la poursuit : attends, lâche agresseur....
Je l'ai vengée, et déjà dans la plaine
Gît étendu le corps du ravisseur.
Qu'elle était belle!... eh bien, je l'ai sauvée.
Si dans son cœur mon image gravée
Lui rappelait celui qui l'adora!

1. Les Normands avaient assis leur camp sur le terrain occupé aujourd'hui par Saint-Germain l'Auxerrois, et ils employaient contre Paris les machines de guerre alors en usage.

2. Eudes, comte de Paris et duc de France, et Goslin, évêque de Paris, se distinguèrent par leur activité et leur courage pendant ce triste siège. Ils soutinrent le zèle des Parisiens, et forcèrent les assaillants de se retirer.

3. Charles le Gros ou le Gras, qui ne vint au secours de Paris qu'à la fin d'octobre 886.

4. Il fit en effet un traité honteux avec les Normands, qu'il pouvait alors écraser, et auxquels il aima mieux payer de grosses sommes d'argent.

5. Ricarde ou Richarde, mariée à Charles le Gros en 878, et devenue ainsi impératrice et reine de France.

Ah! qu'ai-je dit? obscur et sans ancêtres,
Sans nom, sans bien, méprisé de mes maîtres!
Fuis, malheureux, tout ton espoir est là.

Enfin blessé d'une flèche mortelle,
Vers leur déclin je vois pencher mes jours.
Je l'ai reçue en combattant pour elle;
Mais mon pays partagea mes amours.
Et cependant, voici que l'herbe altière
De mon tombeau va couvrir l'humble pierre :
Jusqu'à mon nom tout s'anéantira!...
Rêves cruels et d'amour et de gloire!
J'ai pu penser, vil pâtre, que l'histoire....
Meurs, insensé, tout ton bonheur est là.

XIV. LA LÉGENDE D'ULLA [1].

Une bergère au pied d'un vieux chêne
Goûtait du soir la douce fraîcheur :
Un beau berger respirant à peine
L'entretenait de sa vive ardeur [2].

« Oui, disait-il, oui, ma belle amie,
Je t'aimerai jusqu'au dernier jour ;
Mais si pour toi je perdrais la vie,
Puis-je espérer un tendre retour?

---

1. Cette pièce est de 1829.
2. J'ai choisi pour cette légende un mètre peu commun, le vers de neuf syllabes, avec la césure après la quatrième.

— Non, non, Helnand, non, je suis plus fière :
Tu n'es pas riche, et je ne prendrai
Pour amoureux, moi simple bergère,
Qu'un joli page au mantel doré.

Va, cherche ailleurs, Helnand, et me laisse. »
C'était le soir; la lune pâlit,
Et disparut sous la brume épaisse,
Et dans ses bois le coucou gémit.

Le pauvre Helnand aux pieds de sa belle
Tomba d'abord, surpris, atterré;
Puis se leva, puis courant loin d'elle,
Le malheureux fuit désespéré.

Il fuit.... il fuit.... Seule au pied du chêne
Qui fut témoin de sa cruauté,
La belle Ulla, non sans quelque peine,
Songe à celui qu'elle a maltraité.

« Il m'aime bien, dit-elle, il m'adore,
En le chassant je fais son malheur,
Et je le plains ; mais qu'y puis-je encore?
Et que me doit faire sa douleur?

Un paysan pourra-t-il me plaire,
A moi, partout fêtée aujourd'hui?
Non, qu'il fût riche ou qu'il eût pour père
Comte ou baron, et j'étais à lui. »

Elle disait, tout à coup près d'elle
Passe à cheval un riche écuyer :
L'argent brillait autour de sa selle,
L'or éclatait sur son beau cimier.

Mais sa visière était abattue :
Sans la lever : « Ulla, mon amour,

Trois fois à peine, hélas! t'ai-je vue,
Et je languis la nuit et le jour.

Le doux sommeil a fui ma paupière :
En vain veut-on engager ma foi
A quelque grande et riche héritière;
Je meurs d'amour, Ulla, mais pour toi.

C'est pour te voir, que fuyant un père,
J'ai déserté son triste manoir :
J'ai sans regret bravé sa colère :
Aurais-je pu vivre sans te voir?

Hâtons-nous donc : ses varlets peut-être
Me poursuivraient jusque dans ces lieux :
Partons bien vite, et quelque saint prêtre
Demain matin bénira nos nœuds. »

La belle Ulla bondit d'allégresse :
« T'aimer, Albert, est tout mon bonheur. »
Mais dans le fond, la seule richesse
Pour l'étranger enflammait son cœur.

« Partons, partons, » dit-elle, et rapide
Sur le coursier elle s'élança,
Et de ses bras entourant son guide
Sur son beau sein elle le pressa.

Et tous les deux ainsi chevauchèrent
Par des sentiers noirs, silencieux ;
Et leurs regards bientôt distinguèrent
Au clair de lune un roc sourcilleux.

Là, l'étranger, mettant pied à terre,
Plia pour elle un genou civil ;
Puis tout à coup d'une voix sévère :
« Je ne suis pas ton Albert, dit-il.

Vois-tu ce corps sous ce rocher sombre
D'où s'est lancé le fidèle Helnand?
C'est son cadavre, et je suis son ombre :
Tu me connais, Ulla, maintenant.

Helnand ici t'a sauvé la vie
En t'arrachant au loup furieux,
Qui t'emportait loin de la prairie
Dont ton enfance aimait tant les jeux.

Ici tu fus rendue à ta mère,
Et pour payer un si grand bienfait,
Ton froid dédain, ta froide colère
Ont fait périr celui qui t'aimait.

Que quelques-uns, Ulla t'applaudissent :
Que leurs discours vantent ta fierté :
Cela se peut; mais les dieux haïssent
L'ingratitude et la cruauté.

Tu pleureras quelque jour ton crime. »
L'ombre à ces mots dans l'air disparut :
La belle Ulla près de sa victime
Tomba d'effroi, pâlit et mourut.

Le lendemain des pâtres les virent
Près l'un de l'autre et froids tous les deux;
Et, s'abusant, crurent et redirent
Qu'il était mort deux amants heureux.

XV. LA SYLPHIDE[1].

Sylphe léger qui m'aimes d'amour tendre,
Dans nos forêts, quel bruit se fait entendre?
    C'est le pas pressé des coursiers :
Je vois voler au loin une épaisse poussière;
  Je vois autour d'une blanche bannière
    Briller le fer des chevaliers.
Dans les murs de Noyon[2] quel dessein les amène?
  Sylphe léger, par la céleste plaine
Ne pouvons-nous tous deux voler sur ces remparts ?
   Ah ! porte-moi, mollement balancée
   Et sur ton cœur avec amour pressée,
    Où vont flotter leurs étendards.

   Déjà dans une enceinte immense
Du comte de Paris les vassaux s'amassaient ;
   Brillants de joie et d'espérance,
Aux nouveaux arrivants tous ils applaudissaient.
Voyaient-ils un guerrier de haute renommée
De sa suite nombreuse augmenter leur armée?
Sur ses pas à l'envi s'inclinaient les drapeaux.
La foule tout à coup s'apaise et fait silence ;
Sur une riche estrade, Hugues Capet s'avance
    Et lui parle en ces mots :

  « Amis, vassaux, grands de la terre,
Vous dont je viens ici réclamer le concours,
   C'en est fait, le fils de Lothaire
En sa tendre jeunesse a vu finir ses jours[3].

---

1. Ou l'*Avénement de Hugues Capet en* 987. Pièce faite en 1837
2. C'est à Noyon que Hugues Capet fut élu roi.
3. Louis V avait à peine vingt ans.

Le trône des Français ainsi n'a plus de maître.
Pour tant d'ambitions quel beau prix ce doit être !
Aussi point de province où n'arme un prétendant.
Louis laisse après lui des germes de batailles :
Faudra-t-il célébrer ses tristes funérailles
      Par le feu, le fer et le sang[1]?

    Je sais que ce noble héritage
Devait au prince Charles aujourd'hui revenir[2] ;
    Mais qui voudrait lui rendre hommage
Quand aux genoux d'Othon on l'a vu s'avilir[3]?
    Crime odieux ! impardonnable faute.
De Clovis la couronne est trop noble et trop haute
      Pour s'abaisser en aucun lieu.
Nos pères mille fois l'ont juré sur le glaive :
      Le roi de France ne relève
      Que de son épée et de Dieu.

    Loin de nous Charles de Lorraine :
Qu'il rampe, humble vassal, aux pieds de l'empereur ;
    Mais qu'il garde pour lui sa chaîne,
Et qu'il n'en vienne pas souiller des gens de cœur.
Dans ce prince d'ailleurs, quelle puissance brille?
Que pourrait-il pour nous ? Le chef de sa famille,
Foulant aux pieds jadis de dangereuses lois,
N'a-t-il pas prononcé que le vrai roi de France
      Était celui dont la puissance
    Faisait à tous reconnaître ses droits[4]?

---

1. C'est le mot que l'histoire prête à Alexandre le Grand, lorsque, sur le point de mourir, il prévoyait les dissensions sanglantes de ses généraux.

2. Charles, fils de Louis d'Outremer, frère de Lothaire et oncle de Louis V.

3. Charles avait reçu le duché de la basse Lorraine des empereurs d'Allemagne et s'était reconnu leur vassal.

4. Pépin le Bref fit demander au pape Zacharie, qui devait être roi : celui qui avait le titre sans la puissance, ou celui qui avait la puissance sans le

Amis, j'approuve ce langage :
Dans ces temps malheureux où Dieu nous a placés,
Se vanter d'un royal lignage,
Citer de grands aïeux, non, ce n'est plus assez.
De Charlemagne en vain le Lorrain veut descendre :
Pourra-t-il du grand roi nous ranimer la cendre?
Combattra-t-il pour nous, si nous mourons pour lui?
Hélas! non ; sans pouvoir comme il est sans courage,
Charles bien vainement obtiendrait le suffrage
Que je vous demande aujourd'hui.

Pensez au mal qui nous dévore.
Ah! si le ciel jaloux eût exaucé mes vœux,
Louis occuperait encore
Ce trône où si longtemps s'assirent mes aïeux [1].
Mais nos vœux peuvent-ils nous rendre sa présence?
Le temps, le péril presse; il faut sauver la France,
Il faut qu'un bras puissant remplace le bras mort.
De la patrie en pleurs, écoutez la prière :
Amis, ralliez-vous sous la blanche bannière
D'Eudes et de Robert le Fort. »

Il dit, et les pennons s'agitent,
Les mains frappent les mains, le fer choque le fer ;
Tous sur ses pas se précipitent,
Et ces cris répétés retentissent dans l'air :
« Honte, honte au Lorrain ! que vassal de l'empire
Loin de nos heureux bords, de regret il soupire
En maudissant sa lâcheté.
Dieu le veut! Dieu le veut! Vive Hugues, roi de France,
Et qu'après lui succède à sa puissance
Une longue postérité ! »

titre. Il profita de sa réponse pour détrôner Childéric III et prendre lui-mêm
le sceptre. Millot, *Éléments de l'histoire de France* sous l'année 747.

1. Eudes, fils de Robert le Fort, de 888 à 898 ; Robert, frère de Eudes
reconnu seulement par ses partisans, et Raoul, frère de Hugues le Grand
oncle de Hugues Capet, de 929 à 936.

Sylphe léger qui m'aimes d'amour tendre,
    Quel bruit nouveau s'est fait entendre?
    C'est le son des clairons guerriers
Qui de mon doux sommeil a dissipé les rêves.
Mais quoi! j'entends encor le cliquetis des glaives,
Le bris des javelots, le choc des boucliers :
Aux combats près de Laon s'ouvre une vaste arène :
Sylphe léger, du haut de la céleste plaine
    Nous y pouvons abaisser nos regards.
    Ah! porte-moi, mollement balancée
    Et sur ton sein avec amour pressée,
    Où des guerriers flottent les étendards.

    Voyez-vous sur cette montagne
    Laon élever ses noirs créneaux?
    Par cent portes dans la campagne
    Des soldats s'écoulent les flots.

    Voyez ces troupes intrépides ;
    Voyez, secondant leurs efforts,
    Ces coursiers sous leurs nobles guides
    Bondir impatients du mors.

    Bientôt, dans cette vaste plaine,
    Combattant pour le premier rang,
    Hugues et Charles de Lorraine
    Vont terminer leur différend.

    Déjà les trompettes guerrières
    Font résonner leurs pavillons ;
    Déjà s'ébranlent les bannières
    Et se heurtent les bataillons.

    Déjà, comme un épais nuage,
    Les traits obscurcissent le jour ;
    Des cris de douleur et de rage
    Font gémir les monts d'alentour :

Partout l'amour de la vengeance,
Partout la haine, la fureur,
Et toutefois du duc de France
Aucun n'égale la valeur.

Ainsi, sa lance meurtrière
Atteignant les deux Enguerrands,
Les a tous deux sur la poussière
Renversés pâles et mourants.

Leurs soldats l'un l'autre s'excitent,
Et, poussant d'effroyables cris,
Tous ensemble ils se précipitent
Contre le comte de Paris.

Il rit de leur vaine menace ;
Sa lance fertile en leçons
De l'un a percé la cuirasse,
L'autre est enlevé des arçons.

Frappés de sa main redoutable
Guy, Geoffroy, Renaud, Hélinand
Tombent expirants sur le sable
Et le rougissent de leur sang.

Les Français ivres de la gloire,
Que s'est acquise leur seigneur,
Ne doutent plus que la victoire
Ne couronne leur noble ardeur.

Vain espoir! fortune cruelle!
Au milieu de ses beaux succès,
Un dard pénétrant sous l'aisselle
A frappé le duc des Français.

La plaie est profonde et cuisante ;
Vainement il veut se servir

De sa masse d'armes pesante :
Son bras ne la peut soutenir.

Il chancelle.... un nuage sombre
Paraît au comte de Paris
Sur ses yeux étendre son ombre :
Il tombe aux mains de ses amis.

A cet aspect chacun se trouble ;
Au bruit qui s'épand de sa mort
L'anxiété croit et redouble.
Hélas ! quel sera notre sort ?

En vain, entr'ouvrant la paupière,
Hugues d'une mourante voix
Fait encor lever la bannière
Qui nous ranimait autrefois ;

De nos fuyards le flot l'entraîne,
Et, par les siens environné,
Il quitte à regret cette plaine,
Où nos vœux l'avaient couronné.

Le Lorrain sur ses pas s'élance :
« Enfin, cette terre est à moi,
A-t-il dit, et le duc de France
En la quittant me laisse roi.

Sur Paris marchons au plus vite,
Pénétrons dans ses murs surpris. »
— Charles un vain transport t'agite :
Tu n'entreras pas dans Paris.

Du duc la profonde blessure
A seule fait ton ascendant ;
Mais redoute un trompeur augure,
Crains un rival brave et prudent.

Malgré le malheur de ses armes,
Il peut triompher à son tour ;
Il peut te faire dans les larmes
Expier tes succès d'un jour.

Sylphe léger, qui m'aimes d'amour tendre,
De longs sanglots ici se font entendre.
Sous l'ombrage de nos forêts,
Je goûtais dans tes bras un sommeil plein de charmes ;
Une voix gémissante a fait couler mes larmes.
Qui peut ainsi se plaindre? et combien je voudrais
Connaître sa tragique histoire!
C'est vers les rives de la Loire,
Qu'il faudrait diriger ton vol et nos regards.
Porte-moi donc, mollement balancée
Et sur ton sein avec amour pressée,
Où de l'heureux Capet flottent les étendards.

Annoncé depuis peu par la brillante aurore,
Le soleil du matin ne venait pas encore
De la tour d'Orléans[1] dorer les sombres murs ;
Et déjà promenant ses regards dans la plaine,
Un captif en ces mots remémorait sa peine,
Penché sur les créneaux obscurs :

« Roi, frère et fils de roi, victorieux naguères,
Dépouillé maintenant du trône de mes pères,
Je languis et je meurs au sein d'une prison.
Hugues n'osait risquer le destin des batailles ;
Le lâche Adalbéron[2] a livré ses murailles
Par une infâme trahison !

Et me voilà traînant une honteuse chaîne !
Dieu ! reverrai-je un jour les champs de la Lorraine !

---

1. Charles vaincu fut conduit et retenu dans la tour d'Orléans.
2. Adalbéron, évêque de Laon, avait livré sa ville et le prince Charles lui-même à Hugues Capet en 891.

Air pur de mon pays, air de la liberté,
Je t'ai perdu! sur moi le monde entier se ferme.
La mort, je le vois bien, peut seule mettre un terme
    A ma triste captivité!

J'ai vu des artisans déplorer leurs misères;
Que ne puis-je comme eux au foyer de mes pères,
A l'heure où le jour baisse, entendre un gai refrain!
Et pourquoi, m'éloignant d'un dangereux théâtre,
Dieu ne m'a-t-il fait naître au rang de simple pâtre,
    Sur les fertiles bords du Rhin?

Quand, dardant ses rayons sur la verte fougère,
Des nuits, à l'orient, la pâle messagère
Viendrait nous ramener et le calme et le frais;
J'irais, j'irais m'asseoir sur les joncs du rivage,
Et là, m'accompagnant de la harpe sauvage,
    Joyeusement je chanterais!

Où vais-je m'égarer? à mes maux, dans ces rêves,
Trop douce illusion, vainement tu m'enlèves;
Hélas! je suis captif. Et vous l'avez souffert,
Vous, qui me promettiez des palmes immortelles,
Vous, comblés de mes dons, vous que j'ai crus fidèles,
    Herbert, Arnoul, Sanche, Adelbert!...

Mais quoi! vers le midi s'élève la poussière;
J'entends sonner au loin la trompette guerrière;
De nombreux cavaliers viennent de ce côté.
Sous le réseau de pleurs qui voile ma paupière
Je ne puis distinguer la flottante bannière....
    Grand Dieu! m'as-tu donc écouté?

Les miens sont-ils vainqueurs? Séduisante espérance!
Aux sons brillants des cors cet escadron s'avance....
Je reconnais cet air.... c'est le chant de Roland,
Le chant de mes aïeux!... Ah! qu'ai-je vu paraître?

A ce brillant panache ai-je pu méconnaître
    Le cruel fils d'Hugues le Blanc ?

C'est lui.... tout est perdu : c'en est fait, je succombe....
Ah ! mes amis sont tous descendus dans la tombe :
Rien n'a pu détourner loin d'eux le coup fatal.
Généreux sans danger, Hugues me laisse vivre ;
Je tromperai ses vœux : ce poison me délivre
    Des fers d'un odieux rival [1].

Mânes de mes aïeux ! lumières d'un autre âge !
Vous dont un sort cruel m'enlève l'héritage,
Pour le remettre aux mains d'un vassal trop puissant !
En ce monde trompeur je n'ai plus rien à faire :
Dans votre noble sein, puissants rois de la terre,
    Daignez recevoir votre enfant.

    Sylphe léger, qui m'aimes d'amour tendre,
Aucun bruit, en ces lieux, ne se fait plus entendre :
    La mort sans doute a fini les douleurs
    Du malheureux qui pleurait solitaire.
Il chercha vainement le bonheur sur la terre :
Le puisse-t-il trouver dans des mondes meilleurs !
    Sylphe léger, le sang et les alarmes,
    Les noirs soucis, les douleurs et les larmes
Des cités trop souvent habitent les remparts.
    Ah ! dans nos bois porte-moi, balancée
    Et sur ton sein avec amour pressée,
    Bien loin des rois et de leurs étendards.

---

1. Quelques auteurs font vivre Charles jusqu'en 994 ; d'autres croient qu'il s'est empoisonné plus tôt.

XVI. L'ESPRIT DES EAUX [1].

Passant, d'ici vois-tu cette île ?
Vois-tu de son onde fertile
La Marne en baigner le contour ?
Là vivait autrefois dans un ennui tranquille
Un enfant plus beau que le jour.
On l'appelait Raoul. Raoul était agile
Comme le daim qui fuit à la voix des chasseurs ;
Ou, comme entre ses jeunes sœurs
Bondit la chevrette indocile,
Raoul en folâtrant foulait aux pieds les fleurs.
Qu'il devançât dans sa course rapide
Le lièvre qui s'échappe à travers l'herbe humide ;
Qu'il écrasât au fond de ses roseaux
Ou l'hydre ou le serpent perfide ;
Que fidèle à l'œil qui la guide,
Sa pierre, sur les verts rameaux,
Allât frapper l'oiseau timide,
Ou qu'elle vînt briser des eaux,
Dans ses bonds répétés, la surface limpide,
Raoul semblait toujours joyeux.
Il n'avait pas entendu dire
Que lui pussent jamais sourire
D'autres climats ni d'autres cieux.
Car nos bergers prétendent que son père
Avait appris d'un célèbre enchanteur,
Que le jour qui verrait son cœur,
Au premier signal de la guerre,
Palpiter d'une noble ardeur,
Ce jour-là serait pour sa mère
Celui du plus cruel malheur.

1. Cette pièce est de 1828.

Dès lors sa tendresse attentive
D'un fils si cher écartant le danger,
Loin des périls qui pouvaient l'engager,
Retint sa jeunesse captive.
Thibaut[1] brillait alors entre les troubadours
Dont s'enorgueillissait la France.
Notre Champagne aussi fière de sa présence
Sous ses lois coulait d'heureux jours:
Dans nos villages dans nos bourgs,
Comme aux châteaux où brillait l'opulence,
Si quelque fête amenait affluence
De fiers barons et de joyeux pastours,
Sais-tu qui conduisait la danse?
Les chansons de Thibaut et ses galants discours :
Car nos gais ménestrels, pour marquer la cadence,
Par les vers de Thibaut célébraient sa vaillance
Et sa dévotion et ses folles amours[2].

Dans sa retraite solitaire,
Raoul cependant languissait :
De ce monde il ne connaissait
Ni les plaisirs, ni la misère.
Un jour, assis au bord de l'eau,
Il entendit la trompette lointaine,
Puis aperçut, mais bien loin dans la plaine,
Déployant un riche manteau,
Un cavalier à la mine hautaine;
Sa main dans l'air agitait un drapeau.
Aux sons des cors, aux chaînes de Navarre[3],
Le paysan le plus ignare,
Du bon Thibaut eût reconnu
Et la bannière et la fanfare.
Mais Raoul jusque-là n'avait jamais rien vu,
Et lorsqu'autour des royales bannières,

---

1. Comte de Champagne et roi de Navarre, né en 1201, mort en 1253.
2. On a prétendu qu'il avait été amoureux fou de la reine Blanche de Castille, mère de saint Louis.
3. Les chaînes étaient les armes de la Navarre.

Un peu plus tard il vit voler,
Sur les pas du héraut, les phalanges guerrières ;
Alors qu'il vit l'acier étinceler ;
Au choc des cymbales des Maures
Alors qu'il ouït se mêler
Le bruit de nos clairons sonores ;
Quand surtout notre excellent roi,
Thibaut, sur un blanc palefroi
Aux housses d'or et de vair et d'hermine,
A ses regards eut apparu,
Et que, comme un torrent par les prés épandu,
Le peuple entier de la ville voisine,
Roulant autour du roi ses flots tumultueux,
L'accompagna de mille vœux
Et de mille chants de victoire,
Ce jeune cœur à l'instant tressaillit,
Et sans penser s'épanouit
Aux premiers rayons de la gloire.
L'Esprit des eaux l'aperçut et sourit :
Digne enfant de l'ange maudit,
L'Esprit des eaux contre la race humaine
Au fond de l'âme incessamment nourrit
Une sombre et profonde haine[1].
Prends garde à lui, Raoul : il médite ta mort.
A travers ces roseaux, le vois-tu, comme une ombre,
S'éloigner, disparaître, et revenir encor ?
Il s'est caché dans l'endroit le plus sombre,
Et tu ne le vois pas toucher à l'autre bord ;
Mais à l'ondé qui tourbillonne
Tu peux connaître son départ.
Le glayeul et le nénufar,
Dont il avait fait sa couronne,

---

1. L'Esprit des eaux, qui joue un rôle considérable dans plusieurs ballades anglaises et allemandes, n'est peut-être qu'une personnification du danger que les fleuves ou la mer offrent au nageur. Voyez dans le recueil des *Ballades anglaises et écossaises* de M. Loève-Veimar (in-8°, 1825), la pièce intitulée *The Water-King*.

Font place au bonnet de renard.
Un habit d'étoffe grossière
Remplace sur lui sans retard
Sa natte d'herbes de rivière.
Un arc brille en sa main, des flèches sur son dos,
A son côté sa dague et quelques javelots.
On dirait un chasseur. Sur sa barque rapide,
 Puisse-t-il ne pas t'entraîner !
Mais Raoul ne voit rien ; ira-t-il soupçonner,
Sous ces dehors guerriers, une âme si perfide?
Déjà du faux chasseur il distingue les traits ;
Il entend ses discours : peut-il ne les pas croire,
 Lorsque, flattant ses sentiments secrets,
Un guerrier lui promet la guerre et la victoire ?
« Sur tes gazons, dit-il, que fais-tu, jeune enfant?
 Dois-tu donc éternellement
T'asseoir au pied d'un saule et contempler cette onde?
 Que dira-t-on si l'on apprend
 Que, déjà si fort et si grand,
Tu n'oses pas manier une fronde,
Ou qu'à ton bras un arc est trop pesant?
 Eh quoi! quand tu vois tant de monde
Autour du roi s'élancer en chantant,
Sans palpiter peux-tu bien les entendre?
Du bon Thibaut cette chanson si tendre :
Le doux penser et le doux souvenir
De bien chanter me fait mon cœur éprendre[1],
N'a-t-elle pu jusqu'ici retentir?
Écoute[2], écoute encore.... aux combats on m'appelle
 Avec nos barons et nos preux :
 Adieu, Raoul, moi je vais avec eux

---

1. Il y a en effet une chanson de Thibaut qui commence par ces vers.
2. Le chant qui suit, indiqué par ce mot *écoute*, est une imitation assez étroite de la chanson de Thibaut qui commence ainsi :

> Signor, saciez ki or ne s'en ira
> An cèle terre u Diex fu mors et vis
> Et ki la crois d'outremer ne prendra
> A paines mais ira en paradis, etc.

L'ESPRIT DES EAUX.

    Guerroyer contre l'infidèle.
Les entends-tu?... » Les chants se rapprochaient;
De temps en temps les clairons se taisaient,
    Et de cette chanson nouvelle
    Les airs au loin retentissaient :

« Seigneurs, sachez que si vers cette terre
Où Dieu vécut, où Dieu mourut pour nous,
Avec Jésus vous ne faites la guerre,
Le paradis ne sera point à vous.

De ses douleurs avez-vous souvenance?
Ses maux souvent vous ont-ils attendris?
Il faut alors assurer sa vengeance
Et délivrer sa terre et son pays.

Or écoutez : le lâche, l'infidèle
Ou le malade ici demeurera;
Mais le guerrier qui veut plaire à sa belle,
En Palestine avec moi s'en ira.

Hâtons-nous donc, et qu'à nos vœux prospère
Dieu qui pour nous souffrit mille douleurs,
Un jour nous dise : O bénis de mon Père,
De mon amour que j'embrase vos cœurs!

De tous mes saints partagez les délices,
Vous qui m'avez en terre secouru :
Venez, venez.... Et vous, à vos supplices
Courez, méchants, dont je n'ai rien reçu.

Mais quoi! laissant la parole divine
Pour suivre en paix Satan et Belzébuth,
Plus d'un guerrier peut-être s'imagine
Sans nulle peine, assurer son salut.

Beau sire Dieu! chassez loin de nos âmes
Telle paresse et si folle langueur;

Et, délivrés de ces pensers infâmes,
Auprès de vous appelez-nous, Seigneur.

Et vous, ô dame, ô reine couronnée,
Vase d'amour, de croyance et d'espoir,
Priez pour nous, ô Vierge bien ornée,
Et puis après, ne nous pourra méchoir. »

Raoul s'agite, il bondit, il s'écrie :
« Chasseur, ici.... chasseur, emmène-moi....
En Palestine aller avec le roi,
Et vaincre sous ses yeux, c'est ma plus chère envie.
Viens, viens me prendre et je pars avec toi. »
L'Esprit des eaux l'entend ; il revient, et, peu sage,
Raoul se livre au perfide rameur,
Et des flots dont le cours l'éloigne du rivage
Ses vœux accusent la lenteur.
Plût au ciel cependant qu'à la terre fixée
La nef jamais n'eût quitté ses roseaux :
Car à peine au milieu des flots
Avec lui s'est-elle avancée,
Qu'un bruit sourd gronde au sein des eaux,
Et, sans que les cieux s'obscurcissent,
Sans que l'air soit ému, sans que soufflent les vents,
Voilà que les vagues mugissent,
Voilà que d'affreux tournoiements
En noirs bouillons viennent soulever l'onde.
On dirait qu'ébranlé jusqu'en ses fondements,
Le sol veut rejeter cette eau qui le féconde,
Ou qu'un volcan va s'entr'ouvrir.
Le faux chasseur vient de s'évanouir ;
Raoul est seul ; voyez-le qui chancelle ;
Aux deux anneaux de la nacelle
Il veut en vain se retenir.
Sous ses pieds en nappe argentée,
Il la voit se fondre et s'enfuir.
Il tombe, il tombe au sein de la vague irritée.

Son désespoir du ciel implore le secours :
   Sa voix mourante, en sa bouche arrêtée,
      Se perd en gémissements sourds.
      Au flot qui le pousse et l'entraîne,
      Il oppose une lutte vaine
      Sans pouvoir regagner le bord.
      En vains efforts il se consume;
      Et, du froid sommeil de la mort,
      L'infortuné bientôt s'endort,
Enveloppé d'un blanc manteau d'écume.

XVII. LES BORDS DE L'ISÈRE [1].

Honneur de nos hameaux, décevantes bergères,
Et vous, jeunes bergers, accourez à ma voix :
Venez danser encor sous ces feuilles légères
    Que vont, hélas ! perdre nos bois.

Bientôt va s'élever la froide Poussinière [2],

---

1. Cette pièce est du mois de juin 1825. — J'ai pour elle une prédilection tout à fait indépendante de son mérite littéraire : c'est la seule pièce de moi qu'ait vue mon père. Je la lui avais envoyée au Péage-lez-Romans (Drôme), où il demeurait. Je dois avouer qu'il ne la goûtait pas beaucoup : habitué au merveilleux mythologique et aux passions toujours bien froides des églogues latines, il ne se prêtait pas facilement à une poésie où sont employés des ressorts et représentés des sentiments tout autres que ceux de l'antiquité. Voyez dans nos *Thèses de littérature* le n° I, p. 39 et suiv.

2. La *Poussinière* ou les *Pléiades*. C'est dans le mois d'octobre que cette constellation commence à se montrer ; c'est aussi à cette époque qu'a lieu l'action de notre poëme. Quant au nom de *Poussinière* que j'ai préféré à celui de *Pléiades*, je l'ai fait par suite d'un système bien arrêté chez moi. C'est le nom français, le nom connu des habitants de nos campagnes ; il m'a semblé

Et le lourd Chariot[1] précipite son cours ;
La bise sifflera dans peu sur la bruyère[2] :
Profitons des derniers beaux jours.

Accourez donc, enfants, vous que charme la danse :
Quoique vaincu du temps[3] et courbé sous ses coups,
Mes chansons de vos pas marqueront la cadence,
Mes chansons revivront pour vous.

Oui je veux faire entendre en ma saison dernière.
Des chants dignes des rois, tels que jusqu'à présent
Les échos de ces monts, ni de cette rivière
N'ont rien redit d'aussi charmant.

---

de tout point préférable au nom grec ou scientifique. La langue de la poésie doit être la langue commune dans sa perfection.

1. Le *Chariot* ou la *grande Ourse*, constellation boréale qui ne se couche pas pour notre horizon. Virgile a dit (*Georg.*, I, 246) :

<blockquote>Arctos Oceani metuentes æquore tingi.</blockquote>

Mais en tournant comme tout le ciel autour de l'axe du monde, il penche et se précipite vers le point le plus bas de l'horizon à l'époque qui nous occupe.

2. La bise, vent froid et sec qui souffle du nord-est, surtout pendant l'hiver : ce mot imitatif est constamment employé dans le Dauphiné.

3. La Harpe (*Lycée*, t. IV, p. 240) met sur cette expression de Malherbe la note suivante : « Faute de français : on est *vaincu par* et non *vaincu de*; mais en poésie cette licence bien placée peut s'excuser. » — La Harpe est bien difficile, s'il croit qu'une excuse est nécessaire pour un si beau mot. *Vaincu par le temps* serait platement prosaïque ; *vaincu du temps* a la rapidité et surtout la hauteur que réclame la poésie : c'est une des belles expressions de Malherbe, et nous devons à ce poëte de nous avoir rendu sensible une des nuances les plus délicates de notre langue, celle des prépositions *de* et *par* après les verbes passifs. La première, employée pour exprimer non pas l'instrument, mais la cause, suppose toujours dans celle-ci une intelligence, une volonté, une spontanéité qui éloignent l'idée de matière, etc. : *Frappé de Dieu, aimé de ses parents, estimé de ses ennemis même.* La préposition *par*, au contraire, analogue au *per* des Latins, d'où elle est tirée, tend à matérialiser la cause, en ne la faisant plus considérer que comme un moyen : *écrasé par une maison, poursuivi par son ennemi, mordu par un serpent.* C'est au poëte de juger quand il doit substituer l'une de ces expressions à l'autre.

Je veux que vos enfants apprennent qu'un autre âge
Vit florir[1] et s'éteindre un pâtre aimé des dieux,
Dont la mourante voix sut charmer le bocage
    Par ses refrains mélodieux.

Vous les répéterez, amis, et ma mémoire
Vivra longtemps encore en ces heureux vallons;
Et mes os frémiront au doux bruit de la gloire
    Que j'aurai due à mes chansons.

Écoutez : sur ce tertre une nymphe s'arrête.
Un berger se prosterne, embrasse ses genoux;
Mais aux pieds de la belle il courbe en vain la tête,
    Il ne peut fléchir son courroux.

« Du haut des noirs rochers qui dominent l'Isère,
Pourquoi te consumer en stériles efforts?
Crois-tu donc arrêter dans sa course légère
    Celle qui règne sur ces bords?

Cesse, jeune berger, ta poursuite inutile :
Ou bientôt tu verras la reine des roseaux
Au fleuve paternel demander un asile,
    Et disparaître au sein des eaux.

Sans pouvoir dans vos champs, sur vos vertes collines,
Au milieu de vos prés, comme au fond de vos bois,
Ici tout obéit aux ordres des ondines,
    Ici tout reconnaît nos lois.

Vois des flots en courroux l'écume bouillonnante ;
Vois de ce noir torrent les rapides détours :
Quel insensé mortel à l'onde mugissante
    Oserait confier ses jours?

---

1. *Florir* est peu usité, si ce n'est au participe présent et à l'imparfait de l'indicatif, mais il me semble ici plus harmonieux et plus élevé que *fleurir*.

Eh bien ! ce tourbillon fût-il plus redoutable,
Osât-il jusqu'au ciel élever sa fureur,
Plus puissante que lui, dans ce gouffre effroyable
  Je m'élancerais sans terreur.

Va donc, bel Adeltan ; si tu ne peux me suivre,
Et comme moi glisser entre les verts roseaux,
Quelle erreur avec moi peut t'engager à vivre ?...
  Berger, retourne à tes troupeaux.

Déjà des cris lointains de la raine importune,
J'entends depuis longtemps les échos retentir,
Et la crête des monts, aux rayons de la lune,
  Ne va pas tarder à blanchir.

Et tandis que tes bœufs cherchent qui les ramène,
Que tes brebis en vain attendent ton retour,
Que tes chiens en hurlant s'agitent dans la plaine,
  Ici t'égare un fol amour !...

Fuis : ne méprise pas les solides barrières
Que posa la nature entre ta race et moi ;
Respecte, fils des champs, la fille des rivières,
  Encore un coup éloigne-toi. »

Le berger hésitait, et, d'une voix timide,
« Déesse, écoute-moi, » dit-il ; mais à ces mots
La naïade s'échappe et d'un élan rapide
  Se précipite dans les flots.

Le fleuve avec respect reçoit sa souveraine
Dont l'onde en murmurant vient caresser le corps ;
Tout se calme autour d'elle, et la vague hautaine
  Expire sans bruit sur les bords.

Ainsi, semblable au thon qui fuit loin de la rive,
Ta déité, berger, échappe à ton regard,

LES BORDS DE L'ISÈRE.

Comme aux yeux du chasseur la perdrix fugitive
    A travers un léger brouillard [1].

Adeltan accourait; il contemple l'abîme :
Un instant peut finir sa peine et son ennui.
« Sombre torrent, dit-il, accepte ta victime, »
    Et les flots se ferment sur lui.

Il expirait au sein de l'onde mugissante;
Son amante, du moins, le soustrait à la mort.
Elle ordonne, et soudain la vague obéissante
    Va le déposer sur le bord.

Là, rouvrant la paupière et respirant à peine,
Il contemple ces lieux si souvent parcourus;
Mais sur eux vainement son regard se promène :
    Adeltan ne les connaît plus.

Des mots entrecoupés s'échappant de sa bouche
Trahissent malgré lui le trouble de son cœur;
Un seul nom peut calmer cette humeur si farouche,
    Et tout autre aigrit sa douleur.

Dans son égarement, sa main impatiente
Repousse d'un ami le soin compatissant;
La plaintive pitié lui paraît insultante,
    Il s'enfuit en la maudissant.

Il fuit : depuis ce temps, éloigné de nos plaines,
Nous ne le voyons plus prendre part à nos jeux;
Solitaire habitant de ces roches lointaines,
    Il rêve en vain des jours heureux.

Souvent, quand vient la nuit, couvert d'un manteau sombre,
Il parcourt leurs sommets à pas précipités,

---

1. Voici une de ces comparaisons doubles comme on en trouve quelquefois dans les anciens et chez les modernes eux-mêmes.

Et sa taille élancée apparaît comme une ombre
    Sur les nuages argentés.

Souvent.... mais le voilà.... là.... sur cette colline....
Tenez, le voyez-vous?... ô malheureux berger!
Plaignez-le, ô mes amis; surtout près d'une ondine
    Redoutez de vous engager.

Allons, retirons-nous; cessons, cessons nos danses :
Sa vue a ranimé mes anciennes douleurs;
Je l'aimais, j'ai longtemps partagé ses souffrances,
    Et n'ai pu retenir mes pleurs.

Partons; mais d'Adeltan vous garderez l'histoire,
Vous la raconterez à vos petits enfants;
Et son nom et le mien gravés dans la mémoire
    Feront naître de nouveaux chants.

XVIII. LA TOUR DE NESLE [1].

L'astre du jour au bout de sa carrière,
Ne verse plus qu'une faible lueur;
Dans nos vallons sa mourante lumière
Colore à peine une moite vapeur [2].

---

1. Pièce composée en janvier 1827. Elle m'avait été demandée par un de mes amis qui voulait la mettre en musique, et à deux voix. Je me suis donc assujetti à une condition fort gênante pour le poëte, savoir, que toutes les phrases pussent être prononcées aussi bien par l'un que par l'autre des deux interlocuteurs.
2. La tour de Nesle, où la scène se passe, était placée sur la Seine, en avant du corps de bâtiment où est aujourd'hui la bibliothèque Mazarine. Elle était à l'extrémité occidentale de Paris, sur la rive gauche. De cette

Mais près de toi cette brise odorante
Jette le trouble en mon cœur enflammé :
    Ah! pour une âme aimante
Il n'est bonheur que d'être aimé[1].

Aux fils des rois laissons, je t'en supplie,
Les embarras et les soucis des cours.
Sans toi, réponds, que m'importe la vie?
Tous les honneurs, valent-ils nos amours,
Ou ce beau feu que ta tendresse ardente
A dès longtemps dans mon sein allumé?
    Ah! pour une âme aimante
Il n'est plaisir que d'être aimé.

Si le Hutin, si Philippe lui-même
Du trône las me l'allaient proposer,
Je leur dirais : « Gardez le rang suprême,
A tous vos biens je préfère un baiser.
Laissez-moi donc son haleine enivrante
Et ces transports dont mon cœur est charmé. »
    Ah! pour une âme aimante
Il n'est qu'un bien, c'est d'être aimé.

Mais, nous dit-on, de sa jalouse rage,
Dans Maubuisson[2], le prince nous poursuit ;
Il a déjà de cet espionnage

---

tour partait le mur d'enceinte, et au delà il n'y avait que des champs et des vallons, comme l'indique le vers auquel cette note se rapporte.

1. La tour de Nesle est célèbre par les affreuses débauches auxquelles se livraient trois princesses, Marguerite, Blanche et Jeanne de Bourgogne, épouses des trois fils de Philippe le Bel. Le théâtre s'est emparé de ces traditions, et, selon l'habitude de notre temps, il en a exagéré l'horreur. Était-il possible de tirer de là un tableau seulement gracieux, où le meurtre et les supplices n'apparussent que dans l'éloignement et sous forme d'hypothèse? c'est ce que j'ai essayé.

2. C'était à l'abbaye de Maubuisson que se passaient les scènes honteuses du libertinage des princesses, dit Dreux du Radier, t. II, p. 159, et il ajoute que cette abbaye était aux environs de Pontoise.

Commis le soin au moine qui l'instruit [1].
Plus d'un tison sous la cendre brûlante
Où nous dormons, s'est déjà rallumé :
  Ah ! pour une âme aimante
 Rien n'est mal dès qu'on est aimé.

Qu'au gré du sort éclate la tempête ;
Je braverai Louis et ses fureurs.
Quand au gibet j'irais porter ma tête,
Je défierais la mort et ses douleurs [2].
De nos plaisirs la mémoire brillante
Aurait bientôt tout mon cœur ranimé.
  Ah ! pour une âme aimante,
 Tout est bien dès qu'on est aimé.

Oublions donc, mon âme, oublions vite
D'un confident les funestes avis :
Sur les beaux jours d'Aunay [3], de Marguerite
Endormons-nous sans crainte et sans soucis.
Honte à celui qui, près de son amante,
Pour l'avenir tremblerait alarmé :
  Ah ! pour une âme aimante
 Il n'est qu'un bien, c'est d'être aimé.

1. Ce fut, dit-on, un moine de l'abbaye de Maubuisson qui avait été chargé de prévenir Louis le Hutin ou son père Philippe le Bel des rencontres de Marguerite et de Blanche avec les frères d'Aunay.

2. Marguerite fut étranglée dans sa prison en 1315 ; Blanche de Bourgogne, femme de Charles le Bel, sauva sa vie en disant que son mariage était nul à cause de la parenté. L'huissier entremetteur de ces criminelles tentatives fut condamné au gibet. Philippe et Gautier d'Aunay furent traités plus sévèrement : mutilés et écorchés vifs, ils eurent ensuite la tête coupée ; leurs corps furent pendus par-dessous les bras, et les têtes placées sur des piliers. Cette exécution se fit à Pontoise. Dreux du Radier, *Anecdotes des reines et régentes de France*, t. II, p. 159.

3. On ne s'accorde pas sur l'orthographe du nom des deux frères, *d'Aunay*, *Daunay*, *d'Aunoy*. Philippe passait pour l'amant de Marguerite et Gautier pour celui de Blanche. *Ibid.*

XIX. LA GALÉOMYOMACHIE[1].

GOBE-LARD[2].

Nous passions autrefois pour vaillants et pour braves.
Pourquoi donc aujourd'hui, comme de vils esclaves,
Nous voit-on dans ces murs retenus ? Et pourquoi
Languissons-nous plongés dans la crainte et l'effroi ?
Nous menons en ces lieux une odieuse vie
Plutôt que de tenter une attaque hardie !
Bien à plaindre sans doute, et n'osant faire un pas,
C'est dans ces noirs cachots, ces sombres trous à rats,
Que nous traînons, hélas ! une ignoble existence !
Quelle horrible prison ! et le temps qui s'avance
Ne déroule à nos yeux qu'une éternelle nuit !
C'est l'ombre de la mort qui déjà nous poursuit.

---

1. Ou le *Combat d'un chat contre les rats.* C'est le titre d'une sorte de comédie en vers grecs, dont le premier éditeur, Aristobule Apostolius, donne l'idée dans cet avis au lecteur : « Un habitant de l'île de Chio ayant donné ses enfants à instruire à Homère, le plus célèbre des poëtes, celui-ci, dit Hérodote, composa pour amuser ces enfants et tous ceux qui viendraient après eux, la *Batrachomyomachie*, les *Épicichlides* et plusieurs autres poëmes pleins d'enfantillages. Il voulait sans doute que ceux qui commenceraient les sciences étudiassent ses ouvrages plutôt que les livres de ceux qui se plaisent à tourmenter les oreilles de l'enfance. Plus tard, quelqu'un voulant imiter Homère, imagina une guerre d'un chat contre les rats, et en fit une comédie en vers ïambiques. Cet ouvrage étant tombé entre mes mains, m'a paru pouvoir présenter aux jeunes gens amis des études un travail fort agréable, si, le livrant à l'impression, je le publiais comme une composition toute nouvelle ; et, d'un autre côté, j'ai pensé qu'il me fournirait une occasion d'annoncer comme devant être bientôt publié le *Florilegium* auquel mon père a donné tous ses soins.... » Cette pièce a 384 vers en grec. J'avais eu l'idée, en 1832, pendant que j'étais à Dieppe, de la traduire en entier. La patience m'a manqué : je n'ai rendu que les cent premiers vers, qui forment l'exposition.

2. Ce personnage est appelé χρείλλος, que je suppose formé de χρέας, chair, et ἕλω, rouler. J'ai pris un nom un peu plus significatif.

Tels les Cimmériens, dans nos fables célèbres,
Vivaient plongés six mois dans d'épaisses ténèbres.

CHIPE-FROMAGE [1].

Quoi qu'il en coûte, ami, dans ces lieux tenons-nous.
Si, comme tu le veux, détalant de nos trous,
Nous tentions au dehors une course imprudente,
D'effroyables dangers, la mort, la mort sanglante
Et le sombre manoir au vieux Pluton remis
De nos témérités seraient le juste prix.

GOBE-LARD.

Quels sont donc ces dangers dont ta voix nous menace?
Quelle mort chez Pluton a marqué notre place?

CHIPE-FROMAGE.

Et quoi! ne vois-tu pas, ardente à nous saisir,
Sous sa lèvre à moustache, incessamment s'ouvrir
La gueule de ce monstre avide et sanguinaire?

GOBE-LARD.

Ce monstre, quel est-il? Ne m'en fais pas mystère;
Car aux discours obscurs je n'entends jamais rien.

CHIPE-FROMAGE.

Les hommes, mon ami, le connaissent fort bien.
Ils l'appellent un *chat*. Près de notre demeure,
On le voit, le cruel, circuler à toute heure.
Sans quartier, sans relâche, il fait la guerre aux rats.
Comme les lévriers dans leurs sanglants ébats
Poursuivent les lapins et les lièvres timides;
Tel ce funeste auteur de cent ruses perfides
De son regard de lynx nous poursuit jusqu'ici.

1. En grec Τυροκλέπος, dont le sens est exactement celui du mot français.

GOBE-LARD.

Cet ennemi cruel, je le connais aussi :
C'est lui qui m'a ravi traîtreusement ma fille,
Ma chère Lèche-Lampe[1], espoir de ma famille.
Il l'a, le scélérat, déchirée à mes yeux.

CHIPE-FROMAGE.

Et n'a-t-il pas privé de la clarté des cieux
Ma tendre Ronge-Tripe[2], aussi douce qu'aimable,
Et mon fils Tire-Grain[3], à jamais regrettable,
Qui partait pour venger la plus chère des sœurs ?

GOBE-LARD.

Pourquoi donc nous borner à d'inutiles pleurs ?
Pourquoi, par cette longue et lâche insouciance,
Laisser tous nos amis et leur mort sans vengeance ?

CHIPE-FROMAGE.

Eh ! que pouvons-nous faire, hélas ! contre ses coups ?

GOBE-LARD.

De sa punition d'abord occupons-nous.
Vengeons nos parents morts d'un ennemi terrible.

CHIPE-FROMAGE.

Mais la vengeance, ami, nous est-elle possible ?

GOBE-LARD.

Oui, sans doute ; marchons en bataillons serrés.

CHIPE-FROMAGE.

Je tremble que bientôt, nous-mêmes massacrés

---

1. En grec Λυχνογλύφη, ciselure sur la lampe.
2. En grec Χορδοκόπος, qui coupe les cordes.
3. En grec Σιτοδάρπης dont le sens est exactement celui du français.

Et pour nos ennemis triste sujet de joie,
Du chat à notre tour nous ne soyons la proie.

GOBE-LARD.

Que puisse donc bientôt ce jour luire à nos vœux !
Car, sans doute, tu sais quels poëtes fameux
Promettent dans leurs chants une gloire immortelle
A ceux qui, pleins d'ardeur, de courage et de zèle,
Meurent pour leurs amis, leurs pères, leurs enfants.

CHIPE-FROMAGE.

Je ne l'ignore pas ; mais dans mon cœur je sens
Qu'il est dur de quitter cette vive lumière,
Pour aller de la tombe habiter la poussière.

GOBE-LARD.

Quoi ! ne pouvons-nous pas être aussi les plus forts,
Et par d'affreux tourments l'envoyer chez les morts ?

CHIPE-FROMAGE.

Comment de ce succès conçois-tu l'espérance ?

GOBE-LARD.

En attaquant de front l'objet de ma vengeance.

CHIPE-FROMAGE.

Ne vaudrait-il pas mieux l'attaquer en secret ?

GOBE-LARD.

De ces précautions quel peut être l'effet ?

CHIPE-FROMAGE.

C'est que si, plus que nous fertile en stratagèmes,
Le chat vient à savoir tout ce qu'en ces lieux mêmes
Nous venons de résoudre et quel dessein est pris,
S'il amène au combat ses parents, ses amis,

Notre ennemi par eux, certain de la victoire,
De notre perte entière aura bientôt la gloire.

GOBE-LARD.

Rassemblons donc aussi nos nombreux alliés,
Qui jamais dans nos maux ne nous ont oubliés.

CHIPE-FROMAGE.

Faible espoir, mon ami : souviens-toi que naguère
Aux hôtes des marais quand nous faisions la guerre [1],
Ces alliés nombreux, avec nous combattants,
Comme un nuage épais couvraient au loin nos champs.

GOBE-LARD.

Je m'en souviens, hélas ! Dans ces tristes batailles
Combien n'avons-nous pas compté de funérailles ?
Combien de nos amis ont péri sous nos yeux !
Et peu s'en est fallu que nous-mêmes comme eux....

CHIPE-FROMAGE.

Ah ! ne touchons-nous pas à notre heure dernière ?

GOBE-LARD.

Non, j'en jure le dieu qui commande au tonnerre,
Et ceux qui du sommeil nous versent les douceurs.

CHIPE-FROMAGE.

Un songe est-il venu dissiper tes frayeurs ?

GOBE-LARD.

J'ai vu Jupin lui-même à mes yeux apparaître.
A sa voix j'ai senti mon courage renaître ;
Il venait m'annoncer un triomphe éclatant.

CHIPE-FROMAGE.

Mais à qui ressemblait Jupin en cet instant ?

1. Souvenir de la *Batrachomyomachie*.

GOBE-LARD.

Au prudent Croûton-Sec[1], ce vieillard vénérable.

CHIPE-FROMAGE.

Est-ce alors seulement que ce dieu favorable
A tes yeux s'est montré?

GOBE-LARD.

C'est alors seulement
Qu'à ma voix menaçante il est venu tremblant.

CHIPE-FROMAGE.

As-tu pu menacer ce grand dieu qui, sans peine,
Si tous les autres dieux tiraient sur une chaîne,
De sa puissante main enlèverait les dieux
Et la chaîne de fer et la terre et les cieux[2]?

GOBE-LARD.

Oui, je l'ai menacé : j'ai dit tout en colère,
Que, par mon ennemi chassé jusque sous terre
Et dans un noir cachot tristement confiné,
A vivre en un tombeau je semblais condamné.
Je me suis peint en proie aux plus vives alarmes,
Comme un pauvre animal toujours noyé de larmes.
Sur mon malheureux sort je me suis lamenté,
J'ai crié, j'ai gémi, j'ai pleuré, sangloté,
J'ai déchiré ma joue et frappé ma poitrine;
Enfin, en rappelant mon illustre origine,
J'accusai Jupiter, et ma juste fureur,
S'exhalant en menace, a dû lui faire peur.

---

1. En grec Τυρολείχος, qui lèche le fromage; j'ai donné à ce rat un nom plus en rapport avec son âge.
2. Souvenirs de l'*Iliade*, chant V.

XX. JACQUES CŒUR [1].

Pour celui qu'accable la peine,
Si c'est un bonheur de mourir,
Chantez, dans son île lointaine
Le juste a cessé de souffrir.
Loin de lui fuyait l'espérance;
En vain sa voix, dans sa douleur,
Invoquait encor cette France
Qui n'était plus pour Jacques Cœur [2].

Quand l'Anglais sapait nos murailles,
Quand Bedfort et ses cavaliers
Multipliaient les funérailles;
Lorsque les léopards altiers
Souillaient sous leur griffe sanglante
De nos lis la sainte blancheur,
Qui sauva la France expirante?
Ce fut lui, ce fut Jacques Cœur.

Par Isabeau, sa propre mère,
Dépouillé de tout son pouvoir,
Au trône ébranlé de son père,
Charles a vu l'Anglais s'asseoir;

1. Pièce écrite en mai 1827.
2. Né à Bourges vers 1400. Jacques Cœur envoya ses vaisseaux dans toutes les parties du monde, acquit en peu de temps la fortune la plus considérable de toute l'Europe. Charles VII le nomma son argentier ou trésorier de son épargne, lui confia plusieurs missions diplomatiques et eut quelquefois recours à sa bourse. Plus tard, les ennemis de Jacques Cœur l'ayant calomnié auprès du roi, celui-ci l'abandonna lâchement, confisqua ses biens et l'exila ou le fit mettre en prison.

Charles roi, Charles dans sa terre
Mendiait le pain du malheur ;
Qui le soutint dans sa misère ?
Ce fut encore Jacques Cœur [1].

Il règne enfin, le voilà maître,
Ce prince sauvé tant de fois [2],
Et le monde aussi va connaître
La reconnaissance des rois [3].
« Tu devrais orner nos potences ;
On l'a jugé [4], mais j'ai bon cœur :
Je t'exile ; et pour tes finances,
Je les prends.... Va-t'en, Jacques Cœur. »

Notre banni, l'âme flétrie,
Dans Chio choisit son séjour [5] ;
Là, l'œil tourné vers sa patrie
Sur la côte il vient chaque jour.
Là souvent rêveur, immobile,
Il étonne le voyageur,
Qui sourit et passe tranquille
A côté du grand Jacques Cœur.

Meurs donc, et que te soit légère
La poudre qui va te couvrir :
Ainsi que les grands de la terre

---

1. En 1448, les Anglais rompirent la trêve qu'ils avaient faite avec la France. Jacques Cœur prêta au roi deux cent mille écus d'or.

2. En 1448, Charles VII commença à rétablir ses affaires.

3. Voilà une de ces accusations générales qu'aimaient les jeunes gens en 1827. L'expérience nous a appris que l'ingratitude des rois n'est rien auprès de celle des peuples ; et d'ailleurs il aurait fallu accuser ici celle d'un seul prince, et non pas de tous.

4. En 1453.

5. Il se retira d'abord à Rome, où le pape Calixte III lui donna le commandement de la flotte qu'il avait armée contre les Turcs. Cœur tomba malade, et se retira dans l'île de Chio où il mourut en 1461.

Nous ne t'aurons pas vu mourir.
Mais quand leur misérable histoire
N'offrira que le déshonneur[1],
Brillant de la plus pure gloire
A jamais vivra Jacques Cœur.

XXI. LA BATAILLE DE PAVIE[2].

Les morts et les mourants jonchent au loin la plaine[3];
Et, d'un tertre voisin, sur cette triste scène
Un guerrier, un Français promène ses regards.
Jadis à Marignan son bras sauva la France,
Et son œil aujourd'hui voit avec complaisance
Les sujets de son roi fuyant de toutes parts.

Saisissant donc alors ce glaive redoutable
Que remettait la France aux mains du connétable[4],
« Marchons, dit-il ; ce roi qui m'a tant offensé[5],
Pour tous les souverains naguère objet d'envie,
Les dieux, les justes dieux l'attendaient à Pavie :
Marchons, il est à nous, et son règne est passé ! »

---

1. Encore une de ces déclamations de 1827 ! Comme si les grands de la terre étaient essentiellement mauvais, comme si Jacques Cœur n'avait pas été lui-même un de ces grands.
2. Pièce écrite en juin 1828.
3. En 1525.
4. Charles, duc de Bourbon, nommé connétable par François Ier, après la bataille de Marignan, n'ayant encore que vingt-six ans.
5. Ayant été injustement dépouillé de ses biens par la reine mère, il quitta la France, alla offrir ses services à Charles-Quint, et contribua beaucoup au succès de la funeste bataille de Pavie.

Et tous sont avec lui descendus dans la plaine.
Son pied heurte un cadavre; il le regarde à peine.
« Page, quel est ce chef? — Seigneur, c'est Bonnivet[1].
— Mon ennemi, grand Dieu! lui, lui, dont l'imprudence
Aura causé ma perte et celle de la France!
Ainsi devait sa mort expier son forfait! »

Il traverse en courant l'arène meurtrière;
Il foule aux pieds ces lis traînés dans la poussière,
Ces lis qu'on voit encor briller sur ses habits.
« Le bonheur n'est pas là, dit-il; du roi de France
Le désespoir peut seul contenter ma vengeance :
Voyons s'il est moins fier et moins vain qu'à Paris. »

Cependant des Français abattus par l'orage
Le monarque captif relevait le courage.
« Vous vous êtes, messieurs, conduits en gens de cœur :
J'en rendrai témoignage à l'empereur mon frère,
Et je veux, disait-il, dès ce soir, à ma mère,
Mander : *Tout est perdu, madame, fors l'honneur*[2].

« Je l'ai dit quelque part : *Souvent femme varie,
La Fortune est du sexe, et fol est qui s'y fie*[3].
Elle nous a de fiel en ce jour abreuvés;
Peut-être, quelque jour, la déesse volage,
Revenant se placer du parti du courage,
Guidera ces drapeaux par ses mains relevés. »

Ainsi parlait Valois, et sa noble assurance,
Sous un air de gaieté déguisant sa souffrance,

---

1. Guillaume Gouffier de Bonnivet, général français, tout dévoué à la reine mère et ennemi du connétable de Bourbon.
2. Cette lettre de François Ier est célèbre. On en a contesté l'authenticité. Ces mots, quand ils auraient été faits après coup, ne sont pourtant pas inutiles : ils élèvent l'âme et contribuent à entretenir le patriotisme.
3. Ces deux derniers hémistiches sont en effet de François Ier, qui les avait gravés sur une vitre d'un de ses châteaux.

Affectait un espoir que démentait son cœur,
Lorsque d'autres guerriers devant lui s'avancèrent,
Et dans leur chef bientôt ses regards distinguèrent
Bourbon, né son sujet, aujourd'hui son vainqueur[1].

Alors, quoi que lui dût coûter ce sacrifice,
François jusqu'à la lie épuisa le calice ;
Et, se tournant vers lui : « Mon cousin, c'est donc vous ?
J'eusse aimé mieux vous voir sous ma noble bannière ;
Dieu ne l'a pas permis, du moins la France est fière,
Si ses fils sont tombés, que ce soit sous vos coups.

« Le Germain, l'Espagnol voudraient bien cette gloire.
Ils se l'attribueront ; mais l'équitable histoire
Dira qu'un Français seul a vaincu des Français. »
Confus, déconcerté, Bourbon reste immobile :
Il voulait des fureurs ; son roi, calme et tranquille,
Laisse sa trahison pour vanter ses hauts faits.

Il pleure alors, il pleure, il se prosterne : « Ah ! sire !
Plût à Dieu que jamais, dit-il, sous votre empire
Une reine jalouse, un chancelier Duprat !...
— Je vous entends, Bourbon : outré de leur offense,
Vous la vengez sur moi. C'est fort bien ; mais la France,
Comment mérita-t-elle un pareil attentat ?

— La France ! ah ! je l'avoue ; hélas ! voilà mon crime :
De mes ressentiments la France fut victime[2].
J'en pleurerai longtemps ; pardonne toutefois,

---

1. Cette entrevue de François Ier et du connétable, dans un tel moment, est un fait bien remarquable de notre histoire.
2. C'est une distinction que je ne fais plus. La France, en tant que collection d'individus liés par des intérêts communs, n'est qu'une abstraction ; il faut toujours qu'elle se personnifie en quelqu'un ; et nulle personnification ne peut valoir celle de son légitime souverain. J'ajoute que chacun fait ce qu'il veut de cette abstraction ; et de là vient que tant d'hommes ont donné leurs idées pour l'expression des vœux de la France, qu'on aurait fort embarrassés en les obligeant d'en faire la preuve.

O France, un jour tes fils me sauront gré peut-être
De m'être humilié jusqu'au renom de traître[1],
Pour donner en tombant une leçon aux rois[2]. »

XXII. GONDI DE LATOUR[3].

Retirez-vous ; qu'ici, mon père,
Dieu ne soit plus importuné
De votre inutile prière :
Tout est fini, je meurs damné.

Vous direz seulement que ce valet docile,
Moi Gondi de Latour, moi chambellan du roi[4],

---

1. Bourbon passait alors universellement pour un traître ; les Espagnols ne le traitaient pas mieux à cet égard que les Français, et je lui prête le langage que tout le monde tenait. Je dois dire pourtant que je ne saurais approuver cette condamnation. Je n'aperçois aucune raison pour que la victime d'une injustice ne se révolte pas contre celui qui la frappe, quand elle en a le pouvoir. La résignation aurait été fort louable sans doute ; mais la résistance ne me semble pas pouvoir être justement blâmée.

2. C'était là un grand mot en 1828. Je ne l'écrirais plus aujourd'hui. Nous avons vu depuis 1830 et 1848 ce que c'est que les leçons au pouvoir, et ce que les peuples y gagnent. MM. Dumanoir, Clairville et Cordier ont fait en 1850, sous le titre *le Bourgeois de Paris ou les Leçons au pouvoir*, une charmante comédie qui montre en outre que les donneurs de leçons en sont toujours les premiers punis : le connétable de Bourbon était un exemple ; les auteurs de la révolution de 1848 sont de sa suite.

3. Pièce terminée le 12 juillet 1830. Les idées qui en font le sujet se trouvent dans un supplément à l'histoire de de Thou, publié en 1663 à Amsterdam sous ce titre : *Thuanus restitutus, sive sylloge locorum variorum in historia illustrissimi viri Jacobi Augusti Thuani hactenus desideratorum.*

4. Suspicio fuit a Carolo Gondio Turrio, cubiculi regii magistro,... non ignara regina parente, venenum propinatum regi. Voyez l'ouvrage cité p. 18.

Aux enfers dévolu, je m'y rends sans effroi,
Que je suis sans remords et que je meurs tranquille ;
Afin que les Français puissent juger un jour
Qui supporta le mieux la mauvaise fortune,
Et qui reçut du ciel l'âme la moins commune,
Le roi Charles neuvième ou Gondi de Latour.

    Allez donc ; que pour moi, mon père,
    Dieu ne soit plus importuné
    De votre inutile prière :
    Tout est fini, je meurs damné.

Damné ! quel mot affreux ! quel horrible supplice !
De tourments devant moi s'ouvre un long avenir.
Eh bien ! je m'y résous : laissons le repentir,
Je n'invoque aujourd'hui, grand Dieu ! que ta justice.
Que je pleure, il le faut, et je l'ai mérité,
Puisque jusqu'à la fin j'ai nourri ma vengeance ;
Mais Guise, mais le roi, mais la reine de France
De quel droit viendront-ils implorer ta bonté[1] ?

    Allez donc ; que pour moi, mon père,
    Dieu ne soit plus importuné
    De votre inutile prière :
    Tout est fini, je meurs damné.

Regardez, c'est ici que ce prince exécrable,
Qui m'avait lâchement éloigné de sa cour,
Voulait, loin de mes yeux, de son affreux amour
Entretenir en paix une épouse coupable[2].
Il me jugeait bien vil ;... mais je veillais sur eux :
Là, je les ai surpris tout dégouttants du crime....

1. Ceterum Turrium re confecta, sive veneno et ipsum ab uxore, sive a Guisio petitum, extremam vitæ diem clausisse. Ouvr. cité.
2. Sed atrociora in arcano memorant aulici, regem juvenem, quum Turrii uxorem Pirroboni, Massiliensium triremium præfecti filiam, præstantissima forma, deperiret, Turrium ad aliquot dies aula ablegasse. *Ibid.*

Là, j'ai pu, seul armé, choisir une victime,
J'ai pu les épargner, ou les frapper tous deux[1].

Ah! fuyez, fuyez-moi, mon père;
Non, non, je n'ai pas pardonné.
Laissez une vaine prière :
Tout est fini, je meurs damné.

Si je les laissai vivre, est-ce par indulgence?
Ou bien, comme ce roi se l'est imaginé,
De crainte qu'à moi-même on n'eût pas pardonné[2]?
Non : le fer trop rapide eût trompé ma vengeance :
Il me fallait de lui de plus longues douleurs
Que celle du guerrier qui meurt dans les batailles.
Le poison devait seul déchirer ses entrailles,
Pour que son chambellan pût savourer ses pleurs.

Allez donc; que pour moi, mon père,
Dieu ne soit plus importuné
De votre inutile prière :
Tout est fini, je meurs damné.

Il tremblait, ce monarque, aussi faible qu'infâme,
Tyran de ses sujets, ivre de sang humain;
Je l'ai vu haleter et se débattre en vain
Sous le poids des remords qui bourrelaient son âme[3].
C'était peu : je voulais, semblable au tentateur,
Qu'il sût que le poison lui venait de sa mère[4];
Qu'elle assurait ainsi la couronne à son frère,
Et que mourant de rage il maudît son Sauveur.

1. Illum vero suspicatum quod erat, statim reversum, cum rege uxorem deprehendisse. Ouvr. cité.
2. Qui (rex) facto irritatus, eum non solum silere jussit, sed interminatus est, si quidem ille propterea uxori succenseret, se qui humili loco illum per gratiam opibus et dignitate auxisset, mutata voluntate perditurum.
3. Charles IX mourut en 1574; il était, dit-on, déchiré de remords à cause du massacre de la Saint-Barthélemy qu'il avait ordonné.
4. Voyez dans la note 4 de la page 444 : non ignara regina parente.

Maintenant jugez-moi, mon père.
Puis-je encore être pardonné,
Grâce à votre vaine prière ?
Non, c'en est fait, je suis damné.

Irai-je dire à Dieu : « Remets-moi mes offenses,
Comme je les pardonne à ceux.... » Non, non, jamais.
Dusses-tu m'accabler, Dieu puissant, frappe-les;
En les voyant souffrir, j'oublierai mes souffrances.
Nos crimes trop longtemps ont bravé ton pouvoir :
Il fallait bien qu'enfin sous leurs coups je périsse;
Leur poison me dévore[1] : eh bien ! oui, c'est justice,
Mais tu me vengeras, grand Dieu ! j'en ai l'espoir.

Vous m'avez entendu, mon père,
Je ne leur ai point pardonné;
Laissez une vaine prière :
Tout est fini, je meurs damné.

Qu'ainsi puisse, les yeux errants sur l'empyrée,
L'infâme Catherine y lire son arrêt[2] !
Puisse son dernier fils, par un dernier forfait,
Éteindre dans son sang cette race abhorrée !
Que Guise l'assassin et le maître des rois
De son orgueil aussi reçoive le salaire[3] !
Et puisse, de François frappant le dernier frère,
Le poignard épuiser tout le sang des Valois[4] !

Retirez-vous; pour moi, mon père,
Dieu doit-il être importuné
De votre inutile prière ?
Non, laissez-moi, je meurs damné.

1. Voyez la note 1 de la page 445.
2. On sait combien Catherine était infatuée des rêveries de l'astrologie judiciaire.
3. Assassiné le 23 décembre 1588, dans le château de Blois.
4. Henri III, assassiné le 1ᵉʳ août 1589 par Jacques Clément.

Et celle que l'hymen jadis m'avait unie,
Celle que j'aimai tant et pour qui j'ai tant fait,
La cruelle! pour prix d'un amour si parfait,
Aux caprices d'un Guise[1] elle a vendu ma vie.
C'est elle qui me tue! ô toi qui la formas,
Qu'en elle j'adorais, grand Dieu! malgré ma rage,
Je te respecte encor dans ta plus belle image;
J'ai peur de blasphémer, je ne la maudis pas.

  Mais fuyez, fuyez-moi, mon père,
  Non, non, je n'ai point pardonné;
  Laissez une vaine prière :
  Tout est fini, je suis damné.

XXIII. DERNIERS AMOURS D'HENRI IV[2].

« Grands conseillers de la couronne,
 Sully, Jeannin, Bellièvre, Villeroi,
  Rassemblez-vous, le roi l'ordonne,
 En toute hâte obéissez au roi;
Quittez tout à l'instant : jamais les rois n'attendent. »
Dans le sein du conseil aussitôt ils se rendent :
Plongé dans la douleur, Henri se lamentait.
A peine les voit-il que vers eux il s'élance :
« Tout est perdu, dit-il, elle quitte la France,
  Elle pour qui j'aurais tout fait!

  — Quitter la France! eh! qui donc, sire?
Repart Sully, surpris et mécontent

---

1. Voyez la note 1 de la page 445.
2. Cette pièce a été écrite en 1837.

Que de son amoureux martyre
Le roi le fasse encore confident.
— Peux-tu le demander? c'est ma belle princesse[1] :
J'apprends que son époux l'enlève à ma tendresse,
Lorsque j'espérais vivre et mourir sous sa loi[2];
Déjà, déjà sans doute elle a touché la Flandre....
Je suis bien malheureux : hélas! quel parti prendre?
O mes amis, conseillez-moi.

Bellièvre, on vante ta prudence
Parle d'abord. — Faites de bons édits,
De bons arrêts, sire, et je pense
Que du succès vos vœux seront suivis.
— Et toi, Villeroi? — Sire, il faut qu'on négocie :
Tout se peut arranger par la diplomatie.
— Vous, président Jeannin? — Je ne vois qu'un moyen :
Elle est en Flandre; en Flandre il faut porter la guerre.
— Et toi, mon vieux Sully, voyons que faut-il faire?
— Sire, pour Dieu, ne faites rien [3].

Le prince de Condé vous quitte :
Laissez-le fuir; et pourquoi l'arrêter?
Il vous enlève Marguerite :
Il a raison; en pouvez-vous douter?
Quoi! vous vouliez qu'ici, d'une âme peu jalouse,
En mari complaisant il vous livrât l'épouse

---

1. Charlotte-Marguerite de Montmorency, née en mai 1594, avait à peine quinze ans lorsqu'elle parut à la cour. Henri IV en devint éperdument amoureux.

2. Bassompierre devait épouser cette jeune fille. Henri IV obtint de lui qu'il renoncerait à ce mariage; et il fit épouser Charlotte au prince de Condé, son neveu, dans l'espoir d'avoir auprès de lui celle qu'il aimait. Le prince de Condé ne fut pas plutôt marié, qu'il emmena sa femme et passa en Flandre avec elle.

3. Toute cette scène et les opinions des personnages sont pris des *Mémoires* de Bassompierre, qui était présent. Voyez Dreux du Radier, t. VI, p. 195 et suiv.

Que vous avez vous-même imposée à sa foi !
Vous l'avez pour le prince ôtée à Bassompierre :
Mais Votre Majesté voulait donc en arrière
    Retenir son présent pour soi[1].

    Ah ! sire, excusez mon langage ;
  Mais, quand l'Europe a les regards sur vous,
    D'un pareil scandale, à votre âge,
  Voulez-vous donc réjouir vos jaloux ?
Ce roi qu'on nous peignait le plus grand de la terre,
Il unit, diront-ils, l'inceste à l'adultère :
Sa nièce est aujourd'hui l'objet de son amour.
On dit bien qu'il n'est pas aimé de la princesse ;
Mais, par un long usage, il sait d'une maîtresse
    Obtenir un tendre retour.

    Bien qu'il touche à la soixantaine[2],
  Il fait encor partager son ardeur :
    Voyez-le dissiper la haine
  Par commissaire et par ambassadeur !
C'est par de bons édits qu'il devient invincible ;
Il est si sûr de rendre un jeune cœur sensible,
Qu'il le faut adorer sous peine de prison.
Pour éviter ses feux en vain fuit une belle :
Il réduira bientôt le cœur de la cruelle
    Avec le fer et le canon.

    Ah ! craignez de telles injures,
  Craignez surtout que quelque historien
    N'envenime un jour ces blessures.
  Au nom de Dieu ! sire, ne faites rien.
— C'est bien. Ton amitié, Sully, que j'apprécie,
A dicté ton conseil, et je t'en remercie ;

---

1. Voyez ce détail dans les *Mémoires* de Bassompierre.
2. Henri IV était né le 16 décembre 1553 ; l'affaire dont il s'agit est de la fin de 1609 ou du commencement de 1610, il avait donc 56 ans.

Je ne le suivrai pas. Mon amour est trop fort ;
Et soit égarement, soit folie ou faiblesse,
Je ne me connais plus ; il me faut la princesse :
    Sa perte pour moi c'est la mort.

    Je veux d'ailleurs voir cette belle
  Par son époux ramenée en ces lieux.
    Condé n'est qu'un sujet rebelle
  Qu'il faut dompter : je le dois et le veux.
Quand un prince français, méprisant ma défense,
Pour fuir à l'étranger abandonne la France,
De mon royal pouvoir je me dois souvenir ;
S'il résiste à ma voix, s'il persiste en son crime,
Pour sa punition tout devient légitime :
    Il faut le forcer d'obéir[1].

    Dois-je donc obscurcir ma gloire
  Par mon amour ? Et la postérité
    Perdra-t-elle aussi la mémoire,
  D'Arques, d'Ivry, de Mayenne dompté ?
Ah ! laissons-la blâmer ma trop vive tendresse :
C'est des cœurs généreux l'ordinaire faiblesse ;
Le peuple en ses chansons peut-être m'en louera[2].
Si je donne matière à des voix ennemies,
De ces tendres erreurs les muses sont amies,
    Et Malherbe les chantera[3].

1. Henri a véritablement donné ces mauvaises raisons. C'est un triste spectacle que celui d'un si grand roi invoquant les principes de la subordination et de l'obéissance due à la majesté royale, pour arriver à satisfaire une passion aussi odieuse.

2. Hélas ! oui ; le peuple a toujours vanté dans ses souverains les vices qui les rapprochaient de lui. La chanson de *Vive Henri IV* en porte l'affligeant témoignage ; et en vérité il faut bien de la vertu à un roi pour ne pas se livrer à ses passions, quand il sait d'avance que toutes les bouches s'ouvriront pour l'en louer.

3. Encore un fait malheureusement trop vrai. Malherbe a chanté ce honteux amour d'un roi pour sa nièce (Voyez Dreux du Radier, t. VI, p. 202 et suiv.) : tant il est vrai que la poésie se prête à tout, et que les plus

Allez.... l'affaire est entendue :
Sur vos conseils je saurai me régler. »
Ainsi la guerre est résolue,
Le sang français de nouveau va couler.
Préparez donc le plomb, le fer et le salpêtre ;
Et toi, noble pays, ô France, pour ton maître
Épuise-toi sans cesse et d'hommes et d'argent ;
Et vous, vous que jamais la gloire en vain n'appelle,
Quittez tout et mourez, pour qu'aux bras de sa belle
Votre roi s'endorme content.

Jadis au phrygien rivage
Les Grecs, dit-on, guidèrent leurs vaisseaux :
Les sacrés nœuds du mariage
Étaient brisés par le fils des héros.
Les Grecs jurent alors de punir l'adultère ;
Ils poursuivent Pâris, ils ravagent la terre,
Ils détruisent la ville où vécut l'offenseur[1] ;
Aujourd'hui, Dieu puissant! si la France alarmée
De son fertile sein fait éclore une armée,
C'est pour aider un ravisseur !

Oh! non, non.... gardons-nous de croire
Que Dieu permette un semblable forfait.
Tu rêves en vain la victoire,
Et le bonheur d'un amour satisfait,
Roi puissant ; tu perds tout, et le trône et la vie[2].
Ta renommée, au moins, ne sera pas ternie

---

grands poëtes n'hésitent souvent pas à la rendre méprisable pour obtenir ou conserver la faveur !

1. C'est Barthélemy, dans son *Voyage du jeune Anacharsis*, qui prête ces raisons aux Grecs; il est facile de voir dans mes *Thèses de littérature*, n° XI, p. 374, qu'il a beaucoup embelli leurs motifs.

2. On sait que Marie de Médicis ne fut pas, selon Hénaut, aussi affligée de la mort de son mari qu'elle aurait dû l'être. Les infidélités perpétuelles de Henri IV, et surtout la dernière, expliquent, si elles ne justifient pas, l'indifférence de sa femme.

Si tu n'accomplis pas ton criminel dessein.
Quand de ton fol amour la France était victime,
La mort sauve ta gloire en prévenant ton crime :
 Rends grâces à ton assassin.

XXIV. LE COMTE DE MORET[1].

1.

« Voyez, amis, courir à l'aventure
Et loin des siens affronter l'ennemi[2],
Ce cavalier sur la selle affermi :
L'or resplendit sur sa brillante armure.
Quel est le chef qui se hasarde ainsi,
Menaçant tout de son bras formidable?
C'est des Français le futur connétable[3]:
 C'est le brave Montmorency.

A l'aile droite il promet la victoire[4],
Disputons-lui vivement cet honneur ;
O mes amis, il faut en gens de cœur,
A l'aile gauche en assurer la gloire.

---

1. Ou le *Combat de Castelnaudary*, en 1632. Cette pièce est de janvier 1839.
2. Montmorency était, en effet, aussi imprudent que brave ; il se précipita presque seul sur les troupes royales et fut fait prisonnier sans être seulement défendu.
3. Montmorency n'avait pas, mais il désirait ardemment avoir ce titre qui lui avait été promis par Gaston.
4. Montmorency commandait, en effet, l'aile droite au combat de Castelnaudary; le comte de Moret commandait l'aile gauche.

Suivez-moi donc, mon panache éclatant
Vous guidera dans le champ du carnage ;
Je vous promets où le combat s'engage
    Un digne fils d'Henri le Grand. »

Aux cavaliers que son grade domine,
Ainsi parlait le comte de Moret,
Fruit de l'amour qui jadis égarait
Notre Henri quatre aux pieds de Jacqueline[1].
En ce moment, brûlant d'un noble feu,
Et de Gaston défendant la bannière,
Il combattait le roi Louis son frère,
    Et l'implacable Richelieu.

Suivi des siens, au galop il s'élance
Vers un guerrier qu'il reconnaît de loin,
Et qui l'attend le pistolet au poing.
Il le salue, et, plein d'impatience :
« Holà, dit-il, quand des gens comme nous
Sont face à face, avec armes égales,
Ne peuvent-ils échanger quelques balles ?
    Capitaine, qu'en pensez-vous ?

— Je n'ai besoin que longtemps on me presse ;
Dès que le cœur, comte, vous en dira,
Comme il convient, Bidereau répondra,
N'en doutez pas, à votre politesse[2].
— Feu donc ! » dit l'autre, et, lâchant le rouet[3],

---

1. Jacqueline de Bueil, comtesse de Moret. Voyez Dreux du Radier, *Mémoires des reines et maîtresses des rois de France*.

2. Ce fut, en effet, le capitaine Bidereau qui reçut l'attaque du comte de Moret, et qui le tua ou le blessa. Voyez Dreux du Radier, lieu cité ; Anquetil, l'*Intrigue du cabinet*, t. II, p. 317 ; et les *Dictionn. historiques* au mot *Moret*.

3. A cette époque, les armes à feu avaient pour principal ressort un rouet ou disque d'acier qui tournait rapidement en frottant contre une pierre ; les étincelles jaillissaient et allumaient la poudre. *Dictionnaire des inventions*, mots *Fusil* et *Pistolet*.

Tous deux d'un coup font jaillir l'étincelle ;
La flamme brille et la balle mortelle
    Atteint et renverse Moret.

Lors Bidereau : « Courage, camarades !
Le chef est mort, nous aurons bon marché
Des imprudents qui chez nous ont cherché
Le juste prix de leurs folles bravades ;
En avant donc, amis ! » Et tout d'abord
Dans les mousquets le salpêtre s'allume,
De toutes parts le champ s'embrase et fume,
    Le plomb porte partout la mort.

Puis on se mêle, et d'estoc et de taille [1]
Le glaive frappe ; après maints et maints coups,
Les révoltés ont enfin le dessous.
Et Bidereau sur le champ de bataille
Fait avec soin rechercher tous les morts.
Tous, hors un seul, ont eu la sépulture ;
Car de Moret l'on n'a trouvé l'armure,
    Le noble coursier, ni le corps [2].

2.

Un an s'est écoulé. De noir toute tendue,
Une église isolée attire au loin la vue :
Au milieu de la nef apparaît un cercueil ;

---

1. La baïonnette n'était pas encore inventée ; elle ne le fut qu'en 1670 ou tout au plus en 1642, dix ans au moins après le combat de Castelnaudary. *Dictionnaire des inventions*, mot *Baïonnette*. Voyez aussi Voltaire, *Henriade*, chant VIII, note 16.

2. Il est étonnant, dit Anquetil (l'*Intrigue du cabinet*, t. II, p. 317), que le corps de ce jeune prince qu'on chercha sur-le-champ, n'ait pu être trouvé. Cela donna lieu de croire qu'il s'était sauvé, et qu'on avait publié sa mort pour prévenir les recherches.

Sur une litre noire et couverte de larmes,
Des comtes de Moret étincellent les armes,
Et sous un dais de crêpe est une femme en deuil.

Elle s'écrie : « O sort ! ô guerre désastreuse !
O femme déplorable ! ô mère malheureuse !
Hélas ! on le sait trop, d'un perfide assassin
C'est le lâche poignard qui m'a ravi le père[1],
Aujourd'hui de Louis le farouche sicaire
  De mon fils a percé le sein ! »

Elle dit et, des mains se couvrant le visage,
A de nouveaux soupirs elle donne passage,
Et seule, elle interrompt par de fréquents sanglots
Ces tristes chants qu'aux morts a consacrés l'Église :
« Qu'à tout jamais, Seigneur, ta lumière leur luise,
  Et donne-leur un éternel repos[2]. »

Tout à coup dans le temple un étranger s'avance ;
D'un geste impérieux commandant le silence,
Au-dessus des chanteurs il élève la voix :
« Cessez, cessez vos chants ; éteignez ces lumières.
Pour qui donc aujourd'hui résonnent vos prières ?
Pour un vain simulacre ou de pierre ou de bois.

Quelle mort si certaine exige qu'on la pleure ?
Avez-vous de Moret ouï la dernière heure ?
L'un de vous peut-il dire où repose son corps ?
Attendez qu'on vous donne au moins cette assurance
Pour appeler sur lui la divine clémence,
  Et le placer au rang des morts. »

Jacqueline à ces mots se lève, elle s'écrie :
« O mon fils ! ô l'espoir et le bien de ma vie !

---

1. Henri IV, assassiné par Ravaillac en 1610.
2. Dona eis requiem sempiternam, et lux perpetua luceat eis.

Toi que j'ai cru perdu! toi que j'ai tant pleuré!
Rejeton d'Henri quatre, hélas! te reverrai-je?
Que le Dieu tout puissant ici-bas te protége,
Et qu'il rende la paix à ce cœur déchiré.

Et vous, qui m'apportez cette douce nouvelle,
Qui calmez d'un seul mot une douleur mortelle,
Levez ce voile obscur qui vous cache à mes yeux.
Laissez-moi, laissez-moi contempler ce visage;
Et puissé-je d'un fils y retrouver l'image!
    Oh! qu'à jamais je bénirais les cieux!

— Femme, dit l'étranger, d'un ton de voix sévère,
Des lieux où le soleil verse à notre hémisphère
Les dernières lueurs d'un jour prêt à finir[1],
A travers les dangers qui m'attendaient en France,
Je suis exprès venu pour calmer ta souffrance :
    Rien ne doit plus me retenir.

J'ajoute un mot, pourtant : où Richelieu commande,
Garde-toi d'oublier que l'imprudence est grande
A qui sait un secret de le dire trop haut.
Quand de Montmorency fume encore la cendre[2],
Souviens-toi qu'autrefois ton fils a dû s'attendre
A porter comme lui sa tête à l'échafaud.

Adieu donc.... et vous tous, si vous tenez à vivre,
Hors de ce temple saint que nul n'ose me suivre :
Ces armes l'en feraient promptement repentir. »
Il dit et, s'élançant sur un coursier rapide,
Il échappe aux regards de la foule timide,
Dont les chants ont dès lors cessé de retentir.

---

1. On a dit que le comte de Moret avait erré dans les pays étrangers après le combat de Castelnaudary et pendant toute la vie de Richelieu et de Louis XIII.
2. Condamné par le parlement de Toulouse et exécuté le 30 octobre 1632.

3.

Longtemps après, quand la France
Eut vu du grand cardinal,
Sous un long et cruel mal,
S'évanouir la puissance[1];
Lorsque Louis au tombeau
Eut suivi son ancien maître[2];
Dans l'Anjou l'on vit paraître
Un personnage nouveau.

Sans éclat, sans bruit, sans suite,
Tout à coup y vint loger,
A l'écart, un étranger.
Il vivait en simple ermite[3],
Et, fuyant tout l'univers,
Il parcourait les campagnes,
Il gravissait les montagnes,
Il cherchait les lieux déserts.

Souvent quand les bergerettes,
Ramenant leurs gras troupeaux,
Chantaient au son des pipeaux
Leurs naïves chansonnettes;
De loin, distrait et rêveur,
Il en suivait la cadence,
Et d'un air d'indifférence
Souriait à leur bonheur.

Souvent au fond des prairies,
Sous un saule au bord de l'eau,

---

1. Richelieu, mort le 4 décembre 1642.
2. Louis XIII, mort le 14 mai 1643.
3. On a voulu, dit Hénaut, sous l'année 1632, que ce comte de More n'ait pas été tué, et qu'il se soit fait ermite.

Ou côtoyant d'un ruisseau
Les rives toujours fleuries,
Il semblait s'entretenir
Aux doux murmures de l'onde,
Et sur les hasards du monde
Reporter son souvenir.

A ses pieds les flots limpides
Paisiblement s'écoulaient;
Pour lui, des larmes roulaient,
Dit-on, dans ses yeux humides.
Qui donc pleurait-il ainsi?
Était-ce une tendre mère?
Une amante encor plus chère?
Un fils? un frère? un ami?

On ne sait; mais à sa mine,
A ces riches ornements,
A ces nombreux diamants
Qui brillaient sur sa poitrine[1],
Bientôt on reconnaissait
Un noble et puissant lignage;
Et son élégant langage
Plus haut encor le plaçait.

Un jour par l'ordre du prince,
L'ordre de Louis le Grand,
Il vit venir l'intendant
Gouverneur de la province[2],
Qui lui dit : « Sur votre foi,
Déclarez ce que vous faites,
D'où vous venez, qui vous êtes,
Répondez au nom du roi.

---

1. Il avait, dit Anquetil dans la note qu'il consacre à cet inconnu (l'*Intrigue du cabinet*, t. II, p. 317) des bijoux, des manières nobles, un langage pur et une très-grande ressemblance avec Henri IV.
2. L'intendant de la province le visita. Anquetil, lieu cité.

Ne seriez-vous pas le même
Que Gaston chérissait tant[1] ?
L'on vous croit d'un noble sang
Et né près du diadème.
— Sur ce point, dit l'inconnu,
Je ne puis vous satisfaire :
Laissez-moi donc, solitaire,
Vivre comme j'ai vécu.

Si je fus en mon jeune âge,
Par de folles passions
Jeté dans les factions,
Le malheur m'a rendu sage.
Bien convaincu maintenant
Que remuer sa patrie,
Dans l'intrigue user sa vie,
Ne rend pas l'homme content ;

Que faire à son roi la guerre,
Aux rebelles s'allier,
Est un dangereux métier,
Dont on ne profite guère ;
J'aime mieux, vivant en paix
Au fond d'un obscur asile,
Verser d'une main tranquille,
Sur les pauvres, mes bienfaits.

C'est tout ce que je puis dire.
Adieu donc ; cet entretien
Ne vous apprendrait plus rien :
Souffrez que je me retire. »
Depuis lors, on n'a rien su,

---

1. Gaston, duc d'Orléans, frère cadet de Louis XIII, fut non pas l'âme, mais le centre apparent de toutes les révoltes. Il était regardé comme le chef des rebelles au combat de Castelnaudary. Le comte de Moret était son frère naturel.

Sinon que, dans leurs prières,
Les bergers et les bergères
Bénissaient notre inconnu ;

Et lorsque le solitaire,
Pour un séjour plus heureux,
Quitta ce val douloureux
De larmes et de misère,
Vainement espéra-t-on
Voir jaillir quelque lumière :
Tout est demeuré mystère,
Et sa naissance et son nom.

XXV. LES VISITANDINES FUGITIVES.

L'ambition de nos familles
Nous enchaînait sous les verrous ;
Ma sœur, les verrous et les grilles
A la fin s'ouvrent devant nous.
Éloignez-vous, sombres barrières ;
Fuyez inflexibles geôlières,
Disparaissez loin de nos yeux ;
Et vous, fidèles à vos guides,
Dérobez-nous, coursiers rapides,
A l'horreur de ces tristes lieux !

Que le roi Louis sous leur ombre [2],
S'il le peut, trouve le bonheur ;

---

1. Cette pièce, écrite en mai 1827, se rapporte à l'année 1638.
2. Louis XIII, fatigué et ennuyé des soins de la royauté, mécontent de lui-même, irrité depuis longtemps contre la reine Anne d'Autriche, avait cherché quelques consolations dans ses entretiens avec Mlle de La Fayette,

Que toujours soucieux et sombre
Il y vienne épancher son cœur.
Pour moi, l'espérance légère
Me porte aux bords de l'Angleterre :
Là sont les héros et les dieux
Que chercheront mes yeux humides.
Pressez le pas, coursiers rapides,
Emportez-nous loin de ces lieux !

Je vais le revoir ce beau page ;
O ma sœur, il m'aime toujours.
Douze ans n'ont pu rendre volage
L'objet de mes premiers amours[1].
Tu vis sa tendresse naissante ;
Tiens, lis cette lettre brûlante
Comme autrefois des plus beaux feux :
Oh ! qu'alors ils étaient timides !
Hâtez le pas, coursiers rapides,
Emportez-nous loin de ces lieux.

Au temps de son heureuse enfance
Il accompagnait un héros ;
Buckingham, la reine et la France
Apprécièrent tes travaux.
Tu n'es plus ; mais du moins ton page
T'adresse un éternel hommage :
Accepte-le du haut des cieux
Où t'ont placé des parricides[2].
Doublez le pas, coursiers rapides,
Emportez-nous loin de ces lieux.

que Richelieu força, en 1637, de se retirer au couvent de la Visitation. C'est là que Louis XIII allait quelquefois converser avec elle.

1. C'est en 1625 que Buckingham vint en France, vit la reine Anne d'Autriche et fit toutes ces folies qui furent les semences de sa haine contre la France et contre le cardinal. Hénaut, *Abrégé chronologique*, sous l'année 1625.

2. Buckingham fut assassiné en 1628.

Va, de ta mortelle blessure
La reine longtemps pleurera [1],
En vain sa raison en murmure,
Jamais elle ne guérira :
Le deuil est au fond de son âme,
Pleine encore de cette flamme
Que sans doute approuvaient les cieux,
Mais que noircirent des perfides [2].
Hâtez-vous, ô coursiers rapides,
De nous porter vers d'autres lieux.

O France! ô ma noble patrie!
Je te fuis la mort dans le cœur ;
Loin de toi mon âme flétrie
Ne s'ouvrira plus au bonheur :
Mais tant que la hache sanglante,
Chez toi répandra l'épouvante,
O France! reçois mes adieux [3] :
J'abhorre tes lois homicides.
Dérobez-moi, coursiers rapides,
A l'effroi qui règne en ces lieux!

Viens donc, viens me prendre au rivage,
Ami, pour qui j'ai tout quitté ;
Viens, et de nos chants sur la plage
Nous saluerons la liberté,
En maudissant ce prince austère

---

1. Buckingham s'était follement déclaré le chevalier et l'amant de la reine en 1625. Soit que celle-ci se vît avec plaisir aimée d'un seigneur aussi noble et aussi beau, soit qu'elle ne crût devoir donner aucune attention à cet amour insensé, elle n'en marqua aucun mécontentement, et de là ces bruits amplifiés par les imaginations romanesques.

2. Voyez là-dessus les Mémoires de Mme de Motteville.

3. On sait combien de grands furent décapités sous le gouvernement de Richelieu. Leur supplice fut juste sans doute; mais on n'était pas habitué en France à cette grande sévérité, ce qui fit regarder le ministre comme un homme avide de sang.

Et ce ministre sanguinaire,
Qu'ont trop longtemps souffert des dieux
De sang et de larmes avides :
Arrachez-moi, coursiers rapides,
A l'horreur de ces tristes lieux !

XXVI. SOEUR LOUISE [1].

L'astre brillant qui nous éclaire
Bientôt touche au haut de son cours [2];
Par torrents sur notre hémisphère
Il verse pendant de longs jours
Sa flamme perpendiculaire [3];
Et toujours jeune et radieux,
Plein de forces toujours nouvelles,
Il s'avance majestueux
Au sein des routes éternelles
Que lui traça le roi des cieux.
Cependant, non loin de ces lieux
Où le Val-de-Grâce aux fidèles
Présente son dôme orgueilleux
Flanqué de ses quatre tourelles,
Dans la cellule d'un couvent
Va s'éteindre une pécheresse.
Jadis elle fut la maîtresse
D'un monarque aimable et puissant :
Mais du roi l'amour éphémère

---

1. Cette pièce est de la fin de 1836.
2. C'est à midi qu'a eu lieu la mort dont il s'agit ici.
3. Le 6 juin 1710.

SŒUR LOUISE.

Depuis longtemps s'est consumé ;
Et du Carmel l'ordre sévère
A reçu sous sa règle austère
Celle qui l'avait tant aimé.

Elle est là.... là.... pâle, expirante.
Vous la voyez sur son lit de douleur,
Pressant avec amour d'une main défaillante,
Ce crucifix qu'elle tient sur son cœur.
Tristes témoins de sa souffrance,
Ses sœurs observent en silence
Le fatal progrès de la mort ;
Et, les yeux humides, l'abbesse
Invoque Dieu pour la duchesse....
Mais à ce mot, avec effort,
La mourante l'arrête : « Ah ! dit-elle, ma mère,
Ces vains titres ont dû périr :
Si vous daignez de moi vous souvenir,
Que sœur Louise[1] obtienne une prière ;
C'est le seul nom qui puisse convenir
A la coupable La Vallière ! »
Et son regard s'est ranimé,
Pour implorer le Dieu dont la colère
La punit d'avoir trop aimé.

« O mon sauveur ! ô mon juge suprême !
Pardonne-moi ce malheureux amour !
Tu m'es témoin qu'au milieu de sa cour
Je ne vis jamais que lui-même ;
Que ce ne furent sa grandeur,
Sa royale magnificence,
Ni son éclat, ni sa puissance
Qui purent égarer mon cœur.
Oh ! non ; mon amour fut sincère.

---

1. *Sœur Louise de la Miséricorde*, c'est le nom de religion qu'avait pris Mlle de La Vallière.

Il me jurait aux bosquets de Chaillot
Qu'il trouverait son bonheur à me plaire,
   Et moi, je l'ai cru sur un mot.
Qui l'eût pensé qu'il devînt infidèle
   Quand sa bouche avait exprimé
   Le vœu d'une amour éternelle?
   Ah! sans doute l'on fut plus belle,
   Mais jamais on n'a plus aimé.

   Malheureuse! Et j'y pense encore!
Pardonne-moi, pardonne-moi, Seigneur!
   Je t'en supplie, ah! dans mon cœur
   Éteins ce feu qui me dévore[1].
   Que ta bonté, que ton amour
   Chassent de mon âme oppressée
Cette importune et cruelle pensée
Qu'au mépris des serments qu'il me faisait un jour,
   Le barbare m'a délaissée.
Que ton courroux soit enfin désarmé
   Par mes remords, par ma souffrance!
Et terminant bientôt ma longue pénitence,
Reçois-moi dans ton sein, Seul digne d'être aimé! »

Elle dit, et la mort frappe sa dernière heure.
   Un prêtre est venu la nourrir
   Du pain sacré qui la doit soutenir
   Jusqu'à sa céleste demeure.
   Autour d'elle on entend gémir
Les sœurs, qui, si longtemps sensibles à sa peine,
   A ses regrets avaient su compatir.
« Dieu! dont le Fils pour nous a bien voulu mourir
Et souffrir tous les maux de la nature humaine,

---

1. C'est ici la fiction poétique. Il n'est pas probable que la sœur Louise, âgée alors de soixante ans, en religion depuis trente-six ans, et toute à sa pénitence, ait conservé du roi un souvenir aussi vif que je le suppose Mais c'est le privilége de la poésie de tout exagérer.

Non, non, ton paradis ne sera pas fermé
A celle qui vécut sous la bure et la laine ;
Et Jésus, qui lui-même ainsi s'est exprimé,
Lui remettra beaucoup, comme à la Madeleine[1],
    Parce qu'elle a beaucoup aimé. »

XXVII. LA VALSE DU DIABLE[2].

« Lorsque la valse au plaisir vous appelle,
Quel vain scrupule arrête ici vos pas ?
Ah ! laissez-moi vous y guider, ma belle,
Appuyez-vous doucement sur mon bras. »

    C'était à la jeune Nicette,
    Qu'en ces mots parlait le démon :
    Habile à conter sa fleurette,
    Le cafard emmiellait son ton.
    Pour la plus belle du village
    Nicette en ce temps-là passait ;
    Elle était aussi la plus sage,
    Mais le diable lui répétait :

« Le violon au plaisir vous appelle :
Ah ! laissez-moi, Nice, y guider vos pas ;
Tous vos amis valsent déjà, la belle,
Balancez-vous mollement dans mes bras. »

---

1. Remittuntur ei peccata multa, quoniam dilexit multum. Saint Luc, Évang., 7, ⅴ. 47.
2. Mai 1829.

Il disait : la jeune imprudente,
Cédant à cet appât trompeur,
S'élance vive et rayonnante,
Sur les pas de son séducteur.
Voyez-vous leur danse rapide ?
Et le noir suppôt de Satan
Reprendre son discours perfide,
Et répéter incessamment :

« Joyeuse valse au plaisir vous appelle :
Je suis heureux d'y conduire vos pas,
Marquez-en bien la cadence, ma belle,
Balancez-vous mollement dans mes bras. »

Ainsi quelque temps il la berce,
Mais voilà qu'au premier tournant,
D'un croc-en-jambe il la renverse,
Et sur elle se va roulant.
L'orchestre presse la mesure,
Il a fasciné tous les yeux,
Et les danseurs à l'aventure
Roulent et s'entassent sur eux.

« La douce valse au plaisir vous appelle :
Je suis, dit-il, fier d'y guider vos pas ;
Jouissez-en, jouissez-en, la belle,
Et bercez-vous mollement dans mes bras. »

On crie, on jure, on se démène,
On voudrait rosser le brutal,
Qui de Nice a causé la peine ;
Mais que faire à l'esprit du mal ?
Loin d'eux en riant il s'envole,
Et, leur montrant son front cornu,
Il fait encor huer la folle
Qui valse avec un inconnu.

Qu'au doux plaisir la valse vous appelle,
Qu'un cavalier veuille y guider vos pas,
Gardez-vous bien d'y consentir, la belle,
C'est le malin qui vous offre son bras.

XXVIII. CHANT DES VENDÉENS [1].

Soldats de Jésus-Christ, vous qui sauvez la France,
Qui protégez les rois, et qui vengez leur mort,
Où placez-vous, amis, votre sainte espérance?
    Dans l'appui du Dieu fort.

Marchez donc aux combats que ce Dieu vous demande;
Soutenez sans pâlir le choc des ennemis;
Hier par vos clameurs vous appeliez leur bande:
    Ils viennent à vos cris.

De tous ces bleus[2], amis, vous n'avez rien à craindre;
En vain un beau mousquet étincelle en leurs mains.
Derrière vos buissons peuvent-ils vous atteindre?
    Vous, vos coups sont certains.

Allez; quand le canon, au fort de la bataille,
Fera gronder sur vous son tonnerre et ses feux,
L'ange exterminateur refoulant leur mitraille
    La renverra sur eux[3].

---

1. Cet hymne de guerre est de 1826 ou 1827. J'avais habité Bourbon-Vendée (aujourd'hui Napoléon-Vendée) de 1820 à 1824. Là j'avais entendu rappeler quelques traditions, citer quelques mots remarquables. De retour à Paris, je pensai à coordonner le tout dans une sorte d'ode caractéristique.
2. C'est le nom que les Vendéens donnaient aux soldats de la république.
3. Tradition du pays. J'ai ouï dire que quelques chefs avaient répandu parmi leurs soldats cette croyance magnifiquement poétique.

Soldats de Jésus-Christ, fils de la vieille France,
Allez sous ses drapeaux des rois venger la mort ;
Placez, placez toujours votre sainte espérance
    Dans l'appui du Dieu fort.

Enfants ! j'ai regardé sur les hautes montagnes ;
Et, sur les vastes champs reportant mes regards,
J'ai vu les habitants des monts et des campagnes
    S'armer de toutes parts.

C'est qu'il faut terminer la lutte glorieuse,
Où l'amour de vos rois vient de vous engager,
Et que toujours s'échauffe une âme généreuse,
    A l'aspect du danger.

C'est que, nobles enfants d'une même patrie,
Nos Vendéens heureux sous leurs antiques lois,
De cette belle France, autrefois si chérie,
    Ont entendu la voix.

Cette voix nous disait : « Fils de la vieille France,
Défenseurs de vos rois et vengeurs de leur mort,
Amis, placez toujours votre sainte espérance,
    Dans l'appui du Dieu fort. »

Qui trouvera, Seigneur ! un lâche en ton armée ?
Il n'en est pas un seul : tous marchent pleins de foi.
Aux bleus l'incertitude : à leur troupe alarmée
    La terreur et l'effroi.

Mais nous ! nous ! quand, frappés de la balle mortelle,
Nous nous endormirions du sommeil des héros,
Après trois jours au plus, à ta voix solennelle,
    Cesserait ce repos [1].

---

1. Autre tradition du pays. Du reste, la croyance à une résurrection prochaine et toute terrestre pour ceux qui ont combattu avec courage, n'est pas

Marchons donc! que des bleus la foule épouvantée,
Dans un morne silence ait à compter ses morts;
Marchons, et que jamais la sanglante Vendée
   N'ait roulé tant de corps.

Soldats du Dieu vivant, fils de la vieille France,
Sous les drapeaux du Christ des rois vengez la mort;
Amis, placez toujours votre sainte espérance
   Dans l'appui du Dieu fort.

XXIX. LE VIEUX RÉPUBLICAIN [1].

Non loin de ce hameau que regarde l'aurore,
Sur le penchant du mont, au pied d'un sycomore,
   Apparaît un tombeau.
Là repose mon fils; sur la terre ennemie
   Blessé pour sa patrie,
Il vint mourir aux lieux où dormait son berceau.

Des rives de la Seine au pied des Pyramides,
De Paris à Memphis, sous des chefs intrépides,
   Volaient nos bataillons.
« Qui peut, lui disait-on, des enfants de la France,
   Égaler la vaillance? »
Il était jeune et brave; il quitta ses sillons.

Et bientôt le Français, conduit par la victoire,
Salua de Ménès l'antique territoire,

particulière aux Vendéens. Bien des chefs s'en sont servis, surtout auprès de ceux qui avaient une foi vive.
1. Pièce faite en juin 1836.

Les temples et les dieux.
Sur leurs marbres glacés tous ces dieux tressaillirent,
Et leurs voix répondirent,
Au cri dont nos soldats avaient frappé les cieux.

Le Nil se redressa sur son urne fangeuse ;
L'Égypte secoua de sa face terreuse
La poudre du tombeau :
Notre voix dissipait sa longue léthargie,
Et la France, attendrie,
De la vie en son sein rallumait le flambeau.

Quand tout à coup, sorti du milieu de nos braves,
Un homme s'écria : « Vous serez tous esclaves,
Moi seul je régnerai.
En vain la royauté fut par vous abolie ;
Perfide à ma patrie,
Pour moi seul, contre tous, je la rétablirai.

Du bruit de mes canons j'étourdirai la terre ;
Je soumettrai, terrible et puissant dans la guerre,
Tout le monde chrétien ;
Je renverserai tout dans ma course rapide,
Et, de sceptres avide,
Sur les trônes détruits j'élèverai le mien.

J'ai vu, j'ai calculé. Pour que ma dynastie
Fasse peser dix rois sur l'Europe asservie
Dix ans me suffiront :
Alors sous ces tyrans, mes esclaves fidèles,
Les nations rebelles,
En maudissant leurs fers, à mes pieds ramperont. »

On gardait de surprise un stupide silence.
« Quel dieu, dit une voix, l'a frappé de démence ?
Que veut-il, l'insensé ?

Ah! malgré ton orgueil, statue aux pieds d'argile,
  Ton colosse fragile,
Sous ton trône en débris tombera renversé.

Le temps nous vengera, j'en jure par tes crimes;
J'en jure par le sang des nombreuses victimes,
  Qu'immole ta fureur :
Déjà la nation rougit de ta puissance,
  Et sa noble vengeance
Te flétrit à jamais du nom d'usurpateur. »

Le tyran tressaillit et de crainte et de rage.
Jeune, fier et bouillant d'un dangereux courage,
  Ainsi parlait mon fils,
Irritant contre lui, par sa fougue indomptable,
  Le despote implacable,
Qui voulait sans obstacle asservir son pays.

Ses funestes desseins cependant s'accomplirent.
Bonaparte et les siens de la France revirent
  Le fortuné climat,
Quand de nos Directeurs l'assemblée imprudente,
  De sa main défaillante,
Allait laisser tomber les rênes de l'État.

Ils riaient, ils disaient dans leur insouciance :
« Apprendrons-nous enfin, ce qu'à Rosette on pense,
  De votre roi du Nil[1] ? »
Mais mon fils indigné se contenant à peine :
  « Sur les bords de la Seine,
Quand nous le verrons roi, malheur à nous! » dit-il.

Et peu de jours après, ô honte! ô perfidie!
Nous vîmes nos soldats porter leur main impie,
  Sur le temple des lois;

1. C'était le nom que les Directeurs donnaient par dérision à Bonaparte.

Et leur maître, scellant du pommeau de l'épée
      Sa puissance usurpée,
Se fit par ses licteurs porter sur le pavois.

Alors mourut mon fils. Sa profonde blessure,
Parut s'envenimer dès qu'il sut du parjure,
      Le succès détesté.
Aurait-il pu survivre à la France expirante?
      Ah! cette âme brûlante,
Devait ainsi s'éteindre avec la liberté.

Heureux d'avoir fermé les yeux à la lumière,
Avant que sous le joug la France tout entière
      Obéît au tyran;
Du moins il ne vit pas notre héroïque armée
      Tout à coup transformée
En troupeau de muets aux ordres d'un sultan.

Octave, rejetant le manteau consulaire,
Sur le monde effrayé, n'avait pas de la guerre
      Agité les brandons;
Ni du sang des Français inondé l'Italie,
      L'Espagne, la Russie,
Le pays des Germains et les champs des Saxons.

Bientôt.... mais écartons ces images cruelles!
La mort à nos guerriers ouvrant ses vastes ailes,
      Fut pour eux un bienfait.
Que n'ai-je pu comme eux, au gré de mon envie,
      Perdre ensemble la vie,
Et d'un temps qui n'est plus l'inutile regret!

XXX. CHOEUR DES FANTÔMES[1].

Allons, recommençons notre danse légère :
Tandis que l'éclair luit, que des coups du tonnerre
    Le ciel ne cesse de frémir ;
    Que notre voix, triste, effrayante,
Au pâle laboureur présage l'avenir ;
Qu'elle appelle le brave à la couche sanglante
    Où sans linceul il doit dormir.

Le seigle qui fléchit quand gronde la tempête,
    Et qui se brise au souffle des autans,
Le seigle sous nos pieds n'incline pas sa tête.
Plus légers que la flamme et plus prompts que les vents,
Nos pieds, sans la courber, presseraient la bruyère ;
Et pourtant, si du jour la naissante lumière
Sur ces mêmes épis voit nos pas balancés ;
Avant que le soleil termine sa carrière,
    Sur leurs sillons ils seront renversés.
    Des flots de sang et des flots de poussière
    Les couvriront, et montreront assez,
        Dans cette arène meurtrière,
        Quels bataillons se sont pressés.

    Continuons notre danse légère :
        Puisque des éclats du tonnerre

---

1. Cette pièce, librement imitée d'un poëme de Walter-Scott, a été faite en juin 1825. La donnée est assez poétique et le mouvement lyrique assez heureux ; mais il y règne une indécision tout à fait fâcheuse. C'est la bataille de Waterloo dont il s'agit, et rien absolument ne l'indique, excepté peut-être le mot *aigle* dans la dernière strophe. Otez ce mot, et la pièce pourra s'appliquer également à toutes les batailles perdues, et chez tous les peuples.

Le ciel ne cesse de frémir ;
Que notre voix, triste, effrayante,
Appelle les héros à la couche sanglante
Où sans linceul ils vont bientôt dormir.

Souvent, fils des combats, un songe prophétique,
Du maître des destins messager véridique,
Vous annonce votre heure et le terme fatal.
Alors, malgré la nuit, à travers ses ténèbres,
Vous distinguez nos corps et nos danses funèbres,
Vous entendez notre cri sépulcral.
C'est que bientôt, du monde séparées,
Vos âmes vont quitter leurs corps,
Pour s'élever aux plaines éthérées.
Nobles guerriers, de ce poids délivrées,
Elles saisiront mieux alors
Les tristes chants et les danses des morts.

Continuons notre danse légère :
Tandis que l'éclair luit, que des coups du tonnerre
Le ciel ne cesse de frémir ;
Que notre voix, triste, effrayante,
Sur ces monts aille retentir ;
Qu'elle appelle le brave à la couche sanglante
Où sans linceul il doit bientôt dormir.

Dissipez-vous, sombres nuages ;
Loin de ces lieux emportez vos orages ;
Le sang qui va couler ne se peut retenir.
Que nous font vos noires tempêtes ?
L'orient commence à blanchir,
Cédons la place à d'autres fêtes.
Ange Azraël[1], tes mains sont-elles prêtes ?
Entends-tu les coursiers hennir ?

---

1. Azraël est l'ange de la mort.

CHŒUR DES FANTÔMES.

Vois-tu planer le démon des batailles ?
Le bronze va bientôt mugir.
Qui comptera les funérailles?

Amis, il est temps de partir :
Cessons notre danse légère :
Des éclats d'un autre tonnerre
Le ciel va bientôt retentir.
Quittons ces lieux de sang et d'épouvante,
Nous ne tarderons pas, sans doute, à revenir
Contempler de nouveau cette couche sanglante
Où sans linceul le brave doit dormir.

Notre départ vous ouvre la carrière,
Nobles enfants du pays des héros.
Déployez-y votre bannière,
Et vos guidons et vos drapeaux.
Faites voler sous les pieds des chevaux,
Les tourbillons d'une noire poussière ;
Ralliez-vous près de cette aigle altière,
Que l'on ne verra plus du bruit de vos travaux
Fatiguer les lointains échos.
Non, guerriers, cette lutte est pour vous la dernière.
Allez donc, avancez, vous, que trente combats
N'ont jamais vu faire un pas en arrière ;
Et vous aussi, jeunes soldats,
Vous que votre saison première
Ne put ravir à la faux meurtrière ;
Allez, au lit d'honneur trouvez un beau trépas.
Vous n'éviterez pas les mortelles blessures ;
Les sabres, les mousquets en vain chargent vos bras,
Le fer pénétrera sous vos lourdes armures.
Allez, vous mourrez tous ; mais des races futures
Les louanges ne mourront pas[1].

---

1. Vestra virtus nec oblivione eorum qui nunc sunt, nec reticentia posterorum insepulta esse poterit.... Nunquam de vobis gratissimus sermo conticescet. Cic., *Philipp.* XIV, c. 12.

CHŒUR DES FANTÔMES.

Cessons notre danse légère :
Des éclats d'un autre tonnerre
Le ciel doit bientôt retentir.
Allons, amis, il est temps de partir,
Puisque du jour la lumière brillante
A l'orient va bientôt resplendir ;
Et que des noirs démons la troupe diligente
A déjà préparé cette couche sanglante
Où sans linceul les héros vont dormir.

XXXI. LE FOU[1].

Aux flots qui battent cette rive,
Tant que le roc résistera ;
Tant que devant l'autour fuira
La colombe à la voix plaintive ;
Tant que le requin abhorré
Poursuivra le poisson timide ;
Au haut de cette roche aride,
J'irai m'asseoir, je l'ai juré.

C'est là, sur cette mer immense,
Qu'on lui fit quitter son amant.
Ils me disaient en l'entraînant,
Qu'elle ne verrait plus la France.
Mais j'en crois un gage sacré ;
Ses yeux à celui qui l'adore,
Disaient : « Nous nous verrons encore,
Tu m'attendras.... » je l'ai juré.

1. Pièce faite en juin 1826.

LE FOU.

Grand Dieu ! lorsque sur l'onde amère
Je vois glisser de noirs oiseaux ;
Quand leur aile, rasant les eaux,
Fait voler l'écume légère ;
Aurais-je donc trop espéré ?
Et n'est-ce pas, je vous supplie,
Un souvenir de mon amie ?
Car je l'attends, je l'ai juré.

Loin d'elle, loin de Léonore,
Oh ! que ces lieux me sont déserts !
Que ne la vois-je au haut des airs,
Resplendir comme un météore !
Que ne puis-je à son mât doré
Revoir l'écharpe éblouissante
Que baisait ma bouche tremblante,
Lorsque mon serment fut juré !

Je souffre.... ma tête est perdue ;
Un brouillard sur moi s'épaissit,
Et mon œil à peine saisit
De ces flots la vaste étendue.
Elle ne vient pas.... j'attendrai.
Oh ! combien sont longues les heures !
Combien sont tristes ces demeures !
Mais j'y reste.... je l'ai juré.

Et bientôt finit la carrière
De l'astre qui donne le jour :
Sur l'eau qu'enflammait son amour,
S'éteint sa flottante lumière :
Léonore, je reviendrai,
Demain.... quand renaîtra l'aurore ;
Demain.... car je t'attends encore,
J'attends toujours.... je l'ai juré.

XXXII. LOUIS XVIII[1].

Depuis que Saint-Denis sous ses voûtes funestes,
D'un roi mort sur le trône a recueilli les restes,
    Cinquante hivers se sont enfuis[2].
Hier s'ouvrait enfin la terrible barrière,
    Et dans sa froide bière,
Est étendu le corps qui fut le roi Louis.

Le jour a dès longtemps quitté notre hémisphère :
La longue nuit d'octobre attriste au loin la terre[3],
Elle atteindra bientôt le milieu de son cours ;
    Et l'on sait qu'à cette heure,
Tous les rois que jadis reçut cette demeure,
Pour un nouveau venu se réveillent toujours.

Voyez-les près de lui former un froid cortége :
Du doigt au milieu d'eux lui désignant un siége,
Ils le vont convier au banquet fraternel,
    En réclamant pour sa bonne venue,
    Sur sa vie encore inconnue,
Quelques mots que doit suivre un silence éternel.

De ces signes muets, de cette triste fête,
Surpris et confondu, Louis lève la tête,
Il voit autour de lui voltiger tous ces corps :

---

1. Cette pièce a été terminée en août 1838. J'ai voulu y représenter non-seulement les faits politiques tels qu'ils m'apparaissaient, mais l'opinion métaphysique (le matérialisme égoïste) que bien des gens attribuaient à Louis XVIII. Je n'ignore pas combien cette idée est antipathique à la poésie ; j'espère pourtant que la manière dont elle est présentée lui donnera un peu d'intérêt.

2. Louis XV, mort en 1774. La mort de Louis XVIII est de 1824.

3. Louis XVIII, mort le 16 septembre, fut définitivement enseveli dans les caveaux de Saint-Denis le 25 octobre. Voir le *Moniteur* du 26 octobre 1824.

Mais son esprit repousse un prodige impossible.
Il le juge un vain rêve; et presque imperceptible
  Sa voix murmure aux oreilles des morts [1].

« Le voilà donc ce privilége immense,
Que vaut aux souverains leur illustre naissance :
Un jour le marbre et l'or pèseront sur leurs os!
Êtes-vous mieux couchés, dites, troupe immobile?
Dormez-vous d'un sommeil plus profond, plus tranquille?
  Répondez, grands héros.

Votre deuil fut pompeux, et vos chars magnifiques;
Des prêtres, des enfants vous chantaient des cantiques,
La canaille suivait, célébrant vos exploits.
  Quel dénoûment, pour votre tragédie,
Vieux fous! et Diogène au fond de sa voirie,
  N'est-il pas au-dessus des rois [2]?

Un intrus sur mon trône a gouverné la France :
De Bonaparte à moi quelle est la différence?
C'est que Denis pour nous tient ses caveaux ouverts :
Je pourris noblement sous des voûtes royales;
  Et lui, malgré ses pompes triomphales,
Sur des bords roturiers, il est rongé des vers [3].

O mes prédécesseurs! vous dont ces murs humides,
Ont longtemps contemplé les visages livides,
  Pourquoi me regarder ainsi?

---

1. Ovide a dit (*Fast.* V, 457) :

  Umbra cruenta Remi visa est assistere lecto,
    Atque hæc exiguo murmure verba loqui.

2. Tout le monde sait que Diogène avait voulu qu'après sa mort on le jetât à la voirie. « Durior Diogenes, et id quidem sentiens, sed, ut cynicus asperius, projici se jussit inhumatum. » Cic., *Tusc.*, I, 43.

3. Le corps de Napoléon était alors inhumé à Sainte-Hélène.

Ma franchise sans doute aujourd'hui vous étonne :
A quoi la fausseté nous peut-elle être bonne?
  Qui pouvons-nous tromper ici?

Ah! laissons, croyez-moi, sur notre lit de pierre,
Laissons la vérité s'exprimer tout entière,
Ici doivent s'éteindre et la crainte et l'orgueil.
Quant à moi, librement je dirai ma pensée,
Et, par mes ennemis fût-elle ramassée,
Rien, rien ne troublera la paix de mon cercueil :

Rien.... quand même plus tard une main sacrilége,
Méprisant des tombeaux le sacré privilége,
Ferait du temps passé renaître les horreurs [1];
Eh! que m'importe à moi, que ma froide poussière
  Repose dans sa bière,
Ou soit jetée aux vents, ou dorme sous les fleurs?

Ai-je donc jamais cru qu'une première vie
  D'une seconde fût suivie?
 Et qu'une fois venus au sombre bord,
L'âme pût exister de son corps séparée?
Ma pensée à ce point ne s'est pas égarée :
 La mort pour nous est bien la mort.

Aussi c'est vainement qu'une vapeur légère,
M'apporte de vos corps l'image mensongère,
Et me fait éprouver un faible sentiment :
D'un peu de sang en moi la force agit encore;
  Mais attendons qu'il s'évapore,
 Je rentrerai dans mon néant.

 Plus insensible alors qu'une momie,
Qu'on m'enlève et me brûle, ou qu'une main amie

---

1. Les tombeaux de Saint-Denis furent ouverts et les corps des rois jetés dehors en 1793, par ordre de la Convention.

Pare ma tombe de festons;
Que peut-il m'importer? soit culte ou sacrilége,
Ni plus, ni moins que vous, jamais ressentirai-je
    Les outrages des factions?

Toutefois puisqu'ici, dans un morne silence,
Vous semblez désirer que le feu roi de France
    Vous entretienne des Français
    Et des lieux où fut votre empire,
Comme un son qui s'éteint, ma voix ici va dire
D'un règne de dix ans quels furent les bienfaits [1].

    De tous côtés notre France envahie,
    Et par le sort indignement trahie,
Sous le poids des douleurs, se débattait en vain.
Le commerce mourait; la peur, toujours croissante,
Annonçait en tous lieux, de sa voix menaçante,
La faillite aujourd'hui, la ruine demain.

Enfin tous les malheurs que la peste et la guerre,
L'ignorance et la faim répandent sur la terre,
L'avenir contre nous semblait les amasser.
Je parus : mon retour rendit à ma patrie
Le commerce, la paix, les arts et l'industrie,
Et le crédit bientôt vint nos maux effacer [2].

Quelque brillant relief que donne la victoire,
Mon âge des combats m'interdisait la gloire;
Mais je sondai les cœurs et, la Charte à la main,
Aux désirs des Français ouvrant une autre voie,

---

1. Louis XVIII était rentré en France en 1814.
2. Voyez sur le gouvernement de Louis XVIII un article inséré dans le *Moniteur* du 17 septembre 1824. L'article, rédigé dans un esprit évident de bienveillance, ne dit pourtant rien que de vrai, et fait apprécier convenablement l'habileté de ce prince venu dans des circonstances difficiles.

Je les vis s'y jeter, célébrant avec joie
  La sagesse du souverain[1].

Ainsi, la Charte a fait ma gloire et ma puissance :
Seule elle répondit aux besoins de la France ;
  Et quand un fortuné retour,
  Qu'aucun de nous n'espérait guères,
 Nous eut rendus au trône de nos pères,
Par elle des Français j'ai retrouvé l'amour.

Voilà quel fut mon règne ; et, pour l'heure présente,
Je remets à mon frère une France opulente,
Un royaume tranquille et son trône affermi[2] :
Les saura-t-il garder après moi ? je l'ignore :
Charle aux hommes nouveaux ne s'est pas fait encore ;
  De ma prudence il a souvent gémi.

Si j'ai pu mettre à flot son navire, peut-être
Voudra-t-il naviguer, maintenant qu'il est maître,
  Contre la marée et les vents :
Qu'il l'essaye, il le peut ; et pourtant, à son âge,
C'est bien imprudemment affronter le naufrage,
  Pour s'y perdre avec ses enfants.

Qui sait ce que le sort réserve à sa vieillesse ?
Qui sait si ce Paris qu'il aime avec tendresse
  Recevra son dernier soupir,
Et si dans ces caveaux reposera sa cendre ?
Mon frère à mes conseils n'a pas voulu se rendre :
  Je l'abandonne à l'avenir.

1. L'éloge fait ici et dans les vers suivants de la Charte constitutionnelle, vrai à plusieurs égards, appellerait, selon nous, quelque restriction dont la place n'est pas ici. Je me borne à dire qu'elle ne défendait pas assez l'autorité royale, comme l'a prouvé 1830.

2. Jamais le trône n'avait paru si solidement établi que lors de l'avénement de Charles X.

Pour moi, je suis au port ; et quand, par ma prudence,
J'ai rétabli ma race et relevé la France,
On pourra de Louis vanter l'habileté.
Laissons-donc les vivants à leurs désirs en proie :
Plein de jours et d'honneurs, je m'endors avec joie
      Du sommeil de l'éternité.

Allez, disparaissez, visions chimériques.
    De mes aïeux images fantastiques
Rentrez dans cette nuit où nous descendons tous.
J'entends, j'entends dans l'air vibrer l'heure fatale ;
Mon esprit, à ce bruit, rapidement s'exhale :
Rois des âges passés, anéantissons-nous. »

XXXIII. LES DEUX LAPINS [1].

Un lapin, à travers une épaisse fougère,
    A deux chiens, rapides chasseurs,
    Dérobait sa fuite légère,
Quand au bord de son gîte il voit un sien confrère
Qui l'arrête et lui dit : « D'où naissent tes frayeurs ?
    Qu'as-tu ? Pourquoi trembler ? » A peine
L'autre peut lui répondre : « Essoufflé, hors d'haleine,
    Ami, j'arrive de là-bas ;
    J'ai parcouru toute la plaine.
    Tourne les yeux ; ne vois-tu pas
    Au sortir de cette vallée
Ces maudits lévriers qui viennent sur mes pas ?
— Des lévriers ? dit l'autre ; à travers la feuillée

---

1. Cette fable, imitée d'Yriarte, est de 1825. On en ferait facilement un apologue politique, en l'appliquant aux partis qui se combattent et s'affaiblissent devant celui qui va les dévorer.

Je vois des chiens, mais ce sont des courants.
— Bah! des courants! As-tu donc la berlue?
Je les ai vus voler plus vite que les vents :
C'étaient des lévriers. — La peur troublait ta vue,
  Considère-les à présent.
N'est-ce pas là la taille et le port du courant?
— Point du tout. — Mais si fait. — Mais non. — Quelle igno-
  — Quelle sotte obstination! »   [rance!
  Pendant cette discussion
  Chacun des chiens sur un lapin s'élance
  Et tranche ainsi la question.
Avis aux disputeurs qu'en mainte circonstance
  Nous voyons avec passion
  Soutenir leur opinion
Sur des objets de si peu d'importance.

XXXIV. LES PARISIENNES[1].

Jupin croyait, quand il nous eut pétris[2],
Donner aux dieux leurs plus belles étrennes ;
Il dut rougir quand l'Amour et les Ris
  Eurent formé les Parisiennes.

Rien de si beau n'avait été créé.
Ne parlez plus de vos grâces païennes :
Je mets Thalie, Euphrosine, Aglaé
  A cent piques des Parisiennes.

---

1. Cette petite pièce date de 1825 ; c'est une imitation libre d'une espèce de chanson faite, m'a-t-on dit, quelques années auparavant par un jeune Brésilien alors à Paris.
2. Confusion de la tradition biblique avec la mythologie. Selon celle-ci, l'homme n'est pas du tout fait par Jupiter, mais bien par Prométhée.

Joli minois et séduisant maintien,
Discours flatteurs, chants et voix de sirènes,
Plaisir des dieux dans leur doux entretien,
    Amis, voilà les Parisiennes.

Flore, Vénus, jamais vous n'eussiez vu
Un peuple entier vous chanter des antiennes,
Si les Romains, comme nous, avaient pu
    Apprécier les Parisiennes.

XXXV. CONSEILS A UN POËTE[1].

Et j'ai dit dans mon cœur[2] : « Notre ami Lamartine
Définitivement a le timbre fêlé :
Moins obscur, jadis, était la voix divine
Quand dans l'Apocalypse au monde elle a parlé[3]. »

1. Cette pièce est de juillet 1825. Il ne faudrait pas conclure de ce qu'elle n'est que critique, que je n'apprécie pas ce qu'il y a eu d'élévation poétique dans le génie et les œuvres de M. de Lamartine. Je sais très-bien reconnaître, et j'ai eu l'occasion de dire ailleurs (*Revue de l'instruction publique* du 15 février 1847) par quelle qualité il s'est élevé au premier rang de nos poëtes ; et je le savais alors aussi bien qu'à présent. Mais alors comme aujourd'hui, j'étais frappé de la stérilité du genre dans lequel il s'exerçait, et mécontent de la négligence à laquelle il se laissait aller, soit pour son style, soit pour la composition de ses plans, soit enfin pour les idées qu'il mettait en œuvre, et qui n'étaient pas toujours exactement comprises chez lui. Ces griefs, purement littéraires, je ne saurais trop le redire, s'expliqueront mieux par ce qui suit.

2. Ces stances sont faites à l'occasion, et à l'imitation, quant au rhythme, de celles qui, dans les *Nouvelles méditations poétiques* (n° XIX), commencent par ce vers : *Et j'ai dit dans mon cœur : Que faire de la vie?* La question métaphysique que le poëte a soulevée m'avait paru si faiblement traitée, que je n'avais pu m'empêcher d'exprimer mon jugement.

3. Voyez comme des chefs-d'œuvre d'obscurité dans les *Nouvelles méditations poétiques*, les *Étoiles* et la *Chute du Rhin à Lauffen*.

Aussi, pourquoi mets-tu, barde inintelligible,
Toute ta poésie en points exclamatifs[1]?
Ce pathétique aisé n'est-il pas trop risible
Pour peu que tes lecteurs aux soupirs soient rétifs?

Je ne veux pas parler du plan de tes ouvrages :
Eh! qui ne sait qu'errant sur le flanc des coteaux,
Le nez contre le vent, aspirant les orages,
Ou bien prêtant l'oreille à la voix des tombeaux;

Ou recueillant le bruit de la vague ridée,
Quand le flot écumeux sous ta rame gémit,
Selon que le hasard promène ton idée,
Ton vers, écho sonore, au papier la redit?

Je ne te parle pas, non plus, de ces pensées
De vie et de trépas, d'espoir et de douleurs[2]....
Bien qu'elles soient chez toi constamment ressassées,
C'est le commun défaut des poëtes rêveurs.

Mais ne devrais-tu pas respecter le langage?
Boileau veut qu'aux auteurs il soit toujours sacré[3].
Un pauvre solécisme a-t-il cet avantage
Qu'un vers sans son secours ne puisse être admiré?

Crois-tu *criblé de balle*[4] une phrase correcte,
Et qu'ici le pluriel n'eût pas été mieux pris?

---

1. *Toute* est une exagération poétique. M. de Lamartine ne met pas toujours des points d'exclamation, mais il en met beaucoup.
2. C'est là le reproche capital à faire au genre qu'a cultivé M. de Lamartine, genre dont la stérilité le condamnait d'avance à tourner sans cesse dans le même cercle, et, par conséquent, à faire de moins en moins bien ce qu'il avait fait d'abord d'une façon très-remarquable.
3. *Art poétique*, chant I, v. 155 et suiv.
4. Dans le *Chant du sacre* (1825). Notre poëte dit ailleurs que *le sang est fertile en vengeur* (*Méditations poétiques*, n° XV). C'est la même faute : elle n'est pas rare chez lui.

Et *tu livre*[1], dis-nous, dis dans quel dialecte
Sans une esse à la fin ce mot peut être admis?

Ici tu *verses l'ombre*[2], ou tu *jettes la plainte*[3] ;
Là d'Homère *la neige ombrage le menton*[4],
Ou d'un *pieux espoir* tu vois la *trace*[5] empreinte :
Quel style, juste ciel ! quelles phrases ! quel ton !

Peut-être tu diras : « Je fais fi d'une règle
Qui voudrait arrêter mon cours audacieux :
Mon langage est d'un dieu, comme mon vol d'un aigle.
Eh ! qu'importe la terre à qui s'élève aux cieux ? »

Mauvais raisonnement : tes visions cornues
Ont beau te transporter loin du monde réel,
Pour te faire à la foule ouïr du sein des nues
Si faut-il employer le langage usuel.

Il faut parler français : c'est un mot de Voltaire[6],
Et j'y joins volontiers celui-ci, de Maynard[7] :
« Crains-tu d'être compris ? Pourquoi ne pas te taire ? »
Les deux conseils sont bons : sache en faire ta part.

Supposons donc, ami, que des soins, du courage,
Avec l'aide de Dieu, qui ne te peut manquer,
Te fassent à mon gré réformer ce langage
Dont aujourd'hui chacun a droit de se moquer ;

---

1. *Nouvelles méditations poétiques*, n° XV. On y lit *toi qui te livre*, et *tu t'enivre* pour rimer avec *revivre*.
2. *Ibid.*, n° XVI, stance 2.
3. *Ibid.*, stance 1.
4. *Ibid.*, n° XXVI.
5. *Ibid.*, n° XXII.
6. Il faut parler français, Boileau n'eut qu'un langage, etc.
7. Dans une épigramme bien connue, qui finit par ces vers :

   Si ton esprit veut cacher
   Les belles choses qu'il pense,
   Dis-moi qui peut t'empêcher
   De te servir du silence.

Alors rappelle-toi que la métaphysique
Est un sujet trop froid pour nous intéresser :
Et garde que jamais ton Pégase gothique
Dans ses sombres détours n'aille s'embarrasser.

Au fait, quel est ton but ? Tu veux, bon catholique,
A la dévotion ramener tous les cœurs,
Et, sans doute, tu crois que le genre mystique
Nous y conduit tout droit par des sentiers de pleurs.

Je ne le puis penser : ce siècle détestable
Indifférent à tout, hors son seul intérêt,
Au plus touchant sermon resterait intraitable,
Et de tes plus beaux vers à ta barbe rirait.

En vain par des sons purs ta poétique plainte
A ce repos trompeur le voudrait arracher :
Il faut bien l'avouer : hélas ! l'or et la crainte
Sont les seuls arguments qui le puissent toucher.

Ils l'avaient bien senti, ces pontifes si sages,
Eux qui, pour réchauffer le zèle des chrétiens,
Du diable incessamment présentant les images,
En faisaient le sujet de tous leurs entretiens.

Ils ne parlaient jamais que d'océans de soufre,
De marais de bitume, ou de fleuves de feu ;
De démons qui, lançant les âmes dans le gouffre,
Se faisaient de leurs maux un effroyable jeu.

Là, du bouc Azazel[1] la corne envenimée
Perçait de mécréants un bataillon entier :
Là, Baal inondait de sa bave enflammée
Ceux que son bras puissant pilait dans un mortier.

---

1. Azazel, démon du second ordre, gardien du bouc. Voyez ce mot dans le *Dictionnaire infernal* de Collin de Plancy. — Baal, grand-duc, dont la

Plus loin, le noir Moloch [1], aux pieds du sombre trône,
Aux veines des damnés à grand'peine puisait
Quelques gouttes d'un sang que l'avare Mammone [2]
Pour en tirer de l'or soumettait au creuset.

Anges tombés du ciel ! Phalange dégradée !
Grands et nobles soutiens des États de Satan [3] :
Dagon [4], Beelzébuth [5], Astaroth [6], Asmodée [7],
Abaddon [8], Abigor [9], et toi Léviathan [10] !

Ah ! de votre pouvoir la terreur salutaire,
Certes, a fait payer la dîme en plus d'un lieu,
Et vous avez plus fait que n'ont jamais pu faire
L'amour, ni les conseils, ni la crainte de Dieu.

domination est très-étendue aux enfers. Il était adoré des Chaldéens, des Babyloniens et des Sidoniens.

1. Moloch, prince du pays des larmes, membre du conseil infernal. Il était adoré des Ammonites. On lui sacrifiait des enfants.

2. Mammone ou Mammon, démon de l'avarice.

3. Satan, démon du premier ordre, chef des démons et de l'enfer.

4. Dagon, démon du second ordre, adoré autrefois par les Philistins, sous la forme d'un monstre réunissant le buste de l'homme à la queue du poisson.

5. Belzébuth ou Beelzébuth, prince des démons : le premier après Satan en pouvoir et en crime, selon Milton et l'opinion commune.

6. Astaroth, grand-duc très-puissant aux enfers. Il paraît être le même que l'Astarté des Phéniciens.

7. Asmodée, démon destructeur. Il sème l'erreur et la dissipation. Selon d'autres, c'est un démon jovial et railleur, qui fait le personnage du diable boiteux dans Lesage.

8. Abaddon. Quelques-uns le regardent comme l'ange exterminateur, se fondant sur ce verset de l'*Apocalypse* (c. IX, ⅴ 10 et 11). « Habebant super se (Locustæ) regem angelum abyssi cui nomen hebraice *Abaddon*, græce autem *Apollyon*, latine habens nomen *Exterminans*. »

9. Abigor, grand-duc aux enfers. C'est un démon d'un ordre supérieur. Il commande soixante légions.

10. Léviathan, grand amiral de l'enfer, gouverneur des contrées maritimes. Leviathan est nommé dans la Bible, comme un poisson d'une grandeur démesurée. Fabre d'Olivet croit que c'est une figure, pour désigner, non pas un poisson particulier, mais le genre poisson. — Quoi qu'il en soit, c'est pour les démonographes un des grands dignitaires de l'enfer.

Mais ce temps est passé : tu le vois, Lamartine,
Hors quelques vieux cerveaux aussi creux que le mien,
Hors les joyeux essais d'une muse badine,
Le diable n'épouvante et n'embellit plus rien.

Le grand nom de Satan passe pour ridicule ;
Ses griffes nous font rire et ses cornes aussi :
On glose de sa fourche, impuissante férule,
Et sa peau, nous dit-on, doit sentir le roussi.

Ainsi la foi se perd. Cette humeur goguenarde
Des beaux esprits du jour ose tout attaquer[1],
Et fera succéder, si nous n'y prenons garde,
Le mépris de Dieu même au mépris de l'enfer.

L'aumônier Frayssinous[2] toutefois me console :
Grâce à lui l'écolier ne rit plus au sermon,
Et l'humble ignorantin[3] voit sa nombreuse école
Pâlir et se signer au seul mot de démon.

Dans nos départements l'impiété se cache
Depuis que Loyola[4] reparaît tout entier :
Un curé fait courber la plus fière moustache,
Et devant le bedeau s'incline le rentier.

Le moindre marguillier devient une puissance
Dont le maire et l'adjoint se font les serviteurs :
Un chantre passe-t-il ? on le flatte, on l'encense,
Et le serpent lui-même a des solliciteurs.

---

1. Il faut faire la liaison de ce mot avec le suivant, c'est-à-dire prononcer *attaquère* pour avoir la rime avec *enfer*.

2. Évêque *in partibus* d'Hermopolis, alors aumônier du roi, ministre de l'instruction publique et grand maître de l'Université.

3. Ce sont les frères des écoles chrétiennes qu'on appelait ainsi, fort mal à propos sans doute, mais presque partout.

4. Né en 1491, fondateur et premier général de la société des Jésuites. Loyola est ici pris pour la société elle-même, qu'on regardait alors comme extrêmement menaçante pour la France et sa liberté.

Pensons-y bien, ami : tels sont dans nos provinces
De la peur du démon les excellents effets ;
Et que le puissions-nous, grâce au zèle des princes,
Voir bientôt à Paris faire un égal progrès !

Mais quoi ! ne peux-tu pas relever sa mémoire ?
Tes vers sont assez lus : ces vers, ces sombres vers [1],
Qui pourraient au besoin nous servir de grimoire [2],
Semblent faits tout exprès pour chanter les enfers.

Qu'attends-tu ? prends la plume : allons, que ton génie
Aille d'un nouveau tome enrichir Ladvocat [3] ;
Vite, la main à l'œuvre, afin qu'il te publie
Sur un triple papier, sous un triple format [4].

Pour moi, chez qui le zèle et la ferveur sincère
Sont le premier talent, la première vertu ;
Moi qui, toujours fidèle à la foi de mes pères,
Pour elle jusqu'ici n'ai jamais combattu ;

Habitant ignoré des rives du Permesse,
Je lui dois cependant mes inspirations ;
Et seul, sans protecteur, ma foi, je les adresse
A l'auteur si connu des *Méditations*.

Lis ce qu'à ce propos, dans un livre assez rare,
Je vois s'être passé sous les murs de Narni [5].
Le neuvième Léon [6] avait ceint la tiare,
Et les cadrans encor ne marquaient pas midi ;

---

1. Il y a ici un abus de mots. Les vers de M. de Lamartine sont *sombres*, non par le sujet, mais parce que la pensée n'en est pas claire.

2. Même observation. Le vrai *grimoire* n'est pas seulement inintelligible, l roule sur des sujets que M. de Lamartine ne traite pas.

3. Fameux libraire du temps.

4. Allusion à l'affectation qu'on affichait alors de faire à la fois plusieurs éditions sur divers formats des auteurs qu'on voulait faire croire célèbres.

5. Ville épiscopale des États romains, à 16 lieues N. de Rome.

6. Léon IX, pape de 1049 à 1054.

Lorsque furent des voix tout à coup entendues,
Avecque[1] des sanglots, de sourds gémissements;
Et des cris si plaintifs ébranlèrent les nues
Que l'on eût cru des morts ouïr les tristes chants.

Bientôt à l'horizon parut un point blanchâtre,
D'une pluie abondante espoir trop tôt déçu;
Hélas! en le voyant, le laboureur, le pâtre,
Le bourgeois, l'artisan, l'un vers l'autre ont couru.

« Du seigneur, disaient-ils, les bontés infinies
Mettent, vous le voyez, un terme à nos douleurs :
Nos champs n'auront plus soif, et nos sources taries
Sur leurs bords desséchés ne boiront plus nos pleurs[2]. »

Mais loin de se former en épaisse nuée,
Hélas! ce point fatal, sur le flanc des coteaux
Déroulant les replis d'une longue traînée,
Semblait d'un ciel d'airain rallumer les fourneaux.

Qui causait ce prodige? une troupe guerrière?
Mais des rayons du jour les armes brilleraient :
Sous les pieds des troupeaux une épaisse poussière?
Mais de ses tourbillons les airs s'obscurciraient :

Les laves d'un volcan? De cette flamme épaisse
Rouleraient les torrents d'une noire vapeur.
Ainsi l'anxiété faisait à l'allégresse
Dans les cœurs éperdus succéder la terreur.

Les doutes, cependant, bientôt se dissipèrent :
Des hommes effrayés remplissaient les chemins;

---

1. *Avecque*, écrit ainsi, est un archaïsme. Ceux qui en repousseraient l'emploi liront *avec de longs sanglots*.
2. Le mot propre serait *larmes*. Les pleurs sont plutôt encore le gémissement que l'eau qui coule des yeux.

Sur les coteaux, d'ailleurs, des corps se dessinèrent,
Et l'on crut distinguer de dévots pèlerins.

Et quand de trois degrés l'ombre fut avancée,
On les vit sous les murs défiler deux à deux :
Mais sur un crucifix recueillant sa pensée
Chacun, les bras en croix, marchait silencieux.

Quelquefois cependant une voix lamentable
Disait : « Amendez-vous, amendez-vous, pécheurs !
Car le temps n'est pas loin, et le jour redoutable
Approche où vainement vous répandrez des pleurs. »

Or, aucune vapeur ne rendait le jour sombre;
La poussière était fine, un rien l'eût fait voler;
Et leurs corps cependant ne donnaient aucune ombre,
Ni leurs pieds ne semblaient la poussière fouler.

Mornes, et se pressant en colonne immobile,
Les bourgeois curieux accouraient à l'envi :
On les voyait tremblants sur les murs de la ville;
L'un d'eux, depuis un an, pleurait un sien ami.

Parmi ces pèlerins il croit le reconnaître;
Il l'appelle : « Enguerrand, Enguerrand, où vas-tu ?
Comment parmi ceux-ci te vois-je ici paraître ?
Et de ce blanc manteau qui donc t'a revêtu ? »

Aussitôt Enguerrand s'écarte du cortége;
Il tourne ses regards vers les murs de Narni,
Et, montrant son visage aussi froid que la neige :
« Qui m'appelle, dit-il ? Est-ce bien toi, Mauny ?

Ah ! je n'espérais plus te revoir sur la terre
Depuis le coup fatal qui me ravit le jour;
Mais rends grâces à Dieu du conseil salutaire
Qu'en nous montrant ici te donne son amour.

De pécheurs repentants tu vois en nous les âmes :
Mais nos crimes encor n'étant pas rachetés,
Trop heureux d'éviter les éternelles flammes,
Et ces tourments affreux si longtemps mérités ;

Où vécut autrefois un dévot personnage,
Où de sa piété s'exhale encor l'odeur,
Là nous faisons en troupe un saint pèlerinage ;
De là nos vœux plus purs montent vers le Seigneur.

Et c'est ainsi qu'avant de venir dans l'Ombrie,
De l'heureux saint Martin [1] j'ai salué les os,
Et je m'en vais à Farfe [2], aux autels de Marie,
De Jésus-Christ, par elle, implorer, mon repos.

Adieu, pense-s-y bien ; la vie est fugitive,
Et tout notre bonheur se décide à la mort.
— Dieu veuille, dit Mauny, que bientôt elle arrive,
Si je dois, comme toi, me louer de mon sort !

Mais tous sont-ils heureux ? Ce matin, on l'assure,
De sourds gémissements dans l'air ont retenti :
Apprends-nous, Enguerrand, dis-nous, je t'en conjure,
Qui causait ces soupirs ? qui gémissait ainsi ? »

Enguerrand tressaillit ; sur sa figure austère
Apparut comme une ombre une vague terreur :
Il craignait que Mauny ne fût si téméraire
Que d'oser du grand tout sonder la profondeur.

Il se remit pourtant et dit : « Depuis que l'homme,
Méprisant de son Dieu le souverain pouvoir,
N'a pas craint de toucher à la fatale pomme,
Ainsi que lui, sa race a voulu tout savoir.

---

1. Évêque de Tours, mort en 400.
2. Farfe ou Farfa, petite rivière des États romains qui se jette dans le Tibre, localité qu'elle arrose.

Mais que dis-je? Est-ce à moi d'annoncer la vengeance
Qui doit, n'en doutons pas, peser sur les méchants?
As-tu donc quelquefois nié la Providence?
As-tu de sa justice exigé des garants?

Non : laissons-les, crois-moi, craindre un juge inflexible;
Qu'ils tremblent devant lui; pour nous, nous le louerons,
Quand, ayant terminé notre course pénible,
Face à face et toujours, ami, nous le verrons.

Adieu, le temps s'enfuit, je m'éloigne et te laisse :
Réfléchis. » A ces mots il rentra dans son rang.
Mauny le vit partir, mais dès lors, et sans cesse,
Il eut devant les yeux l'image d'Enguerrand.

Faible et malade, à Rome en se rendant lui-même,
De son âme à jamais il assura le bien :
« Je veux tout raconter au pontife suprême,
Disait-il, et mourir ensuite en bon chrétien. »

Le Seigneur l'exauça; la clémence divine
Le retira du monde au bout de quelques mois;
Et cet exemple heureux fit alors, Lamartine,
Triompher les dévots encore cette fois.

C'est là ce qu'il nous faut : en tes hardis oracles
Prédis donc de Gury[1] les rapides progrès,
Du prince d'Hohenloë annonce les miracles[2],
Sans faire, si tu peux, de fautes de français[3].

---

1. Voyez sur le P. Gury, dont parlaient alors beaucoup tous ceux qui redoutaient les jésuites, les *Mémoires d'un jeune jésuite*, par M. Marcet de La Roche-Arnaut.

2. Alexandre de Hohenloë, chanoine, puis évêque de Sardica, né en 1794, mort en 1849, célèbre en 1820 et 1821, par les miracles qu'on lui attribuait.

3. Ce dernier trait est un peu vif. M. de Lamartine est assurément un des hommes qui savent le mieux le français, au moins par sentiment; mais les fautes nombreuses qu'il a laissé échapper dans ses ouvrages expliquent, si elles ne justifient pas, la vivacité du reproche.

Ainsi, tu rempliras ta mission, mon maître,
Et tu ramèneras des brebis au Seigneur ;
Mais je vois qu'il est tard : adieu, j'ai l'honneur d'être
Ton très-obéissant et zélé serviteur.

XXXVI. LE JEU DE BOULES [1].

Près de Paphos, dans des bois solitaires,
Les Jeux, les Ris et les Grâces légères
Au cochonnet jouaient à qui mieux mieux ;
Psyché parut, plus brillante et plus belle ;
L'Amour la vit, l'Amour brûla pour elle :
L'Amour, bientôt, la mit au rang des dieux.
 Belle Aglaé, si l'Amour vous eût vue
Joindre au coup d'œil d'un habile pointeur
Et cette grâce et cet air enchanteur
Dont en naissant le ciel vous a pourvue,
Jamais Psyché n'eût enflammé son cœur.
Vénus vous eût de myrte couronnée,
Et cet Amour, de tant de maux l'auteur,
Avec sa cour à vos pieds prosternée,
Eût humblement adoré son vainqueur.

1. Cette pièce et la suivante sont de 1826.

XXXVII. LA CONVOITISE, L'ENVIE.

Les rayons du soleil vers leur déclin penchaient,
Lorsque de compagnie un beau jour chevauchaient,
Guidés par saint Martin, qu'ils ne connaissaient guère,
Deux tristes voyageurs de divers caractères :
L'un voulait tout avoir, tout posséder pour lui ;
L'autre se tourmentait surtout du bien d'autrui.
 Or, voici qu'en un bois à verdure ondoyante,
Un double carrefour à leurs yeux se présente.
Grand embarras alors. Le bienheureux Martin
Les arrête, et leur dit : « Voilà votre chemin ;
A la garde de Dieu regagnez votre gîte :
Moi, je pars, et pourtant, avant que je vous quitte,
De saint Martin du moins vous bénirez le nom ;
Il faut que de vous deux l'un me requière un don :
Il l'obtiendra d'abord ; mais l'autre l'aura double. »
 Voici mon convoiteux qui dès l'instant se trouble :
« Si je prends un trésor, dit-il, il en a deux.
Je serai toujours pauvre, hélas ! » Et l'envieux
Se disait à part lui : « Quel horrible supplice !
Je comble tous ses vœux s'il faut que je choisisse. »
Alors nos deux amis s'invitent poliment
A demander d'abord le terrible présent.
« Ah ! je n'en ferai rien. — Allons, je vous en prie.
— Monsieur, je vous dois trop. — C'est une raillerie.
— Mais, dites-moi du moins, monsieur, que voulez-vous ?
— Monsieur, de votre part tout bien me sera doux. »
 La contestation eût duré plus d'une heure
Si la raison des forts n'était pas la meilleure.
Le convoiteux avait à sa selle un bâton.
« Coquin, s'écria-t-il, tu changeras de ton.
Parbleu tu choisiras, ou je t'apprendrai, drôle.... »
Et du gourdin alors il lui frottait l'épaule.

Aux pieds de saint Martin se jette l'envieux :
« Seigneur, rendez-moi borgne, et qu'il perde les yeux. »
Ainsi dit, ainsi fait : voilà nos pauvres diables,
Avec un œil pour deux et des cris pitoyables,
Qui s'en vont à tâtons reprendre leur chemin.
Le monde, par malheur, n'a plus de saint Martin.

XXXVIII. LES BORDS DE LA DIE [1].

L'été régnait dans un ciel embrasé;
La fleur séchait sur sa tige flétrie :
Au pied d'un roc que les flots ont creusé,
J'allai m'asseoir sur les bords de la Die [1].

Coule toujours, coule, ô fleuve charmant!
Qui me montras sur ta rive fleurie,
De ces beaux lieux le plus bel ornement,
Sandy, la gloire et l'orgueil de la Die.

Pourquoi faut-il que, jeune et valeureux,
Il soit allé défendre sa patrie?
Mon bien-aimé, quand pourrons-nous tous deux
Nous égarer sur les bords de la Die?

Tu méprisas mes craintes, mes terreurs,
Pour affronter une mer ennemie,
Et me voilà, sous ces saules pleureurs
Gémissant seule aux rives de la Die!

1. Cette pièce, ainsi que les deux suivantes, est de 1827. Elle est imitée librement d'une ballade écossaise (*the Banks of the Dee*, de Tait).
2. On dit ordinairement la *Dée*, et c'est l'orthographe anglaise. J'ai mieux aimé représenter la prononciation que les lettres du mot.

Ah! si la paix te rendait à mes vœux,
De tant d'amour j'entourerais ta vie,
Que, désormais, près de moi seule heureux,
Tu voudrais vivre aux doux bords de la Die.

Cette onde alors, déployant ses beautés,
Tressaillerait par nos feux réjouie,
Et nous irions, ivres de voluptés,
Nous perdre au loin sur les bords de la Die.

XXXIX. A UNE SOURIS PRISE [1].

A la fin donc, te voilà prisonnière,
Pauvre souris! à deux pas du buffet,
Tu n'as pas su résister au fumet
Du porc salé, de l'odorant gruyère;
Et je te tiens, grâce à mon trébuchet.
Prise jamais ne fut plus agréable.
J'ai si souvent, ma belle, sur ma table,
Vu par tes dents mon poëme écourté,
Que je devrais d'une pleine vengeance
Suivre.... mais non, jugeons en conscience :
Notre devise est justice et bonté.

1. Cette pièce, dans la forme, est un *chant royal*. J'ai toujours été étonné que les poëtes qui ont voulu nous rendre la poésie du XVIe siècle, se soient tenus au sonnet et n'aient pas songé au chant royal, plus grand, plus harmonieux et plus difficile à tous égards. Je m'y suis, pour moi, essayé deux fois, ici et dans une pièce sérieuse que je donnerai plus loin. Dans le fond, ce discours à une souris est une critique de tout ce qui se faisait alors en politique, et une critique la plupart du temps insensée. J'aurai donc à combattre ici en note ce que j'aurai dit dans le texte. C'est trop souvent la condition des hommes de bonne foi, quand l'âge ayant mûri leur raison, ils revoient ce qu'ils ont écrit longtemps auparavant.

— Toi, me juger ! équité singulière,
Plaisante cour, vas-tu dire, où l'on est
Tout à la fois le Vidocq[1], le Franchet[2],
Le Debroé[3], le Seguier[4] d'une affaire.
— Cette raison autrefois nous touchait :
Mais de nos pairs la chambre irréfragable
A décidé qu'elle était misérable ;
Et maintenant, qu'un bourgeois insulté
D'un soldat veuille arrêter l'insolence,
C'est le soldat qui juge son offense[5] :
Notre devise est justice et bonté.

Je ne suis pas, Dieu merci, militaire ;
Mais j'ai pourtant, sans porter le mousquet,
La tête près, comme on dit, du bonnet.
Ai-je dû rire en ne trouvant à terre
Que des lambeaux de mon meilleur sonnet ?
Et quand j'ai vu que ta rage exécrable
Avait détruit le drame lamentable
Où se fondait mon immortalité ?
Rêve de gloire et trompeuse espérance !
Ta mort peut seule adoucir ma souffrance :
Notre devise est justice et bonté.

L'offense au moins m'était particulière ;
Mais souviens-toi que sur un tabouret

1. Agent de police.
2. Directeur de la police générale à la fin de 1821.
3. Avocat général.
4. Président de cour royale.
5. La question est ici très-mal exposée, et la solution n'est fondée que sur un abus de mots. On a été obligé de distinguer le droit commun et le droit spécial, à cause des fonctions différentes sans lesquelles la société ne pourrait vivre. Quand ces deux droits se contredisent, l'intérêt de l'individu est presque toujours que le droit commun absorbe l'autre ; l'intérêt de la société est, au contraire, qu'il soit absorbé par le droit spécial. C'est là la question que la chambre des pairs avait eu à décider en l'appliquant aux

De notre roi j'avais mis le portrait,
Et que, la nuit, ta griffe roturière
De son habit a gâté le collet;
Et cette bouche, et son souris affable
Ont disparu : te voilà donc coupable,
Au premier chef, de lèse-majesté.
J'en suis fâché; mais nous avons en France
Le poing coupé pour cette irrévérence [1] :
Notre devise est justice et bonté.

Et maintenant, ô souris téméraire,
Que fallait-il pour combler ton forfait ?
Un sacrilége ?... Eh bien ! il est complet.
J'avais rempli d'eau bénite une aiguière,
Je l'avais mise auprès de mon chevet,
Et dans cette eau, d'une audace incroyable,
Tes excréments.... ah ! ce crime effroyable,
Dieu paternel, veut un auto-da-fé [2].
Nous le ferons : la peine à l'insolence
Doit être égale ; abjurons l'indulgence :
Notre devise est justice et bonté.

bourgeois impliqués dans des complots militaires. Le vers auquel cette note se rapporte est loin d'en donner une idée juste.

1. *Irrévérence* est un mauvais mot et qui donne de notre législation une idée bien fausse. Quant à la peine en elle-même, l'histoire a montré depuis, par les nombreuses tentatives d'assassinat contre le roi Louis-Philippe, qu'elle n'était pas trop sévère. Ce n'est ici qu'une simple observation. Je suis loin de croire qu'on empêche tous les crimes par la rigueur ou par l'horreur des supplices. Je note seulement cette disposition à blâmer tout.

2. Même observation. La loi du sacrilége a, dans le temps, fort irrité le parti libéral, et peut-être, en effet, dépassait-elle le but. Mais le fond en était très-raisonnable. Il répugne à la raison que l'outrage fait à la religion d'un peuple entier, le vol ou la violation des vases et des édifices sacrés, ne soit pas plus coupable que l'escalade du mur d'un jardin pour enlever quelques carottes. Horace dit très-justement (*Sat.*, I, 3, v. 115) :

> Nec vincet ratio hoc, tantumdem ut peccet idemque.
> Qui teneros caules alieni fregerit horti,
> Et qui nocturnus sacra divum legerit.

ENVOI.

Princesse[1], allons, faites votre prière :
Vous cuirez vive au fond d'une chaudière.
Voilà pour Dieu. Pour le prince affronté
Nous vous coupons la patte par avance.
Ce sera tout. Admirez ma clémence :
Notre devise est justice et bonté.

XL. A BÉRANGER.

La nuit couvre la terre : aux portes d'un château,
Seul, humide de sang, un guerrier se présente :
Le fer a tout percé, sa cotte, son manteau,
Ses grèves, ses brassards, sa cuirasse pesante.
« Ouvrez, ouvrez, » dit-il; mais sur son noir créneau
Le farouche soldat bande son arbalète :
La flèche va partir; le châtelain l'arrête :
« Attends, cet homme est seul, nous sommes sans danger. »
Et sur les parapets à grands pas il s'avance :
« Qui vive ? — Ami. — Qui vive ? — Ouvrez, dit l'étranger :
     C'est la fortune de la France[2].

— Baissez les ponts-levis, et qu'elle entre à l'instant,
Repart le châtelain; et vous, enfants, aux armes! »
Et devant l'étranger alors s'agenouillant :
« Eh quoi! sire, c'est vous ? quelles vives alarmes

---

1. C'est la règle, dans le chant royal, que l'envoi commence par un de ces mots : *Sire, roi, prince, princesse*, etc.
2. Cette belle parole de Philippe de Valois n'a pas, que je sache, été mise en œuvre par aucun de nos poètes. Elle le méritait pourtant bien.

Ont pu faire à Philippe abandonner son camp?
Dans les champs de Crécy....— L'Anglais en est le maître :
Le sort nous a trahis : dans un moment peut-être,
Tu vas voir en ces lieux déborder le vainqueur :
Nous avons tout perdu. — Tout, sire? Non, je pense :
La victoire n'est rien ; mais son prince et l'honneur
      Sont la fortune de la France. »

Dans ce temps, Béranger, tu sais que nos aïeux,
Écrasés par les grands, dont ils bêchaient la terre[1],
Et payant à l'Église un impôt odieux[2],
S'étaient fait des vertus au gré de leur misère.
Le dévouement au prince était tout à leurs yeux :
C'est là ce qu'ils nommaient *amour de la patrie*[3].
Ah! que de cette erreur la France est bien guérie!
Le prince n'est plus rien[4]; la douce liberté,

1. Cela n'est pas vrai. Partout où l'on a pu comparer la domination des grandes et anciennes familles à celle des nouveaux enrichis, c'est celle-ci qui a paru et qui était véritablement le type des exigences brutales, du manque d'égards et de l'égoïsme.

2. Cet impôt n'était pas odieux. *Le prêtre vit de l'autel* est un vieux proverbe éternellement vrai, parce qu'il exprime une des nécessités de la nature humaine. Le clergé est aujourd'hui rétribué par le budget; c'est toujours l'impôt et cela ne peut pas être autrement.

3. Je ne savais pas alors aussi bien qu'aujourd'hui que la patrie n'est pas quelque chose de matériel et qu'on puisse assigner exactement; c'est toujours une abstraction, et, comme toutes les idées abstraites, elle est telle ou telle selon les individus. L'un voit la patrie dans le sol, l'autre la met dans certaines institutions qui lui conviennent; ceux-ci dans le maintien, ceux-là dans le renversement de tout ce qui existe. Ce qu'il y a de sûr, c'est qu'on finit toujours par attacher le nom de *patrie* à un homme dont les pensées ou les intérêts semblent à chacun s'accorder avec les siens. Je ne doute pas, pour moi, que le roi ne soit la plupart du temps celui qui représente le mieux les intérêts généraux, et qu'ainsi *le dévouement au prince* ne soit aussi presque toujours *l'amour de la patrie* le mieux entendu.

4. Grande erreur à tous égards. Le prince est toujours beaucoup, comme il doit être, et à force de vouloir qu'il ne soit rien, on arrive à faire qu'il soit tout. L'issue de la révolution de 93 et de celle de 48 le montrent aux plus aveugles.

Le commerce et les arts naissants à sa présence[1],
Et tes vers, Béranger, dont je suis enchanté,
   Sont la fortune de la France[2].

En puisse-t-elle, ô Dieu, longtemps jouir encor!
Reine des nations, ô ma noble patrie,
Puisses-tu, de ces biens augmentant le trésor,
O France, à ton poëte, à sa lyre attendrie
Inspirer des chansons dignes du siècle d'or!
Que, témoin du bonheur goûté sous ton empire,
Le jaloux étranger se détourne et soupire;
Qu'il regrette tes arts, ton ciel et tes moissons[3];
Que Béranger te chante, et, fiers de ta puissance,
Pour cri de ralliement, avec lui nous dirons:
   « A la fortune de la France[4]! »

1. Ce n'est pas la liberté qui fait naître les arts et le commerce, c'est la sécurité générale, laquelle est donnée par le prince; et la liberté, soit politique, soit civile, est aussi un de ses dons: non pas assurément qu'il en crée l'idée ni même le droit, mais c'est lui seul qui les garantit.

2. Les bons vers de Béranger, dont je suis toujours enchanté, en les considérant seulement comme vers, font, en effet, à ce point de vue, une partie de la fortune de la France. Mais, au moral, ils ont contribué à sa ruine, comme je l'ai dit dans mes *Thèses de littérature*, n° II, p. 126.

3. Je représentais là, sans y penser, l'état de la France sous le gouvernement des Bourbons. Je croyais que cette prospérité existait par elle-même, ou qu'elle sortait en quelque façon du sol et de nos mœurs. La tempête de 1848 et l'état d'agitation et de marasme qui a duré jusqu'à l'élection du président, ou plutôt, pour être franc, jusqu'au coup d'État du 2 décembre 1851, montrent combien je me trompais alors.

4. Ce cri est toujours bon à pousser. Mais il importe que les simples particuliers ne veuillent pas toujours donner comme le meilleur moyen d'arriver au but celui qu'ils imaginent dans leur ignorance, et sur lequel ils ne sont pas même d'accord. — Cette pièce a été envoyée dans le temps à Béranger. Je ne sais si elle lui est parvenue; je n'ai reçu de lui aucune réponse.

XLI. AMOUREUX SERVAGE[1].

De sa lueur incertaine
La lune perçait à peine
L'ombrage épais de ce bois,
Quand j'ai cru du luth sonore....
Mais quoi ! je l'entends encore.
A ses sons, pour cette fois,
Se joint une voix charmante :
Ah ! c'est ma divine amante !
C'est elle.... j'entends sa voix !

Te voilà ! toujours jolie !
Viens, ô moitié de ma vie,
Sur ce banc, à mon côté !
Vois à tes pieds ton esclave
De ton regard si suave
Chercher la douce clarté ;
Et sur ta main frémissante
Laisse ma lèvre brûlante
S'enivrer de volupté.

Dieu ! mais ton bras se dégage !
Arrête, fille volage,
Prends pitié de mes tourments....
Elle échappe, la cruelle,
Plus prompte que la gazelle
Qui fuit à travers les champs ;
Et loin de moi se balance
Comme l'oiseau qui s'élance
Sur le souffle ailé des vents.

---

1. Pièce composée en 1827, ainsi que les deux suivantes. Elle est imitée d'une chanson de Ghezzi, poëte persan, que j'avais trouvée dans un des numéros de la *Revue encyclopédique*.

AMOUREUX SERVAGE.

Reste, ô mon unique joie !
Tu viens de rompre la soie
Qui fixait dans tes cheveux
Couverts d'une simple gaze
Le saphir et la topaze.
Des astres et de tes yeux,
Sous cette herbe verdoyante,
Vois-les, ô ma belle amante,
Vois-les réfléter les feux.

Mais vainement je l'appelle :
Déjà, déjà l'infidèle
A ma voix a disparu :
Elle insultait à ma peine,
Elle riait de la chaîne
Où l'amour m'a retenu ;
Et rien, rien ne me dégage
De ce honteux esclavage !
Qu'ai-je fait de ma vertu ?

XLII. DÉPIT D'AMOUR.

Pholoé, quand dans ta vue
Je puisais pour mon malheur,
De cet amour qui me tue
La folle et cruelle ardeur ;
En butte à tes injustices,
Esclave de tes caprices,
J'adorais ta cruauté ;
Je disais : Elle est si belle !
Quel hommage digne d'elle
Pourrait fléchir sa fierté ?

DÉPIT D'AMOUR.

Mais cette triste espérance
Dont j'aimais à me nourrir,
Pholoé, ton inconstance
A pris soin de m'en guérir :
Dans nos banquets, dans nos fêtes,
A de faciles conquêtes
Trop souvent tu t'abaissas,
En prodiguant ton sourire
A la jeunesse en délire
Qui se pressait sur tes pas.

Alors jaloux, triste et sombre,
Dévoré d'un ver rongeur,
Devais-je augmenter le nombre
Du cortége adorateur ?
Moi, moi, qui, sans rien prétendre,
T'aimais d'un amour si tendre,
Fallait-il donc me mêler
A ce troupeau d'infidèles
Qu'au char de toutes les belles
Nous avons vu s'atteler ?

Non : le cœur plein de tes charmes,
Mais navré de ta rigueur,
Je m'abreuvai de mes larmes,
Je dévorai ma douleur :
Loin de toi dans ma colère
Résolu de me soustraire
A tes regards trop puissants,
Je jurai d'être volage :
Ah ! l'amour et ton image
Se riaient de mes serments.

Ma résistance fut vaine.
Faible, humilié, vaincu,
Baisant et rongeant ma chaîne.
A tes pieds tu m'as revu.

DÉPIT D'AMOUR.

J'ai pour toi dans la poussière
Courbé cette tête altière
Qui n'avait jamais plié ;
Et, rougissant de moi-même,
J'ai, comme mon bien suprême,
Sollicité ta pitié.

Tu n'as pas daigné m'entendre :
Plus froid que les froids hivers,
Ton cœur ne pouvait comprendre
Les tourments que j'ai soufferts.
Aussi les modes nouvelles,
Les chapeaux et les dentelles,
Voilà ce qui t'occupait,
Quand, à son comble poussée,
Ma passion insensée
A tes genoux me jetait.

Adieu donc, belle statue ;
Qu'exagérant son ardeur,
Un autre amant s'évertue
A réchauffer ta froideur ;
Qu'un soupir, une caresse,
Lui procurent ta tendresse
Qu'hélas ! je n'obtins jamais :
Fais le bonheur de sa vie :
Je le verrai sans envie ;
J'y renonce désormais.

Cependant l'âge s'avance :
Quand tes jours seront comptés,
Un Dieu fort dans sa balance
Pèsera tes cruautés ;
Le temps, le temps inflexible
Saura punir l'insensible
Pholoé, quand sur ton front
Accumulant les années,

Un jour ses mains décharnées
En rides les graveront.

Alors.... mais qu'osé-je dire?
Quel vœu viens-je de former?
Moi, Pholoé, te maudire!...
Cesser un jour de t'aimer!...
Ah! ne me crois pas sincère,
Va, je voudrais au contraire;
Malgré l'âge et son effort,
Te revoir toujours plus belle,
Quand je devrais, infidèle,
Souffrir cent fois plus encor.

XLIII. LE DÉLIRE.

L'hiver régnait : la lune décroissante
Vers l'horizon descendait lentement,
Et contre les assauts d'une fièvre accablante
Depuis huit jours entiers je luttais vainement.
    Mes yeux se couvraient d'un nuage ;
Mais le sommeil fuyait mon esprit agité,
    Et mon délire aux pensers d'esclavage
Mêlait confusément le nom de liberté.

Du foyer tout à coup la lumière moins sombre
    Sur les murs projetant une ombre,
  Le croira-t-on? j'aperçus un vieillard
    A la figure prévenante,
  Au doux maintien, au visage sans fard.
Sa main ressuscitait une flamme expirante,
    Et mes tisons, rapprochés avec art,

Répandaient leur clarté fumeuse.
« Qui va là ? » m'écriai-je ; et, douce, harmonieuse,
Sa voix dit : « Je suis Abeilard ;
Tu souffres et j'accours. Hélas ! dans un autre âge
J'obtins le triste honneur d'être persécuté ;
Mais, comme toi, j'ai haï l'esclavage,
Et, comme toi, j'aimai la liberté.

Ta candeur ici m'intéresse :
Je vois le mal dévorer tes beaux jours ;
La fièvre mine ta jeunesse :
C'est qu'un vague désir de gloire, de richesse,
Et plus que cela, les amours,
De tes douleurs sont la première cause.
Ce sont bien là les maux où leur feu nous expose.
Ami, suis un conseil par l'amitié dicté :
Redoute un honteux vasselage,
Fuis l'approche de la beauté ;
Car celui-là recherche l'esclavage
Qui contre elle, imprudent, risque sa liberté.

J'ai vu que ta philosophie
Méprisait l'or et les grandeurs :
J'ai vu que de ta raillerie
Tu poursuivais d'ambitieux flatteurs :
Et maintenant, pour mettre sur le trône
Cette beauté qui te tient dans ses fers,
Il s'en faut peu qu'aux autels de Mammone
Tu ne perdes enfin ces sentiments si fiers !
Réfléchis toutefois. Dans l'antique partage
De ce trésor chez nous par Pandore apporté,
Dieu n'a pas mis tous les biens d'un côté.
Choisis donc : les honneurs suivis de l'esclavage,
Ou l'indigence avec la liberté.

— O mon père ! lui dis-je ; à l'amant d'Héloïse
Puis-je cacher le trouble de mon cœur ?

LE DÉLIRE.

Hélas ! d'un doux regard, d'un sourire enchanteur
    Il est trop vrai que mon âme est éprise.
    L'amour y règne ; en vain je le déguise,
        Je tourne au gré de mon vainqueur.
    Que m'importait autrefois la fortune ?
Ah ! je suis bien changé ! Voilà que maintenant
        Des dieux ma prière importune
Sollicite ces biens que je méprisais tant.
      Tous les trésors du nouveau monde,
Je les voudrais unir aux perles de Golconde,
        Aux diamants du Visapour.
      Ces plaisirs dont Paris abonde,
    Et ces cordons qu'on prodigue à la cour,
    Je les voudrais rassembler sur ma tête,
Et près d'elle, abaissant mes yeux de pleurs mouillés,
    Tous ces honneurs devenus ma conquête,
        Oui, je me ferais une fête
        De les déposer à ses pieds.
Ainsi pût-elle voir les plaisirs, l'opulence,
    Et ce renom quêté de toutes parts,
    Et tout l'orgueil de ces grands qu'on encense,
Moins précieux pour moi qu'un seul de ses regards !
    Peut-être alors que de tant de constance,
    De tant d'amour, de tant de loyauté,
    Quelque intérêt serait la récompense !...
Malheureux ! laisse là cette folle espérance :
Va, ne crois pas jamais fléchir sa cruauté ;
      Rappelle plutôt ton courage,
Et ne t'abaisse pas à cette lâcheté
      D'aimer ton indigne esclavage,
      De renier ta liberté. »

ENVOI.

    Ainsi, dans mon ardeur première,
En proie à mille maux, je me sentais languir.

Quelquefois, exprimant mon plus ardent désir,
  Je m'écriais dans ma vive prière :
    « La voir heureuse, et puis mourir ! »
Mais, quand je revoyais cette image si chère,
    L'amour, me venant renflammer,
    De nouveau me faisait aimer
    Et poursuivre en vain ma chimère.
    Oh ! combien son inimitié
M'a fait verser de pleurs de dépit et de rage !
Ami, laisse-moi donc invoquer ta pitié,
    Toi qui, plus heureux ou plus sage,
    Sous l'orage n'as pas plié ;
    Et que je puisse échapper au naufrage
    Entre les bras de l'amitié.
  Il te souvient que, dès notre jeune âge,
    Souvent nous avons détesté
    Des peuples l'indigne servage ;
Quelque flatteur qu'il soit, le joug de la beauté
    N'est pas un moins dur esclavage :
  O mon ami, sauvons la liberté !

XLIV. LE MANTEAU D'IGNACE [1].

  Un jour, sorti de cette fosse obscure
  Où le plongea le céleste courroux,
Satan sur notre globe errait à l'aventure ;
    Et regardant dessus, dessous,
    Sur les hauteurs et dans la plaine,
  Dans les vallons et dans les moindres trous

---

1. Cette pièce a été faite en 1827, à l'occasion de la censure qui venait d'être rétablie.

S'il rencontrerait quelque aubaine,
Il arriva bientôt aux rives de la Seine.
Un moinillon, alors laissant Paris,
Au sein des airs s'élevait plein de gloire;
Là, sifflotant avec mépris,
Et d'un œil dédaigneux mesurant le pays,
Il semblait se promettre une insigne victoire
Sur ses impuissants ennemis.
Comment les soumit-il? Singulière est l'histoire.
Comme autrefois Élie, il ôta son manteau
De dessus ses fortes épaules,
Et sur eux le lançant : « A vous, dit-il, mes drôles,
A vous ce présent tout nouveau. »
Le large vêtement se déploie avec grâce;
Du haut des cieux il tombe lentement,
Poussant de tous côtés sa croissante surface;
Il s'élargit, s'allonge, il s'augmente, il s'étend,
Et comme un noir nuage au loin remplit l'espace,
Jusqu'au dernier moment
Où touchant la terre de France,
Il en couvrit aussitôt tous les points,
Et porta sur ses derniers coins
Son énorme circonférence.
« Quel manteau! s'écria l'empereur infernal;
Juste ciel! pour quel animal
Cette mesure est-elle bonne?
Mais quoi! je le connais! Eh! oui : Dieu me pardonne,
C'est le manteau d'Ignace mon féal[1]! »
Sire Satan, pendant ce soliloque,
Avait de Loyola reconnu la défroque.
« Oh! oh! dit-il, qui dans tout ce manteau
Pourra trouver le moindre crevasseau,
A coup sûr sera bien habile?
Prendre Ignace en défaut n'est pas chose facile.

---

1. C'était une manie alors d'attribuer aux jésuites tout ce qui se faisait contre les libertés nationales. On peut lire le *Constitutionnel* de l'époque.

Mais Ignace, après tout, marche sous mon drapeau :
  Qu'à son aise il fasse ou défasse,
J'espère bien qu'avec Ignace
  Je partagerai le gâteau. »
  A ces mots, ne pouvant mieux faire,
  A la retraite il se résout,
  Laissant l'autre venir à bout
    De tout
  Avec son adresse ordinaire.
  Et nous d'applaudir, en criant :
  « Parbleu! le diable est bon enfant ;
Il nous voit près d'Ignace et s'en fait une fête.
  Mais Ignace est de nos amis;
  Ses adhérents vingt fois nous l'ont promis ;
Ainsi vive Montrouge, et tout ce qu'il apprête! »
  C'était fort bien ; mais, quand, de sens rassis,
Nous vîmes les travaux de ces torticolis,
  Qui fut penaud? ce fut nous, je le jure ;
  Car, sur la foi de cette bouche impure,
Nous nous attendions tous à trouver un gâteau :
  Et quand on leva le manteau,
  Sous tous ses plis frétillait la censure.

XLV. L'AMANT AU BAL[1].

Aux brillantes clartés de ces mille bougies
Dans un double cristal mille fois réfléchies,
Voltige, ô mon Élise, un peuple d'inconstants :

---

1. Cette pièce a été faite en mai 1828. Je lui avais donné pour second titre : *ou ma Vengeance*, par allusion à des préférences que je croyais injustes et qui n'étaient que naturelles. Il n'est pas possible, il n'est pas même désirable que l'amour d'une jeune fille se porte toujours sur l'homme qui a au fond le plus de mérite. Les grâces extérieures, les agréments d'une con-

L'AMANT AU BAL.

Vois-tu comme leur flot autour de nous se presse ?
Et de ces violons, ô ma belle maîtresse,
    Entends-tu les joyeux accents ?

Le bal va commencer : le temps fuit plus rapide :
En vain sur ce cadran une aiguille perfide
Semble arrêter son cours au gré de nos désirs ;
L'aiguille reste seule immobile à la vue :
La vie, hélas ! s'écoule et passe inaperçue,
    Dans le tourbillon des plaisirs.

Usons du temps qui fuit ; profitons du bel âge :
Assez tôt le retour à l'air triste et sauvage
Chassera loin de nous les danses et les chants ;
Veux-tu te reprocher, quand viendra la vieillesse,
D'avoir, dans les chagrins, de ta vive jeunesse
    Perdu les précieux instants ?

Non, non ; amusons-nous, ô mon âme, ô ma vie ;
Mais, quand de ta beauté cette foule ravie
Va de guider tes pas se disputer l'honneur,
Et réclamer de toi cette main si jolie,
Parmi ces jeunes gens, réponds-moi, je te prie,
    Qui recevras-tu pour danseur ?

Est-ce Algan ? Dorilas ? ou le jeune Clitandre,
Qui croit qu'à son beau teint tous les cœurs vont se rendre ?
Ou l'élégant Damis ? ou le beau Dorimon,
Qu'on voit par tous les bals étaler sa coiffure,
Et montrer que jamais plus charmante chaussure
    Ne couvrit un pied plus mignon ?

---

versation même futile, sont aussi des avantages auxquels il n'est pas mauvais que les jeunes cœurs se laissent prendre, au moins dans une certaine mesure. La science ou la sagesse renfrognées peuvent valoir mieux au fond, mais ne pas plaire autant ; et ce philosophe est bien sot, qui croit, parce qu'il s'estime beaucoup lui-même, que tout le monde doit l'aimer, et particulièrement la femme qu'il a distinguée.

Ah! si comme à lui-même il pensait à sa belle,
Heureuse de trouver un amant si fidèle,
Je lui conseillerais d'en faire son époux.
Élise, avec eux tous tu peux danser, ma chère;
Tu peux, sans te gêner, leur sourire et leur plaire;
    Va, je n'en serai point jaloux.

Accepte encore Lysis, à l'œil terne, au teint fade,
Qui croit intéresser en se faisant malade,
Et se plaint tous les jours de son bon appétit;
Ou ce Mondor au front chargé d'inquiétude,
Qui du triste écarté faisant sa seule étude
    Sur ses pertes toujours gémit.

Le vois-tu, pour fléchir une belle inhumaine,
Lui raconter d'abord ce que, l'autre semaine,
Il perdit au brelan contre l'heureux Monbars?
De vingt louis alors sa poche était garnie,
Et ce matin il puise en une bourse amie
    Pour traverser le pont des Arts[1].

Oui, tu peux les charmer, recevoir leur hommage.
Ton ami, ton amant te verra sans ombrage
Avec eux et comme eux converser tout le jour.
Craindre de tels galants! Élise, ah! quelle injure!
Si je les redoutais, je serais, je le jure,
    Déjà guéri de mon amour.

Mais, pensif, à l'écart, je reconnais Sainville,
Au modeste maintien, à l'air doux et tranquille;

---

[1]. À cette époque, on payait un sou pour passer sur ce pont, et je remis en effet cette somme à un jeune homme que je rencontrai dans la cour du Louvre, et qui retournait sur la rive gauche. Au reste, tous les portraits tracés ici sont ceux des jeunes gens, aujourd'hui complétement oubliés, que je voyais alors de loin en loin; et c'est pourquoi j'avais donné pour épigraphe à ma pièce ces mots de La Bruyère : « Je rends au public ce qu'il m'a prêté. »

Depuis une heure à peine a-t-il dit quelques mots.
Où le voit-on jamais à grand bruit se produire?
Le monde le recherche et ne peut le séduire,
    Ni l'arracher à ses travaux.

Ami de la nature, à son culte fidèle,
Sur ses sages conseils, sur son divin modèle
Il forme incessamment son cœur et son esprit.
Au feu des vieux écrits il épure son âme,
Il y puise l'image et la céleste flamme
    Des vertus dont il l'embellit.

Qui jamais mieux que lui sut chérir sa patrie?
Qui de plus nobles feux brûla pour une amie?
De la sainte amitié qui connut mieux les droits?
Et qui sut attaquer avec plus de courage,
Les richesses, l'orgueil ou le brillant servage
    Des vils favoris de nos rois [1]?

De lui voilà partout ce qu'on se plaît à dire.
Élise, au nom du ciel, ne va pas lui sourire :
S'il allait m'enlever et ton cœur et ta foi!...
Si son mérite un jour!... image déchirante!
Ah! de larmes de sang je pleurerais l'amante
    Que je perdrais digne de moi!

---

1. Je ne saurais aujourd'hui approuver ce trait, qui me semble aussi faux et hors d'œuvre que je le croyais alors vigoureux et à sa place. Ajoutons qu'il n'y avait pas grand courage à attaquer des gens qui ne se défendaient pas et qui laissaient tout dire.

XLVI. PRIÈRE D'AMOUR [1].

Par notre amour, par tes mains que je baise,
Par ta bonté que j'implore à genoux,
Que dans ton cœur la colère s'apaise,
Et fasse place à des pensers plus doux!

Dans mes transports si tu vis une offense,
Si mon amour m'a rendu criminel,
Dois-tu punir un instant d'imprudence
Par les tourments d'un exil éternel?

Un mot, un mot.... ce fut là tout mon crime;
En le disant avais-je pu prévoir
Que tu dirais à ta triste victime :
Va loin de moi, va languir sans espoir?

Au nom du ciel, par tes pieds que je baise,
Par ta pitié que j'implore à genoux,
Que dans ton sein la colère s'apaise;
Reprends pour moi des sentiments plus doux!

Pardon, pardon, Nice, je t'en supplie,
D'un seul instant la fugitive erreur
Par mes remords n'est-elle pas punie?
Ne puis-je plus désarmer ta rigueur?

Au nom des dieux! ah! jure-moi, ma belle,
Qu'à tout jamais mes torts sont oubliés.

---

1. Stances faites en 1829. Le défaut capital de cette pièce, c'est qu'il n'y a reellement pas de sujet. On ne sait de quoi il est question. Le sentiment est assez vrai, la passion assez chaudement exprimée, mais c'est une plainte en l'air; car il n'est pas possible que celui qui se lamente ainsi n'exprime pas plus clairement ce qui lui est reproché.

Non, me dis-tu : laisse-moi donc, cruelle
En les baisant expirer à tes pieds.

Par notre amour, par tes mains que je baise,
Par ta pitié que j'implore à genoux,
Que dans ton cœur la colère s'apaise ;
Reprends pour moi des sentiments plus doux !

XLVII. L'ORGUEIL HUMAIN[1].

Du petit manoir de son père,
Lorsque Louis le Grand un jour se voulut faire
Un château digne enfin du maître et de sa cour,
Bien loin et bien longtemps on remua la terre
Qui devait du palais enceindre le pourtour.
    Sur cette colline élégante,
    Par hasard un pauvre mulot
Depuis un ou deux mois avait dressé sa tente.
Il y vivait paisible et content de son lot.
« Je suis bien, disait-il, et mon âme est contente :
    O toi, Dieu très-grand et très-bon,
    Conserve-moi ma fortune présente ! »
Dieu ne l'exauça pas. Un beau jour le maçon
    Le chasse de son domicile.
    En proie aux regrets, le mulot
A quelques pas de là va chercher un asile ;
    Un piocheur y vient bientôt,
    Et de nouveau la peur au loin l'exile.
    Comme un proscrit chassé de ville en ville,

1. Cet apologue est de 1838.

Partout où le pauvret s'enfuit,
Incessamment la bêche le poursuit.
Alors, n'ayant plus d'espérance,
Il gémit, il sanglote, et les larmes aux yeux :
« Ah ! je sens bien qu'il faut quitter ces lieux
Où je serais toujours en transe.
Mais pour me voir à toute outrance
Ainsi persécuté, dites-moi donc, grand Dieu,
Ce que j'ai fait au roi de France ? »
A ce récit plus d'un lecteur, je pense,
Va, de Louis contemplant la puissance,
Mettre mon rat au rang des fous,
Et l'accuser d'outrecuidance.
Que du sort cependant il ressente les coups,
Il nous dira d'une égale démence :
« Pour être en butte aux traits du destin en courroux,
Qu'ai-je fait à la Providence ? »
— Ah ! mon ami, rassurez-vous.
De la Divinité la haine ou la vengeance
Ne daignent pas s'abaisser jusqu'à nous.
Mais tel est seulement l'orgueil de notre engeance,
Qu'elle se croit l'objet des éternels soucis :
C'est pour nous que tout roule aux célestes lambris.
Qu'une comète à nos yeux apparaisse,
Qu'un météore brille à nos regards surpris,
C'est la mort de quelque princesse,
Du souverain ou de ses favoris.
Comme le roi des dieux fait, dans les chants d'Homère,
Pleuvoir le sang pour honorer son fils,
Nous nous imaginons que notre divin père,
Les yeux toujours fixés sur ses enfants chéris,
Toujours plaignant notre misère,
Au moindre mal qui nous doit advenir,
Ne manque pas d'en avertir la terre.
Chacun de nous, dans sa petite sphère,
Se croit le centre où tout doit aboutir.
Chacun au monde entier pense être nécessaire.

Nous ne concevons pas que la voûte des cieux,
    Sur ses deux gonds à son aise circule
      Si tout ne succède à nos vœux ;
      Et c'est ainsi que sans scrupule,
    A tout moment, nous accusons les dieux.
    Orgueil humain, tu serais odieux
      Si tu n'étais si ridicule !

XLVIII. AU DUC D'ORLÉANS[1].

Lorsqu'aux plus sages rois un prince comparable
Sur le trône de France à la fin est monté,
Des nations du Nord la ligue déplorable
Menace des Français la sainte liberté.
Othon et ses Germains, et le comte de Flandre,
Et Jean, roi des Anglais, vont leurs troupes épandre
Dans ces champs de Bouvine à leur fureur ouverts.
« Soldats ! s'écrie Othon, cette grande entreprise
Portera votre gloire aux limites des mers ;
Qui verra cette terre à son pouvoir soumise,
      C'est le premier de l'univers.

Philippe veut en vain, lutteur infatigable,
De ses puissants vassaux borner l'autorité :
Nous réduirons bientôt ce prince insatiable,
Comme on dompte un torrent dès sa source arrêté.

---

1. Ce chant royal (*voy.* ci-dessus p. 501) a été fait au mois d'août 1838, à l'occasion de la naissance du comte de Paris. Je crois, mais je ne saurais l'assurer, qu'il a été remis alors au duc d'Orléans par un de mes amis, attaché à la maison du roi.

Croyez-vous donc qu'il ose en son camp nous attendre?
Comptez-vous, et jugez ce qu'il peut entreprendre
Quand de nos bataillons tous ces champs sont couverts.
Ah! la France par vous sera bientôt conquise.
Chantres des grands exploits, célébrez dans vos vers
L'empereur des Romains, le soutien de l'Église :
   C'est le premier de l'univers. »

Cependant des Français l'armée inébranlable,
Appelant des combats le moment souhaité,
Promettait à Philippe une ardeur indomptable ;
Et le roi devant eux, brillant de majesté,
Leur montrait sur l'autel où Dieu vient de descendre,
Ces royaux ornements qu'il offrait de leur rendre.
« Compagnons, disait-il, pour chasser ces pervers,
Pensez-vous qu'un plus digne aux combats vous conduise?
Je dépose mon sceptre, et sous sa loi je sers :
Car, à qui la couronne est par vos choix commise,
   C'est le premier de l'univers.

— Non, non ; vive Philippe ! et que son bras accable
De ces brigands impurs le ramas détesté ;
Que, puisqu'ils l'ont voulu, la guerre impitoyable
De ses fleurons sanglants pare sa royauté ;
Philippe est notre roi, mourons pour le défendre. »
Et tous incessamment vous les voyez reprendre
Les glaives, les épieux, les casques, les hauberts.
De courage et d'ardeur chaque corps rivalise.
Avec de tels soldats peut-on craindre un revers ?
Heureux le roi qu'ainsi son peuple favorise :
   C'est le premier de l'univers.

Bientôt des bataillons le choc épouvantable
Par les tremblants échos est au loin répété,
Et des rois étrangers l'ambition coupable
A reçu dans leur chute un prix bien mérité.
Vainqueur alors, autant que la voix peut s'étendre,

A ses braves guerriers le nouvel Alexandre :
« La France a par vos mains, dit-il, brisé ses fers[1] :
Sur le trône des lois dorénavant assise,
Qu'elle ceigne son front de lauriers toujours verts ;
Une gloire immortelle à son peuple est acquise :
    C'est le premier de l'univers. »

ENVOI.

Prince, à tous tes désirs Dieu voulut condescendre :
Nos chants, nos cris joyeux se font encore entendre :
Rends ton fils digne un jour de tant de vœux offerts.
Ton père élu du peuple à jamais éternise
Un nom qui parviendra jusqu'au fond des déserts ;
De toi comme de lui fais qu'à ton tour on dise :
    « C'est le premier de l'univers[2]. »

XLIX. FUNÉRAILLES DE NAPOLÉON[3].

Les temps sont arrivés ; le jour doit bientôt luire
Où le plus grand débris d'un héroïque empire
De sa patrie enfin retrouve l'heureux ciel :

---

1. Imitation d'Homère, *Odyssée*, IX, v. 473.
2. Triste et regrettable exemple de l'instabilité des choses humaines et de la vanité de nos espérances! Quel autre eut jamais plus de probabilités d'un avenir heureux? qui réunit à plus de mérite autant de talent pour se concilier les cœurs? qui obtint jamais au même degré l'amour d'un peuple entier? et qu'est-ce que tout cela est devenu aujourd'hui?
3. Pièce faite à la fin de 1840, à l'occasion du corps de Napoléon qu'on ramenait en France.

Quittant de son exil la funeste contrée,
Il va toucher, dit-on, cette terre sacrée
Qui lui garde en son sein un repos éternel.

   Nous l'avons vu, brillant de gloire,
De la France quinze ans diriger les destins ;
   Plus tard, trahi par la victoire,
Nous l'avons vu mourir en des climats lointains.
  En vain au monde il léguait sa mémoire :
    D'ennemis partout entouré,
Le grand homme expirant sur la terre étrangère,
Des chants d'un peuple entier ne fut point honoré ;
    Aussi sa tombe solitaire
   Demeurant pour tous un mystère,
Nul ne lui vint offrir un hommage ignoré.
   Que fera cependant la France ?
Vingt ans sont écoulés depuis que le tombeau
    Ensevelit dans son silence
Celui qui de nos rois avait ceint le bandeau.
    Autrefois, aux rives lointaines,
    D'un législateur, d'un héros,
    Pour les rapporter dans Athènes,
    Cimon redemanda les os[1] ;
    De même, à sa gloire fidèle,
    La France de son empereur
Réclamait dès longtemps la dépouille mortelle.
  Son roi comprend cette honorable ardeur ;
Il ordonne, et, docile à la voix paternelle,
    Joinville ira, fendant les mers,
    Chercher d'une course certaine
    Ce qu'auront épargné les vers
    Du prisonnier de Sainte-Hélène.
Noble et touchant spectacle aux yeux de l'univers !
Les temps sont arrivés, et le jour va nous luire
Où le plus grand débris d'un héroïque empire,

---

1. Plutarque, *in Theseo*, n° 36 ; *in Cimone*, n° 8.

De sa patrie enfin revoyant le beau ciel,
Oubliera de l'exil la funeste contrée.
Il doit toucher, dit-on, cette terre sacrée
Et trouver dans son sein un repos éternel.

Sainte-Hélène bientôt sur son brûlant rivage
   Voit descendre un noble équipage :
Le fils des rois le guide, et lui, montrant du doigt
Ces saules, ces cyprès au funèbre feuillage
Qui sur Napoléon étendent leur ombrage,
   Vers la tombe il marche tout droit.
   De l'épée il frappe la pierre
   Qui couvre l'illustre poussière.
« Écarte-toi, dit-il, marbre insensible et froid :
A celui qui t'habite ouvre un libre passage ;
Et toi qui dois revoir la terre des vivants,
   Lève-toi, géant de notre âge,
Quitte enfin cette couche où tu dormis vingt ans. »
   Il a dit : à sa voix puissante
   Se meut la pierre obéissante,
   Et du fond de son monument,
Aux yeux de cette foule émue et palpitante,
Le cadavre immortel se redresse un moment :
   « Où suis-je ? et quelle voix m'appelle ?
   Est-ce donc l'heure solennelle
   Où, quittant leur morne repos,
   Les morts de leur gîte s'élancent
   Et près de l'Éternel s'avancent,
Secouant autour d'eux la cendre des tombeaux [1] ?
Je n'ai point entendu la trompette effrayante
Au jugement dernier convoquer tous les morts ;
   Je n'ai pas vu la foudre dévorante
Des cieux épouvantés illuminer les bords,
   Ni dans leur course errante,

---

1. Ces deux vers sont pris presque entièrement de Gilbert dans son *Ode sur le Jugement dernier*.

Tombant sur la terre tremblante,
S'y briser les célestes corps[1].
Autour de moi tout paraît immobile :
Comme autrefois, l'univers est tranquille,
Le soleil toujours aussi beau ;
Et mon œil, ébloui de sa vive lumière,
Distingue à peine.... O ciel ! qu'ai-je vu ?... Ce drapeau....
C'est le mien.... c'est celui qu'on vit à Marengo,
Qui fit trembler l'Europe entière !
Mon drapeau ! Dieu ! Mes yeux se remplissent de pleurs !
A-t-on secoué la poussière
Qui souillait ses nobles couleurs[2] ?
Et vous, vous que je vois, qui pleurez en silence,
Vous qui, jeunes encore, au milieu des combats
N'avez pas pu suivre mes pas,
Êtes-vous, dites-moi, les enfants de la France ?
Répondez, répondez.... Ah ! ne me trompez pas !
— Oui, nous sommes Français, et la France t'appelle,
Napoléon : c'est par elle et pour elle
Qu'aux Anglais sur ces bords tu nous vois réunis.
Sur le tombeau de Sainte-Hélène
Deux peuples, autrefois l'un de l'autre ennemis,
Abjurent leur antique haine[3].
Ainsi tes vœux sont accomplis,
Et les temps sont venus, et le jour va te luire
Où, retrouvant ta pompe et ton immense empire,

---

1. Pour ces détails poétiques des prodiges qui signaleront la fin du monde, voyez l'*Apocalypse* de saint Jean, particulièrement aux chapitres VIII, IX, X, XI et XII.

2. Tout le monde reconnaît ces deux vers pour le refrain d'une des chansons de M. de Béranger : *le Vieux drapeau*.

3. Je fais des vœux pour que cette amitié entre les deux peuples soit durable, et surtout pour qu'elle soit sincère. Je ne suis pas de ceux assurément qui accusent la *perfide Albion* de tous les maux qui nous arrivent ; mais quand on la voit s'immiscer constamment dans les affaires des autres peuples, et toujours pour y exciter des émeutes ou des révolutions à son profit, il est bien difficile de croire qu'elle n'en ait pas fait autant chez nous, et que, le cas échéant, elle ne le fît pas encore.

Tu reverras ton peuple, et la France et son ciel :
Reviens donc habiter cette heureuse contrée ;
Viens, et tu recevras dans sa terre sacrée
Avec un doux repos un honneur éternel.

— En mer, amis, en mer ! l'heure fuit, le temps vole,
Hâtons-nous d'enlever ce dépôt précieux ;
A nos braves soldats rapportons leur idole,
  A la France un corps glorieux.
Et toi, noble frégate, en partant de ces lieux,
  Que ta brillante banderole
  Avec orgueil s'agite dans les cieux.
Tu portes sur ton sein le géant des batailles :
Ah ! lorsque l'univers attend ses funérailles,
  L'univers a sur toi les yeux ! »
Ainsi parle Joinville, et l'on fuit le rivage.
  La frégate, en fendant les flots,
Laisse au loin derrière elle un rapide sillage.
Sur le pont apparaît le noble sarcophage
  Où sont les restes du héros.
  Et du fond du liquide empire,
  Se pressent autour du navire
  Les transparents esprits des mers.
  Aux yeux des vivants invisibles,
  A tous nos sens imperceptibles,
Leur foule néanmoins couvre les flots amers.
  Plus nombreux qu'en de chauds parages,
  Les moucherons bourdonnant dans les airs,
Ils gravissent aux mâts, sautent sur les cordages,
Les vergues, les haubans, passent par les sabords :
  Bien plus, troupe silencieuse,
Ils osent se glisser sous le linceul des morts,
  Et de l'un d'eux la voix mystérieuse
Vient murmurer ces mots : « Napoléon, tu dors !
  Mais bientôt, sur tout ton passage,
  Pour recevoir un populaire hommage,
  Grand empereur, tu te réveilleras.

Oui, quand tu vas revoir ta vieille capitale ;
Sur ton chariot d'or, lorsque tu passeras
    En conquérant sous l'arche triomphale,
Que ta main entreprit, qu'un autre a dû finir [1];
Lorsque tu descendras cette longue avenue
        Où la multitude épandue
        Viendra te voir et t'applaudir [2];
Quand, tournant cette place aux huit villes puissantes,
Au style de granit, aux ondes jaillissantes [3],
      Loin, derrière toi, tu verras
      Cette superbe Madeleine,
      Sous ton règne ébauchée à peine [4];
      Sans doute tu reconnaîtras
      Combien la paix est riche et belle.
Tu pleureras alors cette guerre éternelle,
A qui tu donnas tout, qui ne put te sauver,
Qui, d'hommes et d'argent épuisant ton empire,
    T'empêcha de rien achever,
    Et des mères te fit maudire.
Mais quoi ! déjà ton rapide navire
Découvre cette côte où tu dois arriver.
Adieu ! nous regagnons nos humides demeures ;
    Napoléon, dans quelques heures,
Ton cœur battra d'amour en touchant ton pays :
Adieu ! » Tout l'équipage a nommé la patrie,

1. L'arc de triomphe de l'Étoile, terminé par Louis-Philippe.
2. L'avenue des Champs-Élysées, de la barrière de l'Étoile à la place de la Concorde.
3. La place Louis XV ou de la Concorde, où se trouvent en effet les statues allégoriques de huit villes de France, l'obélisque de Louqsor, et deux fontaines richement ornées.
4. Dès 1768, on avait eu le projet d'élever une église sous l'invocation de sainte Madeleine. La révolution arrêta tous les travaux. Napoléon avait voulu transformer l'édifice en un *Temple de la Gloire* où devaient être placées les statues des principaux chefs de nos armées. La restauration empêcha l'exécution de ce projet païen, dont le Panthéon prouvait assez la stérilité. Le temple redevint église, mais les travaux, poussés très-lentement, ne prirent une grande activité qu'après la révolution de juillet. L'église fut ouverte au culte le jour de Pâques 1843.

Et debout, sur le pont, le fils des rois s'écrie :
« Amis, nos vœux sont accomplis,
Et les temps sont venus, et le jour va nous luire
Où le plus grand débris du plus illustre empire
Qu'on ait vu sous le ciel,
Revoit de son pays la fertile contrée :
Reçois-le, noble peuple, et toi, terre sacrée,
Donne-lui dans ton sein un repos éternel. »

L. LE TREIZE JUILLET [1].

Tressons le blanc narcisse et les roses sauvages;
Unissons aux pavots la branche du cyprès [2] :
Ces fleurs plaisent aux morts; ah ! puissent nos hommages
A l'univers entier témoigner nos regrets !

Funeste jour ! affreuse tragédie !
Frappé du coup mortel, sur la terre étendu,
Un prince, espoir de la patrie,
Pour elle est à jamais perdu !
Il va s'éteindre : en vain lutte la vie
Pour ranimer ce corps et jeune et vigoureux [3],

---

[1]. Ce chant funèbre sur la mort à jamais regrettable du duc d'Orléans, le 13 juillet 1842, a été fait en 1843 et remis à Mme la duchesse d'Orléans, à l'occasion du triste anniversaire. J'ai reçu de cette princesse, comme témoignage de sa satisfaction, la belle lithographie représentant le comte de Paris.

2. L'églantier (ou rosier sauvage) était placé sous la protection des divinités infernales (Noël, *Dictionnaire de la fable*, mot *Arbres*); le narcisse était consacré à Proserpine (*ibid.*); le pavot à Cérès (*ibid.*) et à Morphée (même ouvrage, mot *Morphée*); le cyprès à Pluton (*ibid.*, mot *Arbres*) et aux mânes (*ibid.*, mot *Mânes*); cf. les *Antiquités romaines* (mot *Funérailles*).

3. On espéra quelques instants conserver le prince. Voy. Ad. Pascal, *Vie militaire, politique et privée du duc d'Orléans*.

La mort victorieuse étend sur lui ses ailes,
   Et dégagé de ses chaînes mortelles,
L'esprit pur et léger s'élève vers les cieux.
      Au loin, dans la brillante nue,
D'un geste bienveillant et d'un triste regard,
    Des fils des rois le groupe le salue,
Et l'invite par signe à venir sans retard
      Prendre place parmi des frères.
      De leur enceinte en même temps
      Se détachent trois jeunes gens
      Tout étincelants de lumières.
L'un appartient aux premiers rois des Francs :
Il n'a point d'arme, et de sa chevelure,
    Dès longtemps de cruels ciseaux
    Ont coupé les flottants anneaux[1] ;
    Il porte une robe de bure,
    Et ses deux bras en croix placés,
Et ses regards vers le ciel élancés,
    En lui font bientôt reconnaître
Un de ceux qui, voués au saint état du prêtre,
Ont au Seigneur leurs soupirs adressés.
      L'autre pompeusement étale
   Aux yeux de tous la pourpre impériale :
Dans la main gauche il porte un globe d'or[2] ;
Mais quel que soit l'éclat qui l'environne,
Son front n'est pas orné de la couronne,
    Et le sceptre lui manque encor.
Le troisième est couvert d'une brillante armure :
   Sur son haubert, son casque, ses brassards,
On voit pourtant les traits de plus d'une blessure :
   Car bien souvent au milieu des hasards
    Jadis l'entraînait sa grande âme.

---

1. Les cheveux longs étaient, sous la première race, la marque distinctive des princes de la famille royale ; les cheveux coupés indiquaient la renonciation au trône.

2. La pourpre et le globe dans la main gauche ont été en France, depuis Charlemagne, le symbole de la dignité impériale.

Il tient en main une oriflamme [1]
Dont le drapeau semé de fleurs de lis
　　Fait briller aux yeux éblouis
　　Le rouge éclatant de sa flamme.
　　Auprès du nouvel arrivant,
　　Envoyés par leurs royaux frères,
　　A travers les célestes sphères,
　　Tous trois viennent en souriant.

Tressons les noirs pavots et les roses sauvages ;
Unissons le narcisse aux branches du cyprès :
Ces fleurs plaisent aux morts ; ah ! puissent nos hommages
A l'univers entier témoigner nos regrets !

　　Touché de tant de bienveillance :
　　Quels êtes-vous ? demande d'Orléans,
Et ceux que j'aperçois, qui m'appellent, je pense ?
— Ce sont des fils de rois, lui dit-on, qu'en leur temps,
　　Comme tout à l'heure, la France
A régner à leur tour avait crus réservés :
　　Mais, qu'hélas ! les destins sévères,
　　En les frappant avant leurs pères,
　　A tant de gloire ont enlevés !
La foule en est nombreuse et les rangs sont pressés,
Tant à nous moissonner la mort se montre agile !
　　Combien d'entre eux furent ici reçus
　　　Après une enfance inutile !
　　Sans que leur vie ait été moins stérile.
　　A l'âge mûr ceux-là sont parvenus.
D'autres ont du malheur eu le noble baptême
Qui sauvera leur nom d'un oubli détesté :

---

1. L'oriflamme était proprement la bannière de l'abbaye de Saint-Denis, Louis le Gros fut le premier roi de France qui, en qualité de comte du Vexin, tira l'oriflamme de dessus l'autel de l'église de Saint-Denis, et la fit porter dans les armées comme la principale enseigne. (*Dictionn. des origines*, mot *Oriflamme*.)

Tel est ce roi sans royauté[1],
Qui n'a connu du rang suprême,
Que les douleurs et la fragilité ;
Ou ce fils de César de qui le diadème
Para le front dès le berceau[2] :
Et qu'on a vu mourir au fond d'un froid château,
Ignorant tout, et son père et soi-même.
Nous, qui vers toi sommes venus,
Un peu plus heureux, dans l'histoire
Nos noms du moins sont retenus,
Et de nos actions on garde la mémoire.
Tu vois ici le fils de Clodomir :
De ses oncles tu sais le projet sanguinaire,
Et comment le cruel Clotaire
Avec ses deux aînés l'allait faire périr[3].
En se cachant au fond d'un monastère
Clodoalde à ses coups put enfin se soustraire :
Là les vertus dont il sut s'embellir
Ont à toujours illuminé sa trace,
Et dans ce bas monde où tout passe,
Jamais ne passera son pieux souvenir[4].
Celui de nous que la pourpre accompagne,
Et dans les mains de qui tu vois
Un globe d'or surmonté d'une croix,
C'était le fils aîné, l'espoir de Charlemagne[5],

---

1. Louis XVII, né le 27 mars 1785 ; titré duc de Normandie, dauphin par la mort de son frère aîné, le 4 juin 1789, roi par droit d'hérédité, le 21 janvier 1793 ; mort le 8 juin 1795 dans la prison du Temple.

2. Fr. Ch. Jos. Napoléon, duc de Reichstadt, né le 20 mars 1811, titré roi de Rome, grand aigle de la Légion d'honneur, grand'croix des ordres de la Couronne de fer, de la Réunion et des trois Toisons d'or ; appelé par quelques-uns Napoléon II, depuis que son père, en abdiquant pour la seconde fois le 22 juin 1815, l'avait proclamé empereur des Français. Mort en 1832.

3. En 526.

4. Clodoalde est invoqué sous le nom de Saint-Cloud : il a donné son nom au village qui se nommait auparavant Nogent-sur-Seine (Hénault).

5. Charles, roi de la France orientale, mort en 811 (Hénault) ; l'auteur de

L'héritier de l'empire et le maître des rois.
Dans les soins de la paix et dans ceux de la guerre,
  Avec succès combien de fois
  Charles avait aidé son père!
Quel règne présageaient tant de brillants exploits!
La mort trancha trop tôt sa rapide carrière,
  Et Louis, dit le Débonnaire,
De cet immense empire eut à porter le poids [1].
Pour moi, l'un des premiers de ton illustre race,
  Fils aîné de Louis le Gros [2],
  Avec lui de nos grands vassaux,
 L'épée au poing je réprimai l'audace.
Dur et triste labeur! dans leurs sombres châteaux,
Derrière leurs fossés, sur des rochers sauvages,
  Ils abritaient leurs brigandages,
Ces nobles, de nos champs détestables bourreaux;
Et du haut de leurs forts exerçant leurs ravages,
Volaient d'un premier crime à des crimes nouveaux.
Qui pouvait arrêter ces coupables puissances,
  Lorsqu'à peine sous ses drapeaux,
  Mon père comptait quelques lances?
  Le pays vint nous soutenir :
Il demandait, et nous, nous fondions les communes [3].
Ainsi, pour assurer un meilleur avenir,
  Peuples et rois unissaient leurs fortunes,
Quand la mort à cette œuvre, hélas! me vint ravir [4]. »

l'ouvrage intitulé *les Carlovingiens et la France sous cette dynastie* fait un grand éloge de ce prince, dont la vie entière, dit-il, a montré qu'il était digne de son père et capable de soutenir l'honneur du sang carlovingien (*Hist. de Charlemagne*, n° 89, t. II, p. 134). Charles avait 36 ans.

1. Louis le Débonnaire, empereur en 814 à la mort de son père, mourut lui-même en 840.

2. Philippe, fils aîné de Louis VI, associé au trône du vivant de son père.

3. Voy. Millot, à la fin du règne de Louis le Gros. Cette création des communes est un des faits les plus importants de l'histoire moderne. Il est bon de rappeler sans cesse la part que la France y a prise sous la conduite de ses rois.

4. Philippe mourut en 1131 d'une chute de cheval.

LE TREIZE JUILLET.

Tressons le blanc narcisse et les roses sauvages ;
Unissons aux pavots la branche du cyprès :
Ces fleurs plaisent aux morts ; ah ! puissent nos hommages
A l'univers entier témoigner nos regrets !

« Viens donc, viens parmi nous, noble enfant de la France :
    Toi que louaient toutes les voix,
    Toi que des peuples et des rois
    Depuis douze ans saluait l'espérance.
    Viens retrouver des frères, des amis,
Égaux par le malheur plutôt que par la gloire,
Puisqu'aussi haut que toi nul d'entre nous n'a mis
    Son nom au temple de mémoire.
    Mais dans ces pures régions
    Où l'on ne connaît plus l'envie,
    Avec quel orgueil nous suivions
    Le cours éclatant de ta vie :
    Soit lorsque sous les murs d'Anvers [1],
    Protégeant une cause amie,
    Des Belges tu brisais les fers ;
Soit lorsque réparant, sur l'africaine plage,
    Les désastres de la Macta,
    Tu recevais, non loin de Mascara [2],
    Un coup de feu sur le champ du carnage ;
Soit aux Portes de Fer [3], ou lorsque ton courage
    Forçait le col de Mouzaïa [4].
    Et toutefois, sur la terre ennemie,
    Si tu cherchais un illustre trépas,
    Rentré dans ta noble patrie,
Une moins belle fin ne t'épouvantait pas.
    Quand une affreuse épidémie,
    Sur la France épandit la mort,

---

1. Novembre et décembre 1832.
2. 3 décembre 1835. Voy. Adr. Pascal, p. 20.
3. Octobre 1839.
4. 12 mai 1840. Ad. Pascal, p. 63.

LE TREIZE JUILLET.

De la peste bravant l'effort
Au foyer de la maladie,
On t'a vu, d'un pas ferme et d'une âme aguerrie,
Aux cœurs désespérés porter du reconfort [1],
Et ranimer en eux le flambeau de la vie.
Et quand des passions fermentait le levain,
Quand, l'émeute cachant sa tête meurtrière,
Dans les murs de Paris, un obscur assassin,
Ou de toi-même, ou de ton père,
Ou même de ton jeune frère
Venait à menacer le sein;
Contre la publique colère,
Ta voix seule le protégeait,
Et, le dérobant au supplice,
Tu réservais à la justice
La peine ou le pardon de ce hideux forfait [2].
Ainsi tu parcourais ta route glorieuse;
Ainsi dans les succès, ainsi dans les malheurs,
Par ta conduite et franche et généreuse,
Tu t'étais conquis tous les cœurs.
Aussi quels transports éclatèrent,
Quels chants jusqu'au ciel s'élevèrent,
Dans ces brillants et nobles jours,
Où d'une princesse accomplie,
La main à ta main fut unie [3]!
Où naquit cet enfant, doux fruit de vos amours,
Gage de paix pour la patrie [4]!
Qu'alors ton peuple était joyeux!
Et comme avec ardeur nous unissions nos vœux
A tous ceux qu'il faisait entendre,
Pour que le Tout-Puissant longtemps te voulût rendre
Des pères, des époux, des rois le plus heureux!

1. En 1832. Ad. Pascal, p. 15.
2. Attentats de Fieschi, 28 juillet 1835, et autres.
3. En 1837.
4. Le comte de Paris, né en 1838.

Le Destin a brisé cette belle espérance [1].
Pour ces vastes pensers ton trépas à la France
  Ne laisse aujourd'hui qu'un long deuil;
  C'est autour d'un triste cercueil,
 Qu'en gémissant un peuple entier s'élance;
Et toi pour son bonheur tu ne peux plus agir !
Du moins tu peux prier pour ta chère patrie :
  Car chez les tiens, comme d'un bon génie,
  A tout jamais, vivra ton souvenir. »

Tressons les noirs pavots et les roses sauvages;
Unissons le narcisse aux branches du cyprès :
Ces fleurs plaisent aux morts ; ah ! puissent nos hommages
A l'univers entier témoigner nos regrets !

  Ainsi d'un triste et doux langage,
 A Ferdinand Philippe s'adressait :
  Et le prince lui répondait :
« Heureux de votre accueil, fier de votre suffrage,
  Si mes efforts n'ont pas été perdus,
  Si mon nom reste honoré sur la terre,
Je ne me plaindrai pas de ma courte carrière :
  Qu'importent quelques ans de plus ?
Sans doute avec plaisir je les aurais reçus
  Pour consacrer encor ma vie
  A la gloire de ma patrie,
Au bonheur d'une épouse, aux travaux, aux progrès
 De ces enfants qui plus tard, je l'espère,
  Aux Français rappelant leur père,
 Les aimeront comme je les aimais [2].
Dieu ne l'a pas permis. La mort, d'une main sûre,
M'a frappé dans ma force et ma sécurité [3].

---

1. Le 13 juillet 1842.
2. Le comte de Paris et le duc de Chartres né en 1840.
3. Le duc d'Orléans, né le 3 septembre 1810, n'avait pas encore trente-deux ans.

Comme un soldat par son chef aposté,
Aux ordres souverains j'obéis sans murmure ;
 Et maintenant que je suis avec vous,
  Bien-aimés enfants de la France,
 Pour son bonheur, sa gloire, sa puissance,
  Intimement unissons-nous ;
  Obtenons de la Providence,
Qu'à notre beau pays désormais sa clémence
  Épargne ces funestes coups. »

Tressons le blanc narcisse et les roses sauvages ;
Unissons aux pavots la branche du cyprès :
Ces fleurs plaisent aux morts ; ah ! puissent nos hommages
A l'univers entier témoigner nos regrets !

FIN.

TABLE ALPHABÉTIQUE

DES MATIÈRES CONTENUES,

DES AUTEURS ET DES OUVRAGES CITÉS,

DANS CE VOLUME.

ACADÉMIE FRANÇAISE (l'), 29; — juge le *Cid*, 30, 31; — (question proposée par l'), 211 à 213.
Agamemnon d'Eschyle comparé à celui de Lemercier, 200 à 202.
Ahasvérus, 188.
AIMOIN, 367, 390, 392 à 397.
Alcade (l') *de Molorido*, 194.
ALEMBERT (D'), 65; — cité, 66, 275.
Alexandre le Grand, 411.
Alexandrie (école d'), 6.
Allemagne (de l'), 98 à 100.
Amadis, poëme, 144.
AMBROISE (saint), 348.
AMMIEN MARCELLIN, 309, 331 à 340.
AMYOT, 21, 22.
Analyse d'un ouvrage, 142.
ANDRIEUX, 83.
Angelo, tyran de Padoue, 164.
Année littéraire (l'), 61.
ANQUETIL, 454, 455, 459.
APOLLONIUS (de Rhodes), 308, 311.
APULÉE, 15.
Argument d'un ouvrage, d'un poëme, ou d'une de leurs parties, 142; — peut être plus ou moins étendu, *ib*.
ARIOSTE, 197, 198, 307.
ARISTARQUE, 7, 13, 158.
ARISTOPHANE de Byzance, 7.
ARISTOTE, 5, 100, 158, 314; — est le fondateur de la critique, 5.
ARNOULD (M. Edmond), 211, 212.
Arriérés (critiques), 28, 104; — appelés *classiques* en 1825, 105. Voy. *Classiques*.
Art poétique, 187, 191.
Arts (la forme des) s'est perfectionnée avec le temps, 280. Voy. les *Thèses de littérature*, n° I.

Astronomie homérique, 309, 310.
Atala de Chateaubriand, 148.
Athalie, 187.
ATHÉNÉE, 16, 314, 317, 321, 324 à 326.
Attention et Réflexion, 191. Voy. *Réflexion*.
Attila, 350 et suiv.
AUBIGNAC (l'abbé D'), 27.
AULU-GELLE, 16.
Aunay (les frères d'), 432.
AVISSE, 139.

BAOUR-LORMIAN, 182.
BARANTE (M. DE), 67.
BARBIER D'AUCOURT, 38.
BARBIER (M. Aug.), 249.
BARTHÉLEMY (l'abbé), 452.
BARY (M.), 151 à 153.
BASSOMPIERRE, 449, 450.
Batrachomyomachie (la), 437.
BATTEUX (l'abbé), 65, 116; — loué par Pougens, 124; — apprécié, *ib*.
BAYLE, 42; — sceptique en philosophie plutôt qu'en littérature, 43, 50; — cité, 362, 369.
BEAUMARCHAIS, 82.
Beauté dans les ouvrages d'art, 19; — négligée au moyen âge, *ib*.
Bélinde, 346.
BÉRANGER (DE), 105, 112, 222, 241, 504, 528.
BERNARD (Ch. DE), 215.
BERTHAULD, 316.
BLAIR (Hugues), 169.
Blanche et Montcassin, 85.
BLAZE DE BURY (M.), 131.
BOILEAU, 17, 24, 34 et suiv., 50, 158, 181, 187, 191, 195, 218, 224, 228,

241, 247, 277, 278, 488; — considéré comme critique, 34 et suiv. ; — n'a pas exposé exactement les idées de Perrault, 35.
Bon (le) et le mauvais font l'objet spécial de la critique littéraire, 2.
Bonaparte (Napoléon), 472 ; — passe en Égypte, *ib.*; — appelé roi du Nil par dérision, 474; — rapporté en France, 525.
BONDOMINA, 404.
BOUHOURS, 38.
BOUILLET (M.), 8, 49.
BOURBONS (les) ont ramené la paix et la liberté en France, 101.
Bourgeois de Paris (le), comédie, 444.
BOYARDO, 307.
Brutus de Cicéron, 11.
Buckingham, 462 ; — amoureux d'Anne d'Autriche, 463 ; — assassiné en 1628, 462.
Bureau d'adresses (le), 49.
BUFFIER (le P.), 217.
BURGER, 254.
Burgraves (les), 111.

Camaraderie (la) des auteurs au XIXᵉ siècle, 103 ; — différait beaucoup de celle qui a formé au XVIIIᵉ le parti philosophique, *ib.*; — avait pour objet exclusif les intérêts matériels des associés, 104.
Cantate (forme de la), 402.
Catéchisme universel, 87.
Catherine de Médicis, 447.
Césure mobile (la), 268 ; — détruit l'harmonie du vers, 269 ; — et même la rime, 271.
Chant royal, 504, 523.
Chants du crépuscule (les), 110.
CHAPELAIN, 278.
Charles le Gros, 405 ; — de Lorraine, 411; — vaincu et prisonnier, 416 ; — sa mort, 418; — de Bourbon, 441; — IX roi de France, 446.
Charles VII chez ses grands vassaux, 291 à 293.
Charpente (la) des poëmes dépend surtout de la disposition, 210.
Chariot (le) plutôt que la Grande ourse, 426.
CHATEAUBRIAND, 83, 104, 148 ; — critique orthodoxe dans le *Mercure*, 92; — très-hardi dans ses compositions originales, *ib.*; — chef de parti pour les romantiques, 104; — a une imagination plus riche que sûre,
170 à 172 ; — a sacrifié au pédantisme dans ses *Martyrs*, 288.
CHÉNIER (André), 107, 244, 278, 280.
CHÉNIER (M. Joseph), 72, 83, 84, 87, 88, 93, 135, 136, 158, 202 à 206 ; 247; — n'était pas habile à intriguer une pièce, 203 à 206; — était un mauvais poëte lyrique, 247.
Chevalerie (la), poëme, 144.
Chevilles, 242 et suiv.; — si elles ne sont pas exclues absolument, sont au moins dissimulées par les poëtes habiles, 244; — sont admises en quantité et dans les conditions les plus détestables par l'école romantique, *ib.* et suiv.
Childéric, 357 et suiv.
Chilpéric, 387; — mort en 584, 389.
Chramne, 381 et suiv.
Chute d'un ange (la), 250, 251, 261.
CICÉRON, 10, 11, 97, 122, 158, 477, 481.
Classes de l'Institut en 1810, 89.
Classiques (idées ou doctrines), 42. Voy. *Traditionnelles*.
Classiques (les) ou le parti classique, 105 ; — ne se composait guère en 1825 que des arriérés, *ib.*; — a été naturellement battu, 104; — et même ruiné, 109.
CLÉMENT, 57, 63.
Clotaire, 386.
Clovis, 371 et suiv.
COLLIN D'HARLEVILLE, 139.
COLLIN DE PLANCY, 367, 490 à 496.
Compréhension (la) dans les ouvrages poétiques, 231.
Conaxa, comédie, 139.
Conditions (les) de la poésie, 160 à 283.
Contemplations (les), 134.
CORNEILLE (P.), 24 à 26, 158, 168, 206, 217.
COPPET (M.), 151 à 153.
Corruption du goût (de la), 40.
Coteries (les) ne font pas le talent, 105 ; — sont évitées par les hommes d'un vrai mérite, *ib.*
Cours analytique de littérature, 92, 113.
Cours de littérature dramatique, de Geoffroy, 90.
Cours de littérature dramatique, de Schlegel, 107.
Cours de littérature, de Fr. Schlegel, 107.
Cours élémentaire de littérature, composé des articles de Voltaire, 55.

Cours supérieur de grammaire, 126, 215; 236, 245, 268, 272, 283.
CRATÈS DE MALLUS, 10.
CREUZÉ DE LESSER, 140, 144, 344.
Critique (la) a diverses branches, 1; — littéraire doit être distinguée des autres critiques, 2; — commence à former une science sous Aristote, 5; — fait des progrès dans l'école d'Alexandrie, 6; — chez les Romains, 9; — a sa décadence, 15; — renaît à la Renaissance, 18; — se perfectionne par l'imprimerie, 20; — devient une profession, 21; — fait des progrès par Malherbe, 21; — arriérée ou rétrograde, 28; — sous Corneille ou au temps de Louis XIII, 24 à 34; — sous Boileau ou au temps de Louis XIV, 34 à 50; — périodique en France, 49; — sous Voltaire, 50 à 82; — périodique appliquée aux ouvrages littéraires, 57 à 64; — sous la république et l'empire est restée à peu près ce qu'elle était, 82, 84 à 101; — sous la restauration, 101; — a été fort agitée, 103, 104 et suiv.; — a péri en même temps que la poésie et la littérature légère; 109 (voy. *Poètes*); — sérieuse tuée, 113; — de fantaisie favorisée, 144; — celle-ci méprisée par les hommes instruits, 116; — littéraire remplacée par une autre critique, *ib.*; — (règles de la), 120 et suiv., voy. ces mots; — étroite, 121; — sera-t-elle douce et sévère, 157; — doit être bienveillante et polie, 157.
Cyrnus ou la Corse, 315.
Cyrus, tragédie, 93.

DACIER (Mme), 39, 50; — manque de goût, 40; — ne comprend ni les questions ni les objections, 40, 41; — pédante et acariâtre, 42.
DANIEL (le P.), 259.
DARNAULT (M. Alph.), 254, 256.
Décade philosophique, 83, 84.
De causis corruptæ eloquentiæ, 14.
Défauts du style formant chez quelques-uns une originalité de mauvaise espèce, 216.
DE GAULLE (M.), 307, 313, 353.
DEGUERLE, 287, 288, 296, 297.
DELAVIGNE, 105, 165 à 168; 222, 231 à 233, 241.
DENYS D'HALICARNASSE, 12, 13.
DESFONTAINES (l'abbé), 57; — critique capricieux, 58, et peu honorable, 58, 61.
DESMARETS, 367.
Destinées de la poésie (des), discours peu solide, 112, 161.
DESTOUCHES, 210.
Dialogues sur l'éloquence, 43.
Dictionnaire de littérature, 65.
Dictionnaire des inventions, 454; 455.
Dictionnaire de plain-chant et de musique religieuse, 297.
Dictionnaire philosophique, 169, 178, 188.
DIDEROT, 73, 82, 156; — (propositions de) sur l'art dramatique, 74, 75; — distinguait cinq genres de pièces, 75; — recommandait le drame, *ib.*; — manquait des principales qualités dramatiques et avait un style déclamatoire, 75 et 78; — se rejetait sur la pantomime de l'acteur, 75, 76; — cité, 77.
DIODORE de Sicile, 308, 309, 311.
Disposition (la) dans un ouvrage, 142, — est exposée d'ordinaire avec l'invention dans l'analyse d'un poëme, 143; — concourt puissamment à produire l'originalité, 210, 231; — comprend le choix et l'arrangement des matériaux, 210.
Dissidents ou sceptiques dans la critique littéraire, 8, 9; — se trouvent à toutes les époques, 9, 34, 42; — ont à peine existé sous Voltaire, 57; — ont été appelés *romantiques* en 1825, 105. Voy. ce mot.
Distinction (la) des vers latins en tant qu'ils appartiennent à tel ou tel poète n'est pas toujours possible, 52. — Les passages proposés en preuve appartiennent, le premier à Ennius, le second à Lucrèce, le dernier à Virgile, 52 et 53.
DOMAIRON, 124.
DOMERGUE, 87.
DORAT, 86.
Drame (le) n'est pas une espèce particulière ou exceptionnelle dans le genre dramatique, 80; — il est soumis aux règles ordinaires de ce genre, 82.
DREUX DU RADIER, 362, 367, 368, 398, 403, 432, 451, 454.
DUBOS (l'abbé), 39.
DUCROS (M.), 227.
DUMARSAIS, 7.
DUMAS (M. Alex.), 280 à 293; 295, 296.

DUSSAULT, 90.
DUVAL (Amaury), 83.
DUVAL (Alexandre), 82, 146.
DUVEYRIER (M.), 140.

EGGER (M.) 2, 4, 7, 12, 16, 17, 95, 136.
Enjambement libre dans les vers, 268 ; — en détruit toute l'harmonie, 269 ; — supprime même la rime, 271. Voy. *Césure mobile.*
Enthousiasme (l'), 177 ; — défini, *ib.*, et 178 ; — (moyens généraux et action de l'), 178 ; — doit se concilier avec la raison, *ib.;* — est admis où, *ib.:* — (prétention à l'), 180.
Éléments de littérature, 68, 70.
Élèves de Voltaire, 65.
Élocution, 142.
Empire (époque de l'), et de la république, 83 à 101.
Ennemis de Voltaire, 57 à 64 ; — ont eu peu de succès et ont même compromis leur réputation de critiques, 65.
ENNIUS, 10, 96.
Entretiens sur le fils naturel, 73, 75.
Épithètes purement matérielles ou abstraites, et épithètes sentimentales, 278 à 280 ; — pittoresques, ce que c'est, 279 ; — doivent être toujours choisies, 282, 283.
ERDAN (M.), 216.
Eridan (l'), 311.
Érudition (l') se perfectionne au XVI° siècle, 18 ; — de quelques critiques a été étroite et sans lumières, 27 ; — est bonne en soi, 284, 293 ; — fait en grande partie la supériorité des modernes, 284 ; — sans motif et hors de sa place est insupportable, 285.
ESCHYLE, 200, 310.
Esprit de Desfontaine, 58, 59, 60.
Essais sur le théâtre, 73, 79.
Essais de critique sur la littérature ancienne et moderne, 63.
ÉTIENNE, 139.
Étourdi (l'), 168.
Eudes, 405, 412.
Euripide jugé par Longin, 16, 17.
EUTROPE, 95.
Examen critique des historiens d'Auguste, 136.
Expression (l') est la partie la plus importante dans les ouvrages d'art, 235 ; — exige surtout la correction, la justesse, la variété et l'harmonie, 236 ; — (Défauts contraires à l') *ib.* et p. suiv.
ÉZÉCHIEL, 179.

FABRE D'ÉGLANTINE, 192.
FABRE D'OLIVET, 492.
Fabulæ prætextæ, 97 ; — crepidatæ, *ib.*
Facultés des poëtes, 162, 163 et suiv.
Fécondité chez les auteurs vraie ou fausse, 249, 250.
FÉLETZ (DE), 90.
FÉNELON 36, 42 ; — comprenait incomplétement les beaux-arts, 42 ; — a jugé souvent fort mal, 43 ; — était classique en certaines choses, et en d'autres dissident, 43, 50 ; — n'a pas bien comparé Virgile à Homère, 205.
FEUGÈRE, (M.) 22.
Feuilles d'automne (les), 110.
FICKER, 14.
FILLEAU (Jean), auteur d'un commentaire sur les *Litanies de sainte Radegonde*, 400, 401, 403, 404.
FLÉCHIER, 341.
FONTANES, 83.
FONTENELLE, 42 ; — sceptique en littérature, *ib.*, 50 ; — n'a pas eu beaucoup d'influence, 43 ; — a loué Lamotte avec une exagération ridicule, 44.
Forme (la) des arts n'est pas fixée à tout jamais par les premiers inventeurs, 54.
Franc arbitre, 99 ; — mal compris par Mme de Staël, *ib.*
Francio ou Francus, 307.
François 1er, 442.
Frayssinous (l'abbé), 492.
FRÉDÉGAIRE, 367.
Frédégonde, 389.
FRÉRON, 57, 61 ; — plus honorable que Desfontaines, 61 ; — critiqué ou injurié par Voltaire, 8, 61 ; — ne doit pas être jugé par là, *ib.*
FURETIÈRE, 217.

Gaston, frère de Louis XIII, 460.
Gazette, 49 ; — de France, *ib.;* — du Midi, 114.
GÉDOYN, 15.
GEOFFROY, condamné par Luce de Lancival, 8 ; — apprécié, 90 ; — cité, 90, 91.
Géographie homérique, 310.
GERUZEZ (M.), 25, 29.
Gesta Francorum, 387.

TABLE ALPHABÉTIQUE.

Ghezzi, 507.
Gilbert, 527.
Gil-Blas, 215.
Ginguené, 83.
Goût (le) peu exercé au moyen âge, 18; — fait des progrès par Malherbe, 24; — (on peut disputer du), 154; — bon ou mauvais, 155; — en quel sens est libre, *ib.*; — doit être fin chez le critique, 156; — et distinguer les divers mérites des ouvrages, *ib.*
Gozlin, 405.
Grammaticale (critique), 1.
Grégoire de Tours, 350, 353, 360, 361, 368 à 372, 377, 378, 381 à 386, 397 à 399, 402 à 404.
Gros (M.), 12, 13.
Grasset, 58, 210.
Guise (le duc de), 447.

Harmonie des langues mortes mal analysée par L. Racine, 52; — jugée souvent d'après le sens des mots, non d'après leur son, 53; — dans la versification est relative, 276; — peut être très-grande dans la poésie de sentiments et d'images, 275, 277; — est beaucoup moindre dans la poésie serrée et de pensées, 277, 278.
Harmonies poétiques et religieuses, 184, 242, 258 à 260.
Haydn, 299.
Hénaut, 452, 458, 462.
Henri III, 447; — IV, 448 et suiv., 456.
Henri III, 290.
Hérodote, 208.
Hésiode, 4, 195, 243, 309 à 311.
Histoire de la littérature dramatique, 114.
Histoire de la poésie française à l'époque impériale, 106, 127, 143, 146, 147, 201.
Historique (critique), 1.
Hohenloë (Alexandre de), 497.
Hoffmann, 90.
Homère, 3, 196, 197, 243, 305, 308 à 310, 312, 321, 322, 433, 525.
Horace, 7, 10, 11, 96, 97, 98, 138; 158, 191, 194, 213, 243, 275, 307, 313, 503; — marque un progrès important dans la critique littéraire, 11, 12; — est plus serré dans sa poésie que les poëtes précédents, 243.
Hugues Capet, 410 et suiv.
Hugo (M.), 109 à 111, 134, 172, 173, 179, 180, 181, 231, 234 à 237, 238 à 240, 252, 253, 289, 290, 294, 297 à 302; — se trompe sur Eschyle et sur Homère, 111; — manque souvent de jugement, 190; — est extrêmement incorrect, 237 et suiv.; — admet les non-sens en quantité, 252; — abuse de l'antithèse et de l'hyperbole au point d'être très-monotone, 262 à 268; — tombe dans le pédantisme, 289, 294; — parle de ce qu'il ne sait pas, 297 à 302.
Hygin, 286.
Hyperboréens (les), 309.
Ignorants (comment les) composent 289.
Iliade, 3, 196, 197, 438.
Image (choix de l') dans la fable, 47, 48; — qui n'est pas naturelle, 49.
Imagination, 168 et suiv.; — est prise en plusieurs sens, *ib.*; — passive, n'est guère que la mémoire, 168, 169; — dans son sens étymologique, 170; — riche ou pauvre, *ib.*; juste ou fausse, *ib.*; — est une faculté dangereuse, 170 à 177.
Imaginative (l'), 168.
Imitation (l') n'est pas toujours ce qu'on croit, 37; — des anciens ne suffit pas à faire un bon ouvrage, 37, 38; — ne produit pas tout le plaisir dans les beaux-arts, 51.
Imprimerie (l') influe sur la critique littéraire, 20; — et sur la polémique, *ib.*
Impuissance et stérilité dans les poëtes, 214.
Impuissants en littérature, 74.
Incorrection, 236 à 242.
Indépendance dans les matières littéraires, 103.
Intelligence comparée à la compréhension, 231; — inutile dans la poésie jaculatoire, 222; — nécessaire dans la poésie méditée, *ib.*
Intricative, 199; — (puissance de l'), 200; — s'est perfectionnée depuis l'antiquité jusqu'à nous, 202 et suiv; — s'est montrée plutôt dans la comédie que dans la tragédie, 204; — a manqué à M. J. Chénier, 205, 206.
Invention dans les ouvrages littéraires, 142; — dans les beaux-arts diffère de celle des sciences et de la philosophie, 209; — dans les poëmes exige avant tout un sujet, 220. Voy. *Sujet*; — originale, voy. *Originalité*; — est inépuisable, 212.
Iphigénie, 187.

ISAÏE, 383.
ISOCRATE, 5.

Jacques Cœur, 489.
JANIN (M. Jules), 114 à 118; — (erreurs singulières de) sur un vers de Racine, 114; — sur les *Femmes savantes* et Mme Dacier, *ib.* et 115; — sur la comédie grecque, 115; — sur l'Athénien Cléon, 115, 116; — sur Aristote, 114; — sur la *Rhétorique* et la *Poétique* de cet auteur, *ib.*; — sur Lamotte, 117; — a beaucoup contribué à ruiner la bonne critique, 118; — se pique d'écrire correctement le français, 236.
JEAN (saint), 343, 344, 388, 528.
JÉRÔME (saint), 194.
Jérôme Paturot, 215.
Jocelyn, 260.
JOHANNEAU (Éloi), 55.
Journal de l'Institut historique, 108.
Journal de Paris, 84.
Journal des Débats, 84, 90.
Journal général de l'instruction publique, 136.
Journaux (naissance des), 49; — appliqués à la critique littéraire, 57 et suiv.; — employés par les ennemis de Voltaire, *ib.*
JOUY (DE), 104, 204.
Juge (le), 80.
Jugement (le), 186; — (action du), *ib.*, 187; — (l'absence du) produit l'incohérence et la contradiction des figures, 188; — rend les auteurs inintelligibles, 188 et suiv.
Jugement d'un ouvrage, 142, 153.
Jugements littéraires des académies et des corps savants, 31.
Jugements sur les ouvrages nouveaux, 58, 59, 61.
JULIEN, 330 et suiv.
JUSTIN, 314 à 317, 319 à 321, 324 à 326.
JUVÉNAL, 12.

LA BRUYÈRE, 36 à 38; — quelquefois difficile à comprendre, 37; — et faux dans ses jugements, *ib.*; — souvent aussi très-exact, 38; — cité, 194.
LACHAUSSÉE, 61, 62, 82.
LACOMBE, 65.
LA FAGE (M. A. DE), 297.
Lafayette (Mlle de), 461.
LA FONTAINE, 36, 193, 194, 217, 301.
LAHARPE, 44, 65, 71, 83, 124, 135, 136, 158, 176, 192, 426; — apprécié et cité, 72; — condamné par Pougens, 123; — par M. de Pontmartin, 30, 31; — critiqué, 426.
LAMARTINE (M. DE), 101; — voit souvent ce qui n'existe pas, 102; — juge avec passion l'époque impériale, *ib.*; — examiné et critiqué, 174 à 179, 183 à 185; — (caractère de la poésie de), 223 à 224; — conseille les sujets vagues et nuls, 225; — est très-incorrect, 242; — admet beaucoup de chevilles, 245; — tombe fréquemment dans le non-sens, 250; — est extrêmement monotone, 256 à 267, 487 et suiv.
LAMOTTE, 40 et suiv.; — sceptique en littérature, 42, 44, 50; — a traité des divers genres littéraires, 44; — loué par Fontenelle, 44, 45; — a été un poëte lyrique détestable, 45; — comme critique ne vaut rien pour ce qui tient au sentiment, au coloris, à l'harmonie du style, 47; — est au contraire très-bon pour les divers arrangements des choses, etc., 48; — jugé par Voltaire, 56; — jugé, 275, 277.
Langue sans mots, 259 à 261.
LARCHER, 4, 208.
LATOUR (M.) de Saint-Ybars, 132.
La Vallière (Mlle de), 464 et suiv.
LE BOSSU (le P.), 27, 28, 50.
LEBRUN (ÉCOUCHARD), 181 à 183.
LEBRUN (le prince), 3.
Leçons de rhétorique, 169.
LEFRANC DE POMPIGNAN, 179.
Légende dorée (la), 350.
LEMERCIER, 92, 200, 201, 294.
LÉONARD, 64.
Lettre à l'Académie française, 43.
Lettres philosophiques de Pougens, 123.
LIBANIUS, 336, 339, 340, 344.
Litanies de sainte Radegonde, 400, 401, 404.
Littéraire (la critique) est générale et théorique, 1, 2, ou particulière et appliquée, 1, 2. Voy. *Critique*.
Littérature légère tombe avec la critique, 109, 113.
Littérature (de la) *dans ses rapports avec les institutions sociales*, 92 à 98.
LIVIUS ANDRONICUS, 10.
LONGIN, 16, 158.
Louis XIII, 458, 459; — XIV, 464, 521; — XV, 480; — XVIII, 480 et suiv.
Loyola (Ignace de), 492, 515.

Luc (saint), 467.
Lucain, 32.
Luce de Lancival, 8, 285 à 287.
Lucien, 16, 310.
Lucilius, 11.
Lycée (le), 44, 73, 141, 179.

Mably, jugé, 284.
Mac-Pherson, 328, 329.
Macrobe, 17, 96.
Maindron (M.), 353.
Malherbe, 21; — donne à la France sa langue poétique, 21, 22; — est un critique très-sévère, *ib.*; — est critiqué lui-même par Régnier, 23; — loué, 426; — a dégradé la poésie en chantant l'amour incestueux d'Henri IV, 451.
Malte-Brun, 308 à 311, 315, 326.
Manie de briller (la), 194.
Marchangy, 309.
Marino Faliero, 165 à 167.
Marie Tudor, 111.
Marion Delorme, 268, 271, 272.
Marionnettes (les), 194.
Marivaux, 63.
Marmontel, 65, 67, 158, 168, 169; — apprécié, 67, 68; — induit en erreur par l'esprit régnant au xviii° siècle, *ib.*; — cité, 69 à 72; — blâmé par Pougens, 123, 124; — sur le style original, 215.
Marquise de Senneterre (la), 140.
Martin (saint), 372.
Martyrs (les), 288.
Massilie ou Marseille, 316.
Matthieu (saint), 343, 344, 383.
Maynard, 489.
Méditations poétiques, 102, 185, 223, 242, 257, 260, 487, 488.
Mélanges de littérature, d'histoire et de philosophie, 65, 66.
Mélesville (M.), 140.
Mémoire (la), 194 et suiv.; — (influence de), sur les œuvres littéraires, 195, 196.
Mémoires pour servir à l'histoire de notre littérature, 84.
Mémoires d'un jeune jésuite, 497.
Menteur (le), 206.
Mercier, 73, 78; — recommande le drame, 78; — exprime quelquefois très-vivement des idées justes, 79; — critique justement Voltaire, 79; — cité, 81, 82.
Mercure de France, 83, 84.
Mercure galant, 49.
Mérovée, 353.

Mérovingiens (les) *et les Carlovingiens*, 353, 363, 367.
Messala, 313.
Millevoye, 293.
Millot, 338, 350, 353, 354, 395, 396, 411, 535.
Moissy, 141.
Molière, 36, 168, 193, 204, 205, 209, 210, 217, 285.
Moniteur universel (le), 84, 129, 483.
Monotonie, 253 à 268; — (exemples incroyables de), 257 et suiv.; — produite infailliblement par le manque de connaissances et le défaut de travail, 281.
Monsieur Musard, 193.
Montaigne, 21, 22, 217.
Montmorency, 453; — condamné et exécuté en 1632, 457.
Moret (le comte de), 453 et suiv.; — (la comtesse de), 454, 456.
Mouhy (le chevalier de), 61.
Moyen âge (le) s'est peu exercé dans la critique, 18.
Musset (A. de), 156.

Naissance de la critique, 4.
Necker, jugé, 88.
Nettement (M.), 227.
Névius, 10.
Nodier, 156.
Noel, 286.
Non-sens, 246 et suiv.; — (exemples prodigieux de), 247 à 253.
Notizie seritte, 49.
Nouvelle école des femmes (la), 141.
Nouvelle Héloïse (la), 187.
Nouvelles méditations poétiques, 174, 184, 242, 257 à 260, 487, 488.
Nouvelliste du Parnasse, 58.

Observations sur les écrits modernes, 58, 60.
Océan (sources de l'), 310.
Odes et ballades, 172, 190, 252, 263 à 265, 294, 300, 301.
Olympiques (jeux), 319.
Orator, 121.
Orientales (les), 173.
Originalité, 207; — est rarement dans l'idée première, 208; — vient pour beaucoup de la disposition, 210; — ou invention originale, 211 à 214; — du style ne consiste pas dans des associations de mots extraordinaires, 215, mais est une qualité permanente, 217, 218; — ne s'enseigne pas, 218; — n'appartient qu'à la

fermeté des affections, 219 ; — est détruite par l'égoïsme, *ib.;* — vient de l'ensemble des qualités d'un poëte, 281.
Orléans (Ferdinand-Philippe d'), 523.
ORPHÉE, 308.
OSSIAN, 328.
OVIDE, 8, 96, 237, 311, 481.

Palestrina, 298.
PALISSOT, 84 ; — apprécié, 85 ; — cité 84 à 87.
PAUL DIACRE, 353 à 355.
PAUL (saint), 383.
Pédanterie du style, 284.
Pédantisme dans la poésie, 284 à 302 ; — est en soi-même un vice détestable, 285 ; — est encore plus blâmable quand l'auteur se trompe, 293 ; — l'est surtout quand l'auteur tombe dans les absurdités et les non-sens, 295.
Pensée plus lâche ou plus serrée dans la poésie, 275, 281 ; — nécessaire ou essentielle, ce que c'est, 275, 276 ; — influe sur la douceur de la versification, 276, 277.
Pépin le Bref, 411.
PERRAULT (Ch.), 35, 42.
PERRUCHOT (M.), 132, 134.
PERSE, 12.
Petit traité d'analyse grammaticale appliquée à la langue grecque, 243.
Petit traité des figures et des formes du style, 126.
Petit traité de rhétorique et de littérature, 124, 126.
Petite ville (la), 194.
PÉTRONE, 12.
Peuples (les) louent les vices des souverains, 451.
Philinte de Molière (le), 192.
Philippe de France, 535.
Philippe de Valois, 504, 506.
Philologique (critique), 1.
PICARD, 193.
PIERRE (saint), 383.
PIERRON (M.), 14, 16.
PINDARE, 309.
Pittoresque (épithète ou mot), ce que c'est en poésie, 279.
PLATON, 5, 177.
PLUTARQUE, 14, 208, 526.
Plutus (le) d'Aristophane, 149.
Poésie (la) tombe avec la critique, 109 ; — définie 161, 162 ; exige aujourd'hui des conditions difficiles, 162.

Voy. *Conditions;* — de premier jet ou jaculatoire, 205, 206, 221 ; — méditée, bien supérieure à la précédente, 205 et suiv., et 221 et suiv. — rêveuse ou intime est fort stérile et monotone, 226 ; — d'images et de sentiment opposée à la poésie substantielle et serrée, 275 à 277 ; — est quelque chose de précis, 281, 282 ; — infectée de pédantisme, 284 à 302 ; — à la mode, ou la mieux reçue consiste bien souvent à ressasser les idées communes, 303 à 305.
Poëtes (les) vers 1825 attaquent leur art, 106 ; — et l'instrument de leur art, la versification, 107 ; — ils y renoncent même et aspirent à d'autres destinées, 109 ; — (bons) sont toujours rares, 162 ; — (facultés nécessaires chez les) 162, 163 et suiv.; — (qualités des), 281.
Poétique d'Aristote, 5, 6.
Poétique de M. de Voltaire, 55.
Polémique favorisée et développée par l'imprimerie, 20.
Polyeucte, 168.
PONS (de Verdun), 206.
PONTMARTIN (M. de), 129, 130, 163, 226, 228.
Poussinière (la), 425 ; — plutôt que les *Pléiades,* ib.
PRISCIEN, 17, 151.
Prix décennaux proposés, 89 ; — non donnés, *ib.*
Psaumes (les), 373.
Pyrènes (les), 315.

Qualités du critique, 122 ; — internes des poëtes ou ses facultés, 163 et suiv.; — externes ou qualités des ouvrages, 220 et suiv.
QUICHERAT (M.), 108.
QUINET (M.), 188, 189.
QUINTE-CURCE, 356.
QUINTILIEN, 7, 4, 117, 158, 219.
QUINTUS de Smyrne, 312.

RABELAIS, 217.
RACINE (J.), 36, 205, 218, 275 à 277, 307, 386.
RACINE (L.), 50 ; — se trompe souvent dans la critique, 51, 52 ; — analyse mal les idées, *ib.;* — jugé par Voltaire, 55.
Radegonde, 397 ; — morte en 587, 402.
Rapport sur le douzième grand prix décennal, 72.
Rapports et discussions, etc., sur les

prix décennaux, 89 ; — ont une valeur littéraire fort médiocre, *ib.*
RAYNOUARD, 156, 204.
Rayons et les Ombres (les), 110, 264, 297.
Réflexion (la) 191 ; — est la principale source de la fécondité poétique, 192.
Réflexions sur la poésie, 51, 54.
Règles de la critique, 120 et suiv. ; — indépendance, impartialité, bonne foi, politesse, 122 ; — intelligence de la question, *ib. ;* — connaissance des éléments et divisions des sciences, 126 ; — distinction des styles et de leurs qualités, 129 ; — connaissance des faits antérieurs, 135 ; — rappel et comparaison des ouvrages analogues, 138, 146 ; — faire connaître aussi le style, 147 ; — ne pas charger les défauts, 148 ; — signaler les erreurs matérielles, 150.
RÉGNARD, 204, 205, 210.
RÉGNIER, 23.
Remarques sur le théâtre de J. Racine, 54.
Remi (saint), 376.
RENAUDOT, 49.
René, 170.
République (époque de la) et de l'empire, 83 à 101.
Restauration (époque de la), 101.
Rétrogrades (critiques), 28.
Revue de l'instruction publique, 108, 114, 125, 138, 149 à 151, 487 ; — de Paris, 127 ; — encyclopédique, 507 ; — indépendante, 128.
Rhétorique d'Aristote, 5, 6.
Rhétorique et poétique de Voltaire, 55.
Rhône (le) d'Apollonius, 308.
Richelieu, 454, 458, 462.
Ricochets (les), 194.
Rime (la) selon Mme de Staël, 99 ; — riche selon l'école romantique, 270 ; — souvent fort mal entendue par elle, 271 ; — supprimée même absolument par son système de versification, 272 ; — est un avantage dans les vers, mais qui ne doit pas être préféré à tous les autres mérites, 273 ; — (la richesse de la) est un mérite de convention, 282.
Robert le Fort, 412.
Roland, 144.
ROLLIN, 39 ; — bien mauvais critique, *ib.* et 50 ; — comparé à Marmontel, 67.
Romantiques (les) ou le parti romantique, 105, 106 ; — ont suivi pour les doctrines les deux Schlegel, 106, 107 ; — pour la versification A. Chenier, M. Saint-Beuve, 108 ; — et M. W. Témint, 109 ; — (stérilité des doctrines des), 121.
Romulus, 295, 296.
RONSARD, 307.
Rosemonde tragédie, 132, 133.
ROUSSEAU (J. J.), 187, 192.
RUINARD (Dom), 355.

SABATIER (l'abbé), 65, 178.
SAINT-ÉVREMOND, 27, 32, 33 ; — critique hardi et indépendant, 34.
SAINTE-BEUVE (M.), 19, 100, 108, 119, 268, 269.
Sainte Radegonde, 397 ; — pièce en forme de grande cantate, 402.
SALVERTE (Eusèbe), 400.
Satiriques (les poëtes) font de la critique littéraire depuis qu'Horace en a donné l'exemple, 12.
SAVY-LAROQUE, 55.
Sceptiques ou dissidents, 8, 9 ; — manquent souvent de sensibilité, 46.
SCHLEGEL (Guill. et Fréd. DE), 106.
Scolies d'Aristophane, 117.
SCRIBE (M.), 103.
SCUDÉRI, 27, 29 ; — appelle l'attention et le jugement de l'Académie française sur les œuvres littéraires, 29.
Secret du ménage (le), 140.
Sénèque jugé par Quintilien, 14.
Sensibilité (la) manque souvent chez les dissidents ou sceptiques, 46 ; — faculté chez les poëtes et les orateurs, 163 et suiv. ; — est très-différente selon les auteurs, *ib.* et suiv.
SÉVIGNÉ (Mme DE), 35.
SHAKSPEARE, 339.
SICARD, 87.
SIDOINE APOLLINAIRE, 355.
SILIUS ITALICUS, 310.
SILVY (M.), 221.
SOPHOCLE, 309, 312.
SOULIÉ (Fréd.), 212, 219, 226.
Souvenirs d'un voyage en Orient, 261, 262.
STACE, 310.
STAEL (Mme DE), 88, 92, 104 ; — critiquée, 92 à 101 ; — parle avec prétention de bien des choses qu'elle ne sait pas, de l'histoire, 94, 95 ; — de l'histoire littéraire, 95 à 98 ; — de la philosophie, 98 à 99 ; — de la grammaire élémentaire ou supérieure, 99 à 101 ; — a joué un rôle important dans le mouvement litté-

raire de 1825, 101, 104 ; — a vanté follement la *Lénore* de Bürger, 254.
Stérilité des auteurs. Voy. *Impuissance.*
STRABON, 314 à 316.
SUÉTONE, 10.
Sujet nécessaire dans un poëme, 220 ; — manque dans plusieurs, 221, 224, 226.
SULPICE SÉVÈRE, 372.
Susceptible (le), 194.

Table ronde (la), poëme, 144.
Tableau de la littérature française au XVIII° siècle, 67.
Tableau historique de l'état et des progrès de la littérature, 87, 138, 148.
Télémaque, 36.
TÉNINT (M. Wilhem), 108, 109.
THÉODORET, 340, 341.
THÉRY (M.), 2.
Thèses de critique, 305.
Thèses de grammaire, 10, 19, 54, 125, 150, 243, 269, 270 ; — *de littérature*, 2, 18, 20, 35, 39, 74, 80, 106, 117, 122, 163, 188, 200, 201, 205, 274, 425, 452 ; — *sur quelques points des sciences dans l'antiquité*, 95, 270.
Thibaut, comte de Champagne et roi de Navarre, 420 ; — sa chanson, 422, 423.
Thuanus restitutus, ou fragments d'histoire attribués à l'historien De Thou, 444, 445.
THUCYDIDE, 95, 315.
Traditionnelles (idées ou doctrines), 42. Voy. *Classiques.*
Traité des études, 39.
Traité de la poésie dramatique, 54, 73, 74.
TRESSAN (le comte DE), 199, 348.
Trois siècles (les) *de la littérature française*, 65.
TRUBLET (l'abbé), 57.
Tyran (le) *domestique*, 146.
TZETZÈS, 312.

Univers (l'), journal, 134.

VARRON, 95.
Vérité (la), journal, 114, 132.
Vers latins (les) prononcés selon un système paraissent fort ridicules à ceux qui en suivent un autre, 53.
Versification, 268 ; — réduite par l'école romantique, pour ainsi dire, à l'alexandrin, *ib.* ; — dépend selon cette école de trois règles, savoir : la césure mobile et l'enjambement, 269 ; — la rime riche, 270 ; — et un choix d'épithètes singulier, 278 ; — doit pour être bonne suivre les règles tracées au XVII° siècle, 282.
VEUILLOT (M.), 134, 135.
VICTOR AURELIUS, 313.
Vie, poésies et pensées de Joseph Delorme, 269, 271, 272.
VILLEMAIN (M.), 119, 120, 229.
VIRGILE, 96, 205, 208, 243, 312, 313, 332, 333, 426 ; — est, dans sa poésie, beaucoup plus serré qu'Homère, 243.
VISÉ, 49.
Voisins (les), 193.
Voix intérieures (les), 109, 295.
VOLTAIRE, 8, 48, 158 ; — (Époque de), 50 et suiv. ; — excellent critique, 54 et suiv. ; — a été plusieurs fois mis à contribution pour des ouvrages de littérature, 55 ; — n'a pas eu à proprement parler des dissidents, mais des ennemis et des élèves, 57 ; — critiqué par Mercier, 79, 80 ; — mort en 1778, 89 ; — cité, 56, 169, 178, 188, 215, 277, 341, 454, 455, 489.

WALTER-SCOTT, 475.

YRIARTE, 485.

ZOÏLE, 8 ; — est le premier connu des dissidents littéraires, *ib.*

FIN DE LA TABLE ALPHABÉTIQUE.

TABLE ANALYTIQUE.

THÈSES DE CRITIQUE.

I. — Coup d'œil sur l'histoire et les règles de la critique littéraire, 1 à 159.

Définition, critique littéraire, 1. — § 1. Histoire de la critique littéraire, 4. — I. Sa naissance, *ib.*; — Hésiode, *ib.*; — Platon, Aristote, 5. — II. École d'Alexandrie, 6; — Aristarque, 7; — Zoïle, 8; — critiques sceptiques ou dissidents, 9. — III. Époque romaine, 9; — premiers germes, 10; — Cratès de Mallus, *ib.*; — Cicéron, Horace, 11; — Pétrone, Denys d'Halicarnasse, 12; — Plutarque, Tacite, Quintilien, 14. — IV. Époque de la décadence, 15; — Longin, 16. — V. Époque de la renaissance, 18; — engouement de l'antique, 19; — invention de l'imprimerie et polémique, 20. — VI. Époque de Malherbe, 21; — Régnier, 23. — VII. Époque de Corneille, 24; — d'Aubignac, Le Bossu, 27; — Scudéri, 29; — l'Académie française, 30; — Saint-Évremond, 32. — VIII. Époque de Boileau, 34; — La Bruyère, 37; — Mme Dacier, Rollin, l'abbé Dubos, 39; — critiques dissidents : Perrault, Fénelon, 42; — Bayle, Fontenelle, 43; — Lamotte, 44. — Naissance des journaux, 48, 49. — IX. Époque de Voltaire, 50; — L. Racine, *ib.*; — Voltaire, 54; — Desfontaines, 57. — Fréron, 61; — Clément, 63; — d'Alembert, 65; — Marmontel, 67; — Laharpe, 71; — Diderot, 73; — Mercier, 78. — X. Époque de la République et de l'Empire, 83; — Palissot, 84; — Chénier (M. J.), 87; — la deuxième classe de l'Institut, 89; — Geoffroy, 90; — critiques dissidents : Mme de Staël, 92. — XI. Époque de la Restauration, 101; — classiques et romantiques, 105; — G. de Schlegel, 106; — Joseph Delorme (M. Sainte-Beuve), et M. W. Ténint, 108; — prétentions nouvelles des poëtes, 109; — M. J. Janin, 114. — MM. Villemain et Sainte-Beuve, 119. — § 2. Règles de la critique, 120. — I. Le critique considéré en lui-même : 1° Intelligence de la question, 122; — 2° éléments et division des sciences, 126; — 3° distinction des styles et de leurs qualités, 129; — 4° connaissance des faits antérieurs, 135; — 5° rappel et comparaison des ouvrages analogues, 138. — II. Le critique dans l'analyse et le jugement des œuvres, 141; — 1° analyse de l'ouvrage, 142; — critique du style, 147; — critique des pensées, 150; — 2° jugement de l'ouvrage, 153; — bon ou mauvais goût, 156; — critique douce ou sévère, 157; — avenir de la critique, 158.

II. — DES CONDITIONS DE LA POÉSIE, 160 à 284.

Introduction, 160; — définition de la poésie, 161; — rareté des bons poëtes, 162; — § 1. Facultés du poëte; sensibilité, 163; — M. Hugo, 164; — C. Delavigne, 165; — imagination, 168; — riche ou pauvre, juste ou fausse, 170; — Chateaubriand, *ib.*; — M. Hugo, 172; — M. de Lamartine, 173; — enthousiasme, 177; — Ezéchiel et Lefranc de Pompignan, 179; — Lebrun, 180; — M. de Lamartine, 183; — le jugement ou la judiciaire, 186; — M. Quinet, 188; — M. Hugo, 190; — attentive réflexion, 191; — Fabre d'Églantine, 192; — Picard, 193; — la mémoire, 194; — Homère et l'Arioste, 196; — intricative, 199; — Eschyle et Lemercier, 200; — Chénier (M. J.), 202; — progrès de l'intricative, 204; — poésie jaculatoire et poésie méditée, 205; — originalité, 207; — est rarement dans la donnée primitive, *ib.*; — est presque toujours dans la disposition, 210; — question posée par l'Académie française, 211; — originalité dans le style, 215; — conséquences de ce qui précède, 218. — § 2. Qualités dans les poëmes; invention, 220; — M. de Lamartine, 222; — stérilité de la poésie rêveuse ou intime, 225 et suiv.; — disposition, 231; — M. de Lamartine, 232; — C. Delavigne, *ib.*; — M. Hugo, 234; — expression, 235; — incorrection, 236; — M. Hugo, 237; — M. de Lamartine, 241; — chevilles, 242; — Homère et Hésiode, 243; — A. Chénier, 244; — M. de Lamartine, 245; — non-sens, 246; — Chénier (M. J.), 247; — M. A. Barbier, 249; — M. de Lamartine, 250; M. Hugo, 252; — monotonie, 253; — Bürger, 254; — M. de Lamartine, 256; — M. Hugo, 262; — versification, 268; — césure mobile et libre enjambement, *ib.*; — rime riche, 270; — douceur du langage, 274; — mot de Lamotte, 275; — poésie vaporeuse et poésie substantielle, 277; — épithète matérielle et épithète de sentiment, 278; — conclusion, 281.

III. — LE PÉDANTISME DANS LA POÉSIE, 284 à 302.

Pédanterie et pédantisme du style, 284; — Luce de Lancival, 285; — Deguerle, 287; — Chateaubriand, 288; — détails fastidieux, 289; — M. Hugo, *ib.*; — M. Alex. Dumas, 290; — pédantisme uni à l'erreur, 293; — Millevoye, *ib.*; — Lemercier, 294; — M. Hugo, *ib.*; — pédantisme joint à l'ignorance du sujet et aux non-sens, 295; — Deguerle, 296; — M. Hugo, 297; — conclusion, 302.

IV. — LA POÉSIE A LA MODE, 303 à 305.

POÉSIES.

I. — L'ORIGINE DE PARIS, 307 à 313.

II. — EUXÈNE ET GYPTIS, ou la FONDATION DE MARSEILLE, 314 à 326.

1. Débarquement des Phocéens, 314; — 2. Combat d'Euxène et de Comanus; délivrance de Gyptis, 317; — 3. Mariage d'Euxène et de Gyptis, 323.

III. — Verrès en Sicile, 327 à 328.

IV. — Chant des bardes, 328 à 330.

V. — Julien ou Paris et la Gaule au IV° siècle, 330 à 345.

   1. Julien à Paris; prédiction d'une nymphe, 330. — 2. Révolte de l'armée; Julien proclamé auguste, 333; — 3. Julien, empereur; guerre des Perses; mort de Julien, 337. — 4. Retour; avenir de Paris, 342.

VI. — Belinde a Tristan, 346 à 347.

VII. — Sainte Geneviève, ou La Gaule au V° siècle, 347 à 357.

   1. Hymne au Seigneur; Vélicus donne le voile à Geneviève, 347. — 2. Attila et les Huns; menaces contre Paris; Geneviève fait lever le siége, 350; — 3. Combat des Gaulois, des Francs et des Romains contre les Huns; déroute de ceux-ci, 353.

VIII. — Childéric ou Les Parents de Clovis, 357 à 371.

   1. L'armée infernale; discours de Satan; les démons sur la terre, 359. — 2. Childéric quitte la Thuringe; son retour en France, 261. — 3. Combat contre les Romains; victoire de Childéric; arrivée de Basine, 366.

IX. — Clovis ou la Bataille de Vouillé, 371 à 380.

   1. Hymne au Seigneur; les envoyés de Clovis à Tours; vœux du peuple, 371. — 2. Apparition et tentation; saint Martin protége Clovis, 374. — 3. Bataille de Vouillé; combat d'Alaric et de Clovis; victoire de celui-ci, 378.

X. La Mort de Chramne, 381 à 387.

XI. La Mort de Chilpéric, 387 à 397.

   1. Jalousie du roi; évocation d'un mort, 387. — 2. Chasse; apparition de Clotaire, 389. — 3. Frédégonde prend le roi pour Landry; fureur du roi, 391. — 4. Arrivée de Landry; meurtre du roi résolu, 393. — 5. La nuit; apparition de Clotaire; assassinat de Chilpéric, 395.

XII. Sainte Radegonde, 397 à 404.

   Chœur, 397; — fuite de la reine; fureur de Clotaire, ib.; — chœur, 399; — la Grand'gueule abattue par Radegonde, 400; — chœur, 401; — mort de la reine et sa béatification, ib.; — chœur final, 404.

XIII. Le Serf au IX° siècle ou La France sous Charles le Gros, 404 à 406.

XIV. La Légende d'Ulla, 406 à 409.

XV. La Sylphide ou l'Avénement de Hugues Capet, 410 à 418.

   Refrain, 410; — élection de Hugues Capet, ib.; — refrain, 413; — combat de Hugues et de Charles de Lorraine, ib.; — refrain, 416; — prison et mort de Charles, ib.; — refrain final, 418.

XVI. L'Esprit des eaux, 418 à 425.

Exposition, personnages, 418; — chanson de Thibaut, 423; — départ de Raoul et sa mort, 424.

XVII. Les Bords de l'Isère, 425 à 430.

XVIII. La Tour de Nesle, 430 à 432.

XIX. La Galéomyomachie, 433 à 438.

XX. Jacques Cœur, 439 à 441.

XXI. La Bataille de Pavie, 441 à 444.

XXII. Gondi de Latour, 444 à 448.

XXIII. Derniers amours de Henri IV, 448 à 453.

XXIV. Le comte de Moret ou le Combat de Castelnaudary, 453 à 461.
1. Combat et mort présumée du comte, 453. — 2. Cérémonie funèbre du bout de l'an, 455. — 3. Retour et mort, 458.

XXV. Les Visitandines fugitives, 461 à 464.

XXVI. Sœur Louise, 464 à 467.

XXVII. La Valse du diable, 467 à 469.

XXVIII. Chant des Vendéens, 469 à 471.

XXIX. Le vieux Républicain, 471 à 474.

XXX. Chœur des Fantômes, 475 à 478.

XXXI. Le Fou, 478 à 479.

XXXII. Louis XVIII, 480 à 485.

XXXIII. Les deux Lapins, 485 à 486.

XXXIV. Les Parisiennes, 486 à 487.

XXXV. Conseils a un poëte, 487 à 498.

XXXVI. Le Jeu de boules, 498.

XXXVII. La Convoitise et l'Envie, 499 à 500.

XXXVIII. Les Bords de la Die, 500 à 501.

XXXIX. A une Souris prise, 501 à 504.

XL. A Béranger, 504 à 506.

XLI. Amoureux servage, 507 à 508.

XLII. Dépit d'amour, 508 à 511.

XLIII. Le Délire, 511 à 514.

XLIV. LE MANTEAU D'IGNACE, 514 à 516.

XLV. L'AMANT AU BAL, 516 à 519.

XLVI. PRIÈRE D'AMOUR, 520 à 521.

XLVII. L'ORGUEIL HUMAIN, 521 à 523.

XLVIII. AU DUC D'ORLÉANS, 523 à 525.

XLIX. FUNÉRAILLES DE NAPOLÉON, 525 à 531.

    Refrain, 525; — revers de Napoléon; sa mort; le duc de Joinville, 526; — refrain, *ib.*; — Sainte-Hélène; réveil de Napoléon, 527; — refrain, 528; — retour en France, 529; — refrain final, 531.

L. LE TREIZE JUILLET, 531 à 539.

    Refrain, 531; — mort du duc d'Orléans; trois fils de rois viennent à sa rencontre, *ib.*; — refrain, 533; — Clodoalde, Charles et Philippe de France, *ib.*; — refrain, 536; — le duc d'Orléans loué par ses actes, *ib.*; — refrain, 538; — réponse du prince, *ib.*; — refrain final, 539.

FIN DE LA TABLE ANALYTIQUE.

Ch. Lahure, imprimeur du Sénat et de la Cour de Cassation,
rue de Vaugirard, 9, près de l'Odéon.

Ouvrages du même auteur.

Histoire de la poésie française à l'époque impériale. 2 volumes grand in-18 de plus de 1000 pages.

Cours supérieur de grammaire. 2 volumes grand in-8. Prix, brochés.   15 fr.

De quelques points des sciences dans l'antiquité (PHYSIQUE, MÉTRIQUE, MUSIQUE). 1 beau volume in-8. Prix, broché.   7 fr. 50 c.

Thèses de grammaire. 1 beau volume in-8. Prix, broché.   7 fr. 50 c.

Thèses de littérature. 1 beau volume in-8. Prix, broché.   7 fr. 50 c.

Ch. Lahure, imprimeur du Sénat et de la Cour de Cassation,
rue de Vaugirard, 9, près de l'Odéon.

www.ingramcontent.com/pod-product-compliance
Lightning Source LLC
Chambersburg PA
CBHW060758230426
43667CB00010B/1616